让 我 们 一 起 追 寻

[加拿大]

莫德里斯·埃克斯坦斯

MODRIS EKSTEINS

著

——

李晓江

译

RITES OF SPRING

春之祭

**THE GREAT WAR
AND
THE BIRTH OF THE MODERN AGE**

第一次世界大战和现代的开端

社会科学文献出版社

SOCIAL SCIENCES ACADEMIC PRESS (CHINA)

本书获誉

这部重新评价现代主义的令人既激动又不安的作品，非常具有说服力。

——《出版人周刊》

莫德里斯·埃克斯坦斯的《春之祭》的不同凡响之处，在于他抓住了那场有史以来最可怕的战争与当时的社会、智识及文化诸运动之间令人痛苦的相互影响。它既是一部非常优秀的学术著作，又能深深地打动人心。

——威廉·曼彻斯特（William Manchester）

这是我多年来读过的对于第一次世界大战最引人入胜的解读，这样一本书应该可以修正我们一直抱有的有关现代的最主要的创伤的认识。我觉得它已经改变了我的认识。

——罗伯特·考利（Robert Cowley），《军事史季刊》

了不起的成就……这本书在许多问题上都极具启发性，而且它读起来非常有趣，令人钦佩。作为有自己独特风格的作家，埃克斯坦斯就和他作为学者一样才华横溢。

——艾尔弗雷德·卡津（Alfred Kazin）

真的让人耳目一新……审美想象和历史想象的很有意义的综合。

——安东尼·伯吉斯（Anthony Burgess）

一本非常令人兴奋的书，它对我们这个问题重重的世纪中的许多混乱和矛盾做出了解释，值得人们广为阅读。

——《泰晤士报文学增刊》

加拿大出版的最好的一百部图书之一。

——《加拿大文学评论》

《春之祭》带给我们的不是对我们整个世纪的追溯……而是一段新的历史的开端。

——詹姆斯·卡罗尔（James Carroll）

埃克斯坦斯对自己渴望理解的事情充满了激情；他的写作有一种悲悯的情怀和对智慧的爱。

——《多伦多星报》

应当和保罗·福塞尔的《第一次世界大战与现代记忆》以及约翰·基根的《战斗的面貌》一同摆在书架上。

——《纽约时报》

构思奇妙，写作精彩……任何想要理解第一次世界大战的重要性的人，都必须读一读。

——《图书馆杂志》

献给杰恩

目　录

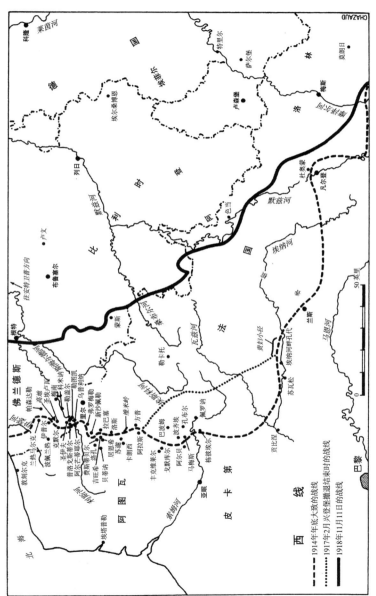

西线地图

前　言

领略了孚日宁静的乡村、连绵的群山和牧场，还有仪仗队
般挺拔的橡树之后，你从梅斯沿 3 号国道到凡尔登郊外，在离
城几公里远的地方，一幕大煞风景的阴郁景象突然映入眼帘，
令人心头一震。那是一座坟场。堆放得高高的，在公路上便可
一览无余的，是许多被压扁的尸骸、变形的躯壳和嶙嶙白骨。
可这坟场却没有十字架，没有墓碑，没有鲜花，访客也寥寥无
几。路过的人甚至多半都没有留意这个地方。但它对于 20 世纪
以及我们的文化指涉（cultural references）来说，却有着重要的
纪念意义。许多人都说，那是现代的价值观及其目标的象征，
是我们奋斗和遗憾的象征，是歌德祈求的"死亡与生成"① 的
当代阐释。那是一座汽车坟场。

继续向前，进入凡尔登并穿城而过，再由小道驶向东北，
你就可以发现一座更大的坟场。这座坟场有十字架：成千上万，
排列整齐，白色，全都一模一样。如今，路过汽车坟场的人要
比路过这座坟场的人多。觉得自己和被压扁的汽车有联系的人，
也比觉得自己和这座死气沉沉的墓地有联系的人多。这是一座
纪念第一次世界大战凡尔登战役阵亡者的墓地。

这是一本关于死亡与毁灭的书。它讲的是坟场。但它其实
也是关于"生成"的书。它讲的是 20 世纪前半叶我们现代意

---

① 歌德的这句话（*stirb und werde*）出自他的诗作《幸福的憧憬》（*Selige Sehnsucht*），另一种常见译法是"死与变"。——译者注

识的出现，特别是对于解放的迷恋。同时，它还谈到了大战——这是第二次世界大战爆发前的说法——之于上述意识的发展的重要意义。尽管和第一次世界大战的墓地相比，汽车坟场连同其所有的意蕴——"我认为汽车如今在文化上就等同于哥特式大教堂。"罗兰·巴尔特写道——至少在表面上对于当代的心灵来说意义要大得多，但本书将试图表明，这两座坟场是相关的。由于我们对速度、创新、无常及灵性的执著，同时生活又处于行话所说的"快车道上"，从而使整个价值观和信念都不得不退居次要的位置，而大战，就像我们将会看到的那样，乃是上述发展迄程中唯一最为重大的事件。

我们的书名——它来自一部芭蕾舞剧，该剧是现代主义的标志性作品——暗示着我们的主题：运动。这个充斥着离心运动和悖论的世纪，其最高的象征之一就是死亡之舞，带有反讽性质的、充满狂欢和虚无主义的死亡之舞：我们在追逐自由的过程中获得了终极的毁灭性力量。1913 年 5 月，即战争爆发的前一年，《春之祭》（*The Rite of Spring*）在巴黎首演。它凭借充满活力的叛逆性，凭借用死亡作祭来表达对生的庆祝，成了一部对 20 世纪的世界来说也许具有象征意味的作品。20 世纪的世界在追求生的过程中，把死亡带给了成百上千万名最优秀的人。斯特拉文斯基（Stravinsky）起初想把自己的总谱定名为《祭品》（*The Victim*）。

要证明大战的重要性，当然一定要谈到卷入其中的利益集团和情感。本书是从宽泛的文化史角度来探讨这些利益集团和情感的。这类历史所关注的，肯定不只是音乐和芭蕾之类的艺术，甚至也不只是汽车和坟场；它最终必定要溯及风尚与道德、习俗与价值观，不论是口头说的还是实际做的。这项工作也许艰难，但文化史至少得努力把握时代的精神。

　　要领会那种精神，就要看一个社会注重的是什么。芭蕾、电影、文学，还有汽车和十字架，都可以提供这方面的重要证据，但证据在社会对于这些象征物的反应中才是最丰富的。在现代社会，正如本书将会表明的，艺术的追随者就像霍比特人和英雄人物的追随者一样，对于史学家来说是比书面文件、艺术品或英雄本身更为重要的关于文化特性的证据来源。所以，现代文化的历史应当既是一部挑战史，也是一部反应史；既是小说的历史，也是小说读者的历史；既是电影的历史，也是电影观众的历史；既是行动者的历史，也是旁观者的历史。

　　如果说现代文化的研究是这样，那现代战争的研究也是这样。大多数战争史的写作都只是把关注点放在战略、武器装备和组织工作上，放在将领、智囊和政治人物上。在试图从宽泛的和比较的角度去评估战争与文化的关系时，对普通士兵的精神状况和行为动机相对而言关注得很少。在我们的故事中，无名士兵处在前沿和中心。他们就是斯特拉文斯基所谓的祭品。

　　像所有的战争一样，1914年的战争在爆发的时候也被看作机遇，不论是为了改变还是巩固。1871年刚刚统一的德国，用了不到一代人的时间就成了令人生畏的工业和军事强国，成了战争前夕最能代表变革和更新的国家。在各国当中，它是活力论（vitalism）和技术才华的具体体现。对它而言，这场战争乃是一场解放战争，是摆脱资产阶级虚伪的形式和便利的战争，而英国则是德国要反叛的那种秩序的主要代表。实际上，英国是世纪末世界中最主要的保守势力。作为头号工业国兼世界和平的代理人，作为信奉以议会和法律为基础的进取和进步伦理的象征，英国不仅觉得自己在世界上高人一等，而且面对德国咄咄逼人的能量与躁动，还觉得自己的整个生活方式都受到了威胁。英国的介入，将使1914年战争从大陆性的权力斗争演变为名副其实的不同文化的战争。

国家间关系在世纪更替之际日益紧张，同时，一些根本性冲突也从几乎所有的人类活动和行为的领域浮出水面：艺术、时尚、代际的怡观念，还有政治。在我们的世纪成为重中之重的整个解放的主题，比如妇女解放、同性恋者解放、无产阶级解放、青年解放、欲望解放、民族解放，在世纪之交就已进入人们的视野。先锋派这个说法通常只适用于在创作中倡导实验方法并强烈主张反叛既定权威的艺术家和作家。现代主义这个概念既包括这种先锋派，也包括在追求解放以及反叛行为背后的智识冲动。对于先锋派和现代主义这两个概念，很少有批评家敢于更进一步，把它们用于艺术之外的社会和政治反叛力量，用于一般的反叛行为，并进而去把握广泛的情绪和斗争浪潮的实质。本书会做这样的尝试。文化会被视为社会现象，而现代主义则被当作我们时代最重要的冲动。本书认为，在这一过程中，德意志是我们20世纪最为突出的现代主义国家。

5　　　　像先锋派在艺术领域一样，改革的热情也席卷了世纪末的德国。到1914年，它开始向自身和国际社会展示处于交战状态的精神的思想。在经历了1918年战败的创痛之后，激进主义在德国非但没有偃旗息鼓，反而变本加厉。1918～1933年的魏玛时期和1933～1945年的第三帝国，不过是同一过程的不同阶段。对我们来说，先锋派听上去好像是正面的，而冲锋队则有着可怕的含义。本书认为，在这两个术语之间，或许存在某种亲缘关系，而这还不仅仅是说它们的起源都和军队有关。艺术领域中的内省、原始主义、抽象以及制造神话，和政治领域中的内省、原始主义、抽象以及制造神话，可能是两类相关的现象。纳粹的庸俗艺术①和许多现代派艺术家称颂的高雅的艺术宗教可能也存在某种亲缘关系。

　　我们的世纪是生活和艺术合为一体的世纪，是存在变得审美化的世纪。本书试图揭示的一个主题是，历史已经被迫放弃它曾经拥有的许多权威，并将其交给虚构。不过，在我们后现代的时代，妥协或许是可能的，也是必要的。为了寻求这种妥协，我们的历史叙述是以戏剧的形式展开的，分成不同的幕和场——就这些词丰富多样的意思来说。起先是事件。只是在后来，结果才会显现。

①　kitsch，既可以指文化产品，如低劣、俗气、浅薄、做作、模仿而又看上去像是深刻、严肃的文艺作品，也可以指文化现象和文化心理。作为后者，有人将其与自媚、自我迷恋、自我崇高、自我欺骗、自我感动以及装模作样联系在一起。由于这个词的起源比较模糊，含义又十分复杂，也有一种中文译法干脆将其音译为"刻奇"。作者在书中谈到了 kitsch 与自恋、纳粹主义以及政治的艺术化等现象的联系。他认为 kitsch 的实质就是"美丽的谎言"，希特勒就是一位无与伦比的"庸俗艺术家"（kitsch artist）。——译者注

序　幕

威尼斯

我伫立在威尼斯的叹息桥上，

一边是宫殿，一边是囚牢。

拜伦勋爵，1818 年

威尼斯，这座总督之城、文艺复兴的光辉之城、潟湖和光 9
影之城，也是想象之城。它是永恒的精灵之城，是感觉，尤其
是灵性之城。

光怪陆离的威尼斯，是理查德·瓦格纳找到创作拷问生死爱
恋的歌剧《特里斯坦与伊索尔德》（*Tristan und Isolde*）的灵感的
地方，也是他于 1883 年 2 月辞别人世的地方，当时他就住在文德
拉明－卡莱尔吉宫的一间可以远眺大运河的房间里。威尼斯也是
谢尔盖·帕夫洛维奇·佳吉列夫最喜爱的城市。1929 年 8 月，他
在利多岛的德班大酒店黯然离世。瓦格纳试图把所有的艺术形式
都融入自己气势磅礴的歌剧里，佳吉列夫则想把它们都统一到自
己富丽堂皇的芭蕾中。一个创造，另一个精心制作。两人都是他
们时代的象征。他们都在威尼斯找到了灵感，最后又都死于威
尼斯。

1872 年 3 月，佳吉列夫出生于俄罗斯诺夫哥罗德省的一座
兵营里。他的父亲是帝国近卫军的军官，沙皇热忱而忠心的仆 10
人。他在 1890 年 18 岁的时候第一次来到威尼斯，当时是和他
的表兄兼情人德米特里·费洛索福夫（Dmitri Filosofov）一起。

1909 年，在度过首个伟大的巴黎演出季之后，他带着年轻的舞蹈演员、波兰人瓦茨拉夫·尼任斯基（Vaslav Nijinsky）① 去了那里。佳吉列夫当时 37 岁，尼任斯基 21 岁。他们——剧团经理和他年轻的情人——就住在德班大酒店。瓦茨拉夫经常去游泳和晒太阳。佳吉列夫只是观看。他从不当众游泳。

两年后，也就是 1911 年，比佳吉列夫小三岁、认为瓦格纳对自己年轻时敏感的性格影响最大而且在 1902 年还以特里斯坦为主题写过一篇小说的托马斯·曼，也住进了德班大酒店，并在不久后完成了《魂断威尼斯》（*Death in Venice*）。这部中篇小说讲的是一位来自慕尼黑的著名艺术家古斯塔夫·阿申巴赫，他也不当众游泳，但他喜欢威尼斯"这座最奇妙的城市"。② 书中还说到另一个波兰男孩塔季奥。阿申巴赫总是坐在沙滩上，欣赏那位波兰少年——塔季奥对他来说就是完美的化身。就在欣赏演变成激情的时候，威尼斯遭遇了亚细亚霍乱的侵袭。

和佳吉列夫一样，阿申巴赫也生在外省，生在西里西亚的一座小城。而且与佳吉列夫相同，他的父亲也是国家公务员，具体来说，是司法部门的一位高级官员，而且他的家族成员中有很多军官、法官和公职人员。阿申巴赫和佳吉列夫一样，也住在利多岛的德班大酒店。

> 在那些漫长的早晨，在海滩上，他总是直直地注视着那个少年——目不转睛，无所顾忌；傍晚时分，他就会不

---

① 多见瓦斯拉夫·尼金斯基，本书取用俄文音译"瓦茨拉夫·尼任斯基"。——译者注
② 此处及另一处该小说中的段落都引自 H. T. 洛－波特（H. T. Lowe-Porter）翻译的《魂断威尼斯》（New York，1954）。

顾羞耻，跟在他后面，穿过城里死神也在那里游荡的狭小的街道，此时对他而言，道德法则似乎已完全崩塌，唯有这种荒唐乖谬之事还让人有所期待。

在塔季奥要离开的那个早晨，阿申巴赫看到他在海滩上跟 11 另一个外国男孩，一个名叫雅舒的长得很壮实的家伙打架。塔季奥很快就被打败了。"他想要掀翻压在自己身上的对手，但挣扎了几下后就躺着不动了，接着就开始无力地抽搐。"一会儿过后，阿申巴赫死了。

几分钟后，才有人匆忙过来帮助这位歪倒在躺椅上的老人。他们把他抬到房间。当天就传来他去世的噩耗，令世人深感震惊和惋惜。

佳吉列夫十分熟悉曼的小说。他还给了密友们几本。安东·多林（Anton Dolin）① 在 1924 年 7 月他生日那天就收到过一本。1929 年 8 月，57 岁的佳吉列夫在慕尼黑离开了刚刚成为他门徒的 16 岁的伊戈尔·马尔克维奇（Igor Markevitch）。他们在那儿看完《特里斯坦与伊索尔德》的演出后返回了威尼斯的德班大酒店。几天后，舞蹈演员鲍里斯·科赫诺（Boris Kochno）和谢尔盖·利法尔（Serge Lifar）——佳吉列夫新近的两位情人——也来到那里。8 月 19 日，佳吉列夫这位糖尿病患者去世了。当时在场的除了科赫诺和利法尔，还有米西亚·塞尔特

---

① 英国著名芭蕾舞演员，1920 年代曾加入佳吉列夫的芭蕾舞团。——译者注

（Misia Sert）①。在护士宣布佳吉列夫死亡之后，科赫诺突然咆哮着扑向利法尔，随后便是一场恶斗，又咬，又撕，又踢。"两条疯狗在为它们主人的尸体而厮打。"米西亚说。② 两天后，贡多拉把佳吉列夫的遗体运到了举行葬礼的圣米凯莱岛。他就葬在那里。墓碑上的碑文是：

威尼斯，永远给我们以慰藉的地方

谢尔盖·德·佳吉列夫

1872～1929

12　　　谢尔盖·佳吉列夫和托马斯·曼似乎从未谋面，但他们当中一个人的生活和另一个人的想象的一致程度显然是非常惊人的。对于这种并非刻意安排但说不清楚为什么同时发生的事情，我们称为巧合。不过，要是我们跳出线性因果的限制性世界，不从缘由，而从背景和交汇作用的角度来考虑，那就不可否认，曼和佳吉列夫这两位20世纪审美意识巨人的想象力受到多重因素的影响，而其中首先便是威尼斯和瓦格纳。这些因素使得一人创造出某种虚构的故事，而另一人的实际生活则与那种虚构非常接近。

　　另外，人们一定会问，曼的小说是不是不如佳吉列夫的生活来得现实。亨利希·曼（Heinrich Mann）在对他兄弟的小说的评论中，认为《魂断威尼斯》的中心议题是"先有现实还是先有诗"③。在1930年的《人生速写》（*Life Sketch*）中，托马斯·曼

---

① 波兰裔女钢琴家，巴黎艺术沙龙的女主人，同时也是佳吉列夫芭蕾舞团的主要赞助人。佳吉列夫的葬礼就是由她出资操办的。——译者注

② Misia Sert, *Misia* (Paris, 1952), 229–30.

③ Heinrich Mann, "Der Tod in Venedig," *März*, 7/13 (1913), 478.

谈到了《魂断威尼斯》的"内在的象征性和创作的诚实性"，他坚称这篇小说"完全来自现实"，场景、人物、事件均非凭空杜撰。后来得到证实，塔季奥实际上是某个叫作乌拉基斯拉夫·莫伊斯（Wladyslaw Moes）的波兰少年，当时他正在威尼斯度假。雅舒是个叫雅内克·富达科夫斯基（Janek Fudakowski）的人。阿申巴赫跟 1911 年去世的古斯塔夫·马勒（Gustav Mahler）[①]很相似。托马斯·曼把自己的小说称为"结晶"，他的艺术就整体而言，在亲身经历与想象的融合方面非常突出。[②]

那么，虚构止于何处而现实又始于何处呢？这样发问或许就设置了一种虚假的对峙。对曼来说，外部世界之所以让人觉得有趣，只是因为它是艺术的源头，而艺术高于生活。佳吉列夫想要像虚构的人物那样生活，像一个装扮成德泽森特或夏吕斯的当代拉斯蒂涅[③]。西奥多·赫茨尔（Theodor Herzl）在 19 世纪末 20 世纪初曾经写道："梦想与行动的区别并不像许多人想的那么大。人们的所有活动起初都是梦想，后来又再度变成梦想。"大约在同一时间，奥斯卡·王尔德对这个问题采取了一种惯有的挑衅姿态："人就该那样活着，那样他才能成为某

13

---

① 奥地利晚期浪漫主义作曲家和指挥家。——译者注

② Thomas Mann, "Lebensabriss" (1930), *Gesammelte Werke*, 14 vols. (Frankfurt am Main, 1960 – 1974), XI: 123 – 24; Karl Ipser, *Venedig und die Deutschen* (Munich, 1976), 90 – 91; Peter de Mendelssohn, *Der Zauberer* (Frankfurt am Main, 1975), 869 – 73.

③ 德泽森特（Des Esseintes）是法国作家乔里－卡尔·于斯曼（Joris-Karl Huysmans, 1848 ~ 1907）的小说《逆天》（*À rebours*）中的人物，一个与外部世界格格不入并沉浸于艺术中的隐遁的唯美主义者。夏吕斯是马塞尔·普鲁斯特的《追忆似水年华》中的人物，同性恋者。拉斯蒂涅是巴尔扎克笔下的人物，一个在社会中不择手段向上爬的青年。——译者注

种形式的虚构。成为事实即意味着失败。"① 马塞尔·杜尚尽管持相反的看法，却把实物嵌入自己的作品，想以此来模糊艺术与生活的区别。曼·雷（Man Ray）在其摄影作品中会把欧洲人的脸庞与非洲人的面具摆放在一起，从而把时间、文化及历史糅合在一起。杜鲁门·卡波特（Truman Capote）和诺曼·梅勒（Norman Mailer）会写作"非虚构小说"，而汤姆·沃尔夫（Tom Wolfe）在其"新新闻主义"中将向他的读者展示一位批评家所谓的"真实的虚构"。② 如果说我们这个世纪的美学理论中有一个独一无二的、最重要的主题，那就是想象的生活与行动的生活完全是一回事。

一回事？难道这种说法只是 20 世纪的艺术家为自我辩护而做的假设吗？难道不是后人对雪莱关于诗人与立法者是一体的观点的剽窃吗？然而，这种说法或许有点道理。可能对于 18 世纪的大部分时间和整个 19 世纪来说，观念王国同行动世界和社会现实的区别是比较明显的。当时这两个领域被道德意识和社会准则分开了。观念很有可能源自既定的道德原则，而道德原则从根本上来说又源自基督教——顺便说一下，还有人文主义。行动和行为应当根据相同的原则来解释。在思想与行动之间起缓冲作用的明确的道德准则在 20 世纪已经分崩离析，而在此过程中，在我们时代的浪漫主义和非理性主义的巨流中，想象与行动同行，甚至已合为一体。

感觉就是一切。幽灵变成了现实，现实变成了幽灵。实际

---

① Carl Schorske, *Fin-de-siècle Vienna*（New York，1980），164；J. E. Chamberlin, "From High Decadence to High Modernism," *Queen's Quarterly*, 87（1980），592.

② John Hellmann, *Fables of Fact: The New Journalism as New Fiction*（Urbana, Ill.，1981）.

上，约翰·拉斯金（John Ruskin）就把威尼斯描写成"海滩上的幽灵"：

> 如此缥缈，如此安静，如此凄凉，仅余美丽，以至于 14
> 当我们看到她映现在潟湖蜃景中模糊的轮廓时，或许都分
> 不清哪个是城，哪个是影。[1]

我们都会变成威尼斯人，这是弗里德里希·尼采的预言："一百处幽居之所构成了威尼斯城，那便是它的魔力。它是未来人类的象征。"[2]

当威尼斯以令人不安的速度持续下沉的时候，1986 年，一场耗资达 300 万美元的盛大展览在大运河畔的格拉西宫举办，名为"未来主义与未来派"。

---

[1] John Ruskin, *The Stones of Venice*, *The Complete Works*, 13 vols.

[2] Ipser, *Venedig*, 93.

第壹幕

一 巴黎

新的思考向我表明，事情应该在艺术家的领导下前进，艺术家的后面跟着科学家，而工业家应该走在这两者之后。

亨利·德·圣西门，1820 年

我对实实在在的形体之美极为敏感，比如翩翩起舞的姑娘，由此，我设想着地球上某种人造的乐园。要活着，我就离不开舞蹈。我想，就像尼采写的："要是上帝跳舞，我就信祂。"

路易-费迪南·塞利纳

谁写的这个极其糟糕的《春之祭》？
他有什么权利写这种东西？
并用它哐啷、丁当、乒乒、乓乓的声音
充斥我们无奈的耳际？

给《波士顿先驱报》的信，1924 年

想象

18　　伊戈尔·斯特拉文斯基手头的剧本译过来就是这样：

　　《春之祭》是一部有音乐伴奏的舞蹈作品。它描绘的是异教徒的俄罗斯，并由一个单一的主题贯穿始终：春天神秘而汹涌的创造性力量。作品没有任何情节……

　　第一部：大地之吻。庆祝春天的仪式……管乐声中，年轻的男人们在预卜吉凶。老妇出场。她知晓自然的奥秘和如何预测未来。涂着花脸的年轻姑娘们，排成一排从河里上来。她们跳着春天的舞蹈。游戏开始……人们分成两组，两两相对。长老们庄严的队伍。这些最年长也最有智慧的人，打断了春天的游戏，游戏停了下来。人们停止颤抖……长老们祝福春天的大地……人们在大地上激情起舞，使大地变得圣洁并与之融为一体。

　　第二部：献祭。少女们整夜转着圈，做着神秘的游戏。其中一名少女被献出来作为祭品，而且是两次被天意选中，两次在这种不停歇的舞蹈中被捉住。少女们跳着婚礼上的舞蹈向她——那被选中的少女致敬。她们祈求祖先的护佑，并把选中的少女交给长老。在跳着神圣舞蹈的长老们面前，她做了祭品——这就是献祭。①

1913 年 5 月 29 日

　　对于 1913 年 5 月 29 日星期二晚上《春之祭》（后文简称

---

① Vera Stravinsky and Robert Craft, *Stravinsky* (New York, 1978), 75.

《祭》）在香榭丽舍剧院的首场演出，觉得自己有资格描述的人很多：加布里埃尔·阿斯特吕克（Gabriel Astruc）、罗莫拉·尼任斯基（Romola Nijinsky）、伊戈尔·斯特拉文斯基、米西亚·塞尔特、玛丽·兰伯特（Marie Rambert）、布罗尼斯拉娃·尼任斯卡娅（Bronislava Nijinska）、让·科克托（Jean Cocteau）、卡尔·范韦克滕（Carl Van Vechten）和瓦伦丁·格罗斯（Valentine Gross）。他们的叙述在一些重大细节上各执一词，但有一点全都一致，那就是演出引发了地震般的反响。　19

　　当晚的演出在八点四十五分开始。很多来观看演出的观众都特别优雅。所有人都很兴奋。人们一连几个星期都在谈论俄罗斯芭蕾舞公司为巴黎的新演出季准备的艺术享受。事先的宣传提到，巴黎将会体验到"真正的艺术"和"真的艺术"，即不受时空限制的艺术。票价翻了一番。人们翘首以待。由尼任斯基编舞并表演的德彪西的《游戏》（Jeux），两个星期前举行了首次公演。那是史上首部穿着现代服装——在这里，就是指当时的运动服——演出的芭蕾舞剧，但即便是对现代艺术抱有好感的人，对它的反应也比较冷淡。人们本来期待能看到尼任斯基这位新"维斯特里斯"[1] 的精湛技艺，结果许多人觉得，只看到一些稚气的动作。亨利·基塔尔（Henri Quittard）在《费加罗报》上称这种表演"矫揉造作、毫无头绪"，并表示如果观众只是听听剧中的音乐，那还要舒服一些。[2] 现在，许多人都期待《祭》剧会弥补那种失望，并再现"俄罗斯演出季"先前的魅力与轰动——那时的巴黎上

----

① 此前法国的加埃唐·维斯特里斯（Gaétan Vestris，1729～1808）和奥古斯特·维斯特里斯（Auguste Vestris，1760～1842）父子都有"舞神"的称号，这里是指当时人们把尼任斯基视为新的"舞神"。——译者注

② *Le Figaro*, May 17, 1913.

流社会，还有艺术界和知识界人士，都对东方式狂饮作乐的场面以及其他充满异国情调的东西如痴如狂。

那天晚上，上流社会得到了充分的体现：深紫色华丽的剧院内饰和黑白搭配的燕尾服，再加上珠光宝气的头饰和飘逸的丝质长裙。除了衣冠楚楚、自命不凡的社交家，还有自以为行家的唯美主义者——他们是穿着便服来的，有的束着发带，有的戴着五花八门的软帽，而软帽在当时被认为是一种标志，是对抗上层阶级硬邦邦的高顶礼帽和常礼帽的。加布里埃尔·阿斯特吕克声称，现场来了大约 50 名俄罗斯人的热情崇拜者，其中包括那些他称为"戴着便帽的斯特拉文斯基极端拥护者"。[1] 留长发和蓄胡须的人也很多。对于出席此类场合的唯美主义者，不管是戴着帽子还是一头乱发，科克托说："他们会为了新奇的东西而胡乱鼓掌，只是想表达自己对坐包厢的人的蔑视。"[2] 总之，现场有一帮现成的啦啦队，准备弄出点动静。

不过，只从衣着还看不出 1913 年艺术或其他的趋势。不可预测性就是最流行的时尚。在随后一次《祭》剧的演出中，格特鲁德·斯坦（Gertrude Stein）看到了坐在下层座位上的诗人纪尧姆·阿波利奈尔（Guillaume Apollinaire），后者宣称自己是"传统与革新之间这场漫长争吵的仲裁人"。

他穿着晚礼服，正殷勤地吻着一个个气度不凡的女士的手。他是他那帮人当中第一个在大庭广众之下穿晚礼服、

---

[1]　Gabriel Astruc, *Le Pavilion des fantômes* (Paris, 1929), 286-87.

[2]　Jean Cocteau, *Oeuvres complètes*, 11 vols. (Geneva, 1946-1951), IX: 43-49.

行吻手礼的人。看到他那样，我们都觉得十分有趣，也非常高兴。①

换句话说，震撼与惊异便是绝顶的雅致。

不管着装如何，首演当晚的观众都扮演了科克托所说的"为其准备好的角色"。那角色是什么？自然是被激怒，但同样也要惹怒别人。围绕《祭》剧的骚乱，既有针对作品本身的，也有针对部分观众对其同伴的反应的。台上的演员想必会不时感到糊涂，弄不清楚谁在表演，谁又是观众。

在开头几小节巴松管伤感的旋律过后不久，抗议就开始了，先是吹口哨。大幕拉开，演员登场。他们上下跳跃，而且一反常规，在用足尖站立的时候，内收而不是外展，于是，尖叫声和嘘声四起。"已经拿大家开过一次玩笑了，"亨利·基塔尔在《费加罗报》上写道——他指的是《游戏》，"再开同样的玩笑，而且方式如此拙劣，那就不太得体了。"②把芭蕾这种最富有生气也最灵动的艺术形式变成奇形怪状的模仿艺术，是在侮辱高雅的趣味和观众的诚实性。这就是反对者的态度。他们感到自己被冒犯和嘲弄了。鼓掌是支持者的反应。于是，混战开始。

恶言相向是肯定的；很可能还要来上几拳；也可能是节目单，好在日后摆出一副心满意足的样子。不管是不是真的像夸张的罗莫拉·尼任斯基声称的那样，恶言相向引发了次日早晨的决斗；不管是不是真的有上流社会的女士把唾沫吐在男人脸

---

① Carl Van Vechten（ed.），*Selected Writings of Gertrude Stein*（New York，1946），113.

② *Le Figaro*，May 31，1913.

上；不管德·波达尔斯伯爵夫人（Comtesse de Pourtalès）是不是真的像科克托说的那样站了起来，发冠歪斜，摇着扇子说："我活了60岁，这还是头一次有人敢取笑我。"所有这些细节对于这场骚乱的意义来说都无关紧要。至于愤慨和激动，那可太多了。实际上，当时的吵闹声大得连音乐几乎都时不时被淹没了。

但有没有被完全淹没呢？有些说法给人的印象是完全被淹没了，除了乐队的乐师和指挥皮埃尔·蒙特（Pierre Monteux），在开头几小节过后，没有人还能听得清音乐，连舞者也是如此。先是科克托，然后是斯特拉文斯基，给我们留下了这样的画面：尼任斯基站在舞台侧厢的椅子上，大声朝演员们喊着节奏。① 但他那么做是因为编舞的困难和在音乐总谱中缺少惯常的节奏——尼任斯基在排练时就一直那么做——而不是像科克托和斯特拉文斯基想让我们相信的那样，是因为舞者听不清楚乐队的演奏。那天晚上在剧院的门厅里，正在展出瓦伦丁·格罗斯关于俄罗斯芭蕾舞团的素描。她给我们的描述轻松、愉快，但有点不合常理：

> 台上台下的演出我全都没有错过。站在当中的两个包厢之间，身处漩涡的中心，和朋友们一起鼓着掌，我感到非常轻松。当时我想，为了保证演奏声低得听不出来的乐师和耳朵已经被震聋的舞者协调一致，服从他们看不到的编舞的严格要求，一定进行着艰难的斗争，而那斗争中肯定有什么奇妙的东西。那晚的芭蕾真是太美了。②

---

① 关于科克托，参见前面的注释3；关于斯特拉文斯基，参见他的 *Conversations*（London，1959），46。

② Richard Buckle, *Nijinsky*（Harmondsworth，1980），357.

乐师们的演奏听不到，舞者们也没办法去听清楚——她在这里描绘的画面是不是带有抽象而荒诞的性质？但是，尽管瓦伦丁·格罗斯正如她所暗示的那样无法听清楚音乐，尽管她不知道演员们是在按什么节奏跳舞，她却说那晚的芭蕾"太美了"！她是在说自己当时对正在上演的艺术作品的所见所闻，还是在说自己事后想起整个有趣的事件时的反应？

卡尔·范韦克滕的描述也带有现代派剧作家的笔法。在1913年作为《纽约新闻》（*New York Press*）的戏剧批评家前往欧洲之前，他曾是《纽约时报》的音乐和舞蹈批评家，而当时在美国，像这样的人可是第一个。几个月前，他还帮助马贝尔·道奇（Mabel Dodge）在纽约发起了她著名的沙龙。对于《祭》剧的首次公演，他写道：

> 开头几小节演奏过后，就出现了猫叫声和嘘声，接着就是一连串的尖叫声，尖叫声又遭到掌声的还击。我们为艺术而战（我们中有人认为它是，有人认为它不是）……大约40名抗议者被赶出剧院，但那无济于事。观众席上的灯全都打开了，但骚乱并没有停止。观众席上耀眼的灯光让舞台显得昏暗不明，我记得，皮尔茨小姐［被选中的少女］就在那样的舞台上跳着她奇怪的、带有宗教狂热的舞蹈，就好像在为一群愤怒的男男女女断断续续的胡言乱语伴舞。①

23

---

① Carl Van Vechten, *Music and Bad Manners* (New York, 1916), 34.

舞者伴着观众的吵闹声起舞，这样的画面奇妙而又令人印象深刻。观众和芭蕾舞演员一样，成了这次著名演出中的一分子。被逐出的抗议者是哪边的呢？有 40 个吗？要把那么多人赶出去，肯定需要整整一小队安保人员。但没有任何人提到，就连剧院经理加布里埃尔·阿斯特吕克也没有提到，为了预防万一而安排过这样的人员在场或赶出过那么多人。另外，与范维赫滕的说法相反，布罗尼斯拉娃·尼任斯卡娅声称，在表演玛丽亚·皮尔茨（Maria Piltz）的那段"被选中的少女的舞蹈"时，现场是相对安静的。[①]

对于首演当晚群情激愤的场面，范韦克滕在别的地方又给出另外一种说法，这表明他在细节上可以说并不是一个可靠的信息来源。《祭》剧的首场和第二场演出他显然都去看了，而他，往好里说，似乎是把这两场演出中发生的事情搞混了。

> 当时我正坐在一间包厢里——我在那里租了个座位。我前面坐着三位女士，后面坐着一个年轻男子。演出中，他为了让自己看得更清楚，就站了起来。由于剧中的音乐太有力了，他激动得不能自已，竟然开始用他的双拳有节奏地敲打起我的头顶。我当时正在兴头上，好长时间都没有感觉到他的击打，因为那完全和音乐的节奏一致。当我感觉到了，我便转过身。他的道歉是真心实意的。我俩当时都忘乎所以了。[②]

从这段话来看，当时的音乐显然是可以听到的！范韦克滕

24

---

① Bronislava Nijinska, *Early Memoirs* (New York, 1981), 470.

② Carl Van Vechten, *Music After the Great War* (New York, 1915), 88.

想让我们相信他描述的就是那个喧嚷的首演之夜，但我们从格特鲁德·斯坦那儿得知，她就是坐在范韦克滕前面的"三位女士"之一，而她只看了第二场，也就是星期一的那场！而按照瓦伦丁·格罗斯的说法——她看了那年5月和6月《祭》剧在巴黎的全部四场演出——头天晚上那种叫骂的场面再也没有出现过。这只不过表明，格特鲁德·斯坦的描述并不比其他人的更可信："我们什么也听不到……不夸张地说，整个演出从头到尾都听不到音乐声。"① 不夸张？100多种乐器的配乐都听不到？格特鲁德·斯坦和艾丽斯·B.托克拉斯（Alice B. Toklas）② 一起回了家。她为这出芭蕾舞剧写的不是文章，而是一首叫作《某人》的诗——她包厢里的那个陌生人卡尔·范韦克滕给了她灵感。当时，她或许根本没在听。

我们该相信谁的？加布里埃尔·阿斯特吕克在他的回忆录中说，首演之夜的演出开始后不久，他就从自己的包厢中大声喊道："先听着！你们可以过后再吹口哨！"于是，就好像慑于海神尼普顿的三叉神戟的威力，风暴马上就减弱了："人们在听作品结尾部分的时候显然安静多了。"尽管人们在回忆录中的说法存在许多明显的矛盾，但所有描述1913年5月29日首演之夜的二手文献还是不加分析地引用那些回忆录。

但媒体的报道又怎样呢？对于帮助我们弄清楚到底发生了什么，它们并不见得比回忆录更可靠。它们是由在场的批评家而不是严格意义上的记者写的，所以就跟观众中出现分化一样，

①　Nigel Gosling, *Paris* 1900 - 1914（London，1978），217. 另见 John Malcolm Brinnin, *The Third Rose：Gertrude Stein and Her World*（London，1960），190 - 91.

②　美国人，20世纪初巴黎先锋派的成员，格特鲁德·斯坦的情人。——译者注

批评家们也都带有各自的成见。批评性的评论全都是针对斯特
拉文斯基的配乐而不是尼任斯基的编舞，这虽说反映了批评家
的训练有素，但不管怎么样，它也说明音乐实际上还是基本可
以听到的。

　　对于这样的众说纷纭，我们该怎么办？难道没有足够的证
据可以证明，引起麻烦的与其说是作品本身，不如说是观众当
中的捣乱分子，是他们的期待、他们的偏见以及他们对于艺术
的先入之见？正如我们将会看到的那样，作品肯定是利用了，
但很难说是制造了观众的紧张情绪。回忆录作者的描述，甚至
是批评家的叙述，都把注意力放在作品所引发的公愤上，而不
是放在剧中的音乐和舞蹈上；都把重心放在所发生的事情上，
而不是放在艺术上。在目击者当中，从来没有谁提到过开幕当
晚的其他节目，也未提到过人们对《仙女们》（Les Sylphides）、
《玫瑰精灵》（Le Spectre de la Rose）和《伊戈尔王》（Prince
Igor）的反应。有些人——比如事后回想的时候还被这 20 世纪
初的"特殊事件"弄得神魂颠倒的格特鲁德·斯坦——明明不
在场却还暗示说他（她）们在场。可我们能责怪他（她）们
吗？成为那晚观众当中的一分子，就是参与了现代艺术的创造
本身，而不只是参与了另一场演出。因为对于这种艺术的意义
而言，观众的反应过去是，现在仍然是和那些引入这种艺术的
人的意图一样重要的。艺术已经超越了理性、教诲以及道德目
的：艺术成了挑衅和事件。

　　因此，让·科克托在他那篇充满断裂感并且与《祭》剧的
打击乐风格十分相似的散文中，给我们描绘了很多关于首演之
夜的令人难忘的画面。他毫不犹豫地承认，他更在乎"主观
的"而不是"客观的"真实；换句话说，更在乎他的感觉和想

象，而不是实际发生的事情。他讲述的《祭》剧演出结束后发生的事情——他说，他，还有斯特拉文斯基、尼任斯基以及佳吉列夫，在深夜两点的时候一起驱车前往布洛涅森林，佳吉列夫还开始泪流满面地背诵普希金的诗句——不过是戏剧、诗和散文的合体，而且也已被斯特拉文斯基否认。但我们的其他目击者大多也差不多。

26

瓦伦丁·格罗斯的描述同样充满文学色彩：作曲家莫里斯·德拉日（Maurice Delage）的脸"气成了绛紫色"，莫里斯·拉威尔（Maurice Ravel）"像斗鸡一样气势汹汹"，诗人莱昂－保罗·法尔格（Léon-Paul Fargue）"向发出嘘声的包厢说着狠话"。作曲家弗洛朗·施米特（Florent Schmitt）据说骂十六区上流社会的女士是"婊子"，骂奥匈帝国大使是"老无赖"。有人说圣桑斯（Camille Saint-Saëns）早早就愤然离场了，而斯特拉文斯基则说他甚至都没有到场。所有这些都是带有文学性质的东西，或者是经过自我和记忆的发酵而变为虚构之物的事实。

但另一个阵营，即因循守旧的艺术家或者是唯美主义者所谓的对艺术一窍不通的人又怎么样呢？他们的证言自然比较有限。大部分批评意见几乎立刻就见诸报端了，可它们也都把注意力集中在发生的事情上，集中在艺术隐含的社会意义而不是艺术本身上。

虚构止于何处而事实又始于何处呢？那个喧嚷的夜晚完全可以充当它所处时代的象征，充当这个世纪的分水岭。从巴黎新落成的极具现代特色的香榭丽舍剧院内部的布置，到主要人物的想法和意图，再到观众乱哄哄的反应，《祭》剧的首演之夜成了"现代主义"发展的里程碑。现代主义首先是一种与轰动性事件有关的文化。通过轰动性事件，艺术与生活融为一体，都变成了关乎能量的事情。由于观众在这种文化中有着极其重要的意义，我们必须要看一看《祭》剧所处的更广泛的背景。

香榭丽舍剧院

27　　蒙田大街位于第八区香榭丽舍大街和阿尔玛广场之间。这片区域是巴黎在 19 世纪临近结束时重新开发的，它甚至早在 1914 年前就因为上层资产阶级而成为时尚之区。上层资产阶级住在哪里，帕克蒙索、夏约、讷伊和帕西也住在哪里。在这条林荫大道的 13 号，坐落着香榭丽舍剧院。如今，世界上最顶尖的艺术家都在那儿演出。

　　剧院是奥古斯特·佩雷（Auguste Perret）的杰作之一，他被有些人视为"法国现代建筑之父"。[1] 它建于 1911～1913 年，属于第一代钢筋混凝土建筑。不过，除了使用新材料（钢筋和混凝土）取代砖石，佩雷主要把被他看作一种新风格的诚实与简朴，融入和展现在自己的作品中。他和同时代人托尼·加尼耶（Tony Garnier）一起，反对从过去流传至今的阴郁繁复的建筑风格，或者是当时新艺术运动中的过度修饰和做作的样式。干净的线条和材料使用上的新的开放性最为重要。"像所有基于虚假原则的建筑一样，"加尼耶写道，"古代建筑也是一种错误。真本身就是美的。在建筑上，真是计算的结果，是为了用已知的材料满足已知的需要。"[2]

　　这话放在那个浮华的时代，可谓大胆而又具有攻击性。同时，它也呼应了其他地方的，尤其是德国和奥地利的建筑师以

---

[1]　J. M. 理查兹（J. M. Richards）就是其中之一，见其所编 *Who's Who in Architecture* (New York, 1977), 252。

[2]　Nikolaus Pevsner, *Pioneers of Modern Design* (Harmondsworth, 1970), 181.

及城市规划师类似的观点。"装饰即罪恶。"建筑师阿道夫·路斯（Adolf Loos）坚持这样认为。1908 年，佩雷的事务所有一位年轻的合伙人，21 岁的瑞士人查理–爱德华·让纳雷（Charles-Édouard Jeanneret）。他上午在那里工作，下午学习。一天，佩雷问这位日后改名为勒科尔比西耶（Le Corbusier）的年轻人，有没有去看过凡尔赛宫。"没有，我永远都不会去！"后者答道。"为什么？""因为凡尔赛宫和古典时代无非堕落而已！"①

28

1902～1903 年，佩雷曾在富兰克林路 25 号建了一座八层高的公寓楼，它在材料使用及空间效果上都是革命性的。两行凸出的柱形飘窗，没有支撑，仿佛悬空一般，而且全都特意采用了长方形的玻璃和混凝土。临街正面有一些浮雕，但与新艺术运动的风格明显不同，它看起来并不让人觉得突兀。思想比较传统的美术学院培养出来的人认为，这件简朴得惊人的新作，更像是工程上的东西而不是艺术品。对香榭丽舍剧院的评价也差不多。

这个时代的奢华建筑大多因袭了 17、18 世纪的风格，几乎没有什么想象力，而那种风格本身又是以起先复兴于意大利然后向北输出的古典样式为基础的。距蒙田大街不过一箭之遥的大皇宫和小皇宫，是为 1900 年的世界博览会建造的，当时巴黎还举行了庆祝活动。这两座建筑的调和风格就体现了它们那种模仿的倾向。相形之下，香榭丽舍剧院看上去比较沉闷。它的线条干净得甚至有点冷漠。这座钢筋混凝土建筑，表面光滑，棱角分明，显得力道十足。为广告牌留下的空间以及正面的其他

---

① Peter Collins, *Concrete, the Vision of a New Architecture* (London, 1959), 153.

长方形图案，和窗户、入口以及作为唯一外墙装饰的安托万·布德尔（Antoine Bourdelle）的高浮雕镶板，在几何形状上非常协调。门厅处对大理石的大量采用，更是强化了冷淡与缄默的印象。

按照设计者的说法，这座建筑注重的是社会需要而非个人的奇思妙想，它只考虑真实与诚挚，反对做作和虚伪。然而，与其他公共建筑，尤其是与仅早四十年建成的巴黎歌剧院相比，这种整体上的质朴无华却让许多人觉得意外和不快。就连主观众席，虽然用紫红色和金色装点得很艳丽，而且还有莫里斯·德尼（Maurice Denis）绘制的壁画，但给人的感觉也只是空间上的整洁。作为后印象派理论家之一的德尼，强烈主张艺术要摆脱模仿，即摆脱通过模仿去阐释现实的路子。"我们必须关起百叶窗。"他说。①

很多人动辄指责这座新剧院是外来影响的产物。不管怎么说，奥古斯特·佩雷是在比利时布鲁塞尔附近的伊克塞勒出生的，他的石匠父亲因为在1871年巴黎公社期间朝卢浮宫开过枪而被判死刑，之后就逃到那里。很显然，这样的家庭肯定会对法国传统的东西抱有敌意。参与了这座建筑早期设计工作的佛兰芒建筑师亨利·范德维德（Henry Van de Velde），也是一位早期的革新者。因为受英国工艺美术运动思想的影响，他从美艺术转向实用艺术，并提出了他所谓的"自由美学"观念。他的赞助者大多为德国人，而且他也在德国任教。由于和国外的这些联系，艺术家 J. L. 福兰（J. L. Forain）嘲笑这座新剧院是"蒙田大街上的齐柏林飞艇"。多产的艺术批评家埃米尔·巴亚

① Daniel Bell, *The Cultural Contradictions of Capitalism* (New York, 1976), 110 – 11.

尔（Émile Bayard）想到的是"墓碑"，而建筑师阿方斯·戈塞
（Alphonse Gosset）也对这座建筑冷嘲热讽，影射其受德国的
影响：

> 很容易受圆润洪亮的歌声和催眠术般的音乐影响的德
> 国人，接受这种隐遁的生活或许还可以理解，但巴黎人，
> 要是缺少了明亮的灯光和优雅，那可不行！

当时人们往往把这座建筑视为对自诩为趣味高雅、快乐且 30
彬彬有礼的巴黎人的一种冒犯。①

之所以提到德国，并不仅仅出于在一个民族主义情绪重新
抬头的时代对敌人的仇恨。当时，在接受工业，接受城市发展
的必然性，并以此为基形成新的建筑风格方面，德国的的确确
是领先的。在德国，新的建筑美学依然饱受非议，但尽管如此，
它已不再是只有少数人服膺的先锋派风格了。到 20 世纪第一个
十年结束的时候，许多一流的艺术院校都是由具有创新思维的
人掌舵的，例如杜塞尔多夫的彼得·贝伦斯（Peter Behrens）、
布雷斯劳的汉斯·珀尔齐希（Hans Poelzig）、魏玛的亨利·范
德维德。1907 年，颇具影响力的"德意志制造联盟"成立。它
在所有的工业产品中都锐意追求品质、实用和美，这种精神深深
影响了整整一代学生，其中就包括瓦尔特·格罗皮乌斯（Walter
Gropius）和路德维希·米斯·范德罗厄（Ludwig Mies van der
Rohe）。还是在 1907 年，德国电气公司巨头，德国通用电气公
司，任命彼得·贝伦斯为建筑顾问，这表明新思想已经是多么

① Pierre Lavedan, *French Architecture*（Harmondsworth，1956），227；Collins,
Concrete，191.

深入人心。奥地利的情况也差不多。因此，可想而知，当时在许多法国人的眼中，奥古斯特·佩雷即便没有公开受雇于德国人，也已经是在精神上被德国人收买的坐探。

加布里埃尔·阿斯特吕克受到的指责与佩雷差不多。和1914 年前的大多数法国人不一样，这位巴黎的剧院经理公开承认自己喜欢外国的东西，喜欢外国人。① 作为西班牙的犹太人后裔和大拉比的儿子，阿斯特吕克是个在感情上毫无节制的人。他一向酷爱马戏，他在自己的回忆录中能一边大谈管理上的成就，一边兴致勃勃、绘声绘色地讲述自己亲眼见到的用断头机处死四名罪犯的经过。他依靠婚姻进入了埃诺克（Enoch）音乐出版公司，又在音乐爱好者兼文化赞助人伊萨克·德·卡芒多伯爵（Count Isaac de Camondo）及其土耳其银行家族的资助下，于 1904 年 4 月成立了一个名为"音乐协会"的促进机构。

阿斯特吕克把国外的优秀艺术家源源不断地引入巴黎，例如，来自波兰的万达·兰多夫斯卡（Wanda Landowska）和亚瑟·鲁宾斯坦（Arthur Rubinstein），参加了 1905 年"意大利演出季"的恩里科·卡鲁索（Enrico Caruso）、利娜·卡瓦列里（Lina Cavalieri）和蒂塔·鲁福（Titta Ruffo），还有 1910 年纽约的整个大都会歌剧团，里面有阿尔图罗·托斯卡尼尼（Arturo Toscanini）。阿斯特吕克的贡献还包括给巴黎带来了美国黑人巡回剧团，该剧团让巴黎人领略到黑人的灵歌及蛋糕舞（cakewalk）②。

阿斯特吕克由此奠定了"国际艺术赞助委员会"的基础，

---

① Astruc, *Le Pavillon*, 240 – 59.
② 一种起源于美国南方黑人的舞蹈，因其最初以蛋糕为奖品而得名。——译者注

它为各国艺术家的访问交流提供了十分重要的精神支持。法国分部负责人是美丽活泼的格雷菲勒伯爵夫人（Comtesse Greffuhle）——普鲁斯特的德·盖尔芒特公爵夫人和亲王夫人两人，部分就是以她为原型的，她还被另一位仰慕者认为是本来会为韦罗内塞（Paolo Veronese）和蒂耶波洛（Giovanni Battista Tiepolo）带来灵感的"女神"。① 美国的代理机构中有威廉·K.范德比尔特（William K. Vanderbilt）、约翰·J. 阿斯特（John J. Astor）、克拉伦斯·麦凯（Clarence Mackay）、詹姆斯·斯蒂尔曼（James Stillman）和皮尔庞特·摩根（Pierpont Morgan）。在伦敦，德·格雷夫人（Lady de Grey）赢得了波特兰（Portland）和拉特兰（Rutland）两位公爵夫人以及金融家兼国王的朋友欧内斯特·卡斯尔爵士（Sir Ernest Cassel）的支持。

　　阿斯特吕克是在 1906 年开始酝酿建造一座新剧院的，而在把想法变为现实的这七年当中，他遭遇了重重阻力：巴黎歌剧院和巴黎喜歌剧院的管理方担心会带来竞争，因为阿斯特吕克推动的明星制会抬高票价，进而导致观众人数的减少；此外，他注重新奇性，这会鼓励那些草率的和昙花一现的作品。国家和市政官员对于建造新剧院的明智性和目的性表示怀疑。反犹派诬称他财迷心窍，想破坏现行的主流价值观。"要把建造'我的剧院'这个奇迹般的、令人寒心的故事原原本本地讲出来，"阿斯特吕克在回忆录中用他特有的措辞写道，"那说来话长。我不是每一块石头都清楚，因为那是用水

32

---

① 　就像雅克－埃米尔·布朗什告诉我们的，她的名字的读音为"格雷弗耶"（Greffeuille），见前者所著 La Pêche aux souvenirs（Paris，1949），202。Albert Flament，Le Bal du Pré Catalan（Paris，1946），258；George D. Painter，Proust：The Early Years（Boston，1959），115.

泥造的，但每一根钢筋我都了解。"① 不过剧院还是建成了，而且得到了有眼光的范德比尔特、摩根、斯蒂尔曼、罗斯柴尔德（Rothschild）和卡斯尔的资金支持，还有来自纽约大都会歌剧院董事会主席奥托·H. 卡恩（Otto H. Kahn）的精神和财力支持。

剧院于 1913 年 3 月 30 日开业。照射在正面的灯光让这座建筑物显得格外洁白而简朴，也使得布德尔的阿波罗和缪斯众女神浮雕装饰带显得格外醒目。阿斯特吕克注意到，赶来参加开业音乐会的首晚观众都非常喜欢柏辽兹（Hector Berlioz）的《本韦努托·切利尼》（*Benvenuto Cellini*）以及韦伯（Carl Maria von Weber）的《魔弹射手》（*Der Freischütz*）。

> 一进大厅，人们起初似乎有点眼花缭乱。然后，他们便开始打量起来。有人兴奋，有人窃笑。大多数人在发表意见之前先等着，听旁边的其他人怎么说。"慕尼黑""德国新古典主义"，这样的词随处可以听到。

雅克－埃米尔·布朗什（Jacques-Émile Blanche）听到了类似的反应，比如"神智学者的神殿""比利时人的"，但他也敏锐地注意到，无论是剧院的某些艺术图案还是它的节目，都明显是在顺从传统。整个这项计划是一次把现代冲动和传统冲动结合起来的具有象征意义的尝试，② 然而，对于这样一种解决问题的方式，巴黎还没有做好准备。

---

① Astruc, *Pavilion*, 282.
② 同上书，283 - 84；Blanche, "Un Bilan," *Revue de Paris*, t. 6（November 15，1913），283 - 84。

佳吉列夫和俄罗斯芭蕾舞团

"首先，我是个十足的假内行，" 1895 年，谢尔盖·佳吉列 33 夫在给自己继母的信中写道："不过充满了活力；其次，非常有魅力；三，我脸皮厚；四，我这人很讲逻辑，但几乎没有原则；五，我觉得自己没有真才实学。不管怎样，我想我刚刚发现了自己真正的使命——做一个米西奈斯①。攒钱的本事我都有——该来的总是会来的。"②

这番话现已因为其风趣及自我评价之准确而理所当然地出了名。

佳吉列夫的背景中有一大堆矛盾的东西，有真实的，也有想象的。其中最深刻的也许就是，他的生恰好是他母亲的死。米西亚·塞尔特，一个将会成为他的密友并且同样挥霍无度的人，有着相似的命运。两人似乎都仅仅因为活着而终生忍受负罪感的折磨。佳吉列夫的父亲是个外省贵族，不过一心扑在生意上，经营了几座大的酒厂。他是个军人，却深爱着音乐。在俄罗斯，这两样哪一样都很寻常，可那做儿子的却因为越来越西化而开始苦恼于自己的过去及教养中的矛盾之处。尽管佳吉列夫在长大一些之后会努力摆出一副见过大世面的样子，但他从来没有断绝自己外省人的根性。因而在他的内心中，在他早年的成长经历和成年后的抱负之间，始终存在着一种张力。

佳吉列夫开始在圣彼得堡读大学的时候是想成为律师，接

① 原指古罗马一位热心赞助文学艺术的富有贵族盖乌斯·米西奈斯（Gaius Maecenas，前 70 ~ 8 年），后来在西方成了文学艺术赞助者的代名词。——译者注

② Arnold Haskell, *Diaghileff* (London, 1935), 87.

34 着他又在音乐学院学习作曲。他写过一些歌曲，甚至还写过一幕以鲍里斯·戈杜诺夫（Boris Godunov）① 为主题的歌剧。他的钢琴弹得很潇洒，而且还有一副男中音的好嗓子——他至少有一次在音乐会上唱了《帕西法尔》（*Parsifal*）和《罗恩格林》（*Lohengrin*）中的咏叹调。他还涉足过绘画。他既没有成为律师，也没有成为作曲家或画家。罗莫拉·尼任斯基说，提起佳吉列夫，音乐家说他不是音乐家，画家说他是半吊子，但双方对他在对方艺术领域中的才能又都赞不绝口，这就和政治家在谈到本杰明·迪斯雷利（Benjamin Disraeli）的时候认为他是个优秀的作家，而作家又认为他是位大政治家一样。不过，佳吉列夫在法律方面受过的训练和他对各种门类艺术的兴趣，将会以富有成效的方式结合起来。②

　　佳吉列夫的家庭背景、所受过的教育以及社会关系——他有个叔叔是19世纪90年代沙皇的内务大臣，是他把佳吉列夫引入了宫廷社会——使得保守的帝国传统对他的影响根深蒂固。但在他的天性中，显然也有一些可与之抗衡的东西：因为觉得夺走了自己母亲的生命而同情母权制；他的同性恋倾向——这一点他接受得相对来说有点早，而且似乎还喜欢拿它来炫耀；总的来说，他对美比较敏感，这使得他在20多岁时就打扮得像个公子哥——满头乌发中夹着一缕银丝，整齐的小胡子，带链子的单片眼镜。他还有意让人以为，他的家族是彼得大帝的非婚生一脉。这里有满不在乎，也有焦虑；有装模作样，也有负

---

① 伊凡雷帝朝的鞑靼贵族。他在伊凡雷帝死后很快便掌握大权，并在1598～1605年成为俄国沙皇。——译者注

② Romola Nijinsky, *Nijinsky*（New York, 1934），49. 在理查德·巴克尔（Richard Buckle）的《佳吉列夫》（纽约，1979）中，有他生平方面大量的细节。

罪感。佳吉列夫想把这些不同的倾向暂时结合在一起，比如做好管理皇家剧院的官员的顾问。但对于自己反对当权者的态度以及其他离经叛道的行为，他并不愿隐忍不发，而俄罗斯的当权者也没能灵活地化解它们。它们被认为是对帝国当局的不敬，是不可容忍的，结果在 1901 年，他被解雇了。他的离开很可能是不可避免的，因为他已经进行了大量的创业活动。他开始像彼得大帝一样，说要打开一扇面向欧洲的窗户。

35

19 世纪 90 年代初就游历过欧洲的许多地方，并且在 1893 年 21 岁的时候又继承了母亲财产的佳吉列夫，开始不温不火地行动起来。起初是办艺术展——为圣彼得堡组织了几场画展，先是英国和德国的水彩画，然后是斯堪的纳维亚艺术，接着又是俄罗斯绘画。这些他都是先在俄罗斯展出，然后又到欧洲的其他地方。1898 年，他和一帮朋友创办了一份名为《艺术世界》（*Mir iskusstva*）的豪华出版物。杂志办了六年，虽说寿命相对较短，发行量也很小，从来没有超过 4000册，却凭借对保守的学院派和极端的社会功利主义思想的抨击，以及对于从印象派到未来派的西方艺术新潮流的宣传，而在俄罗斯艺术界引发了激烈的争论。1899 年，他在圣彼得堡举办的法国印象派和其他现代派画家的画展，激起了人们的浓厚兴趣。

佳吉列夫开始在国际上得到认可是在 1905 年，那是他早年生活中的又一个标志性矛盾。那一年对于俄国来说，是战争与革命的一年。日本人打垮了沙皇的军队和舰队，圣彼得堡举行抗议活动的工人在"流血星期日"遭到哥萨克骑兵的屠杀，农民在农村烧掠地主的庄园，而工人则号召举行托洛茨基后来所说的布尔什维克"革命彩排"的总罢工。在这不寻常的一年，佳吉列夫，这位公子哥兼唯美主义者，在圣彼得堡叶卡捷琳娜大帝为其情夫波将金（Potemkin）建造的塔夫利宫，举办了一场令人惊叹的俄罗斯历史肖像画展。那些画都是他不辞劳苦从各省搜集和从欧洲其他地方借来的。这次画展得到了沙皇的慷慨资助。画展从 2 月开始，展品包括 4000 幅油画，其中彼得大帝的肖像画 35 幅、叶卡捷琳娜大帝的 44 幅、亚历山大一世的 32 幅。在 5 月画展结束之前，参观者已经达到 45000 人。① 即便是纽约现代艺术博物馆 1929 年的开馆画展，尽管做了大量宣传，所吸引的参观者也只有 5000 多人。俄罗斯在其官方历史上从来没有做过那么有底气的公开报道。必须强调的一点是，佳吉列夫这位正在崭露头角的实验主义者，这位将会具有非凡"现代精神"的管理者，正是在俄罗斯过去的基础上起步的。

第二年，他在巴黎的小皇宫为"秋季沙龙"组织了一场俄罗斯画展。展品非常具有代表性，从圣像画到 18 世纪肖像画，再到《艺术世界》圈内人士的作品。米哈伊尔·弗鲁别利（Mikhail Vrubel）、瓦连京·谢罗夫（Valentin Serov）、亚历山大·伯努瓦（Alexandre Benois）、列昂·巴克斯特（Léon Bakst）、姆斯季斯拉夫·多布任斯基（Mstislav Dobujinsky）、尼古拉·洛里奇（Nicholas Roerich）② 以及米哈伊尔·拉里奥诺夫（Mikhail Larionov）等人的作品悬挂其中。画展赞助人委员会主席是弗拉基米尔大公（Grand Duke Vladimir），成员包括格雷菲

---

① John E. Bowlt, *The Silver Age*: *Russian Art of the Early Twentieth Century and the "World of Art" Group* (Newtonville, Mass. , 1979), 166 – 67.
② 俄罗斯画家、作家和神智学者，佳吉列夫《艺术世界》的主要成员，《春之祭》的舞台和服装设计。——译者注

勒伯爵夫人，她拥有很可能是巴黎最高雅的沙龙。佳吉列夫与其结识并给她留下了深刻的印象。他还请她支持他计划在来年举办的俄罗斯音乐节。

此后，成功便接踵而至。1907 年，从 5 月 16 日至 30 日，巴黎歌剧院接连举办了五场音乐会，它们广泛展示了俄罗斯音乐，里姆斯基－科尔萨科夫（Rimsky-Korsakov）、拉赫玛尼诺夫（Rachmaninov）和格拉祖诺夫（Glazunov）分别指挥了他们自己的曲目。歌唱家当中有夏里亚宾（Chaliapin）和切尔卡斯卡娅（Cherkasskaya）。那种圆润而富有戏剧效果的低男中音尤为成功。第二年，即 1908 年，经里姆斯基－科尔萨科夫改编的穆索尔斯基（Modest Mussorgsky）的《鲍里斯·戈杜诺夫》（*Boris Godunov*）被带到巴黎。这部歌剧讲的是 1598～1605 年在位的沙皇以及伪德米特里的故事，它在圣彼得堡并不受欢迎。宫廷社会特别反感的就是，故事中的有些内容让人对合法性、正义及权威产生了怀疑。不过，巴黎似乎很喜欢这部作品，特别是夏里亚宾扮演的鲍里斯。米西亚·塞尔特就着了迷："离开剧院的时候我心潮澎湃，感觉到自己生活中的有些东西已经起了变化。剧中的音乐久久地在我心头回响。"[1]

正是通过格雷菲勒伯爵夫人，佳吉列夫结识了加布里埃尔·阿斯特吕克。佳吉列夫现在已经向巴黎展示了俄罗斯的绘画、俄罗斯的音乐和俄罗斯的歌剧，而就像他后来说的："从歌剧到芭蕾只有一步之遥。"俄罗斯拥有出色的舞者，他们在俄罗斯之外还完全默默无闻，这一点是佳吉列夫转向芭蕾的重要原因。但还有一个理论上的原因，那也许更为重要。

---

[1]　Misia Sert, *Misia*, 151.

关于终极艺术，佳吉列夫用瓦格纳式的俏皮话宣称，芭蕾本身就包含了所有其他的艺术形式。瓦格纳曾经把歌剧想象为一种高级的戏剧形式，是音乐与言词的希腊式综合的进一步发展。不过，佳吉列夫声称，歌剧中存在视觉上的干扰，比如静止不动的歌者，以及听觉上的干扰，比如需要注意听取歌词，而所有这些都妨碍了艺术所必须具备的流畅性。"在芭蕾中，"对佳吉列夫有过很大影响的亚历山大·伯努瓦写道，"我要追求的是浑然一体的视听印象；在芭蕾中，要实现的是瓦格纳所梦想的，也是所有具有艺术天赋的人所梦想的'总体艺术作品'。"①

1911 年 6 月，完全被佳吉列夫迷住的斯特拉文斯基将向弗拉基米尔·里姆斯基-科尔萨科夫（Vladimir Rimsky-Korsakov）——那位作曲家的儿子——援引这一新的信条：

我对芭蕾的兴趣和热爱要超过对其他任何东西……假如某个米开朗基罗那样的人活在今天——看着他在西斯廷教堂的壁画时我这样想——那他的才华唯一会接受和认可的事情就是编舞……把美的问题作为柱石的唯一的、无出其右的戏剧艺术形式就是芭蕾。②

到 19 世纪末，寻找总体艺术作品，实际上是个普遍的梦想。部分是由于瓦格纳的巨大影响，各种艺术都在逐渐走向融合。德彪

---

① Janet Kennedy, *The "Mir iskusstva" Group and Russian Art*, 1898 – 1912（New York, 1977）, 343.

② Robert Craft, "Stravinsky's Russian Letters," *New York Review of Books*, February 21, 1974, 17.

西——这里以他为例，我们后面还会提到他——把马拉美的象征主义诗歌拿来作音画（tone painting）①的基础，而后者与绘画艺术中的印象主义实际上并无二致。

佳吉列夫和阿斯特吕克达成了一致。1909 年 5 月 19 日，由在皇家芭蕾舞学校接受过专门训练的，以及从圣彼得堡和莫斯科的各大皇家剧院临时邀请的 55 名舞者组成的俄罗斯芭蕾舞团，开始在巴黎的沙特莱剧院演出。首演的剧目包括《阿尔米达》（Le Pavillon d'Armide）、歌剧《伊戈尔王》中有鞑靼舞曲的那一幕以及《宴席》（Le Festin）。那一晚成了芭蕾编年史中的珍藏，而 1909 年的整个俄罗斯演出季都非常轰动。19 世纪末的时候，芭蕾在巴黎就如同在欧洲大部分地方一样，已经沦落到仅仅去表现美貌、娴熟而令人愉悦的步法、迷人的服装以及像理查德·巴克尔（Richard Buckle）说的，"用大量法国式的卖弄风情装扮起来的一点点意大利式的精湛技艺"②的地步。当时的舞台装饰还没有被当作艺术，还只是被看作工匠们的手艺。俄罗斯人改变了这一切。巴克斯特、伯努瓦和勒里希设计的布景和道具，以其明亮而艳丽的色彩以及奢华——例如使用真正的格鲁吉亚丝绸——而令人耳目一新。它们不再仅仅是背景，而是表演中不可或缺的一部分。福金（Mikhail Fokine）的编舞要求具备新的能量与体能，这在尼任斯基的跳跃以及帕夫洛娃（Anna Pavlova）和卡尔萨温娜（Tamara Karsavina）的优雅中有着令人惊叹的表现。卡尔萨温娜在自传中谈到了尼任斯基的一件趣闻，它不仅反映了后者的敏捷，还

① 尤指在标题音乐和印象主义乐曲中使用不同的音色以及象征性的音响来制造音乐效果。——译者注
② Buckle, *Nijinsky*, 92.

有他的心态。

> 有人问尼任斯基，像他那样在跳跃时滞空是不是很难；他一开始没弄明白，接着便非常热情地说："不！不！不难。你只要跳起来，然后在空中停上一小会儿。"①

俄罗斯芭蕾舞团演出的主题都带有异国情调，通常是俄罗斯的或东方的。音乐也不一样。而且舞蹈不仅仅是把动作和声音协调起来，还要在动作中表现声音。

所以在 1909 年，在奥塞码头（Quai d'Orsay）② 与圣彼得堡之间为了应对德国的威胁而建立外交同盟 15 周年之后，巴黎终于和俄罗斯人相逢了。普鲁斯特评论说：

> 这种令人陶醉的入侵——只有最庸俗的批评家才会抗议它所带来的诱惑——正如我们知道的，在巴黎引发了好奇的热潮，不是太敏锐，更多是纯粹审美的，但也许就像德雷福斯案所引发的热潮那样强烈。③

1910 年，俄罗斯人重返巴黎，然后又在柏林的韦斯滕斯剧院演出。1911 年，为了避免总是要从舞者们正式所属的公司借人而带来的麻烦，为了能有一定程度的独立性，佳吉列夫成立了自己的公司——佳吉列夫俄罗斯芭蕾舞团。在接下来的几年

---

① Tamara Karsavina, *Theatre Street* (London, 1981), 236.
② 法国外交部所在地，这里指代法国外交部。——译者注
③ Marcel Proust, *À la recherche du temps perdu*, 3 vols. (Paris, 1954), III: 236 - 37.

当中，从 1911 年到 1913 年，它就在欧洲各地巡回演出：蒙特卡洛、罗马、柏林、伦敦、维也纳、布达佩斯，一路留下了兴奋、质疑和狂喜。许多年轻的唯美主义者都记录下了他们的欣喜。《天方夜谭》（Schéhérazade）首演的时候，普鲁斯特告诉雷纳尔多·阿恩（Reynaldo Hahn），他从来没有见过那么美的东西。① 哈罗德·阿克顿（Harold Acton）是这样描述那部作品的：

> ……后宫中风暴来临前的令人窒息的平静：身着玫瑰红和琥珀黄的黑人如电闪雷鸣；喧嚷的爱抚和纵欲狂欢；终了时的恐慌和血腥的报复，死亡时和着刺耳的小提琴声的长时间抽搐。里姆斯基-科尔萨科夫画出了这幕悲剧；巴克斯特用翠绿色的帘幕和银色的灯盖把它悬挂起来，用布哈拉的小地毯和丝质的坐垫把它铺垫起来；尼任斯基和卡尔萨温娜使之鲜活起来。对许多年轻的艺术家来说，《天方夜谭》是灵感的源泉，就如同哥特式建筑之于浪漫派或 15 世纪的壁画之于拉斐尔前派一样。②

英俊而充满才气的年轻诗人鲁珀特·布鲁克（Rupert Brooke），是他那一代人在精神上的困惑与渴望的象征。1912 年，他在第一次看到这些俄罗斯人后便欣喜若狂："要说有什么不同，那就是他们可以拯救我们的文明。为了成为芭蕾舞剧

---

① 信，1911 年 3 月 4 日，Marcel Proust, *Correspondance*, ed. Philippe Kolb, 15 vols. (Paris, 1970 – 1987), X: 258。

② Harold Acton, *Memoirs of an Aesthete* (London, 1948), 113.

的设计师，我愿付出一切。"①

　　1911 年，伦敦被推介给这家俄罗斯公司。6 月 26 日，佳吉列夫剧团在科文特花园（Covent Garden）②，在用作装饰的 10 万朵玫瑰花的花丛中，在包括大使和大臣、非洲的国王、印度的王公显贵以及英国的社会精英在内的观众面前，为国王乔治五世的加冕庆典举行了演出。"就这样，用了一个晚上，"佳吉列夫风趣地说，"俄罗斯芭蕾舞团就征服了全世界。"被俄罗斯人的精湛表演深深打动了的《伦敦新闻画报》（The Illustrated London News），呼吁在科文特花园成立一个常设的舞蹈公司；《泰晤士报》也充满热情，开始定期刊登舞蹈方面的文章。《潘趣》杂志（Punch）③ 在 7 月 5 日的那一期有三幅与舞蹈有关的漫画，这反映出俄罗斯人的影响有多么惊人。德皇威廉和西班牙国王阿方索最终也成了俄罗斯芭蕾舞团的赞助人。

　　一个个演出季让佳吉列夫变得越来越大胆。色情的味道也越来越浓。它从一开始在 1909 年演出季的《克利奥帕特拉》（Cléopatre）中就有。该剧讲的是一位王后寻找愿在一夜欢娱之后的黎明时分死去的情人的故事，里面有节奏欢快的狂饮作乐的场面、埃塞俄比亚人的大幅度跳跃、摇曳的肉体，以及潮水般的丝绸和黄金。但它现在更大胆了。于是，在某些人士那里，兴奋变成了不安。

　　在 1912 年的演出季，5 月 29 日在巴黎首演的《牧神的午后》（后文简称《牧神》）引发了公愤。该剧受马拉美诗作的启

---

①　Edward Marsh, *Rupert Brooke*（Toronto, 1918），75.

②　皇家歌剧院所在地。——译者注

③　1841 年在英国创办的幽默讽刺周刊。杂志取名于滑稽布袋戏《潘趣和朱迪》（*Punch and Judy*）中的人物潘趣先生。政治和文化漫画是该杂志的特色。——译者注

发，由尼任斯基担任编舞并主演，巴克斯特为它设计了带有新艺术运动风格的布景和服装。故事讲的是罗马的一位神灵，长有双角和尾巴的牧神，爱上了林中的仙女。在贴身演出服还被认为不成体统的年代，身着紧身连衣裤的尼任斯基令观众感到唇干舌燥：他走下山岗，双臀起伏，俯身于仙女留下的披巾之上，并如同达到性高潮一般颤动——这只是这部打破了传统趣味所有规则的芭蕾舞剧的结尾部分。整部作品在演出时给出的都是侧影，以制造出古典时代浅浮雕和瓶画的效果。所有的动作，无论是移动还是奔跑，几乎都是横向的，而且总是从踵到趾，继而以双脚为轴，改变双臂和头部的姿势。《费加罗报》的编辑加斯东·卡尔梅特（Gaston Calmette）拒绝发表专职舞蹈记者罗伯特·布鲁塞尔（Robert Brussel）准备的评论，而是在头版发表了他自己的文章，斥责《牧神》"既不是优美的田园牧歌，也不是具有深刻内涵的作品。我们看到的是一个淫荡的牧神，他带有色情意味的动作肮脏而野蛮，他的举止既下流又粗俗"。①

　　在 1912～1913 年，卡尔梅特接连发起了猛烈的抨击。当奥古斯特·罗丹（Auguste Rodin）站出来为尼任斯基辩护的时候，卡尔梅特怒斥他是个糟蹋公众资金的不道德的半吊子。1913 年 12 月，卡尔梅特将发起他最后的战斗，这次的攻击对象是约瑟夫·卡约（Joseph Caillaux），前任总理和新的杜梅格（Doumergue）政府的现任财政部长。1914 年 3 月 16 日，部长的妻子亨丽埃特·卡约（Henriette Caillaux）乘出租车来到德鲁奥街《费加罗报》报社，耐心地等了一个小时，见到了那位总编，然后和他一起走进后者的私人办公室，对准他打光了她手

①　*Le Figaro*, May 31, 1912.

枪里的所有子弹，六发子弹中有四发命中目标。当晚，卡尔梅
特身亡。

公众当中的其他人显然也反感《牧神》，所以在随后的演
出中，最后一场稍稍做了改动。但唯美主义者对这种"冒犯高
雅趣味"的美很是得意。列昂·巴克斯特认为该剧的编舞是天
才的杰作，而佳吉列夫本人对于是否接受这份表明尼任斯基独
立地位的非凡证明，一开始虽然还有点犹豫，但终究承认它非
常出色。画家兼设计师查尔斯·里基茨（Charles Ricketts）对
于卡尔梅特被杀一事甚至表示庆祝。① 才思敏捷的人当然也没
有闲着。有句新出现的俏皮话是："愿心怀恶意者遭遇牧神。"

尼任斯基在《牧神》中的蓄意挑衅表明，俄罗斯人在编舞
和音乐语言方面正变得越来越大胆。福金带头打破了古典芭蕾
的成规，减少了华丽舞步和精湛技巧的分量，并突出音乐的阐
释功能。他鄙视无意义的力量展示。"舞蹈，"他坚持认为，
"不必成为一种娱乐。它不应当退化为纯粹的体操。事实上，
它应当具有可塑性。舞蹈应当表达……芭蕾所属的整个
时代。"②

尼任斯基继而为这场革命增添了新的维度，并在追求动作
和形象的"可塑性"方面达到了新的阶段。除了《牧神》和
《祭》，他还设计了《游戏》的舞蹈动作。后者把古典舞步与
"反古典"姿势糅合在一起。它拉开了 1913 演出季的大幕。一
开始，尼任斯基出现在舞台上，做了一个传统的大跳，追赶一
个尺寸有点大的网球，但在这时，一些将会成为《祭》剧的主

---

① 见其 1914 年 3 月 17 日的日记。Charles Ricketts, *Self-Portrait*, ed. Cecil Lewis（London, 1939），189.

② Cyril W. Beaumont, *Michel Fokine and His Ballets*（London, 1935），23 – 24.

要特色的不常见的姿势出现了，比如双臂环绕、双脚内转。对于被标榜为舞蹈中的新的逼真性，公众并不买账。那种诚实在哪儿？他们问道。也许在尼任斯基的心中，但肯定不在舞台上。尽管这出芭蕾舞剧理应是围绕一场网球比赛展开的，但它的舞蹈设计跟任何游戏都不太像。就连作为音乐革新者的德彪西，对这种大胆的设计也十分震惊。他称尼任斯基是：

> 任性的天才……年轻的野蛮人……这家伙用他的双脚干了三份钩针活，并用两个胳膊撑着检查它们，然后，有点麻木的他突然站了起来，生气地眼睁睁地看着音乐过去了。太糟糕了。[1]

当《游戏》来到伦敦的时候，尼任斯基和从幻想中醒悟过来的观众都受到了《潘趣》杂志的批评。

> 尼任斯基，肯定有某些心灵
> 对于美要比母鸡还茫然，
> 而它们之所以心烦意乱，不是因为
> 在你其他所有芭蕾舞剧角色中的半旋转腾跃，
> 而是对你的"网球"感到不快。[2]

佳吉列夫为自己的芭蕾舞公司挑选的音乐也越来越抽象。他早先使用的俄罗斯作曲家相对比较正统，尽管他们的旋律常

---

[1] Buckle, *Nijinsky*, 346.
[2] E. G. V. Knox, "Jeux d'Esprit at Drury Lane," *Punch*, 145（July 16, 1913），70.

常是由带有异国情调的主题组成的，西方人的耳朵还不太习惯。
德彪西的印象主义作品以其新的和声模式以及不考虑旋律而只针对乐音本身的兴趣，标志着一种更具实验性的方向。德彪西关心的是"微妙的感觉"和"难以捉摸的时刻"，而不是那个时代如日中天的德国学派的和声模式。稍纵即逝的情绪、飘忽不定的感觉和香槟中泛起的气泡，这些都属于印象主义作曲家的特色，他们代表了浪漫主义音乐走向衰落和表现主义音乐走向内在化的过程中的一个重要阶段。

到新世纪第一个十年结束的时候，在印象主义作曲家的推动下，作曲方式正在发生剧烈的变化。从莫扎特起直到19世纪后期，音乐都是由相对来说大块的材料组装而成的：音阶、琶音和长终止式。然而到了该世纪末，这些单元正在被抛弃。音乐已经被简化为个别的音符，或者顶多是短小的主题。就像在建筑、工艺美术运动以及绘画中一样，重点又开始放在基础材料、基色和基本内容上。

佳吉列夫和他的俄罗斯芭蕾舞团引起的公愤并不是偶然的。这个"充满活力的假内行"对于挑衅非常在行。"我的朋友，成功，而且只有成功，"1897年，他写信给伯努瓦，"才能拯救大家……我的确非常粗野无礼，动不动就对人们说见鬼去。"①他是个尼采式的人物，一个为征服而生的极端利己主义者。他成功地变身为文化帝国的专制君主，并主要通过芭蕾影响了自己时代包括时尚、文学、戏剧、绘画、室内设计乃至电影在内的所有艺术。雅克－埃米尔·布朗什称他是"劲头十足的教授，决心把他人的想法变为现实"。②伯努瓦则说："佳吉列夫

---

① Vera Krasovskaya, *Nijinsky*, trans. John E. Bowlt（New York, 1979）, 91.
② *Revue de Paris*, t. 6, 525.

的身上拥有成为一名领袖所需的一切。"① 他在公共领域的重要
性更多在于，他作为一名管理者、一个宣传家、一位领袖所取
得的成就，而不是作为一个有创造力的人。作为理论家，他窃
取了他人的思想；作为演出经办人，他在拿破仑一世式的武力
征服中窃取了艺术世界。他的创造性在于他的管理，在于他能
把朦胧的东西塑造成形，而他在这方面所扮演的角色就相当于
一个出色的艺术家佣兵头领。就这样，他成了 20 世纪审美意识
的中心，成了不是供奉实物而是供奉态度与风格的神龛的中心。
他是技术美学的名义首脑。人们给他写的是长信，他答复的是
电报。

　　不过，这并不意味着佳吉列夫没有明确的艺术观。他有，
但他理解问题的方式是直觉的，不是分析的。很多人都说过他
是如何在还没来得及检查之前，便立刻抓住某个想法或计划加
以利用。虽然《艺术世界》杂志迫使他不断对美学思想加以确
切的阐述并依据那些思想做出决定，但他从来没有形成一种清
晰而连贯的艺术哲学。尽管如此，他仍然是立足于某些前提之
上的。

　　他把艺术设想为一种解脱和复兴的手段。解脱是要摆脱社
会中道德和习俗的束缚，摆脱由竞争性的和自我否定的伦理所
支配的西方文明——俄罗斯也日渐成为这种文明的一部分——
中优先关注的问题。复兴与自发的情感生活的复苏有关。这不
仅要靠思想精英，尽管那是第一步，但最终还要靠全社会。按
照这一看法，艺术是生命的力量；它具有给人注入生气的宗教
般的力量；它需要通过个人起作用，但最终又比个人更伟大；

① "Serge de Diaghilew," *Revue musicale*, XI/110（December 1930），21.

它实际上就是宗教的替代物。

社会良知并不鼓励这种思想。与尼采一样，佳吉列夫也认为艺术家的自治与道德是互相排斥的。一心惦记着道德，惦记着行为要能被社会接受的人，永远也不可能自由，所以他也和纪德、里维埃（Rivière）以及普鲁斯特一样，认为艺术家为了获得想象的自由，必须不去顾及道德。艺术家必须是超道德的。道德就像先锋派常说的，是丑陋者的虚构，是丑陋者的报复。朝着美的方向的解放，靠的不是集体的努力，而是以自我为中心；不是社会的劳作，而是个人的救赎。

虽然佳吉列夫对于历史以及西方文化的成就心存敬意，但他在根本上还是把自己当作一个寻路人和解放者。受推崇的是活力、自发性和变化。无论什么，哪怕是道德上的无序和混乱，也要好过无聊乏味的墨守成规。"除愚蠢之外没有罪恶"，佳吉列夫对奥斯卡·王尔德的这句妙语心有同感。社会的和道德的圭臬被弃诸一旁，而艺术，或者说审美意识，成了最重要的议题，因为它会导向自由。

当然，在这股非常广泛的文化和思想潮流中——它兴起于19世纪90年代，反对理性主义并相应地肯定生命和体验——佳吉列夫尽管非常重要，但也只是其中的一分子。这场带有浪漫色彩的叛乱——它连同其对于机械论体系的不信任，可以追溯到一个多世纪以前——正好是和世纪末在科学领域中迅速推进的推翻牛顿式宇宙的努力同时进行的。依靠普朗克（Planck）、爱因斯坦和弗洛伊德的发现，理性的人破坏了自己的世界。因此，科学似乎证实了在哲学和艺术领域存在的一些重要倾向。亨利·柏格森发展了他的"创造进化"论，拒斥"客观的"知识的观念：唯一的实在乃是生命冲动，也就是生命力。他成了巴黎时尚圈中名副其实的明星。意大利的未来主义者翁贝托·波丘尼（Umberto Boccioni）宣称——这反映出对于机器和变化的普遍痴迷："在我们现代人对于生活的理解中，就没有静止不动的事物这回事。"佳吉列夫熟悉这些新的动向，它们热情赞扬永恒变化的意志，称颂那转瞬即逝之美。能赶上这股新的浪潮，他感到非常兴奋。"不进则退。"他下定了决心。

在这种背景下，理性主义的因果观念遭到摒弃，而直觉的重要意义则受到推崇，震撼和挑衅成了重要的艺术手段。对佳吉列夫而言，艺术不是要教化或模仿现实；它首先是要激发真正的体验。通过震撼性的元素，他希望在自己的观众那里，获得纪德试图从他发表于1914年的《梵蒂冈地窖》中的主人公拉夫卡迪奥那里得到的东西：非理性行为，就是与动机、目的、意义无关的行为；纯粹的行动；不受时空制约的美妙的体验。"让我惊异吧，让！"佳吉列夫有一次对科克托说。此话让后者有了一种"通往大马士革之路"（road-to-Damascus）① 般的体验。惊异即自由。在佳吉列夫看来，对于艺术的体验来说，观众可以跟表演者一样重要。艺术不会去教导，那样会使它变得顺从；它会让人兴奋，会给人以刺激和灵感。它会打开体验之门。

艺术要从流行的民间传统汲取更多的内容，只有这样，才能消弭大众文化与高雅文化之间的隔阂——抱着这样的信念，佳吉列夫追随卢梭、赫尔德以及浪漫派的脚步。正是在俄罗斯的乡村，在原始的、尚未受机械化影响的乡村，佳吉列夫及其同道从农民服装的颜色和式样、马车和雪橇上绘制的图案、门

---

① 本来是指《圣经》中保罗在前往大马士革的路上遇到耶稣显灵并因而皈依基督教的故事，这里是指给人带来心灵转变的契机。——译者注

窗四周的雕刻以及朴实乡村文化中的神话和寓言故事觅得了许多灵感。按照佳吉列夫的说法，正是这种来自俄罗斯的灵魂可以成为拯救西欧的力量。1906 年 3 月，在佳吉列夫到西欧举办首次展览之前，他写道："俄罗斯的艺术不但会开始发挥作用，它还会成为——在事实上和在这个词的最广泛意义上——我们即将到来的启蒙运动的主要领导力量之一。"①

佳吉列夫承认，他在思想上欠债甚多：植根于贵族传统的俄罗斯保守主义文化；可以追溯到一个世纪前并因为 E. T. A. 霍夫曼、尼采和瓦格纳等人而带有很多德意志成分的现代思潮；越来越受到欣赏的——尤其是在俄罗斯、德国和东欧——德国人所谓的民间文化。但是，他虽然拥有强烈的历史意识，着眼点却在于未来。他饶有兴趣地关注着未来派的言行，而且特别喜欢俄国的未来主义者拉里奥诺夫和娜塔莉亚·冈察洛娃（Natalia Goncharova）的艺术。他不像某些唯美主义者那样鄙视技术，而是把机器看作未来的核心成分。1912 年元旦，尼任斯基和卡尔萨温娜在巴黎歌剧院庆祝法国航空业的盛会上表演了《玫瑰精灵》。作为剧团经理，佳吉列夫非常清楚采用现代手法进行公关宣传的重要性。为了成功而夸大其词、模棱两可和粗鲁无礼，他都不会介意。

至于宏大的芭蕾，那是他想要实现一种综合：所有艺术形式的综合，历史遗产与未来想象的综合，东方与西方的综合，现代与封建的综合，贵族与农民的综合，颓废与野蛮的综合，男人与女人的综合，等等。他希望把当代这个过渡性时代中生活的双重形象，融入对于整体性的想象，但重点又不在于整体

---

① Bowlt, *Silver Age*, 169 – 70.

性，而在于想象，在于寻找和奋斗，在于对整体性的追求，尽管这种追求必然是持续的和变化的。他，就像浮士德一样，想要克服和融合。为了支持唯美的帝业，他拒绝接受道德要求的"非此即彼"的决定。那种帝业就像唐·吉奥瓦尼（Don Giovanni）① 一样，渴望一切。在这里，有一种对整体性的渴念，但由于其重点在于体验，所以被赞美的与其说是整体性，不如说是渴念。

叛逆

佳吉列夫的芭蕾事业既是对总体的追求，也是解放的工具。它所触动的最为敏感的神经——这是它有意为之的——也许就是性道德，而性道德作为既定秩序的象征是极为重要的，尤其是在西欧这个政治经济权力以及皇权的心脏地带。再一次，佳吉列夫又不过是一种不断累积的重要传统的继承人。从圣西门到费尔巴哈再到弗洛伊德，对 19 世纪的许多知识分子来说，"异化"，也就是与自我、社会及物质世界的疏离，真正的源头就是性。"愉悦、快乐使人舒张，"费尔巴哈写道，"不幸、痛苦使人收缩和内敛；在苦难中，人会否认世界的真实性。"②

尤其是维多利亚时代的中产阶级，他们主要是从精神的和道德的，而不是从身体的和肉欲的角度去理解愉悦。感官的满足是可疑的，实际上也是充满罪孽的。意志，基于道德热忱的意志，乃是人的努力获得成功的关键；纯粹的激情则相反。对

---

① 莫扎特同名歌剧（也译作《唐·璜》）中的主人公。——译者注

② Ludwig Feuerbach, *The Essence of Christianity*, trans. George Eliot（New York，1957），185.

现代派运动来说，不可避免地要把性道德的议题当作反抗资产阶级价值观的工具。在古斯塔夫·克利姆特（Gustav Klimt）的绘画中，在理查德·施特劳斯的早期歌剧中，在弗兰克·韦德金德（Frank Wedekind）的戏剧中，在魏尔兰、柴可夫斯基和王尔德的乖张的个人行为中，甚至在"德意志青年运动"（German youth movement）① 宽松的道德要求中，色情的主题支配着求新、求变的过程。在美国，麦克斯·伊斯特曼（Max Eastman）大声疾呼："肉欲神圣！"② 性的反叛，特别是同性间的性的反叛，成了反叛意象的核心，尤其是在奥斯卡·王尔德受到当权者耻辱的对待之后。在提及自己由有教养的叛逆分子构成的布卢姆茨伯里圈子的时候，弗吉尼亚·伍尔芙说："bugger③ 这个词我们总是不离口。"④ 在经历了长期的内心挣扎之后，安德烈·纪德公开谴责道德谎言，并承认了自己的偏好。他得出的看法是，激情与爱互不相容，而激情要比爱纯粹得多。⑤

佳吉列夫的性取向大家都清楚，他也没想要遮掩，而是采取了完全相反的做法。斯特拉文斯基后来说，佳吉列夫的随从"有几分瑞士的同性恋侍卫的样子"。⑥ 所以，毫不奇怪，在俄

---

① 19 世纪末在德国青年中发起的以户外活动形式来逃避和反抗现代性的运动。——译者注

② 韦德金德所走的路线见于他的《凯特侯爵》（*Marquis of Keith*），伊斯特曼的话转自 John P. Diggins, *Up From Communism*（New York, 1975），5。

③ bugger 在英文中可作亲昵的称呼，意为"坏蛋""家伙"等，但它本身又是个脏字，有"鸡奸者"的意思，似不应出自绅士、淑女之口。——译者注

④ Leon Edel, *Bloomsbury*（Philadelphia, 1979），149.

⑤ 参见纪德与保罗·克洛岱尔在 1914 年 3 月 2 日和 7 日的通信，见于 *Correspondance 1899 – 1926*, ed. Robert Mallet（Paris, 1949），217 – 22。

⑥ Igor Stravinsky, *Memories and Commentaries*（New York, 1960），40.

罗斯芭蕾舞团的整个经历中，在演员、管理人员、逢迎者以及观众之间，始终充满了性的张力。有些芭蕾舞剧的主题公然带有色情的甚至施虐受虐的性质，比如《克莱奥帕特拉》和《天方夜谭》。在这两部芭蕾舞剧中，年轻的奴隶都是拿命换取性的欢愉。在其他剧目中，性意味被掩盖起来。《彼得鲁什卡》（*Petrushka*）中的那只木偶，因其对一只残忍玩偶的恋爱受挫而亡。后来，在《游戏》首演六年之后，尼任斯基在日记中称，那部只有一个男演员和两个女演员的芭蕾舞剧，是佳吉列夫表现他自己幻想的一种方式，那样就不会招来劈头盖脸的指责，因为那幻想——它显然经常对尼任斯基提到——就是和两个男人做爱。[1] 无论这是不是尼任斯基因为精神错乱而编造的——日记是在大战结束时写的，当时尼任斯基正开始变得疯癫——那样的事情佳吉列夫并不是做不出来。

在所有的芭蕾舞剧中，布景之艳丽，服装之大胆，以及舞蹈之劲量十足，全都是为了突出激情。诗人们为安娜·帕夫洛娃写颂诗；他们称赞美丽的卡尔萨温娜和鲁宾斯坦；但欧洲所有的唯美主义者似乎都爱上了尼任斯基的"优雅与野蛮"——用科克托的话说。[2] 1911 年，因为在皇太后面前演出《吉赛尔》（*Giselle*）的时候尼任斯基除紧身服外什么都没穿，露出了彼得·利文（Peter Lieven）所说的他那"全然不知羞耻的两只圆球"[3]，结果被禁止在莫斯科的帝国剧院演出。从他在《玫瑰幻影》中非凡的滞空，到《牧神的午后》中激起公愤的结尾部

51

①　*The Diary of Vaslav Nijinsky*, ed. Romola Nijinsky（London, 1937）, 154.

②　Cocteau, *Oeuvres complètes*, IX：42.

③　Prince Peter Lieven, *The Birth of the Ballets-Russes*, trans. L. Zarine（London, 1936）, 126 – 27.

分，再到《游戏》中引起争议的编舞，尼任斯基以其技艺和胆识，以其天真和勇敢，让整整一代人心醉神迷。让巴黎人变得更加亢奋的是《画报》（*L'Illustration*）上刊登的他的整幅照片和附带的文字说明："相比于议院的辩论，人们谈论更多的是舞者尼任斯基。"[1] 性欲旺盛的米西亚·塞尔特一语中的，称其为"白痴天才"。总能被公众的喝彩激发起情欲的佳吉列夫，在 1909 年演出季大获成功之后便把尼任斯基作为自己的情人。两个男人同居了一段时间，而当尼任斯基于 1913 年突然结婚的时候，这位舞者似乎真的没有弄明白佳吉列夫为什么那么生气。"要是谢尔盖真的不想和我合作，那我就一无所有了，" 1913 年 12 月，尼任斯基写信给斯特拉文斯基说，"我想不出发生了什么，想不出他为什么那样。请问一问谢尔盖是怎么回事，然后写信告诉我。"[2] 正是这种惊人的天真——那也就意味着他没有背上几百年来沉重的道德包袱，也就是纪德所说的道德谎言——连同其在艺术想象中勇于冒险的精神，让普鲁斯特、科克托、利顿·斯特雷奇（Lytton Strachey）等人兴奋不已。尼任斯基就是那位牧神，一个误落尘网中的野性生灵。想象一下吧——他们对自己说——这个不可思议的活生生的例子，天赋异禀、充满激情、道德上无拘无束……结果，他们在自己的想象中变得魂不守舍。斯特雷奇送了"一大篮最大的花儿"，然后睡觉就——像他自己说的——"梦见了尼任斯基"。[3]

从骑士时代开始，但尤其是自浪漫主义以来，女性，永恒

---

① Charles Spencer et al. , *The World of Serge Diaghilev*（Chicago, 1974），51.

② Stravinsky, *Memories*, 38.

③ Michael Holroyd, *Lytton Strachey*, 2 vols.（New York, 1968），II: 95.

的女性（das ewig weibliche）①，就成了充满诗意的灵感源泉和热情崇拜的对象。在表演艺术中，过去得到人们喝彩和鲜花的是女歌唱家以及歌剧和芭蕾舞剧中的女主角。但现在，男人，优雅、俊美的男人，却成了公众瞩目的焦点。这是真正的革命性的变化。对有些人来说，它是无法容忍的。堕落的气氛笼罩了整个俄罗斯芭蕾舞团。在罗贝尔·德·弗莱尔（Robert de Flers）和加斯东·德·卡瓦耶（Gaston de Cavaillet）的戏剧《神圣的树林》（*Le Bois sacré*）中，他们借主人公之口说："我们正在开始成为非常优雅的绅士，结识的人都非常时髦，非常糜烂，非常俄罗斯芭蕾舞团。"

作为将心灵和身体按照同样的节律结合起来的一种尝试，舞蹈成为现代派运动的重要媒介，那是很自然的事情。尽管埃及人和希腊人也跳舞，但基督教文明没有舞蹈的空间，所以直到文艺复兴和宗教改革以后，由于随之而来的世俗化，舞蹈作为一种展示想象力的手段才得以再次兴起。不过，它几乎仍然只是与贵族的宫廷文化，或者——这是当然的——与异教徒的活动联系在一起的。新教伦理继续排斥舞蹈，认为它表现的是肉欲和激情。古典舞蹈兴起于法国和意大利，但带有明显的民族差异：意大利人讲究精湛的技艺，法国人则注重营造浪漫的气氛。但即便是在这些国家，到 19 世纪末，芭蕾也已沦为呆板的形式，几乎没有留下个人表现的余地。在英国和德国，舞蹈实际上已经湮没无闻。

舞蹈的复兴是从俄罗斯开始的。在那里，在古老的贵族阶层和宫廷社会，"法兰西风格"同请进来的舞者及编舞一起在

_____

① 参见歌德《浮士德》第二部的结尾部分。——译者注

19世纪逐渐流行起来。最重要的剧院是圣彼得堡的马林斯基剧院。在该世纪下半叶，马赛人马里于斯·珀蒂帕（Marius Petipa）① 和瑞典人克里斯琴·约翰森（Christian Johannsen）②，在圣彼得堡开始了一个重要的尝试，想把法国和意大利这两种不同的风格结合起来，把优雅和精湛的技艺结合起来，从而突出一种新的潮流，即后来所说的"手臂的舞蹈"。这便是俄罗斯学派的开端。同时，从芭蕾中看到了更高级的艺术表现形式的佳吉列夫，也正是在这些基础上才通过行动和动作，而不是说服和论证，建立了人的个性的总体性——包括精神的和身体的——以及那不可言说的、非理性的世界的本质。有批评家敏锐地指出，俄罗斯人的芭蕾是"有钱人看的电影"。③

让舞蹈公然带有色情性质的，佳吉列夫并不是第一个。在伊莎朵拉·邓肯（Isadora Duncan）的舞蹈中——实际上也包括她取得的成功中——就含有强烈的性幻想。这位读过尼采著作的来自旧金山的美国人，决心让自己的艺术成为原初的酒神艺术，即在日神精神以理化情，把舞蹈由激情变为格调，从而吸干它的纯粹性和生气之前的艺术。她声称要表现自发性和自然的表情，要捕捉即兴的形式。她要让身体和情感"摆脱"束缚，让两者"有机地"结合起来。但是，相比于做一个革新者，她更喜欢思考，所以她虽然提出了新的主张，却还是没能摆脱古典希腊的影响，没能摆脱从浪漫主义艺术家开始一直在

① 法国著名芭蕾舞演员和编舞，出生于马赛，从1847年起长期服务于圣彼得堡帝国剧院，创作了大量芭蕾舞剧。——译者注
② 出生于斯德哥尔摩，芭蕾舞演员，19世纪40年代初移居俄罗斯，到19世纪后期已成为当时俄罗斯最有影响的芭蕾舞教师。——译者注
③ Pierre Lab in *Le Temps*, June 5, 1913.

芭蕾中占据主导地位的 S 形曲线的影响。邓肯充沛的精力和敏捷的思维，就和她的舞蹈一样，是一种创造性的力量，因而在世纪更替之后的岁月中，她在欧洲各地都获得很大的成功。在德国，"圣洁而神圣的伊莎朵拉"的传奇突然出现了。

　　就像伦敦《泰晤士报》说的那样，是尼任斯基给舞蹈带来了"真正的革命"。[①] 1828 年，卡洛·布拉西斯（Carlo Blasis）在《特耳西科瑞宝典》（*The Code of Terpsichore*）中写道："两臂环绕，注意不要露出肘尖。"于是，曲线征服了直线。在古典芭蕾中，优雅和魅力一向比性格和阐释更重要。福金在朝着阐释的方向回归，而尼任斯基则故意和"美的曲线"，也就是惯常所谓的悦目对着干，主张要有更强的艺术表现力。他在编舞中特意让肘尖不仅可以而且不可避免地被看出来。

　　在邓肯的影响下，体态律动学的思想、对节奏的研究以及"艺术体操"开始流行起来。埃米尔·雅克 - 达尔克罗兹（Émile Jaques-Dalcroze）[②] 为前者创办了一所颇有影响的学校——起初在日内瓦，后又搬到德累斯顿附近的黑勒劳。1912 年，佳吉列夫和尼任斯基曾到该校为《祭》剧寻求帮助。这些新的发展与新的身体文化是一致的，后者在德国和俄罗斯的社会反响最大，但在其他地方也开始在一些现象中显露出来，例如"强健的基督徒"运动、童子军运动、现代奥林匹克的起源，不用说，还有普瓦雷（Paul Poiret）的时装

54

---

① "The Old Ballet and the New: M. Nijinski's Revolution," *Times* (London), July 5, 1913, 11d. 这篇文章连同让·马诺尔德（Jean Marnold）的评论是我们所掌握的对尼任斯基成就的最好分析之一，参见 *Mercure de France*，CV（October 1, 1913），623 - 30。

② 瑞士音乐家和音乐教育家。他创立的体态律动学是一种通过肢体动作来学习和体验音乐的教学法。——译者注

革命，它让妇女摆脱了紧身内衣的束缚，并使其别有一番慵懒的风情。苗条的身体破天荒头一次变成了时尚，尤其是在巴黎。舞蹈，不论是严肃的还是流行的，似乎都处于整个潮流的中心。1911年，伦敦所有比较大的音乐厅都预约了女芭蕾舞演员的演出，此举的含义为《潘趣》杂志提供了丰富的谈资。

55　　　　在"火葬场"，吸引人的主要是"鲱鱼卷"小姐，她的舞最奇特，令人浮想联翩。她有段舞，名字很恰当，叫作"调情"，那里面她那双小腿真是让人难以置信，竟然表达出很多种情感：时而虚情假意，时而热情似火，而最后，则不屑一顾……将会出现在"地狱"的久伊索维奇先生，带来的舞蹈以无与伦比的魅力，使观众夜夜爆满。人们的注意力首次被膝盖骨痉挛似的颤动吸引住了；该动作然后会逐渐传到身体的其他部位，舞蹈结束的时候是一项绝技：喉结和跟腱一齐抽搐。在"天堂"，撒丁岛的新舞者西尼奥拉·里利，其不久前的一天晚上的首次亮相就引起了巨大的轰动。在其节目的主项中，她的表演令人惊叹，因为她能灵巧地控制自己的锁骨，可以看到它做波浪形的运动，并在令观众恐惧莫名、冷汗涟涟的抖动中达到高潮。从美国载誉而来的"真好小姐"要向英国的观众演示，如果把耳朵肌肉的作用发挥出来，可以在舞蹈中产生微妙但惊人的效果。在一个精彩的名为"说笑时刻"的滑稽节目中，她对双耳的运用真是让人觉得不可思议，所以结束的时候总是掌声雷动，房子都快震塌了。我们还应别人的请求发表声明：由于排练时有轻微的脱白，有"委内瑞拉的维纳斯"之称的库伊博诺小姐，下周将无法在朱庇特神庙表演她那有名的脊髓舞。[①]

　　大众舞蹈也在发生急剧的变化。1912 年和 1913 年，火鸡舞和探戈舞风靡一时，这让欧美各地的守旧派大为光火。教会人士、政客和部长大臣们，纷纷谴责在他们看来十分淫荡的公开表演。报纸杂志的专栏也连篇累牍地发表评论。波士顿的舞厅禁止跳探戈；瑞士的某些酒店禁止新式"美国"舞步；针对火鸡舞是否得体的问题，普鲁士的一名军官被一名将军杀害了；德皇禁止他的陆海军军官跳这些新式的舞蹈，至少是在穿着制服的时候。但愤怒的情绪还在蔓延，这促使让·黎施潘（Jean Richepin）在 1913 年 10 月向法兰西学术院发表了有关探戈的演说。1893 年的礼仪指南规定，体面的年轻男子永远不会和年轻的女子同坐一条沙发——那时的世界在二十年后看来，肯定像是中世纪。

对抗和解放

　　如果说佳吉列夫渐渐下定决心，要进行对抗并引起轰动，那他的合作者们也是这样。事后看来，《祭》剧的筹备工作几乎就像策划一场阴谋。到了 1913 年，斯特拉文斯基已经非常看重自己的价值，因此一心想让《祭》剧在音乐和芭蕾界引起轰动。由于《火鸟》（Firebird）和《彼得鲁什卡》在 1910 年和 1911 年一举成功，他已经在国际上出了名。《祭》剧的钢琴总谱他是在 1912 年 11 月完成的，管弦乐总谱的最终完成是在

---

① Stanley J. Fay, "All the Latest Dances," *Punch*, 141 （November 1, 1911）, 311.

1913 年 3 月。

"《春之祭》的想法突然冒出来，"斯特拉文斯基后来说，"是我还在创作《火鸟》的时候。我想到的是异教徒举行祭祀仪式的场景。在这种仪式中，被选作祭品的少女跳着舞走向死亡。"还有一次，有人问他最喜欢俄罗斯什么，他回答说："暴烈的俄罗斯春天。它仿佛要不了一个小时就开始了，就好像整个大地都在炸裂。那是我童年时代每年都在发生的最奇妙的事情。"① 因此，《祭》剧的主题是原始而暴烈的生与死，是厄洛斯（Eros）与萨纳托斯（Thanatos）②，这是超越文化背景的对一切存在的根本体验。

57

虽然最终要突出的是该主题的正面内容，也就是春天、随之而来的献祭仪式以及生，但斯特拉文斯基起初给总谱定名为《祭品》还是很能说明问题的，很难说是肯定的。于是在剧本中，最后自然要写到被选中的少女成为祭品。这部芭蕾舞剧以生的过程中的死而告终。对它的解释通常是：它是要通过死来庆祝生，而之所以要选择一位少女作为祭品，是要向她所代表的丰饶和生的品质本身致敬。然而到最后，因为在《祭》剧中给死，给与重生联系在一起的暴力，给"祭品"的角色所赋予的重要意义，该剧又可以被看成悲剧。

最终的剧名是原创的还是借鉴的，这并不太清楚。在 19 世纪末 20 世纪初的许多先锋活动中，都可以发现再生和轮回的观念。奥地利分离派③的刊物就叫《圣春》（Ver Sacrum）。弗兰

---

① Stravinsky, *Memories*, 29; Vera Stravinsky, *Stravinsky*, 76 – 105.

② 希腊神话中的爱神和死神。——译者注

③ 也称"维也纳分离派"（Vienna Secession），一个由持不同艺术主张的脱离了奥地利艺术家协会的画家、雕塑家和建筑师于 1897 年成立的艺术团体。——译者注

克·韦德金德描写青少年性问题的剧作叫作《青春的觉醒》（*Frühlingserwachen*）。1912 年 3 月，普鲁斯特的作品选摘发表在《费加罗报》上，标题是《春天即将来临》。

斯特拉文斯基先是和尼古拉·勒里希，即最后为该剧设计布景的那位画家，讨论了他的构思，然后才向佳吉列夫托出了他的"原始的芭蕾"的想法。后者当即就着了迷，而在得悉该项计划之后，尼任斯基也是如此。实际上，对于有可能带来的根本变革，所有人都非常兴奋，非常关心，以至于他们认为福金太过保守，不能胜任舞谱的编导工作。1912 年年底，以为福金还会担任编舞的斯特拉文斯基，从蒙特卡洛写信给自己的母亲说：

> 佳吉列夫和尼任斯基对我的新作《春之祭》极为欣 58
> 赏。让人不快的是，它将不得不由福金去做，我认为他作
> 为艺术家来说，已经到头了。他的路走得太快，一件件新
> 作弄得他智穷才尽。《天方夜谭》是他的最高成就，之后
> 就不行了……必须创造出新的形式，而那个邪恶、贪婪而
> 又有天赋的福金，连想都不会想到它们。在他事业刚起步
> 的时候，他似乎是个不寻常的革新主义者，但我对他的工
> 作了解得越多，就越是明白，他骨子里根本就不新。[1]

因此，新奇对于斯特拉文斯基来说，是一项先决条件。"我不可能……写他们想从我这里得到的东西，"他后来向伯努瓦抱怨说，"那将是自我重复。"这就是福金作为编舞所犯的错

---

[1]　Craft, *New York Review*, February 21, 1974, 19.

误，也是其他作曲家所犯的错误："人们之所以才思枯竭、再也写不出东西，原因就在这里。"① 而斯特拉文斯基不想失去他的震撼价值。

佳吉列夫让尼任斯基担任《牧神》的编舞，这已经让福金感到不满了，到 1912 年年底，他们的关系终于破裂。尼任斯基被选中去担任《祭》剧的编舞。很显然，与《牧神》相比，他现在想用激烈得多的方式去打破成规。他心中甚至有种天降大任的感觉。例如，1912 年 12 月，尼任斯基通过胡戈·冯·霍夫曼斯塔尔（Hugo von Hofmannsthal）请理查德·施特劳斯为他创作"世界上最无拘无束、最不适合舞蹈的音乐"。"受您的影响，"霍夫曼斯塔尔给施特劳斯写道，"打破一切成规的约束正是他所渴望的事情；不管怎么说，他是个真正的天才，而且正是在人们尚未涉足的地方，在一个像您在《厄勒克特拉》（Elektra）② 中开辟的领域，他想一展身手。"③

《祭》剧的筹备工作是在 1912 年至 1913 年的冬季，也就是俄罗斯芭蕾舞团在欧洲巡回演出期间进行的。那次巡回演出是从柏林到布达佩斯、维也纳、莱比锡、德累斯顿和伦敦，最后在蒙特卡洛进行休整和排练。1913 年 1 月 25 日，尼任斯基从莱比锡写信给斯特拉文斯基：

> 一切都如我们两个所愿，现在我知道《春之祭》会是

---

① Craft, *New York Review*, February 21, 1974, 19.
② 理查德·施特劳斯根据胡戈·冯·霍夫曼斯塔尔的剧本创作的独幕歌剧。它于 1909 年 1 月 25 日在德累斯顿国家剧院首次上演。——译者注
③ Hugo von Hofmannsthal and Richard Strauss, *The Correspondence*, ed. and trans. Hanns Hammelmann and Ewald Osers（London, 1961）, 150.

个什么样子了：新、美，而且全然不同，但对于普通观众来说，是一次让人震惊和激动的体验。①

随着排练次数的增多，尼任斯基在演员们那里遇到了麻烦，因为后者觉得他的想法难以理解，而且他的风格也看不出来有什么美的。不过，斯特拉文斯基对于尼任斯基的造诣十分钦佩，尽管起初在音乐的速度上有些分歧。"尼任斯基的编舞无与伦比，"首演后不久他就断言，

> 除了极少数的例外，一切都如我想要的那样。但要让公众适应我们的语言，那还要等上很长一段时间。对于我们所做的事情的价值，我深信不疑，而这也给了我继续奋斗的动力。②

皮埃尔·蒙特，首次公演的乐队指挥，把自己指挥的大多数传统音乐都称为烂音乐，所以对斯特拉文斯基的作品非常兴奋。在 3 月 30 日的信中，他告诉那位作曲家：

> 昨天我终于排练了所有三部作品（《火鸟》《彼得鲁什卡》和《祭》）。很可惜您不在这儿，特别是您不能在现场体验到《祭》剧的爆炸性效果。③

---

① Robert Craft, "Le Sacre and Pierre Monteux," *New York Review of Books*, April 3, 1975, 33.

② Craft, *New York Review*, February 21, 1974, 17.

③ 同上。"烂音乐"是蒙特在 1911 年 10 月 28 日给 M. 菲舍费（M. Fichefet）的信中提到的，该信可见于 Astruc Papers, file 61, p. 7, Dance Collection, New York Public Library。

60　　　　因此，从佳吉列夫的立意到斯特拉文斯基的构思、尼任斯基的目标和预测，还有蒙特关于《祭》剧将会是一种爆炸性体验的看法，期待、挑衅和紧张的气氛笼罩了这部芭蕾舞剧的创作过程。毫无疑问，某种形式的公愤既是意料之中的，也是他们所希望的。这一年临近岁末的时候，斯特拉文斯基在母亲去观赏其最新作品在圣彼得堡的首演之前写信给她说："如果他们对《祭》吹口哨，不要害怕。那很正常。"① 这不是他事后才想到的，他的音乐本来就想这样。

有人认为，俄罗斯芭蕾舞团和唯美主义总的来说对政治基本不感兴趣。这样说会忽视艺术的社会根源，并曲解现代派反叛的社会意蕴。唯美主义是反政治的，那是因为它认为可以给生活带来活力的是艺术，而不是政党和议会。然而，这种对侧重点的表达本身，恰恰就带有强烈的政治意味。此外，尽管它对于政治运动和事件的反应常常是沉默的或模棱两可的，但就本身而言，它对于进步甚至革命的倾向还是有一种起码的同情，因为唯美主义就建立在对现存的社会准则和价值观的拒斥之上。1916 年，佳吉列夫在接受《纽约时报》的采访时宣称：

> 我们当时都是革命者……我们在为俄罗斯的艺术事业而战……只是出于非常偶然的原因，我才没有成为色彩或音乐之外的其他领域的革命者。②

《艺术世界》圈中的人物曾经多次表达对于 1905 年俄国骚乱的同情。对于事态的发展，佳吉列夫起初还在赞成与不安之

---

① 见 Craft, *New York Review*, February 21, 1974, 18。

② *New York Times*, January 23, 1916.

间游移，但是在 10 月，他对沙皇承诺立宪的声明非常高兴。 61
"我们都非常高兴，"他的姑妈当时说，"昨天，我们还喝了香槟。你们永远也不会猜到是谁带来了声明的消息……竟然是谢廖沙［小谢尔盖，即佳吉列夫］。太好了。"佳吉列夫甚至还写信给国务大臣，建议设立一个负责美艺术的部门。① 换句话说，艺术和解放应当携手并进。

但这种对自由的追求，其社会及道德的意蕴是什么？虽然先锋艺术家都非常关注底层的各个阶级，关注被社会遗弃的人、妓女、罪犯和疯子，但他们的兴趣通常并不是出于对社会福利或社会重建的实际关切，而只是想消除对人的个性的限制。所以，他们对于底层人民的兴趣，更多是象征性的，而不是基于实际的。他们所追求的，是"没有约束和义务的道德"。尼采的命令，"你当成为你之所是"，乃是最高的道德法则。"革命的每一个新的胜利都令我高兴……"1905 年，康斯坦丁·索莫夫（Konstantin Somov）写信给伯努瓦："因为它引领我们进入的是生，而不是死。我非常憎恶我们的过去……我是个体主义者；整个世界都是围绕我而旋转的，因此，超出这个'我'范围的，根本就不关我的事。"②

就像在麦克斯·施蒂纳（Max Stirner）的《唯一者及其所有物》（1845）中提到的那样——那本书在 19 世纪末又开始流行起来——世界在这里被叠缩进个体主义时刻："对我而言，没有什么是高于我自己的。"无政府主义和自由意志主义的冲动乃是现代派反叛的核心，而这样的冲动显然是政治的。

---

① Buckle, *Diaghilev*, 88；Haskell, *Diaghileff*, 150.

② Bowlt, *Silver Age*, 202.

D. H. 劳伦斯要到战后才写出他那带有明显政治色彩的小说《袋鼠》，但如果我们把政治不只是看作社会话语的正式结构，还看作所有调节个体利益与群体利益关系的活动，那他的艺术在当时就已经带有政治内涵了。在劳伦斯 1915 年出版的但写于战前的《虹》这部小说中，当怀孕的安娜赤身裸体在自己的丈夫面前跳舞的时候，"她前后摇摆，像一株饱满的玉米，黄昏中略显苍白，在炉火前绕来绕去，用跳舞来表示他的不存在……他等待着，成了被遗忘的人"。

她的动作有一种奇特的美，但他仍然无法理解，她为什么要跳舞，而且还赤身裸体。"你在做什么？"他厉声说道，"你会着凉的。"①

跳舞就是安娜的艺术。显然，正是那个叫作伊莎朵拉·邓肯的人的艺术，为这段内容带来了灵感。跳舞也是尼任斯基的艺术。它属于她（他）们而不属于哪个丈夫、哪个情人或哪个观众。艺术之为行动，无所谓丈夫、情人或观众。艺术即自由。

但自由只有相对于观众才有意义。要是没有了她的丈夫，安娜的舞便跳得毫无意义。所以，似乎矛盾的是，被否定了的观众又成了艺术的中心。非理性行为成了一场空，个体主义时刻又成了具有高度社会意义因而也具有高度政治意义的时刻。

观众

对西方世界来说，除了威尼斯，最具隐喻意味的城市就数巴黎了。那是一座满是青春浪漫和人世间酸甜苦辣、满是大胆的创意和消退的梦想的城市，一座让人欢喜让人忧、华丽高贵

---

① D. H. Lawrence, *The Rainbow* (Harmondsworth, 1977), 184.

而又轻佻无聊的城市。许多人发现它集各种差异于一身，他们在这里找到了无与伦比的圆满，他们和威廉·夏伊勒（William Shirer）对它的记忆一样，觉得它"近乎迄今为止人所能及的天堂"。①

有谁不曾想象或回忆过"巴黎的夏日"，即便他或她既没有踏上过也永远不会踏上塞纳河边的码头？哈罗德·罗森堡（Harold Rosenberg）在 1940 年巴黎沦陷后，把这座城市说成"我们时代的圣地。唯一的圣地"。② 他重复了海因里希·海涅和托马斯·阿普尔顿（Thomas Appleton）的说法和观点。海涅在一个世纪前曾把巴黎称为"新耶路撒冷"，而阿普尔顿认为巴黎是美国的好人死后该去的地方。这些赞美之词暗示着，为了产生丰富而令人愉悦的精神效果，巴黎已经设法利用了它彼此冲突的都市能量——它对人性的挤压，它的阶级冲突，它所汇集的贪婪与绝望——并解决了它在物质上的种种难题。

实际上，从 19 世纪中期开始，这座城市就做了大量的工作来促进这一形象：从路易·拿破仑的塞纳省省长奥斯曼男爵（Baron Haussmann）指导下的广泛的城市改造，到一再举办的铺张靡费的世界博览会，到维奥莱-勒-杜克（Eugène Emmanuel Viollet-le-Duc）等人的扩建与改造，到埃菲尔铁塔和圣心教堂的建造，到相对宽松的审查法规——它允许在欧洲其他地方没有多少生存机会的娱乐业和出版物的存在——以及最后，在欧洲其他地方看不到的有意含糊其辞的道德观念，这种道德观念对于由苦艾酒、咖啡馆和妓女构成的街头生活持宽容

63

① 　William L. Shirer, *20th Century Journey*（New York, 1976），216.

② 　Harold Rosenberg, *The Tradition of the New*（New York, 1959），209.

态度。

不过，这幅图画还有另一面，而它在该世纪临近结束的时候已经变得越来越突出。这是巴黎消极、萎靡和可疑的一面；它成了客体和祭品，成了充满危机的地方，也是危机文化的中心；它也是无聊透顶的地方——对此，巴雷斯在 1885 年说过："一种深刻的冷漠吞噬了我们。"① 巴黎成了一种文化的象征，正如哈罗德·罗森堡 1940 年在文章中敏锐地指出："不单是其积极的性质，或许相反，是其消极性，使得它可以被每个民族的追求者所拥有。"1886年，老奥利弗·温德尔·霍尔姆斯觉得，这座城市"乏味、沉闷……无聊、有气无力"。② 四分之三个世纪过后，一位侍者告诉杰克·凯鲁亚克（Jack Kerouac）："巴黎烂掉了。"③

从政治上来说，在 1789 年大革命后的一个多世纪里，巴黎一直是带有救世色彩的激进主义运动的中心，直到 1917 年该角色被莫斯科取代为止。不过，象征比现实更重要。在那一个世纪，巴黎真正实行政治宽容、可以让激进分子自由宣传他们的信仰的时候几乎没有；大革命的理想，自由、平等、博爱，招来的是大肆的讽刺挖苦。在《祭》剧首演的前两周，乔治·克列孟梭（Georges Clemenceau）两次在讲话中提到法国生活中"折磨着我们"的疾病：法国人无力在一种可以接受的政治体系中把自己组织起来。④

---

① Agathon, *Les Jeunes Gens d'aujourd'hui* (12th ed. , Paris, n. d. ［1919］), 4 – 5.
② Oliver Wendell Holmes, *One Hundred Days in Europe* (1891), *The Writings of Oliver Wendell Holmes*, 14 vols. (Boston, 1899 – 1900), X：177.
③ Jack Kerouac, *Satori in Paris* (New York, 1966), 8.
④ Georges Clemenceau, *Dans les champs du pouvoir* (Paris, 1913), 82.

在巴黎的发展中，它不仅是光明之城①，也是都市枯萎病的象征。核心区的人口越来越集中，越来越稠密。市中心虽说是世界上最美丽的地方，但市郊完全可以说是世界上最丑陋的地方之一。在19世纪的最后二十五年，为了防止拥堵而建造的奥贝维埃、丁香镇以及伊西莱穆利诺，名字虽都很有诗意，却只是工业区的阴郁市郊。缺乏适当卫生设施的贫民区大量存在——1850年的时候，只有五分之一的住房通水。巴黎是西方毫无争议的流浪汉和乞丐之都。

在19世纪的工业扩张中，欧洲所有的大城市都碰到过类似的问题，但在巴黎，激进政治行动的先例影响深远，社会张力两次以特别残暴的形式表现出来。1848年6月和1871年巴黎公社期间，阶级仇恨的爆发给这座城市的绝大部分地区造成了毁灭性的后果。1871年5月的巷战，一周之内打死的人数就超过雅各宾恐怖时总共的死亡人数，城市遭到的破坏也要超过此前或此后的任何一次战争。奥斯曼男爵在19世纪50年代和60年代规划的林荫大道，穿过拥堵的市中心，一方面让巴黎有了与众不同的优雅和气度，另一方面据说至少部分为了在万一发生内乱的时候限制街垒的作用，让部队既可以从兵营里迅速进城，又可以拥有通畅的射击长廊，以便对付危险等级。因此，在巴黎的生活中，政治张力始终存在，并反映出过去和未来的普遍较量。

19世纪80年代，马在巴黎的生活中仍然占据着重要位置。在星形广场和香榭丽舍大街的周围，到处都是马厩、骑术学校和马贩子的大本营。高顶大礼帽的帽檐上系着单片眼镜、翻领

65

---

① 巴黎被称为"光明之城"，既是因为它在启蒙时代扮演的重要角色，也是因为它是欧洲最先在街上安装煤气路灯的城市之一。——译者注

里插着康乃馨、马靴擦得铮亮的优雅绅士，没完没了地谈论着赛马俱乐部和马术表演。马夫们在德蓬蒂厄街和马尔伯夫街的咖啡馆里小憩。空气中弥漫着马粪的臭气，可街头的行人却不以为意。然而，没过几年，汽车就涌入巴黎。1896 年，一个名叫于格·勒鲁（Hugues le Roux）的年轻记者警告警察局长说，他要拿枪去对付街上那些威胁到他及其家人安全的汽车司机。他指责说，对于那些已经把巴黎的街道变得极端危险的疯狂的汽车司机，警方无所作为，好像一点儿准备也没有。① 亚瑟·鲁宾斯坦在七十年后还记得，1904 年秋天他初到巴黎和加布里埃尔·阿斯特吕克在和平咖啡馆时的气味，香水的气味混杂着马的气味。② 他在回忆录中说得比较含蓄。如果直接一些，他或许会说自己想起的是怡人的香气、汽车的尾气和马粪的臭气混在一起的那种气味。那样就会把巴黎在 19 世纪已经非常突出的诸多矛盾，将在"美好时代"③ 的落日余晖中显得更为明显的诸多矛盾，表现得更加清晰。

随着 19 世纪即将落幕，巴黎和整个法国在那些矛盾中越陷越深。1870 ~ 1871 年，路易·拿破仑的第二帝国惨败在普鲁士人手下，而且巴黎城内还发生了惨烈的内战。之后，这一崭新的惨痛记忆便抵消了法兰西民族在欧洲一向拥有的高人一等的优越感。危害极大的没落感和追查毒瘤的吵嚷声一道，充斥着第三共和国时期的法国人的生活。敌人被里里外外搜个遍：战争恐慌频发；公共丑闻似乎成倍增加，而且还伴有无政府主义

①　*Le Crapouillet*, October 1931, 14.
②　Arthur Rubinstein, *My Young Years*（Toronto, 1973）, 132.
③　"美好时代"是指从普法战争结束到第一次世界大战爆发前的那个时期，当时法国社会呈现出一派乐观、和平、科学技术进步、文学艺术繁荣的景象。与一战时的恐怖气氛相比，它就像是黄金时代。——译者注

者制造的大量炸弹袭击事件——宣传最多但造成的人身伤害最少的，是 1893 年 12 月 9 日众议院发生的那起爆炸[①]；还有德雷福斯案，那简直是衰弱和混乱的最轰动的象征，它在这个世纪的最后十年撕裂了整个国家。

在帝国主义时代，法国在谋求殖民地方面渐渐丧失了原有的优势。它的对外贸易量下滑。当世界上部分国家在 1890 年之后开始进入工业化的第二个阶段时，法国未能跟上它们的步伐，而且反映出法国人缺乏自信的是，他们更愿意在海外而不是国内投资。还有，当它的邻国，尤其是德国的人口出生率大幅攀升的时候，法国的却在下降。

1880 年之后，就连巴黎似乎也停滞不前了。它的人口之所以增长，不过是因为把周边地区并入了这座城市。奥斯曼的拉斯帕伊大街计划花了二十多年时间，直到 1907 年才完成，而为了表彰他的功绩，以其名字命名的那条大街本身也拖了五十年，直到 20 世纪 20 年代才完成。往日的显赫与荣耀就这样碰上了萎靡的局面和恼人的衰败感。德国驻巴黎大使在 1886 年就觉察到这一点；明斯特尔伯爵（Count Münster）在 10 月给柏林打电报说："所有的法国人都盼望着有朝一日会来一场圣战，但又都不希望这一天很快到来。"[②]

甚至作为世界的文化评判者——大多数法国人都把这一角

66

---

① 1893 年 12 月 9 日，法国无政府主义者奥古斯特·瓦扬用自制的爆炸装置袭击了法国议会的众议院，但由于爆炸装置威力较小，爆炸只导致极少数议员轻微受伤。瓦扬被捕后在审讯中声称，自己的目的不在于杀人，而是为了给此前被处死的另一名无政府主义者报仇。瓦扬被判死刑并于 1894 年 2 月 3 日执行。瓦扬事件又引发了一连串刺杀和炸弹袭击事件。——译者注

② George P. Gooch, *Franco-German Relations*, 1871 – 1914（London, 1928），26.

色当作一项永久性的国际遗产，因而也当作他们与生俱来的权利——这个国家也感到没了底气。到 20 世纪的第二个十年，巴黎对于外来文化的兴趣似乎远远超过了对于本国文化的兴趣：例如，1911 年 6 月有布弗剧院的比利时演出季，沙特莱剧院的意大利演出季，广场对面萨拉·贝纳尔剧院的俄罗斯演出季，沃德维尔剧院的维也纳演出季。虽然夏庞蒂埃（Charpentier）、福莱（Fauré）、拉威尔、施米特和德彪西一起把他们的一些重要曲目安排在 1913 年春夏进行首次演出，但那个时期的激动与兴奋似乎都是由国外的作曲家和艺术家带来的，比如施特劳斯、穆索尔斯基、库兹涅佐娃（Kuznetsova）、夏里亚宾，还有俄罗斯芭蕾舞团。而且外国人，特别是俄国人，还常常带着优越感，甚至是傲慢、做作的态度，看待他们为终极艺术所做的贡献。"我们向巴黎人展示了，"亚历山大·伯努瓦在 1909 年俄罗斯演出季之后声称，"戏剧应该是怎样的……从历史的角度来说，此次巴黎之行显然是必要的。当代文明要是缺少我们这样的成分，就会彻底腐蚀掉。"①

然而，具有革新精神的外国艺术虽然让人着迷，本土的叛逆者，比如野兽派，却很有可能仍然被指斥为无政府主义和腐朽文化的代理人。例如，拥有广泛读者的批评家萨米埃尔·罗什布拉夫（Samuel Rocheblave）当时感到遗憾的是，自库尔贝（Courbet）以来的法国绘画失去了自控力，变得好辩和政治化了，结果只能让自己出丑。在他看来，世纪末是从国外输入的、代表公然的无政府主义的同义词。分解了光和色的印象派，还

---

① Alexandre Benois, "Lettres artistiques: les représentations russes Paris," 打印稿见 Astruc Papers, 30, 11–14, 题为 "Journal de St. Pétersbourg"，日期为 1909 年 7 月 2 日。

有分解了立体形式的立体派，都不是法兰西风格，而是某种近乎"野蛮"的东西。"不再有流派，"他叹息道，"只有一点点天赋；不再有群体，只有个人。"①

在 19 世纪末 20 世纪初，如果说艺术实验背后的重要冲动是对解放的追求，即在审美和道德上摆脱中央权威，摆脱家长制，摆脱资产阶级的循规蹈矩，总之，摆脱很大程度上由巴黎发号施令的欧洲传统，那么解放所需的许多心理的和精神的动力都是来自地理、社会、代际和性别的边缘地带也就不足为奇了。突出青春、肉欲、同性恋、无意识的东西和原始的东西，还有社会中被剥夺的群体，这种做法很大程度上并非肇端于巴黎，而是传统霸权的边界地带。现代派运动满是流放者的故事。而流放，或者说"前沿地带的战斗"，就像带有波兰和意大利血统的法国人阿波利奈尔在描述他那帮人的奋斗时所说的，成了现代思想中最重要的主题。年轻的亨利·德·蒙泰朗的首部剧作写于 1914 年，剧名就是《流放》，当时这位剧作家才 18 岁。同年，詹姆斯·乔伊斯完成了他的剧作《流放者》的初稿。巴黎因其与革命理想的神秘联系而成为这些流放者当中——包括乔伊斯在内——很多人的避难所，因而也成为现代派反叛的主要背景。当被问及自己时代有哪些伟大的法国艺术家时，科克托回答说，毕加索、斯特拉文斯基和莫迪利亚尼（Amedeo Modigliani）。② 到 1913 年，巴黎成了雅克－埃米尔·布朗什在那年 11 月所写的欧洲的中央车站，③ 成了一个发展中

69

---

① Samuel Rocheblave, *Le Goût en France* (Paris, 1914), 323 –28.

② Jean Cocteau, *Professional Secrets*, ed. Robert Phelps, trans. R. Howard (New York, 1970), 70 –71.

③ Blanche, *Revue de Paris*, t. 6, 279.

心而不是革新者。

法国在"美好时代"的总的政治经济状况自然构成了这幕大戏的背景，但文化上关注的话题和政治及战略上的关切也是联系在一起的。二者最主要的特点就是脆弱性。当 1893 年的《法俄协约》成为现实，从而结束了很大程度上由奥托·冯·俾斯麦策划的长达四分之一个世纪的外交孤立时，巴黎欣喜若狂。印有沙皇肖像的火柴盒、喀琅施塔得的烟斗和涅瓦河的钱包风靡一时。沙皇和沙皇皇后的肖像挂在儿童的房间里。托尔斯泰和陀思妥耶夫斯基的书成了最受欢迎的读物。

除了对俄罗斯的兴趣，法国人还有对德意志的着迷。在经历了 1870 ~ 1871 年的失败之后，在阿尔萨斯和洛林两省被割让给德国人之后，在遭受了德意志帝国在凡尔赛镜厅宣告成立的额外羞辱之后，普鲁士德国不仅成了可鄙的敌人，也成了邪恶的化身，因而是法兰西的对立面。一提起赫尔曼和玛丽安娜的关系①，人们就不禁想到俾斯麦踢向法兰西后颈的钉有铁掌的皮靴。然而，扮演这种梅菲斯特般施虐狂角色的普鲁士德国，显然也激起了人们强烈的兴趣。起初人们对这种兴趣还遮遮掩掩，后来就比较公开了。对待瓦格纳的态度就是一例。19 世纪 80 年代中期以前，对于这位德国作曲家的推崇可以说是偷偷摸摸的，而建议在巴黎上演其作品更是遭到明确反对。不过，

---

① "赫尔曼"（Hermann）是德意志民族主义的象征。该词原指历史上日耳曼人的民族英雄阿米尼乌斯，他在公元 9 年领导日耳曼部落联盟在条顿堡森林之战中击败了强大的罗马军团。在反抗拿破仑的战争中，赫尔曼成为复活了的德意志民族主义的象征。普法战争之后，德意志第二帝国为赫尔曼在条顿堡森林竖立了一座巨大的雕像。"玛丽安娜"（Marianne）是法兰西共和国的象征，至于这一象征的来源则有不同的说法。——译者注

到了 19 世纪 90 年代，崇拜瓦格纳的浪潮已经形成，到拜罗伊特①朝圣成为一时的风尚。瓦格纳对马拉美、普鲁斯特以及德彪西都有明显的影响。1913 年，巴黎举办了纪念瓦格纳诞辰 100 周年的活动，而且还上演了《特里斯坦与伊索尔德》和整部《尼伯龙根的指环》，这要是早一代人的时间，简直奢侈得无法想象。

丹纳在 1867 年就曾表示："德国人是现代精神的发起者，或许还是现代精神的导师。"如果说在那时的法国人当中还鲜有人能够接受这样的看法，那到了 19 世纪的末期，德意志已经让法国人，包括知识界和政界、工商界和军方，不得不正视自己了。到了 1913 年，作为品味之可靠权威的法兰西，已然成为过去。那一年，德国人和俄国人举办了纪念首次击败拿破仑 100 周年的庆祝活动，这让法国人又想到了自己的没落。"巴黎到处人心惶惶。"雅克 - 埃米尔·布朗什写道。② 香榭丽舍剧院 1913 年 5 月 29 日那个难忘的夜晚，会让这种惶恐的情绪得到生动的展示。

激起公愤就是成功

那究竟是什么让《祭》剧如此令人愤慨，如此具有挑衅性，又如此令人惊异呢？

它的主题看不出有什么明显的道德目的。实际上，它描写的是尚未开化、尚未有道德观念和个体观念的人。对轮回以及对生与死的描述都不带有明显的道德评论，没有浇上道德的"调味汁"——借用雅克·里维埃很有代表性的法式比喻

---

① 拜罗伊特是瓦格纳的故乡，位于德国的巴伐利亚州。——译者注
② Blanche, *Revue de paris*, t. b, 276 - 277.

来说。① 生命的连续性是根本的、残忍的、悲惨的和超乎个体
命运之外的。在对这种连续性的描述中，看不出丝毫的感伤。
有的只是能量、狂喜和必然。对于成为祭品的人，人们不是哀
悯而是崇敬。被选中的少女自动加入了献祭仪式，不需要理解
或解释。她听从降临在自己身上的命运。该主题是基本的，同
71　时也是残忍的。如果说存在什么希望，那就在于生命的能量与
丰饶，而不是道德。这对于用文明的华服装扮起来的观众来说，
其中的信息是令人不安的。

　　剧中的音乐同样让人不安。它缺少修饰和道德意味，对大
多数人来说甚至还不太悦耳。受俄罗斯民间音乐的启发，剧中
的音乐有那么短短的几句听上去还算优美，但除此之外，它就
和 19 世纪的传统，甚至是表现主义，没有什么明显的联系了。
和谐与节奏的法则似乎被打破了。故意选择没有颤音的乐器，
以便抹掉任何感伤的痕迹。木管乐器和弦乐器的极端声区创造
出新的乐音。乐队阵容庞大，有 120 件乐器，其中很大一部分
是打击乐器，可以突然发出可怖的声响。暴烈、不谐调，而且
显然比较刺耳，剧中的音乐就和该剧的主题一样，是充满活力
的、原始的。德彪西在谈到《祭》剧的时候说它是"不同凡响
的、狂暴的东西。你可以说它是利用了现代所提供的一切便利
的原始音乐"。② 有批评家称之为"精致化的霍屯督人的音乐"。
也有人说它是"有史以来写得最难听的曲子。对不合适的音符的

---

①　Jacques Rivière, "Le Sacre du printemps," *Nouvelle Revue Française*, X
　　(November 1913), 706 – 30. 雅克·里维埃对该作品的评论或许是我们看到
　　的最为深刻的。其英译本可见于 Jacques Rivière, *The Ideal Reader*, trans.
　　Blanche A. Price (New York, 1960), 125 – 47。

②　Arthur Gold and Robert Fizdale, *Misia: The Life of Misia Sert* (New York,
　　1980), 151.

崇拜从来没有被运用得如此勤快、热情和狂暴"。①

　　如果说该剧的主题使得文明的观念本身受到了质疑，如果说该剧的音乐使得这一挑战变得越发突出，那尼任斯基的编舞就让挑衅变得更加肆无忌惮。所有展示高超技巧的东西都被剔除了。小跳、单足的脚尖旋转或阿拉贝斯克舞姿一点儿都没有。具有讽刺意味的是，这位前些年还以其优雅和敏捷令人惊叹的男舞者，似乎已经从作品中删除了他自己所有的成就。动作只剩下笨拙的双脚跳，还有滑步或踏步。就像在尼任斯基的所有作品中一样，剧中也有一种基本的姿势；这次，它是双脚很夸张地内转，双膝弯曲，双臂内收，头扭向一侧而身体朝向前方。换句话说，就是用一种在许多人看来是外翻膝的扭曲姿势把古典姿势完全颠覆了。尼任斯基把他的动作叫作"程式化的姿势"，以强调其背离了古典舞蹈的连贯与节奏，突显了存在的孤立与参差。舞者不再是一个个个体，而是作品的不同部分。动作大多分成不同的组别。因为没有旋律，舞者只能跟着节奏；但即便如此也颇为不易，因为一节一节都有不同的拍号。让事情变得更加复杂的是，舞台上不同组别的舞者往往要依照单独的节奏。当佳吉列夫和尼任斯基在1912年去韵律舞学校拜访达尔克罗兹的时候，他们曾说服玛丽·兰伯特离开黑勒劳加入俄罗斯芭蕾舞团，以便协助尼任斯基加强对芭蕾舞团的节奏训练。首演之夜的观众并不是唯一觉得尼任斯基的编舞难以理解的人，他自己的许多舞者也都明确表示，他的编舞丑陋得令人作呕。

72

---

① Truman C. Bullard, "The First Performance of Igor Stravinsky's 'Sacre du Printemps,'" 3 vols., Eastman School of Music, University of Rochester, 1971. 布拉德在他这篇出色的研究论文中转载了法国人的大部分评论。

批评家对于尼任斯基的态度总的来说比较刻薄。亨利·基塔尔一如既往地对尼任斯基的编舞发起了圣战，他称后者为濒临疯狂的"沮丧的小学童"。[①] 路易·拉卢瓦（Louis Laloy）指责他"没一点儿思想，甚至没一点儿常识"。[②]

在这部芭蕾舞剧中，勒里希的布景是唯一没有卖弄新奇的部分，而这也让它们几乎被人忽视了。不过，红、绿、白三色混搭的布景让人联想到圣像画，结果就不声不响地突出了异国情调和俄罗斯民间艺术的影响。

就如当时最敏锐的评论家雅克·里维埃指出的，非对称性是《祭》剧的精髓。主题、音乐、编舞全都是生硬的、令人震惊的。但说来矛盾的是，就像我们可以看到的那样，这种非对称性是程式化的、高度受控的。这部芭蕾舞剧有一种强大的统一性。隐含在作品中的是迷狂的躁动，是本能、肉欲和命运的大杂烩。用里维埃的话说，这是"从里面看到的春天，连同它的暴烈，它的迸发，以及它的裂变。我们好像是在透过显微镜观看一部戏剧"。

这部芭蕾舞剧包含并展示了现代派反叛的许多本质特征：公然敌视沿袭的形式；迷恋原始主义，实际上也是迷恋任何与文明观念相矛盾的事物；强调活力论而不是理性主义；认为存在是连续的流变和一连串的关系，而不是永恒不变的和绝对的东西；强调反叛社会成规时心理上的内省。

如果说该剧的这些特征得到了部分观众的热情赞赏，那它们也招来了激烈的反对。反对者们要求，艺术应当展示和谐、优雅、美，而不是表现个人特殊的癖好或神经官能症；

---

① *Le Figaro*, May 31, 1913.

② Buckle, *Nijinsky*, 361.

艺术应当能够提振人心，而不是对流行的道德观念持蔑视或漠然的态度；艺术的赞助者应当受到尊重而不是故意的侮辱。斯特拉文斯基的努力被他们认为是噪音，尼任斯基的努力被他们看作拙劣的模仿。结果，这种反对受到针锋相对的反击。侮辱遭遇的还会是侮辱，噪音遭遇的还会是噪音，讽刺挖苦遭遇的还会是讽刺挖苦。

之后几天，媒体的报道除了极少数例外，都是一边倒的负面消息，而且不仅是日报，音乐杂志也是如此。所有人都在取笑春天的屠杀。斯特拉文斯基的才能得到了认可，但这一次，据说他是聪明过了头。"那位作曲家写了部我们要到 1940 年才适合听的曲子。"一位评论者很有先见之明地写道。① 尼任斯基的才能也得到了普遍认可，但那只是就其作为舞者而不是编舞来说的。人们几乎是众口一词，要他老老实实地跳舞就行了。玛丽·兰伯特也表示，他"比他的时代超前了五十年"。② 　74

6 月 2 日，《费加罗报》觉得必须就俄罗斯芭蕾舞团公司发表头版社论了。阿尔弗雷德·卡皮（Alfred Capus）写道，5 月 30 日，巴尔干半岛各国签署了和平协议，以结束那里最近一轮的战争，

> 尽管如此，仍然存在很多有待解决的国际议题。这其中，我要毫不犹豫地把巴黎和俄罗斯舞蹈家的关系问题放到首位。这种关系已经紧张到什么都有可能发生的地步。不久前的一个晚上，就发生了一起边境事件，其严重性是政府不应低估的。

这次由尼任斯基——"可谓舞蹈界的阿提拉"——率领的

---

① 路易·拉卢瓦，*Nijinsky*。
② Marie Rambert, *Quicksilver*（London, 1972）, 61.

俄罗斯野蛮人，真的是走得太远了。他们被人嘘了还觉得非常意外。

看来，对于自己正带去麻烦的那个国家的风俗习惯，他们根本就不了解，他们似乎并没有意识到，我们常常采取有力的措施来反对荒唐的行为。

不过，也许可以通过协商来和俄罗斯人达成一致。

尼任斯基必须同意，不要再上演刻意想让我们软弱的心灵无力领略其美丽的芭蕾，不要再上演300岁的"现代"女性，或者是还在吃奶的男童，同样，还有乳房。作为对这些让步的回报，我们会继续向他保证，他是世界上最伟大的舞者、最英俊的男人，而且我们还会向他证明这一点。那样，我们就安宁了。

文章最后还指出，一群波兰男演员即将抵达巴黎。他们最好管好自己，不要告诉法国人说唯一真正的艺术是波兰艺术。

在莫里哀的半身塑像面前，他们最好不要大喊：波兰万岁，先生！

不用说，阿尔弗雷德·卡皮在6月初的那个星期一欣赏着自己业已变成铅字的卡巴莱式（cabaret）① 妙语时，一定是非常得意的。

___

① 指当时一种以歌舞或滑稽短剧为特色的娱乐表演，演出地点主要是餐馆或夜总会。——译者注

一年后，在因奥地利大公遭到暗杀而引发的"七月危机"中，一个叫作莫里斯·杜邦（Maurice Dupont）的人在《蓝色杂志》（*La Revue Bleue*）① 上发表文章，强烈抨击自己时代的好奇心。他认为那不是高级心智活动的表现，而是令人不安的病症："健康的人是不好奇的。"尤其是在俄罗斯人激起的热情中，他遗憾地看到了精神失衡的迹象。他指责说，像《祭》那样的作品，其实质就是虚无主义。那样的作品感情强烈，但缺乏广度。它可以使感觉麻木，但不能使灵魂提升。它是"尼采所梦想的，也是他带有预言性质的愿望——成为向着死亡飞奔的世界中的灯塔——所引发的酒神式狂欢"。不过，杜邦认为，希望还是有的，能够证明法国人头脑清醒的最佳证据就是他们对待《祭》剧严厉的态度。②

到杜邦文章出来的时候，他很可能注意到加布里埃尔·阿斯特吕克已经破产了，这会让他长舒一口气。尼任斯基和罗莫拉·德·普尔茨基（Romola de Pulszky）结了婚，并退出了佳吉列夫的剧团。总之，这股"现代潮"遇到了挫折。不过，他可能还注意到，科学家们正专注于世界终结的可能性。在《两个世界》（*Revue des deux mondes*）杂志上，夏尔·诺德曼（Charles Nordmann）写道：

当绝望和疲惫在人类上空展开它们沉重的翅膀时，社

---

① 指在 1871～1939 年刊行的法国中左翼政治杂志《政治与文学》（*Revue politique et littéraire*）。之所以称为《蓝色杂志》，是为了区别于同一出版商早先出版的另一份粉红色封面的《科学杂志》（*La Revue scientifique*）。——译者注

② Maurice Dupont, "Les Ballets russes: l'orgie du rythme et de la couleur," *Revue Bleue*, 52a., II（July 11, 1914）, 53–56.

会以及个人生活中就会产生道德上的不适。接着人们就开始梦想虚无。万物终结不再是"不合心意的",而对它的沉思事实上还可以给人带来慰藉。科学家们最近有关宇宙死亡的争论也许就反映了这些阴郁的时光。①

---

① Charles Nordmann, "La Mort de l'univers," *Revue des deux mondes*, t. 16（July 1, 1913）, 205 – 16.

二 柏林

各地的市民怎么都变成了舞者。

阿尔弗雷德·沃尔芬施泰因（Alfred Wolfenstein），1914 年

窗户乒乓，玻璃哐当，这就是新生活的呐喊，新生儿的啼哭。

埃利亚斯·卡内蒂（Elias Canetti）

在伊瑟河，我们年轻的志愿后备团发起进攻的地方，此时躺着我们的"圣春"……他们为我们做出的牺牲对整个德国而言意味着一个神圣的春天。

弗里德里希·迈内克（Friedrich Meinecke），1914 年

圣春①

78　　"德国对俄宣战——下午游泳。"1914 年 8 月 2 日，弗朗茨·卡夫卡在日记中草草写道。②

　　那年夏天，白日漫漫，阳光灿烂；夜晚柔和，月光皎洁。这便是传说中的 1914 年之夏，一个美丽而令人难忘的季节，同时也是它让人感到辛酸和神秘的地方。不过，我们在本章开头说到天气，并不是为了勾起对阳光、温泉胜地、帆船赛以及昏昏欲睡的午后的回忆，尽管它们对我们充满诗意地想象风暴来临前的那年夏天很重要；事情很简单，因为那年的 7 月和 8 月，舒适的白天和夜晚让欧洲人勇气倍增，大胆走出家门，在城市和市镇的街头或广场，公开展示他们的激情与偏见。那年夏天，公众情绪的大宣泄对于欧洲的命运走向起到了至关重要的作用。

　　如果那是一个阴冷潮湿的夏季，就像之前或之后那样，那么诱发街头演说和集体歇斯底里的露天集市一般的氛围还会产生吗？领导者们还会那么轻易地准备宣战吗？有证据表明，7 月底 8 月初的时候，在柏林、圣彼得堡、维也纳、巴黎和伦敦出现的一幕幕群众性战争狂热，把欧洲的政治军事领导人推向了对抗。德国的情况无疑就是这样。结果，德国成了风暴的策源地。

　　6 月 28 日，奥地利大公弗朗茨·斐迪南在视察帝国行省波

---

① 原文为 *Ver Sacrum*，指古意大利的一种宗教活动。在这种活动中，要用春天刚出生的人或动物向战神马耳斯献祭。它也是书中提到的维也纳分离派从 1898 年至 1903 年出版的杂志的名称。——译者注

② *The Diaries of Franz Kafka*，1910 – 1923，ed. Max Brod，trans. M. Greenberg（Harmondsworth，1964），301.

斯尼亚和黑塞哥维亚期间，与妻子一同在萨拉热窝遭到暗杀。之后，正是因为有德国撑腰，奥地利政府才决定在处理和塞尔维亚的关系上毫不妥协——塞尔维亚被怀疑为暗杀奥地利皇储的恐怖团体提供精神和物质支持。在柏林，在决策过程中的几个关键阶段，公众多次举行大型的示威活动，坚决要求采取攻击性的、争取胜利的方式解决危机。7月初就已经比较激动的情绪，到月底变成了狂热。

　　7月25日，星期六。傍晚时分，大批大批的人群漫无目的地在街头乱转，等待塞尔维亚答复奥地利在23日提出的苛刻的最后通牒，这一通牒提出了若干条对塞尔维亚人来说显然难以接受的要求。公众对最后通牒会做何反应？德国总理贝特曼·霍尔韦格（Bethmann Hollweg）对此忐忑不安。他非常担心柏林人会有消极的举动，于是便警告德皇，不要中断他一年一度的巡游从挪威返回国内。堂吉诃德式的威廉虽然对这一建议非常不快，但估计还是十分焦急的：“形势迫在眉睫！他还写信让我不要出现在自己的臣民面前！”

　　贝特曼对公众情绪完全判断错了。《每日评论》（*Tägliche Rundschau*）的记者用扣人心弦的散文体给我们描述了这样一幅画面：为了知道塞尔维亚人的答复，人群哄抢了送报的货车，撕开报纸，急切地读了起来。突然，有人用柏林话大声喊道：“开始了！”塞尔维亚拒绝了奥地利的最后通牒！开始了！

　　　一时间，所有人都这样说。这太让人受伤了。突然，在还没有弄明白是怎么回事之前，人们就聚拢在一起。大家谁也不认识谁，但都沉浸在同一种诚挚的情感中：战争，战争，患难与共。接着，暮色中传来庄严的欢呼，那是

"雷霆般的怒吼"。①

80　　　大约在晚上八点，一大群人沿着柏林市中心的菩提树下大街，朝着皇宫的方向走去。在兵工厂，人们高呼奥地利万岁；在皇宫，人们放声高唱《向戴着胜利花环的您致敬》。另外还有一大批人，可能有好几千人，朝着毛奇大街的奥地利大使馆方向走去。他们一路上高唱着《我有过一个同志》，那是德国人最喜欢的进行曲之一。最后，奥地利大使瑟杰尼－马里奇（Szögyény-Marich）出现在阳台上，引发了疯狂的欢呼。他退下后，歌声和呼喊声还在继续，于是他只好再次出来，称赞了人们表现出的患难与共的精神。柏林的自由派报纸《福斯报》（Vossische Zeitung）的记者注意到，"德国人和奥地利人，学生和士兵，商人和工人，在这生死攸关的重大时刻，全都亲如一家"。②

　　　天黑之后，大约是夜里十一点，一大批人聚集在勃兰登堡门，然后朝威廉大街的外交部方向，最后又朝陆军部的方向开去。另外在动物园、选帝侯大街和陶恩沁恩大街也聚集了一群又一群人。皇宫前面的一大批人和帝国总理府前面的另一大波人一直转悠到午夜过后很久。

　　　贝特曼的秘书库尔特·里茨勒（Kurt Riezler）在日记中写道，看到大批大批情绪激昂的群众，贝特曼深受感染，心情明显好转，不再忧心忡忡了，特别是当他听说帝国各地都在进行类似的示威活动的时候。③ 实际上，在星期六，后来又在星期

---

① Georg Kotowski et al. （eds.），*Das wilhelminische Deutschland*（Munich，1965），145.

② *Vossische Zeitung*，374，July 26，1914.

③ 1914 年 7 月 27 日的日记，Kurt Riezler，*Tagebücher，Aufsätze，Dokumente*，ed. K. D. Erdmann（Göttingen，1972）。

天，甚至还发生了一些丑陋的事情，从中也可以看出公众兴奋到了什么地步。

星期六晚上，在慕尼黑的法里希咖啡馆，一群人疯狂地唱 81 着爱国歌曲。午夜过后，业主们让乐队的队长慢慢平息下来，到深夜一点半的时候要最终停止演奏。然而，那些顾客还没有尽兴，所以在咖啡店准备打烊的时候，有些爱国者就开始砸桌椅，并用砖头砸平板玻璃窗户。

第二天下午，还是在慕尼黑，一名塞尔维亚人在表达自己对于时局的看法时，很快被一大群愤怒的人团团围住。就在他们想要对猎物动用私刑的时候，警察来了。塞尔维亚人被救了出来，并送到当地的一家饭店。但那群红了眼的人不肯罢休，想要冲击这家饭店。一支由警察局长亲自率领的人数较多的警察小分队不得不进行干预。塞尔维亚人躲了几个小时才被从侧门送走。

在耶拿，查尔斯·索利（Charles Sorley），19 岁的耶拿大学访问生和剑桥大学道德哲学教授的儿子，在 7 月 26 日给父母的信中写道：

> 喝得醉醺醺的学生会的人正在街上游行，一边还高喊"打倒塞尔维亚人"。即便是在偏僻的耶拿，每半个小时也会出来一版报纸，每次刊登的消息都越来越疯狂，我们几乎可以听到贝尔格莱德的枪声了。[1]

驻柏林的俄国海军武官在同一天（26 日）报告说，首都的

---

[1] *The Letters of Charles Sorley* (Cambridge, 1919) , 211 – 12.

各个主要街道都挤满了扬言要支持奥地利的示威人群，就连在那座城市已经住了三十多年的人都说，他们从来没有见过这样的场面。①

82　　7 月 27 日，德皇抵达波茨坦。他将在 31 日那天回到在柏林的皇宫。

接下来的那个星期四，30 日，即俄国开始动员的消息传到柏林的前一天，兴奋的人群又出现了，而在此后命运攸关的七天当中，这样的场面在德国首都几乎天天都可以见到。在那个星期四，他们聚集在威廉大街的外交部门前，在克兰茨勒街角处——那里是菩提树下大街一个主要的十字路口和有名的克兰茨勒咖啡馆的所在地——以及菩提树下大街尽头的皇宫前面。从 31 日星期五下午开始，涌上街头的柏林民众显然都认为战争不可避免。德皇在下午一点宣布战争迫在眉睫，要求边境巡逻队加强警戒并限制平民对邮政、电报和铁路通讯的使用。那个下午到处都可以听到彰显爱国精神的喧嚷声。"在最终做出决定之后，"法兰克福一家报纸驻柏林的记者在那个星期五的下午三点写道，"紧张的气氛一扫而空，取而代之的是欢呼雀跃。"② 虽然官员们坚持认为，宣布有战争危险绝不等于宣战，宣战要看俄罗斯是否拒绝撤销动员令，但德国的民众可不这么想，他们认为危机的结果已成定局。主妇们开始抢购食品。很多商店的店主乘机捞取不义之财：食盐、燕麦片和面粉都明显涨价了。在柏林市中心的大型百货商店食品部，罐装食品被抢购一空。临近傍晚的时候，遵照警方的命令，一些大型商店停

---

① Fritz Klein et al. , *Deutschland im ersten Weltkrieg*, 3 vols. （［East］ Berlin, 1968 – 1970）, I: 262 – 63.

② *Frankfurter Zeitung*, 211, August 1, 1914.

止了营业。

那个星期五下午，报纸的号外刊登了最新消息。即便如此，菩提树下大街还是挤满了人。许多人都是来等候从波茨坦回来的德皇的。两点四十五分，皇帝的轿车出现了。它费了好大的劲，才驶过通向皇宫的路。欢呼声震耳欲聋。紧跟在德皇后面的是载有皇储、储妃和他们较为年长的儿子们的车。在他们之后依次是艾特尔－弗里德里希（Eitel-Friedrich）、阿达尔贝特（Adalbert）、奥古斯特·威廉（August Wilhelm）、奥斯卡（Oskar）和约阿希姆（Joachim）诸位皇子。然后是一辆接一辆的豪华轿车，里面坐着帝国的顾问。对每一辆车，从头一辆到最后一辆，人们都用欢呼和爱国歌曲向它致意。帝国总理贝特曼·霍尔韦格和总参谋长毛奇①也过来参加磋商。他们停留的时间不长，而无论是他们的到来还是离去，都伴随着狂热的欢呼。皇室的其他成员也陆续离开了皇宫，每辆车都要费上很大的工夫，才能从兴奋的人群中——《柏林地方报》（Berliner Lokal-Anzeiger）估计有50000人——挤过去。主要的决策者全都直接遭遇了柏林民众爆发出的巨大热情。他们谁也没有见过这样的阵势。他们谁都不能不考虑民众的情绪。在菩提树下大街，除了大人物的专车，其他车辆全都要绕行。这样一来，柏林的这条最华美的大街——那里有大学、歌剧院、皇家图书馆和许多政府部门，还有剧院、咖啡馆和大使馆——就成了不朽的希腊戏剧的舞台。

那天深夜，仍然有数千人聚集在威廉大街的总理府前面，并在临近午夜的时候，开始反复呼喊支持总理的口号。贝特曼最后出来发表了简短的即兴讲话。在祈求俾斯麦、威廉一世和

①　指老毛奇的侄子赫尔穆特·约翰·路德维希·冯·毛奇（Helmuth Johann Ludwig von Moltke，1848～1916）。——译者注

老毛奇的保佑的同时，他坚持认为德国的目的是要和平。但如果敌人要把战争强加给德国，那它也会为了自己的"生存"和"荣誉"战斗到底："在此危急关头，我要你们记住弗里德里希·卡尔亲王（Prince Friedrich Karl）对勃兰登堡人大声说过的话：让你们的心在上帝面前跳动，并用你们的拳头砸向敌人！"[1]

　　第二天，8月1日星期六，一幕幕更加火热的场面出现了。早晨的时候——正常情况下会是有条不紊地结束一周的工作，商店、学校和办公机构要到中午才停止营业或办公——事情就不太正常。比如，摩亚必特区的几个刑事法庭无法准时开庭，因为被告和证人，甚至法官和律师，根本就没来。皇宫前面聚集了一大群人，估计有10万到30万人。他们从老博物馆和大教堂的台阶开始，像人海一样漫过卢斯特加滕公园和大广场，直到皇宫外面的平台。他们跟着伊丽莎白团的乐队一起唱着振奋人心的歌曲。该团实际上已经动弹不得。在皇宫卫兵换岗之后，它本来是要穿过广场到卢斯特加滕公园的，但被这群人挡住了，无法前进。于是他们就带头热烈地唱起歌来。"那热情真是无穷无尽，"《法兰克福报》（Frankfurter Zeitung）的记者在下午一点五十五分的电报中写道，"因此到最后，当乐队在群众团结意志的感染下奏起《巴黎入城式进行曲》的时候，热情便达到了顶点。"[2]

　　就在这些庆祝活动正在进行的时候，皇室的各位成员又来到皇宫，贝特曼总理、毛奇总参谋长以及海军部长蒂尔皮茨（Tirpitz）也来了。决定命运的商讨在进行着，人群守候了一个

---

①　Martin Hürlimann, *Berlin* (Zürich, 1981), 193.

②　*Frankfurter Zeitung*, 212, August 2, 1914.

下午。他们唱歌、聊天、欢呼。最后，下午五点，德皇签署总动员令；一小时后，德国驻彼得堡大使波达尔斯伯爵（Count Pourtalès）拜会了俄国外交大臣萨佐诺夫（Sazonov），向他递交了宣战书。最后几天这些重大的决定，都是在群情激昂的背景下做出的。民众要求采取决定性的行动，没有哪位政治领导人能承受这样的压力。

大约六点半，人们开始高喊——"我们要见皇帝！"皇宫中间的窗户的窗帘以及法兰西门打开了，德皇和他的妻子出现了，这引来了雷鸣般的欢呼。威廉挥手致意。叫喊声、歌声和欢呼声慢慢平息下来。最后，德皇说话了。他对人群说，德国人现在都是一家人。现在要忘掉所有的差异和分歧。德国人亲如手足，将会取得巨大的胜利。简短的讲话带来了更多的喜悦和更多的歌声——《莱茵河畔的卫士》和新教徒的传统战歌《我们的上帝是坚固的堡垒》。

全城在当晚的活动就如同几十万人参加首演，在获得成功之后举办庞大的庆祝活动。柏林在举办一场由全体演员参加的晚会。小酒馆和啤酒店挤得水泄不通。在钢琴、小号、小提琴和整支乐队的伴奏下，人们声嘶力竭地唱着爱国歌曲，一遍又一遍，一直唱到早晨。因为酒精或只是情绪激动而变得迷迷糊糊的柏林人，此时才终于重重地倒在铺有羽绒褥垫的床上，脸上依旧挂着微笑。

那个星期六，还有星期天的早些时候，大柏林区匆匆举行的婚礼大约有2000多场。紧张的气氛使得各个组织和社会团体纷纷对德国的事业公开表达它们的忠诚。比如，主张同性恋者和妇女权利的人就加入了民族主义的庆祝活动。柏林的"德国犹太人协会"在8月1日星期六那天的声明中宣称："德国所有

86 的犹太人都义不容辞，准备献出全部的财产和鲜血，这一点不言而喻。"这是它的许多慷慨陈词之一。①

星期天上午十一点半，在国会大厦前的俾斯麦纪念碑那里，各教派联合举行了一场露天的礼拜仪式。数千人参加了这场具有无可比拟的象征意味的仪式。担任演奏的是燧发枪手近卫团的乐队，仪式开头是新教赞美诗《低地国家的感恩祈祷》。起首一句是，我们到我们公正的神面前祈祷。主持仪式的是已经取得布道资格但尚未被授予圣职的宫廷牧师德林（Licentiate Döhring），他用《至死不渝》作为自己的布道经文。他说，战争已经被强加给德国，但"我们德国人在这个世界上除了上帝谁都不惧"。全体会众接着又背诵了主祷文，仪式结束时唱的是天主教赞美诗《天主，我们颂赞您的名》，配的是 4 世纪的一首乐曲。新教徒和天主教徒在德国又团结起来。前些天的俗众也经常唱赞美诗。现在，在这场宗教仪式之后，人们很得当地唱起了世俗歌曲。教会和国家合成了一体。德皇很清楚这种象征性活动的重要意义，所以也参加了在波茨坦的老卫戍部队教堂举行的礼拜仪式，腓特烈大帝等普鲁士统治者就埋葬在那里。

8 月初，德国人尽情地享受着种种喜悦：过去和未来实现了真正的融合，永恒就体现于当下，政党与政党之间、阶级与阶级之间、教派与教派之间、教会与国家之间所有的内讧消解

87 了。生活实现了超越。它变得审美化了。生活成了瓦格纳式的总体艺术作品，在这样的作品中，精神性的生命力超越了物质性的关切以及所有寻常的事务。

---

① *Frankfurter Zeitung*, 213, August 3, 1914.

在德国的其他地方，无论是美因河畔的法兰克福还是奥德河畔的法兰克福，无论是慕尼黑、布雷斯劳，还是卡尔斯鲁厄，情况都差不多。亲王们被团团围住。军人被当成了偶像。教堂里人满为患。从情感上来说，德国至少在7月31日星期五的时候就已经宣战了——当然，是对俄国和法国。民众的情绪非常激昂，德皇此时已经没有了退路。要是失去勇气，他就会一蹶不振。所以在之后的几天，自然是接二连三的重大决定和宣战：首先是对俄国，然后是对法国，最后是对英国。

在柏林，最后若干场较大的反战集会发生在7月28日星期二那天，当时社会民主党在全城组织了27场集会。参加的人很多，有几场集会后来还进行了游行。据《柏林日报》（*Berliner Tageblatt*）估计，在腓特烈斯海因啤酒厂集会的工人有7000人，在科彭街有2000人。这些集会之后，两大群人又一起向柯尼希斯特尔（Königstor）前进，当时的人数已经达到10000人。最后，50名警察挡住了游行的队伍。在前面几排游行者朝警察涌去的时候，警察发射了空包弹。示威人群很快就被驱散了，只发生了一些小摩擦，受伤的人也很少。有32个德国城市举行了类似的反战集会。这便是最后一些较大的反战集会。

到了那个关键性的周末——星期五，7月的最后一天，以及星期六和星期天，即8月的头两天——面对沙皇军队的动员、由此加剧的俄国威胁，以及重新开始的举国关注的示威活动，社会民主党人开始团结起来，支持民族主义大业。有些社会主义领袖也被狂热的情绪感染了。其他人则感到众意难违。该党左翼的一些议员被召到柏林参加核心会议。他们出发时还抱着坚决反对战争的态度，决心投票反对战争拨款，但在沿途的火

88

车站一再看到民众支持战争的场面后改变了主意。到 8 月 3 日，也就是在帝国国会就战争拨款问题举行投票的前一天，社会民主党的核心会议压倒性地倒向了支持战争的立场。那个星期一，战前及战争期间又再次站在该党左翼立场的《不来梅市民报》（*Bremer Bürger-Zeitung*）在头版头条大肆鼓吹《尽到你令人痛苦的责任!》。① 古斯塔夫·诺斯克（Gustav Noske）后来说，如果社会民主党的核心会议不支持战争拨款，社会主义议员们就会在勃兰登堡门的前面被踩死。总之，民意汹汹，不但是君主和政府受到影响，实际上所有的反对势力也都被这股巨流一扫而空。

一些天之后，库尔特·里茨勒反思了公众情绪的影响：

在人民中释放出的这股无可比拟的风暴，扫除了在它面前的所有怀疑、犹豫和畏惧……这个民族让心怀疑虑的政治家们大吃一惊。②

实际上，街头群众掌握了德国政治的主动权。谨慎被抛到了窗外。当下至高无上。小时、年，甚至连世纪，都被降格为一个个瞬间。历史已经变成了生活。

对于 8 月那些日子的气氛，许多人永生难忘。十年后，托马斯·曼会提到它们，说那是许多还处于萌芽阶段的事情的开端。三十五年后，弗里德里希·迈内克，德国历史学家的老前

① Dieter Groh, *Negative Integration und revolutionärer Attentismus*（Frankfurt am Main, 1973）, 675.
② 1914 年 8 月 15 日的日记，*Tagebücher*。另见 Konrad H. Jarausch, *The Enigmatic Chancellor*（New Haven, Conn. : 1973）, 177。

辈，在回想那年8月的气氛时还会颤抖。他承认，虽然之后发　89
生了种种灾难，但那些日子也许是他一生中最美好的时光。①

序曲

　　将德国视为一个"迟到的国家"，这在有关该国历史的著
述中几乎成了老生常谈。毫无疑问，现代性在社会经济方面的
外在标志，比如城市化、工业化、殖民地、政治统一，对于德
国来说——与法国尤其是与英国相比——全都是姗姗来迟的。

　　1800年，当法国和英国都有了至少百年甚至更长时间的中
央集权政府时，德国的领土仍旧像百衲衣一样有近400个自治
公国，它们只是以"德意志民族神圣罗马帝国"的奇怪名义结
成松散的联盟。在一个叫斯瓦比亚的地方，729平方英里的范
围内竟然有90个国家。这里的城市很少，而且与巴黎或伦敦几
乎无法相比。柏林在1800年的时候不过是普鲁士的行政中心，
人口大约是17万。没有像英国纺织业那样为了发展商业联系而
在全国范围内组织起来的行业，也没有促进宗教团结的全国性
宗教组织。对于许多德国人来说，德国历史上最伟大的成就就
是宗教改革。一件没能把德语民族团结起来，反而把它们弄得
四分五裂的事情竟然被这样高看，这也充分反映了德国人的特
性。18世纪初，有位即将出嫁的姑娘写信给未婚夫说，"没有
什么比用德语写信更粗俗了"。五十年后，腓特烈大帝也由衷地
表示认可。他在《论德意志文学》（ De la littérature allemande ）
中说到德意志语言时，说它是"半野蛮的"。德意志有多少个　90

---

①　托马斯·曼1924年为《魔山》（ Der Zauberberg ）所作的序。参见 The Magic
　　Mountain ，trans. H. T. Lowe-Porter（ New York，1969），ix. Friedrich
　　Meinecke，Strassburg-Freiburg-Berlin，1901–1919（Stuttgart，1949），137–38。

邦，就有多少种不同的方言。"每个地方的人，"他继续轻蔑地说道，"都认为他们的土话是最好的。"① 甚至到了一个世纪后的 1850 年，一方面，拿破仑的改革摧毁了作为一种法定体系的神圣罗马帝国，开始促进社会的流动性和工业化，另一方面，普鲁士已经崭露头角并成为德意志最强大也最具野心的邦国，此时，作为新兴的金融、商业和铁路中心的柏林，人口也才只有 40 万。

当然，除了北面的大海和西南面的阿尔卑斯山，德国几乎没有任何天然疆界。另外，广袤的中欧平原也支配着它在地理上的自我意识——为所有入侵者、掠夺者以及东方的日耳曼各部落在公元 4 ~ 5 世纪之后的民族迁移提供了大走廊。在地理、人种、宗教和商业上缺乏清晰的界定，这是德国历史最重要的特点，而遗留下来的问题则是地方主义、特殊主义和狭隘的地域观念传统——不用说，还有缺乏安全感和生性多疑。"德意志？可是，它在哪儿呢？我不知道怎么找到这个国家。"这是席勒和歌德在 18 世纪末共同的感觉。② 定居在奥地利的莱茵兰人梅特涅（Metternich）在维也纳会议上说，"德意志"和"德意志民族"是一个抽象的东西。

德国之所以能够在 1866 ~ 1871 年最终实现政治统一，部分原因在于社会的变化。在这种变化中，影响最为深远的就是中产阶级企业家精神的形成。还有一点同样重要，即普鲁士领导人意识到强权政治在欧洲国家体系中的必要性，于是主动追求

---

① Norbert Elias, *The Civilizing Process*, trans. E. Jephcott (New York, 1978), 11 - 12.

② Friedrich Schiller and J. W. von Goethe, "Das Deutsche Reich," *Xenien*, in Schiller, *Gesamtausgabe*, 20 vols. (Munich, 1965 - 1966), II: 30.

一种强调征服和集权的政策。新的元素和传统的元素就这样联　91
手造就了德国的政治统一，尽管那种统一并不怎么样。

　　德国表面上是统一了，但顽固的地方主义传统却不可能在
一夜之间就被根除。结果，德意志帝国一方面在俾斯麦和霍亨
索伦王室手中，另一方面在中产阶级精英的统治下，实际上就
成了一个由联邦主义和中央集权、民主制和贵族制、"国家"
需要掩盖下狭隘的地域观念，以及中产阶级的野心和贵族的节
制共同构成的奇特的大杂烩。部分德国人，尤其是一些中间阶
层，虽然有志于维护政治上的完整，但实际情况是，地方性的
忠诚意识和多样性意识依然存在，老的精英集团依然能够占据
非常显赫的地位，因为这些老的精英承认多样性——他们的大
部分特权其实也是以多样性为基础的——并且花了相当多的精
力去"管理"它。

　　1862 年，奥托·冯·俾斯麦成了普鲁士的首相，他主持了
19 世纪 60 年代德国的统一大业。他手腕娴熟，引导普鲁士经
历了三次战争，分别是对丹麦、奥地利和法国。战争以 1871 年
统一德意志帝国的成立而告终。他在新德意志帝国宰相位置上
又待了近二十年，直到 1890 年被迫辞职。虽然俾斯麦的保守主
义的目标是要在德国建立一个和谐而融洽的社会，并依照普鲁
士的传统和制度对其进行治理，但做了三十多年政治谋略家的
他，这一次却完全失算了。到头来，相比于这一目标，他的策
略对德国发展的影响或许更大。

　　由于他总是需要替罪羊，需要触手可及的敌人——19 世纪
60 年代，被他指认为万恶之源的是自由派，19 世纪 70 年代是
天主教徒，19 世纪 80 年代是社会主义者——由于他总是说
"帝国处于危险中"，而人们也信以为真，因此，他加剧了现存

92　阶级之间的紧张关系，加剧了宗教的分裂和意识形态的分歧。短期来看，就俾斯麦作为一个善于操纵政局的人而言，他非常成功，但从长远来看，他又非常失败，因为他没能实现自己的目标。1890 年，他被新皇帝威廉二世解除宰相职务就是这一失败最有力证明。俾斯麦这位"铁血宰相"在推动德国统一并使之成为国际强国的同时，也进一步分化和削弱了这个国家，这一点乃是历史上许多饶有趣味的反讽之一。在俾斯麦离任的时候，德国在许多方面都比他就任普鲁士首相时更加分裂了。

因此，他对德国的影响充满了矛盾：他把对完整国家的渴望，对统一、伟大和强盛的幻想，灌输到德国人心中，但同时，他在利用德国内部各种分裂和离心的倾向对社会和政治"分而治之"的时候，又加剧了这些倾向。强调差异而不是相似的地方，这使得对完整的追求越发迫切，而且考虑到实际情况，也越发成为只能在精神上加以超越的问题。由于缺乏客观的界定，有关德国和德国人的民族特性的看法就成了一个和想象、神话及灵性——总之，和幻想有关的问题。

当然，在接纳外部世界，接纳感官对于有形现实的各种印象并将其贬低为次于精神世界、内在生活和"真正的自由"方面，德国过去就存在一种根深蒂固的模式。按照路德教的传统，宗教是信仰问题，不是善行或教义问题。按照德国古典人文主义的看法，自由关乎的是道德而不是社会；内在的自由要比社会中的自由与平等重要得多。对德国唯心主义者而言，文化是

93　精神的教养问题，不是外在的形式问题。德国人的民族特性必然是精神上的联系问题，而不是地理甚至种族上的划分问题。俾斯麦非但没有削弱这种把生活内在化的倾向，削弱这种神话的性质，反倒使它变得更加突出。俾斯麦在把德国"普鲁士

化"的同时，还把德国从现实中的一个地理名词变成了一个传奇。

不过，俾斯麦的政治成就——国家统一的表象之下是各种其来有自的深刻分裂——之所以可能，只是因为他的做法顺应了19世纪下半叶德国社会经济发展的潮流。社会和经济的发展为俾斯麦搭建了施展谋略的舞台，并强化了谋略的效果。其发展速度之快，令民众无所适从。虽然英国的查尔斯·狄更斯可以在《荒凉山庄》中说自己生活在"一个不断前进的时代"，丁尼生也可以把他的时代说成"让人心生敬畏的转型期"，但德国社会经济变革的统计数据表明，没有哪个国家比它更有资格说明什么是运动和转型。由此看来，在旧的固定不变的东西所受到的冲击与新神话的滋生之间是有直接联系的。

在改变地球人的生活模式，即从以农业为主的乡村生活走向以工业为主的城市生活方面，如果说英国是引路人，那么在带领我们走向"后工业"或技术世界方面，德国所起的作用却要超过其他任何国家。这不仅是在客观意义上，说德国的发明家、工程师、化学家、物理学家和城市建筑师等在决定我们现代城市和工业面貌上所做的贡献要超过其他国家，而且在体验的意义上，说相比于其他"发达"国家，德国更加集中地反映了快速和整体的环境变迁可能造成的心灵迷失。德国人的体验在"现代体验"中具有核心意义。德国人过去常常把自己说成欧洲心脏地带的民族。在现代意识和感受力方面，德国人也是心脏地带的民族。

钢铁是新工业时代的建筑材料。19世纪70年代初，英国的铁产量还是德国的四倍，钢产量是德国的两倍。可是到1914年，德国的钢产量已经是英、法、俄三国的总和。英国一个世纪以来都是世界钢铁的头号出口国，到了 1910 年却要从鲁尔区进口钢材。

能源的使用情况是工业发展速度的另一个指标。从 1861 年到 1913 年，英国的煤炭消耗增长了两倍半，而同一时期德国增长了 13.5 倍才与英国将近持平。但在世纪更替前后，正是在新兴化工和电力行业——它们成了德国在 20 世纪进一步发展的基础——德国突飞猛进，这预示着德国经济的巨大潜力。

1900 年，英国的硫酸产量还将近是德国的两倍——硫酸可用于石油的提炼和化肥、炸药、纺织品及染料等的生产——但不到十三年，这种关系差不多就被颠倒过来：到 1913 年，德国生产了 170 万吨而英国只有 110 万吨。染料方面，德国公司——主要是巴登苯胺公司、赫希斯特公司和 AGFA 公司——到 1900 年的时候已经控制了 90% 的世界市场。电气制造业的发展同样惊人。到 1913 年，德国的电气产值是英国的两倍，法国的近十倍；德国在这一领域的出口量世界第一，差不多是美国的三倍。从 1890 年到 1913 年，德国的出口总值增长了三倍多。

德国用了一代人稍多一点的时间，而且要是寿命长的话还不到一代人的时间，就从一个地理上的集合体——它的各个部分之间的经济联系比较有限——变成了欧洲最令人生畏的工业强国，更别说变成了军事强国。

要做到这一点，需要在人口模式、社会经济组织以及劳动力方面有巨大的改变。德国的总人口从 1875 年的 4250 万增长到 1890 年的 4900 万和 1913 年的 6500 万。相比之下，在后一个时间段，英国的总人口从 3800 万增长到 4500 万，而法国只是从 3700 万增长到 3900 万。大战前夕，德国与法国的人口之比估计很快就会超过二比一。1870 年，德国总人口中有三分之二是农村居民；到 1914 年，这一比例倒转了过来，三分之二的德国人是在城市生活。1871 年，人口超过十万的城市只有八个，而在 1890 年则有 26 个，到 1913 年是 48 个。到了那个时候，工业劳动人口是农业劳动人口的两倍，工业劳动者及其家人占总人口的比例超过三分之一。德国工业另一个突出的特点是它的集中程度。到 1910 年，在所有的雇佣劳动者当中，有差不多一半是在员工数超过 50 人的公司中劳动，而普通德国公司的资本化程度也是普通英国公司的三倍。

德国城市化和工业化的速度意味着很多工人都是第一代城市居民，他们会遇到从乡村转换到城市都必然伴有的所有社会和心理问题。工业和人口的集中还带来管理阶层、服务人员以及市政和国家官僚队伍的快速发展。随着社会破坏了共同体意识，随着速度和规模成了生活中举足轻重的事实，工作和社会问题，抱负和劳动的乐趣，就成了抽象的观念。这些抽象观念不是个人能理解的，和个人也没有直接的关系——它们属于理论和直觉的问题，而非经验和知识的问题。前工业社会的乡村生活本身也有很多社会问题和不光彩的地方，但不可否认，工业化，尤其是德国所经历的快速的工业化，带来了一定程度上令人不安的去个性化（depersonalization），而这种去个性化是物质上的富裕所无法消除或弥补的。所谓的新中产阶级，由主要从事管理和服务工作的半熟练白领劳动者组成的大军，是在工业化后期一下子冒出来的，因此相比于劳工阶级，他们或许更容易有孤立感，也更容易有脆弱感。工商业的集中意味着这一社会集团在德国特别庞大。

尽管如此，德国社会中的所有人还是都卷入了时代的洪流和各种各样离心的趋势中。因此，具有讽刺意味的是，当在一个层面上，也就是在人口、工业和国家体系方面进行联合的时候，社会、政治以及——也许是最重要的——心理领域却在分崩离析。结果就是执迷于对生活的管理，执迷于技术，而且执迷到这样一种地步：技术成了一种价值和审美目标，而不只是达到目的的手段。

技术

对技术的崇拜，对科学方法、效率和管理的重视，在 19 世纪末的德国达到了顶峰。虽然技术因为工业化时代的物质发展和物质关切而得到了强化，却是建立在长期的、根深蒂固的文化和政治传统基础上的，是建立在意识到自身的羸弱与散漫，以及认识到生存取决于对自然和人力资源进行有效管理的基础上的。

97　　关于神圣罗马帝国，伏尔泰有个著名的说法，说它既不神圣也不罗马更非帝国。可就是这么一个空架子——至少就其存在的最后两百年而言——却存在了近千年之久，这一点充分体现了德国人管理和驾驭的能力。但是，普鲁士的历史提供了有效管理的最佳例子。

从 17 世纪大选帝侯时代，到所有反马基雅维利式人物当中最马基雅维利式的人物腓特烈二世［他写过一本名为《反马基雅维利式人物》（Anti-Machiavel）的小册子，不久后，他于 1740 年进攻西里西亚，以便把西里西亚从奥地利手中夺过来］的丰功伟绩，再到拿破仑时代伟大的改革期，并且一直到俾斯麦 1862 年向普鲁士下院财政委员会发表的著名演说（他在演说中谴责自由派在议会中兴风作浪，呼吁采取“铁血”政策），这个像制造机器一样建造起来的国家的整个历史都在强调和推崇管理。好的、高效的管理是生存与控制的关键。"一个井井有条的政府，"腓特烈二世在其 1752 年的《遗嘱》（*Testament*）中宣称，"应当像哲学那样有清晰的体系。"[1] 对腓特烈这位哲学王来说，手段和目的一样重要。普鲁士的官僚体系注定会成为全世界讲究效率的典范。

19 世纪的德国在教育上的成就，很大程度上正是基于这种对手段和技术的极度重视，而教育上的成就反过来又为德国到 1914 年上升为欧洲首屈一指的工业和军事强国，提供了最重要的、独一无二的人力资源——这显然和只是获取自然资源不一样。欧洲其他国家在 19 世纪 70 年代开始实行义务制小学教育，因为当时最好的情况下也只有不到一半的学龄儿童在接受某种教育，但在德国的一些地方，这样的立法可追溯到 16 世纪。而到了拿破仑时期，法国的旅行家，比如斯塔尔夫人和维克托·库赞（Victor Cousin）[2]，都热情称赞德意志各邦的教育程度和教育质量。在拿破仑手下遭遇的失败起初也进一步推动了教育的改革和完善。到 19 世纪 60 年代，普鲁士学龄儿童的入学率几乎是 100%，而在萨克森，实际上还超过 100%，因为有许多不到 6 岁和超过 14 岁的外国学生和儿童也在就读。[3] 如果说——就像人们经常提到的——19 世纪伟大的教育革命是在小学层面先行展开的，那德国就是世界上最先进、最革命的国家。勒南（Ernest Renan）就认为，普鲁士在 1870 ~ 1871 年对法国的胜利是普鲁士的小学教师对其法国同行的胜利。

中等教育和高等教育差不多是一样成绩斐然。德国一般不

98

---

[1]　Gordon A. Craig, *The Germans* (New York, 1982), 27.

[2]　法国哲学家，对法国的教育政策产生过重要影响。——译者注

[3]　David Landes, *The Unbound Prometheus* (Cambridge, 1969), 342.

会过早引导学生进入研究领域；它的中等教育比其他国家更加多样化；它的大学不但是欧洲最开放、最"民主的"，也是享誉世界的学术和研究中心。亨利·哈勒姆（Henry Hallam）在1844年曾经说过："一个世纪前，牛津没有哪位教授会认为要成为一个有学问的人就必须懂得德语，而现在，没有谁能离得开它。"① 若干年后，历史学家约翰·西利（John Seeley）表示："好书是用德文写的"。② 德意志各邦甚至在统一之前就开始积极参与创建学会和研究中心的活动，而在统一后，国家干预的步伐加快了。此外，技能和职业培训也不像英国那样通常都交给私人，而是全民和国家都关心的事情。

1914年之前的半个世纪，德国在科学技术方面的成就举世公认，但人们还没有充分地意识到的是，爱因斯坦、普朗克、伦琴（Röntgen）等国际知名的科学家，在一定程度上不过是一支庞大而活跃的队伍中名气最大的几个。国家对技术教育和研究的鼓励带来了惊人的收获。技术研发领域，按本质来讲，并不追求轰动效应，最值得关注的一个例子就是煤焦油工业。这个行业中六家最大的德国公司在1886～1900年取得了948项专利，而英国最大的六家公司仅仅取得了86项。③

技术主义崇拜及其活力论内涵，到19世纪最后几年已经在德国社会产生了广泛的影响。各方面人士大多都非常关注新生事物和必然变化，哪怕在旧的土地贵族当中也是这样，而后者以往通常都是用怀疑和失望的眼光来看待变化的。在1898年完

① Paul M. Kennedy, *The Rise of the Anglo-German Antagonism*, 1860 – 1914 (London, 1980), 110.
② Klaus Dockhorn, *Der deutsche Historismus in England* (Göttingen, 1950), 217.
③ Landes, *Prometheus*, 354.

成的以普鲁士乡村为背景的最后一部小说《施特希林》（*Der Stechlin*）中，特奥多尔·冯塔纳（Theodor Fontane）借书中的乡村牧师之口说道：

> 一个新的时代正在来临，我相信那是一个更好也更幸福的时代。即便不是一个更幸福的时代，至少也是一个空气中有更多氧气的时代，一个人们可以在其中更加畅快呼吸的时代。而人们呼吸得越自由，活得就越长久。

乡村绅士中大部分人此时都认为变化不可避免，尤其是在19世纪70年代后半期的农业萧条之后，因为这次农业萧条使得拥有土地的各个等级在经济上难以为继。重要的是不能让变化失控，必须设法控制它。

在俾斯麦时代，德国的保守主义也在前进，从纠结于信念和原则变得一心只考虑利益。俾斯麦就是一个榜样。这种新机会主义的最好象征也许就是"黑麦与铁"同盟的创立，它是大规模农业和重工业之间的权宜婚姻，致使德国在1879年转向了经济保护主义。"保守主义，"威廉·冯·卡多夫（Wilhelm von Kardorff）认为，"就是为随着时间流逝而失去其重要性的形式而战。"[1]

但到20世纪的头几年，德国人民当中的其余部分也都卷入了改革主义浪潮。压力集团和民族主义社团的快速发展就是其中一个明显的例子，其成员的兴趣不在于维持现状，而在于让整个政治过程重新焕发活力。至于各政党本身，值得注意的是，

---

[1] Kennedy, *Rise*, 71.

它们都开始有了清晰的再定位。社会民主党转而采取较为温和的立场，并表现出明确的意愿，要抛弃之前否定的态度。左翼自由派则表现出有兴趣成为一个推动社会政治改革的党，一个调和左与右、"民主制与君主制"的党。最后，在天主教中央党内部，一部分有影响的人也意识到有必要对社会主义采取更具调和色彩的姿态，而且在党纲中要把改革摆到更加突出的位置。总之，1914 年之前那几年的德国政治，已经为松散的民主改革运动打下了基础。

1912 年的选举结果令人瞠目。一度被俾斯麦称为"帝国的敌人"因而也是叛国者的三股政治势力——左翼自由派、天主教徒和社会主义者——赢得了全国三分之二的选票。每三个德国人当中就有一个投票支持社会主义候选人，社会民主党成了国会中最大的政治集团。这样，该党便再次维护了自己作为世界上最大的社会主义组织和国际社会主义运动领导者的声誉。虽然对于社会主义者获得的大量选票明显感到不安，左翼自由主义者弗里德里希·瑙曼（Friedrich Naumann）在大选过后还是表示："过去几天，某种新的气象已经在德国开始；一个时代正在结束；一个新的时代已经来临"。①

因此，德国在 1914 年之前的势头总的来说是完全面向未来的。不满或焦虑也有，但它们可以通过变革被克服。整个德国在世纪末的状况就是向前飞驰。

首都

柏林先是作为普鲁士的首都，接着又在统一后成了德国的

---

① Fritz Fischer, *Krieg der Illusionen* (Düsseldorf, 1969), 154 – 55.

首都，它让所有的到访者马上就见识到，什么叫新，什么叫活力。对于整个德国当时正在经历的深刻变革，柏林在很多方面都具有代表性。和欧洲其他国家的首都相比，柏林这座城市就像暴发户，而它在19世纪后半叶的四处扩张，相比于"旧世界"中其他国家的首都，则更像是纽约和芝加哥。实际上，瓦尔特·拉特瑙（Walther Rathenau）就称之为"狂欢的芝加哥"。

柏林地处欧洲中央，这使得它和整个德国一样，成了移民的中心，吸引着过往的人们在那里临时落脚，其中既有来自俄罗斯、波兰及波西米亚等东部地区的移民，也有来自法国甚至英国朝着相反方向流动的移民。这是它从大选帝侯时代以来的命运，所以真正的柏林人，也就是说第四代、第三代，甚至是第二代的居民，似乎总是少数。19世纪上半叶，随着普鲁士在德意志同盟中崭露头角，尤其是随着德意志关税同盟——成立于1832年并且总部就设在柏林——扩大了自己的规模和活动范围，这座城市得以稳步发展。1871年的统一之前，柏林早就成为德意志各邦毫无争议的金融和商业中心。但在这方面，它更多起结算中心和交通中心的作用，而不是德意志甚至普鲁士的工业中心。工业中心是在鲁尔核心区，在西里西亚，在萨克森的部分地区。到了该世纪下半叶，柏林虽然也发展了一些重要的产业，尤其是因地制宜地发展了新的电气业和化工业，但它仍然是技术主义和管理的体现与象征。由于行政功能的快速膨胀——特别是在统一之后——它的规模也在急剧扩大。它的人口在1865年是65.7万，到1910年已经超过了200万，而且要是算上周边郊区——它们在1920年并入了"大柏林区"——其人口在战争前夕已接近400万。据估计，它的新增人口大约有一半来自东普鲁士的农村地区。

102

城市中到处洋溢着与新帝国首都身份相称的新气象，凡是到过这个新帝国首都的人几乎都对此印象深刻。1875 年到过那里的瑞士作家维克托·提索（Victor Tissot）评论说：

> 海因里希·海涅说巴黎让陌生人感到惊异和充满魔力。柏林也让人惊异，但魔力谈不上。人们感到惊异的是，这个新帝国的心脏，这座充满才智的城市，表露出的首都气质还远远赶不上德累斯顿、法兰克福、斯图亚特或慕尼黑。柏林向自己的来访者展示的东西是现代的、绝对新奇的。这儿的一切都带有冒险的标记，带有用各种各样的零碎拼凑起来的君主制的标记……在老德意志人看来，柏林的面孔完全是德意志的……当你逛了那些笔直的街道，而且十个小时除了弯刀、头盔和羽毛之外什么也没有看到的时候，你就会明白，柏林尽管拥有近几年的发展给它带来的名声，但永远也成不了维也纳、巴黎或伦敦。[①]

其后几十年，这座城市还是没能除去它身上的新气味——颇令人反感的暴发户的气味；相反，技术变革让那种气味变得更浓烈了。自由派经济学家莫里茨·尤里乌斯·博恩（Moritz Julius Bonn）回忆那个世纪最后几年在德国首都的经历时写道，在柏林"一切都是新的，都非常干净；街道和建筑物十分宽敞，但饰有很多光片，为的是看上去金光闪闪……这个地方和美国西部一夜之间冒出来的财大气粗的石油城没什么

---

① Rolf H. Foerster, *Die Rolle Berlins im europäischen Geistesleben* (Berlin, 1968), 115.

两样"。①

柏林人不同于德国其他城市以及欧洲其他国家的首都的人，他们似乎对有关城市生活和技术的想法本身着了迷，甚至还像弗里德里希·西堡（Friedrich Sieburg）说的那样，从"铁路枢纽、电报、钢，以及轨道……噪音很大的高架火车、攀爬塔"中慢慢形成了一种罗曼蒂克的思想。巴黎人在自己的居住区努力保持地方的和社区的氛围。柏林人则相反，他们喜欢而且有意识地增加自己城市的世界主义色彩和新奇感。② 正是这种活力在战前的最后几年把来自德国其他城市——比如德累斯顿和慕尼黑，甚至还有维也纳——的艺术家和知识分子吸引到柏林比较随意也比较奔放的气氛中。

战前，柏林作为首都城市对于自己国家的文化控制力远远赶不上巴黎、伦敦甚至维也纳，但这反倒提升了这座城市自身的创新意识。有人认为，柏林是个靠意志和想象力而不是凭借悠久的历史创造出来的首都。柏林被认为代表着精神战胜了因循和守旧。

所以，在很多方面，柏林是个临时拼凑起来的首都，是机械作用甚至无常的象征，但它也是能量与活力的体现，是一座着眼于未来的城市。

文化

到 19 世纪末 20 世纪初，未来主义的景象让德国社会中的许多人，甚至那些说柏林庸俗的人，都如痴如醉。经济是扩张主义的。人口在以惊人的速度增长。在 19 世纪 60 年代和 1870 ~

104

---

① Moritz J. Bonn, *Wandering Scholar* (London, 1949), 44 – 45.

② Friedrich Sieburg, *Gott in Frankreich?* (Frankfurt am Main, 1931), 120.

1871 年的军事胜利之后，欧洲没有人——德国就更不必说——还会怀疑德国人是欧洲，很可能还是全世界最可畏的陆上军事力量。到了 1914 年，国内外都有一种共识，认为德国在经济和军事上都是世界上最强大的国家。

但是，对其在国际上的成功，虽然德国人有可能只是把它归于自己的努力工作、优秀的教育体制以及一定程度的军事和政治头脑，可对于一个民族如此出色的表现，大部分人都不愿接受这种平淡无奇的解释。德国人渴望物质世界与精神世界的融合。实际上，技术成就越高，就越容易产生虚构症。虚构或许是因为迫不得已，但虚构又会让人信以为真。技术的成了精神的。效率成了目的而不是手段。于是，德国本身就成了强劲的"生命力"的表现。这就是德国的唯心主义。

105　　于是，教育，作为一个社会性的概念，被修养取代了，而后者关涉的是对精神而不是社会性存在的养护。出于地缘必要性的军事威力让位给了强权，而强权又被赋予了存在的纯粹性，超出良心和约束之外。结果，作为谋求公共福利之手段的国家，也被作为人民福祉理想化身的国家所取代。帝国时代的德国人似乎特别容易受世俗的唯心主义观念的影响，认为终极实在是精神的，物质世界不仅能够而且应当被理想①超越。

所以，毫不奇怪，到了 19 世纪末，许多德国人开始把非常想克服的自己身上的缺点都归结到他们的假想敌身上。于是他们提出，16 世纪以来逐渐在世界上确立了政治和文化霸权的盎格鲁－法兰西文明，是以理性主义、经验主义和功利为基础的，也就是说，是以外在性为基础的。那样的世界徒具形式，缺乏

---

① idealism 一词有两个意思，即"唯心主义"和"理想主义"，而这两种含义有时又是内在地联系在一起的。——译者注

精神的价值：它不是诚实的和真正自由的文化，而是循规蹈矩的、肤浅的和装腔作势的文化。在盎格鲁－法兰西人的民族特性中，自由平等的观念只是虚伪的口号，是谎言和欺骗。这些观念掩盖了形式的专制，而后者在法国人对品味和英国人对商业的迷恋中表现得非常明显。在这样的背景下，真正的自由是不可能的。

相比之下，德意志文化据说关心的是"内在的自由"，是真实，是真相而不是假象，是与表象相反的实质，是总体而不是准则。德意志文化是"克服"问题，是浮士德胸中两个灵魂"和解"的问题①。理查德·瓦格纳在 19 世纪最后二十五年里对德国人有关文化认识的贡献尤为重要。他想象中的宏大歌剧，目的不只是把所有艺术联合起来，还要把他的总体艺术作品提升到这样一个位置：在那里，它是文化的最高综合与表现，是艺术、历史及当代生活在总体戏剧中的结合，而象征与神话在这样的总体戏剧中成了存在的本质。就连政治也被纳入戏剧的范畴。瓦格纳对于德国人的思想影响之大，以及他对于整个现代审美意识兴起的作用之大，无论怎么说都不为过。拜罗伊特成了通过艺术与想象来超越生活与现实的圣地，一个能把历史的所有意义与未来的所有潜能都汇集于审美时刻的地方。在德国以外的地方，也有很多人倾心于瓦格纳式的期盼：佳吉列夫、赫茨尔、萧伯纳就是最初的几个。"当我演奏瓦格纳作品的时候，"亚瑟·西蒙斯（Arthur Symons）对詹

106

---

① 歌德在《浮士德》中借浮士德博士之口说："有两个灵魂住在我的胸中，它们总想分道扬镳；一个怀着一种强烈的情欲，以它的卷须紧紧攀附着现世；另一个却拼命地要脱离尘俗，高飞到崇高先辈的居地。"参见歌德的《浮士德》（钱春绮译，上海译文出版社，1989 年版，第 61 页）。——译者注

姆斯·乔伊斯说，"我是在另一个世界。"① 在 1914 年柏林艺术节上——就在战争爆发之前——皇家歌剧院在 5 月 31 日至 6 月 7 日上演了《帕西法尔》，然后又从 6 月 9 日至 13 日上演了整部《尼伯龙根的指环》。

另外，较为"庸俗的唯心主义者"还要求对生活也做类似的审美化。尤里乌斯·朗本（Julius Langbehn）在其获得巨大成功的《教育家伦勃朗》（*Rembrandt als Erzieher*）中敦促德国人改弦更张，不再执迷于物质主义追求，而要成为一个艺术家民族。理想的生活应当效仿艺术。生活应当充满幻想和奇观，应当是一幅全景的艺术作品，是对提坦精神（titanism）② 的追求而不必在意行为准则和道德规范。那是资产阶级自由主义缺乏生气的表现，朗本说，而到世纪末的时候，德国人似乎正滑入其中。

休斯敦·斯图尔特·张伯伦于 1899 年出版了极受欢迎的 107 《十九世纪的基础》（*Grundlagen des neunzehnten Jahrhunderts*），从而扩大了朗本的影响。作为现代非理性主义冒险之旅中一个阴郁但非常有才华也非常有趣的行者，张伯伦嘲笑历史学家们自吹自擂的客观性，说那是"学术上的野蛮主义"。在抛弃资产阶级的体面——资产阶级的世界观和社会价值观是预先规定的——并朝着自我陶醉和全然不切实际的幻想前进的道路上，他是一个非常突出的符号式人物。张伯伦，一个病怏怏的青年，母亲早逝，而在海上工作的父亲又把他在法国的亲戚和英国的学校之间转来转去，结果使他长成了一个"边缘"人，受着神经失调的折磨，没有祖国，没有亲人，在社会中也没有合适的

---

① Richard Ellmann, *James Joyce* (New York, 1959), 116.
② 指提坦巨神特有的反抗现存秩序、蔑视常规习俗的精神。——译者注

位置。父亲打算把张伯伦送到加拿大去经营农场，但由于张伯伦的身体不好而没有冒险。在娶了第一任妻子（一个比他大十岁的女人）并卷入了瓦格纳崇拜的浪潮之后，张伯伦从凡尔赛、日内瓦、巴黎——在巴黎他在1883年的金融投机中亏了一大笔钱——一路漂泊到德国。尽管已经显露出科学家的才能，但张伯伦发现，献身于瓦格纳的神话才是自己存在的理由。他先是生活在莱比锡，然后是维也纳，最后是总体艺术作品的中心拜罗伊特，并最终在那里娶了瓦格纳的女儿作为第二任妻子，以便让那种共生关系臻于圆满。在此过程中，他开始倡导一种仇外的、充满敌意的德意志意识形态。这种意识形态引起了德皇威廉二世以及1906年之后担任总参谋长的赫尔穆特·冯·毛奇的共鸣，而且还使张伯伦在生命的最后时光对阿道夫·希特勒报以钦佩之情。

张伯伦是个有趣的人，原因是多方面的：作为能言善辩的种族主义者，他不能被当作傻瓜不容分说地就打发掉；作为政论家和宣传家，他有着惊人的影响力。但从我们的立场来看，特别重要的一点是，他遁入了孤芳自赏的唯美主义。1884年，29岁的张伯伦在穷困潦倒中写道：

> 我认为，正是我对瓦格纳的激情使我能承受一切；办公室的门在我的身后一关上，我就知道，发愁也没用，所以就好好吃了一顿，在大街上溜达，想想未来的艺术作品，或者是拜访我的某个崇拜瓦格纳的朋友，或者是写信给和我有书信往来的崇拜瓦格纳的同道中人。[1]

① Geoffrey G. Field, *Evangelist of Race* (New York, 1981), 43.

　　他开始相信人可以靠艺术得到拯救并变得高尚，而瓦格纳的艺术就特别适合成为人的敏感天性和道德目标之间的桥梁。历史只是作为精神而存在，不是作为客观实在，所以要接近历史的真相，只能靠直觉，而不是批判的方法。张伯伦可能是把约翰·G. 德罗伊森（Johann G. Droysen）、威廉·狄尔泰、海因里希·里克特（Heinrich Rickert）和威廉·文德尔班（Wilhelm Windelband）——他们把历史思考的重点从客体转向主体，换句话说，从历史转向历史学家——的思想通俗化了，但他也属于在高度工业化的时代中，不是从外部世界，而是从人的心灵寻找社会问题答案的一种较广泛的文化趋势。同样，在沟通手段迅速发展的时代，公众对于外部世界的看法也会越来越受到大量出现的极端自我主义解释的影响。"笛卡儿指出，"张伯伦写道，"世上所有的聪明人都无法定义'白'这种颜色，但我只需要睁开眼睛就能看到它，而'种族'也是这么回事。"①

　　张伯伦属于神秘主义的民族主义者这样一个群体，他们在世纪更替之后的德国知识界占了上风，他们继瓦格纳之后也试图把生活化作对美的追寻，从而使其精神化。如同朗本和同样视艺术为权力的诗人斯特凡·乔治（Stefan George）一样，张伯伦也希望把生活变成艺术品，只有这样，人才会展现出他全部的个性。在此过程中，历史也必须变成全然精神性的产物。

　　德国人在 19 世纪后期开始在文化与文明之间做出充满激情的区分，当然既是基于对外部世界的观察，也是基于对自我的观照。实际上，就像某些比较敏锐的批评者——从叔本华到布

_____

① Geoffrey G. Field, *Evangelist of Race* (New York, 1981), 216.

克哈特和尼采——在他们的哲学和历史思考中指出的，在这样的区分中，自我批判和一厢情愿的成分很明显，甚至可以说是主要的。比如，尼采就觉得，一个沉湎于强权和技术的德国，竟然把英国人贬低为古板的商人，把法国人贬低为高卢小丑，这样做未免太讽刺了：他指出，普鲁士对法国的胜利包含着德国精神失败的种子。精神正在自行变成一种矛盾的东西。①

即便是德国唯心主义带有明显的自我批判和自我憎恶的性质，也仍然有一种潜在的乐观主义精神体现于形而上的或罗曼蒂克的信仰之中，即德国代表着时代中必不可少的驱动力，德国在 20 世纪初的世界中是运动和变化的急先锋，是黑格尔"世界精神"的最重要代表——这是在"有了德意志的灵魂，世界就会变得完整"这行拙劣的诗句中捕捉到的想法。一个与俾斯麦同时代的叫作埃马努埃尔·盖伯尔（Emanuel Geibel）的吕贝克人，就是靠这句诗才在死后出了名。

文化和叛逆

如果说在 1914 年之前，欧洲先锋派自我形象的核心是处于交战状态的精神的思想，那么德国作为一个国家最能代表那种思想；而如果说正在兴起的现代审美意识的核心是对于被视为19 世纪主流的那些标准的质疑，德国又最能代表那种叛逆。

德国的政治体制是把君主制和民主制以及中央集权和联邦制综合起来的一次尝试。它的大学因为所做的研究而受人仰慕。它拥有世界上最大的社会主义政党，整个国际劳工运动都唯其马首是瞻。它的青年运动、妇女权利运动甚至同性恋解放

110

---

① Friedrich Nietzsche, *Twilight of the Idols*, trans. R. J. Hollindale（Harmondsworth, 1968）, 23.

运动都搞得轰轰烈烈。这些运动大量涌现的背景是生活改革运动①。而生活改革运动，顾名思义，就是要重新确定生活的方向。这不但是说基本的生活习惯，还包括生活中基本的价值观。据 1907 年的统计数据，从事有报酬劳动的德国妇女达 30.6%。如此高的比例，世界上的其他国家无出其右。② 柏林、慕尼黑和德累斯顿都是生机勃勃的文化中心。毕加索在 1897 年就说过，如果他有儿子，而这个儿子又希望成为艺术家，那他就会把他送到慕尼黑而不是巴黎去学习。③罗杰·弗赖伊（Roger Fry）在其 1912 年第二次后印象主义画展的目录导言中，显然是把后印象主义与绘画中普遍的实验方法等同起来。他写道："后印象主义画派盛行于——有人几乎会说蔓延于——瑞士和奥匈帝国，特别是德国。"④斯特林堡（August Strindberg）、易卜生和蒙克（Edvard Munch）在德国比在他们自己的国家更受欢迎。在装饰艺术和建筑领域，相比于法国和英国，德国对实验方法更为开放，更乐于接受工业，并以之为基础形成了新的审美意识。例如，在英国文化界的当权者一边倒地批评水晶宫的时候，洛塔尔·布赫尔（Lothar Bucher）在1851 年报道说，德国民众为之心驰神往："它给看到过它的人留下的印象是又美又浪漫，以至于在德国偏僻村舍的墙上都挂着它的复制品。"⑤

我们已经看到巴黎的批评者在批评香榭丽舍剧院时，是如

---

① 19 世纪末 20 世纪初在德国出现的广泛的社会改革运动，提倡回归自然、健康饮食、戒绝烟酒毒品等。该运动对于其他国家的类似运动产生了重要的影响。——译者注

② Katherine Anthony, *Feminism in Germany and Scandinavia* (New York, 1915), 169 – 204.

③ William Rubin (ed.), *Pablo Picasso: A Retrospective* (New York, 1980), 18.

④ Samuel Hynes, *The Edwardian Turn of Mind* (Princeton, 1968), 334.

⑤ Marshall Berman, *All That Is Solid Melts into Air* (New York, 1982), 239.

何把它和德国的实验方法以及非历史的态度（ahistoricity）联系起来的。德国的建筑师、手工艺者以及作家们推动的运动，"事实证明非常有力，"有批评者认为，"以致在思想和建筑领域形成了一种普遍的风格，而不仅是少数个人的某些革命性言论和行为。"① 在现代舞方面，伊莎朵拉·邓肯和埃米尔·雅克-达尔克罗兹正是在德国创建了他们的首个学校。佳吉列夫在自己的西方巡演中偏重于巴黎，那是理所当然的，因为巴黎毕竟是他想要征服的西方文化的心脏，而他在德国的几个演出季，虽然受欢迎的程度一样，可人们更乐于接受。《牧神》于1912 年12 月12 日在柏林开幕演出之后，他打电报给阿斯特吕克：

> 昨天在新皇家歌剧院的开幕演出大获成功。观众要《牧神》返场。谢幕了十次。没有抗议。全柏林都来了。施特劳斯、霍夫曼斯塔尔、赖因哈特、尼基施、整个分离派的人、葡萄牙国王、大使和朝臣。给尼任斯基献了花环和鲜花。媒体反应热烈。霍夫曼斯塔尔在日报上发表长文。皇帝、皇后和皇子们礼拜天时都来看了芭蕾。跟皇帝谈了很长时间。他非常高兴，并对公司表示感谢。巨大的成功。②

可见，1914 年之前，德国社会的基本风尚在于寻找新的形式——不是从法则和有限性的角度，而是从象征、隐喻和神话

① Pevsner, *Pioneers*, 32. 另见 Joan Campbell, *The German Werkbund* (Princeton, 1978)。

② Buckle, *Nijinsky*, 316.

角度来说的形式。1899 ～ 1900 年，埃米尔·诺尔德（Emil
112 Nolde）作为一名年轻的学生在巴黎学习美术。他经常去卢浮宫
临摹。一天，就在他快要临摹好提香的《德阿瓦洛斯肖像》
（*Allegory of Davalos*）的时候，身后一个陌生人评论说："你不
是拉丁人。从你画的人物性格的强度就可以看出来。"① 不管诺
尔德在其回忆录中所讲的这个故事是否属实，它都充分反映了
德国人在世纪之初的自我理解：在他看来，德国人远比他们的
邻居们更具精神性。"德国人的创造力从根本上来说不同于拉
丁人的创造力，"艺术家恩斯特·路德维希·基希纳（Ernst
Ludwig Kirchner）写道，

> 拉丁人是按照对象在自然中存在的那样来获取其形式
> 的。德国人是在幻想中根据自己特有的内在洞察力来创造
> 其形式。看得见的自然的种种形式，只是作为象征为德国
> 人所用……德国人不是在外表中，而是在更远处的某种东
> 西里寻找美。②

德国比其他任何国家都更广泛地代表着民族的先锋渴
望——渴望摆脱英法影响力的"包围圈"，摆脱由大英治下的
和平以及法国人的文明所强加的世界秩序，即在政治上作为
"资产阶级自由主义"而被法典化的秩序。

虽然德国某些方面的人士认为德意志文化正在遭受浅薄、
任性和追逐短期效应的侵害，因而必须采取措施去加以巩固，
就像朗本和张伯伦等人建议的那样，虽然在所有的等级中都存

---

① Emil Nolde, *Das eigene Leben* (Flensburg, 1949), 238.

② John Russell, *The Meanings of Modern Art* (New York, 1981), 83.

在相当程度的焦虑，一种理所当然会令各级政府和领导人感到
担忧的情绪，但强烈的自信、乐观和使命意识，即对德国人历
史使命的信念，仍然是存在的。认为改革的浪潮是比它任何具
体的、在某些情况下不可接受的部分更大也更有意义的东西，113
认为改革的浪潮构成了民族的心脏和灵魂，这样的想法是普遍
存在的。当诗人斯特凡·乔治的两个门徒弗里德里希·贡多尔
夫（Friedrich Gundolf）和弗里德里希·沃尔特斯（Friedrich
Wolters）在1912年坚持认为同性恋中并不存在任何不道德的或
反常的东西时，他们就表达了上述的观点。"相反，我们一向
认为，在这些关系中可以发现某种本质上有助于整个德意志文
化发展的东西。"这种观点属于一种信奉"英雄化的爱"的
文化。①

　　一战前夕，德国同性恋解放运动的规模实际上是最大的。
早在1898年，奥古斯特·倍倍尔（August Bebel）就认为有必
要在帝国国会就该问题发表演讲。德皇侍从中的同性恋甚至在
1906年记者马克西米利安·哈登（Maximilian Harden）决心曝
光此事之前就已经众所周知。马格努斯·希施费尔德（Magnus
Hirschfeld）在德国领导了修订民法典第175节内容的运动，而
截至1914年，在他的请愿书上签名的有30000名博士、750名
大学教授以及另外的数千人。到1914年，柏林约有40个同性
恋酒吧以及（据警方估计）一两千名男妓。②

　　这并不是说德国人全都欢迎或准备公开宽容同性恋——他
们没有——而是说该运动在德国的相对开放性的确标志着一定

---

① James D. Steakley, *The Homosexual Emancipation Movement in Germany* (New York, 1975), 49.
② 同上书，24～27。

程度的宽容，并且这种宽容在别的地方是看不到的。另外，同性恋以及对它的宽容，就像很多人提出的那样，对于曾经被看作天经地义的事情的瓦解，对于本能的解放，对于"公共人"的衰落，实际上也对于整个现代的审美意识，都具有核心意义。

在世纪末的德国，性解放并不只限于同性恋者。总的来说，当时又开始强调身体文化，强调不顾社会禁忌和约束的对于人体的欣赏，强调要把身体从紧身内衣、腰带和乳罩的束缚下解放出来。在世纪更替之后活跃起来的青年运动，醉心于"回归自然"，沉湎于未必放纵但肯定更加自由的性行为，这成了它对被认为是压抑和虚伪的老一代人的反抗的一部分。19 世纪 90年代，自由的身体文化——裸体主义的一种委婉说法——成了健康热的一部分，该运动提倡长寿饮食、自种蔬菜和自然疗法。在艺术领域，对中产阶级道德观念的反抗更为激烈：从弗兰克·韦德金德描写露露的两部剧作开始①（它们赞美那位妓女，因为她是叛逆者），到施特劳斯的莎乐美②（她砍掉了施洗约翰的头，因为他拒绝满足她的情欲），再到托马斯·曼的早期小说中被压抑的但又暗流涌动的性本能，艺术家们利用性来表达他们对于当代的价值观和侧重点的幻灭感，甚至用来表达他们对于一种生机勃勃的和遏制不住的能量的信念。

文学艺术中的性主题涉及一定程度的暴力，这在德国比在别的地方更明显、更持久。这里又一次用对暴力的迷恋来表现

① 即 1895 年的《地精》（*Earth Spirit*）和 1904 年的《潘多拉的盒子》（*Pandora's Box*），作者原本是打算将它们作为同一部戏剧的。露露是剧中的女主人公，后沦为妓女。——译者注
② 指理查德·施特劳斯根据王尔德的悲剧《莎乐美》创作的歌剧《莎乐美》中的主人公。——译者注

对生的兴趣，对毁灭的兴趣——毁灭也被看作一种创造行为——以及对作为人生一部分的疾病的兴趣。在韦德金德那里，露露是被杀的；在施特劳斯那里，莎乐美杀了别人；在曼那里，阿申巴赫死于病态的气氛和未能得到满足的性渴望。德国早期的表现主义在它的主题、形式和色彩中有一种暴力的基调，这种暴力的基调要比在立体主义或未来主义中表现得更为强烈。马里内蒂（Marinetti）的未来主义宣言鼓吹毁掉纪念馆和博物馆，并且烧掉图书馆，而温德姆·刘易斯（Wyndham Lewis）创办了一份名为《爆炸》（Blast）的杂志来表明自己的意图，但在这些努力中，明显有夸张的表演甚至玩笑的成分。在德国的表现主义者弗朗茨·马尔克（Franz Marc）和奥古斯特·马克（August Macke）那里，暴力更多是表达了深层的精神上的兴奋，而不是一种肤浅的表现形式。他们的外表有着和小男生差不多的天真和魅力，没有一点儿暴力的痕迹。"我们的思想和我们的理想必须穿上刚毛衬衣①，"马克写道，"我们如果想摆脱我们欧洲人的坏品味所带来的疲惫感，就得饲思想及理想以飞蝗和野蜂蜜，而不是历史。"②

对原始主义的迷恋，或者换句话说，想要和原始的德意志精神建立联系的渴望，影响了德国的许多阶层，尤其是德国的中产阶级。青年运动就充满了这样的联系。它有一种强烈的冲动，想要回归自然，摆脱纯粹形式的和虚假的城市文明。它敬仰"体操之父"雅恩（Turnvater Jahn），他在抗击拿

115

---

① 用动物的毛织成的贴身内衣，在某些宗教传统中会穿着它来作为赎罪和忏悔的手段。——译者注

② 1911 年 1 月 14 日，马尔克致马克，August Macke and Franz Marc, *Briefwechsel* (Cologne, 1964)，40。

破仑的解放战争中在德意志各邦成立了许多体操协会，他自己年轻时也一度住在洞穴中，后来还穿着熊皮行走在柏林的大街上。在世纪更替的政治以及一般的著述中，德国人关于部落起源的记忆也不断被唤醒。在对派去镇压义和团运动的军队发表的臭名昭著的讲话中，德皇号召要回归匈奴人的精神。1914 年 7 月 8 日，左翼自由派在柏林的重要喉舌《柏林日报》开始连载卡尔·汉斯·施特罗贝尔（Karl Hans Strobl）的小说，名为《就那样，我们奔赴了赫尔曼战役》（*So ziehen wir aus zur Hermannsschlacht*）。该报一节一节地刊登这部小说，直到 8 月战争爆发。小说的名字指的是公元 9 年那场著名的战役，当时，切鲁西部落的阿米尼乌斯（Arminius）在现今汉诺威北部的森林打败了罗马将军瓦鲁斯（Varus）率领的几个罗马军团。建成于 1875 年的高大的赫尔曼雕像，现在仍然伫立在条顿堡森林中。除了马尔克和马克，还有许多艺术家通过缅怀原始时代的人而找到了灵感。1914 年年初，在一次南太平洋旅行期间，埃米尔·诺尔德说：

116

> 原始时代的人生活在自然中，与之融为一体，并成为整体的一部分。我有时候这样想：他们是仅存的真正的人，而我们却相反，是畸形的木偶，做作而且自高自大。

他对帝国主义，尤其是英国那种帝国主义的整个进程感到遗憾：他感到，太多实质性的东西都被毁掉了，取而代之的只是虚饰。①

---

① Emil Nolde, *Briefe aus den Jahren* 1894 – 1926, ed. Max Sauerlandt（Hamburg, 1967）, 99.

国内外的很多人都被德意志文化中冒出的泡泡迷住了——也有一些人被激怒了。在德国中产阶层之中，并没有多少人欣赏韦德金德的戏剧、马尔克和马克的艺术，或者"身体文化"以及城市青年玄奥的唯心主义。工人阶级，不用说，跟资产阶级的波西米亚人也不太合拍。但有趣的是，这好像一点儿也没有影响大部分德国人对于创新、复兴和变化的普遍认同。外国观察家也有类似的反应。出生于西班牙的美国哲学家乔治·桑塔亚纳（George Santayana）写下如下文字时想到的主要就是德国，他写道：

> 各个政党和民族在其中彼此对抗的、为英式自由所不容的精神，并不是慈母般的，也不是兄弟式的，更不是基督徒式的。他们的勇武和美德就在于顽固的自我中心主义。他们想要的自由是绝对的自由，那是一种十分原始的渴望。①

他贬低德国人的"自我中心主义"——他视之为强调私德且在公共领域中循规蹈矩——这样的态度在他看来正是德国的社会和道德发展落后的原因。不过，冷嘲热讽之余，他也意识到德国事情的关键是活力："德国人的道德想象……在于对生活的爱而不是智慧。"② 1914 年 8 月初，H. G. 韦尔斯（H. G. Wells）会说到为德国人所特有的"过分的虚荣"。③

---

① George Santayana, "English Liberty in America," *Character and Opinion*, in *The Works of George Santayana*, 14 vols.（New York, 1936 – 1937），VIII：120.

② George Santayana, "Egotism in German Philosophy," 同上书，VI：120。

③ *New York Times*, August 5, 1914，引自 Barbara Tuchman, *The Guns of August* (New York, 1962), 312。

伊戈尔·斯特拉文斯基对德意志文化颇有好感。到 1913 年
2 月，施特劳斯的《厄勒克特拉》他已经听过两遍，对此，他
在一封信中写道：

> 我心醉神迷。这是他最好的作品。对于施特劳斯作品
> 中总是存在的庸俗，就让他们去说吧——对此，我的回答
> 是，一个人越是深入德国的艺术作品中，他就越是明白，
> 他们全都因此而蒙受损失……施特劳斯的《厄勒克特拉》
> 真是一部了不起的作品！[①]

斯特拉文斯基所说的"庸俗"大概是指作品中"原始质
朴"的方面，同时也是指作品必然给公众带来的挑战。另外，
如果说德国的许多现代艺术都关心根本性的东西，那言外之意
就是说，包括创造者和消费者在内的整个德意志文化，与实验
和新奇还是比较合拍的。要做到"原始质朴"，就要反抗让人
感到窒息和无聊的规矩，反抗无意义的惯例，反抗不真诚。所
有这些在德国人对于文化的理解中都非常重要。就算单个的德
国人对于变化的态度并不总是明确的，这种文化也极大地促进
了变化。

在这一点上，没有哪个领域比在对外关系和对外政策目标
中更让人印象深刻。在对待其他国家和民族咄咄逼人的态度中，
德国对于盟友、中立者或敌人的焦虑、希望和利益，几乎是一
点儿也不理解，尤其是在跨入新世纪之后。结果，英国对于德
国人的海上野心的担忧，法国对于德国人的殖民地要求的关切，

---

① 给马克西米利安·施泰因贝格（Maximilian Steinberg）的信，见 Craft, *New York Review*, February 21, 1974, 18。

还有在从北海到亚得里亚海、从阿尔萨斯到俄罗斯边界的中欧关税同盟的问题上，俄国对于德国人的假设所抱有的戒心，这些在德国几乎得不到同情，无论是在权力走廊里还是在普通民众中。

1896 年，德国政府公开采取被称为世界政策的新政策，它和到当时为止一直以欧洲为中心的对外政策完全不同。世界政策并不是德皇周围一小帮智囊靠阴谋诡计强加给德国人的对外政策。它反映的是一种广泛的得到众多知名知识分子和公共团体支持的想法，即德国要么扩张，要么衰落。这种政策上的转变，连同相关的海军建设计划和大肆扩张殖民地的做法，自然要引起外界对于德国人长远意图的担忧。不过在德国国内，外界的质疑却只是被理解为变相的威胁。考虑到德国的地理位置以及它作为统一民族国家的时间还不长，还有既缺乏安全感又刚愎自用的性格，德国人开始感到担心也不无道理。他们担心，以英国这个不讲信义的阿尔比恩（Albion）①为首，一场阴谋正在酝酿当中，目的是包围并制服德国，同时也一并制服创新、精神、刺激和冒险。英国人所标榜的自由贸易、开放市场以及自由主义伦理，完全是世界级虚伪的说辞——在德国，人们就是这样认为的。英国是一个决意维持其国际地位的国家，它决意傲慢地保持对海洋的控制权，决意专横地不让任何其他国家拥有建设海军、推行帝国政策的权利。鉴于英国奉行的对外政策，它有关法治、民主和正义的声明显然是骗人的东西。在这样的国际背景下，德国人往往把自己的国家看作进步的解放力量，它会给世界的权力安排带来新的诚实性。相比之下，从德国人的角度看，英国是极端保守的力量，只想要维持现状。

---

① 大不列颠岛的古名。——译者注

119   对于这个迅速崛起而且来势汹汹的德国来说，1888 年 29 岁登上皇位的德皇威廉二世是个合适的代表。关于他，瓦尔特·拉特瑙说："从来没有哪个具有象征意义的个人，如此完美地代表了一个时代。"① 威廉不仅体现了他所统治的那个国家的种种矛盾和冲突，还在幻想中寻求解决冲突的办法。

在现实中，他是个温柔得有点娘娘腔的男人，非常容易激动。他最亲密的朋友都是些同性恋者，而他之所以被他们吸引，是因为他在他们那里可以找到在界限分明的官场上和以男性为主的传统家庭生活中找不到的温暖和关爱。尽管如此，他还是觉得自己应该以至高无上的军事领袖的形象示人，应该是男子汉气概、强硬和大家长式刚毅的典范。然而，虽然他对德国政府和行政管理的中央集权达到了前所未有的程度，虽然他已是七个孩子的父亲，但他对于自己所扮演的角色，无论是作为统治者还是作为父亲，似乎都不太满意。内心中孱弱与强力的对峙让他无所适从，于是，他就采取了和该民族集体相同的做法：没完没了地演戏。伯特兰·罗素认为德皇首先是一名演员。② 说到威廉在1890 年解除俾斯麦的职务，伯恩哈德·冯·比洛侯爵（Prince Bernhard von Bülow）认为，那是威廉自己想要扮演俾斯麦的角色。③

喜欢演戏，讲究排场，沉湎于幻想，威廉的这些特点很多人都谈论过。他的注意力只能保持很短的时间，因此，给他的

① Walther Rathenau, "Der Kaiser," *Gesammelte Schriften*, 6 vols. (Berlin, 1925 – 1929), VI: 301.

② Bertrand Russell, *Freedom Versus Organization*, 1814 – 1914 (New York, 1962), 430.

③ Prince Bernhard von Bülow, *Memoirs*, 1849 – 1897, trans. G. Dunlop and F. A. Voigt (London, 1932), 637.

简报必须精练而富有戏剧性。他不安分的天性需要持续不断的游玩和刺激；他是和传统的旅行者相反的现代观光客。他最亲密的朋友菲利普·奥伊伦堡侯爵（Prince Philipp zu Eulenburg），一个很有造诣的诗人、音乐家和作曲家，认为他首先是个艺术家，只是在社会环境和父母的压力下，才不得已过着服务公众的单调生活。威廉喜欢艺术，尤其是盛大的场面。他对于歌剧和戏剧有着浓厚的兴趣，而且其专业程度每每令内行人士都非常吃惊。虽然他的趣味基本上还是传统的，但他至少偶尔也会容忍实验，对俄罗斯芭蕾舞团尤为钟爱。

　　德皇和宫廷对于舞蹈的兴趣有点古怪但又意味深长。军事内阁①的首脑迪特里希·冯·许尔森－黑泽勒伯爵（Dietrich Count von Hülsen-Häseler），穿着芭蕾舞裙，在德皇和召集来的客人们面前——观众往往有男有女，但皇后从不参加——表演令人钦佩的单足旋转和阿拉贝斯克舞姿，这样的场面显然并不少见。有一次，这样的表演成了许尔森最后的演出。1908 年，在威廉的另一个密友兼对外政策重要顾问马克斯·埃贡·菲尔斯滕贝格侯爵（Max Egon Fürst zu Fürstenberg）的家中，许尔森在跳舞的时候因为心脏病发作而突然倒地身亡。② 对于这样的娱乐，人们或许会当作孩子气的胡闹，当作应该在营火旁表演的滑稽短剧而一笑了之，但是从德皇的性格及其民族文化推动力中的诸多矛盾来看，许尔森受人称道

120

---

①　19 世纪初产生于普鲁士的军事改革，直接听命于普鲁士国王和德意志皇帝，负责军官团的人事安排，在威廉二世时代也是他处理所有军事问题的工具。军事内阁首脑一般就是皇帝的侍从武官长。——译者注

②　"Spectator," *Prince Bülow and the Kaiser*, trans. O. Williams（London, n. d.），71；Isabel V. Hull, *The Entourage of Kaiser Wilhelm II*, 1888 - 1918（Cambridge, 1982），69 - 70.

的表演却具有相当重要的象征意义。即便是不考虑许尔森事件中的性意味，人们也可以说，威廉虽然在公共领域中把艺术看作培养社会理想，特别是教育较低社会等级的手段，但在他的私生活和个人的感受力中，却倾向于从活力论的角度看待艺术。

不过，威廉感兴趣的并非只有艺术，他对于新技术也表现出难以餍足的好奇心。在 1906 年的一次讲话中，他宣告"汽车的世纪"即将来临，而且还敏锐地预言说，新的时代是"通讯的时代"。[1] 他在自己身上和自己的兴趣中看到了德意志灵魂的形象。在德意志的灵魂中，目的和手段、艺术和技术，都融为了一体。艺术史家迈尔 - 格雷费（Julius Meier-Graefe）发现，德皇的身上综合了腓特烈·巴巴罗萨[2]和现代美国人的特点。这样的见解正确地暗示着，对威廉而言，历史并不完善，它不过是听由巨人般的自我摆弄的玩物。所以毫不奇怪，H. S. 张伯伦关于历史是精神而非客观实在的观点会让威廉感到激动。威廉皇帝纪念教堂——威廉把它建在柏林市中心以纪念自己的祖父——连同穿过动物园把西区和菩提树下大街连接起来的胜利大道，显示出他的历史意识的完全神秘的性质。特奥多尔·冯塔纳的反应和迈尔 - 格雷费的相似："皇帝让我喜欢的就是他与旧事物的彻底决裂，而皇帝让我不喜欢的则是他那种矛盾的复古愿望。"[3]

---

[1] Viktoria Luise, Princess of Prussia, *The Kaiser's Daughter*, trans. R. Vacha（London, 1977）, 76.

[2] 即"红胡子"腓特烈一世。——译者注

[3] Julius Meier-Graefe, *Wohin treiben wir*?（Berlin, 1913）；特奥多尔·冯塔内 1897 年 4 月 5 日的信，见 *Briefe an Georg Friedlaender*, ed. Kurt Schreinert（Heidelberg, 1954）, 309。

当时在艺术领域也存在类似的倾向，把天启和返祖现象作为自己的核心主题——那是原始的东西与超现代的东西的结合，再加上势必造成的对历史的否定。德皇的思想尽管缺乏深度，但努力的方向差不多。现代艺术变成了事件。德皇也喜欢装作他是个事件。

施利芬计划——德国人用来应对两线战争的唯一的军事战略——进一步反映出幻想以及对浮士德时刻的痴迷在德国人的思想中占据的主导地位。该计划准备经由比利时发动快速进攻，在法国北部向左急转并攻占巴黎，此后就可以集中全部资源对付俄国。该计划期望以法国北部一次重大战役为基础，在欧洲取得全面胜利。这个就像出自瓦格纳手笔的宏大计划，把有限的战术冒险抬高为总体的想象。这是把自己当成银行主管的赌徒的战略。

注定执行施利芬计划的那个人，继施利芬之后担任总参谋长职务的赫尔穆特·冯·毛奇，性格上也存在德皇的那种分裂。毛奇对于艺术的热情要远远超过他对于军事问题的热情。他懂绘画，还会拉大提琴。他私下里曾经承认："我完全生活在艺术中。"[1] 当时他正在把梅特林克的《普莱雅斯和梅利桑德》（*Pelléas et Melisande*）译成德文，据说，他总是带着一本歌德的《浮士德》。

战争即文化

1914 年 8 月，大部分德国人都从精神的角度去看待他们正在卷入的武装冲突。战争首先是一种思想，而不是以德国

---

① 日记，1888 年 5 月 29 日，见 Helmuth von Moltke, *Erinnerungen*, *Briefe*, *Dokumente* 1877 - 1916, ed. Eliza von Moltke (Stuttgart, 1922), 139。

的领土扩张为目的的阴谋。对于那些思考这件事情的人来说，这样的扩张必然是胜利的衍生物，是出于战略的需要，也是德国人自我彰显的伴生物，但战争并不是为了领土。直到 9 月为止，政府和军方都没有具体的战争目标，有的只是战略与想象——认为德国的扩张是存在意义上的而不是形而下意义上的想象。

认为这将是一场"预防性的战争"，是为了先发制人，对付德国周围敌对国家的侵略性企图和野心，蒂尔皮茨和毛奇那样的人肯定是有这样的想法的。可这些辩护性的理由虽然经常被提到，却总是被归于德国人傲慢的大国意识，即他们感到自己的机会来了。这两个方面，实际的方面和唯心的方面，并不像许多历史学家在争论战争的目的时所暗示的那样互不相容；两者都是战争前夕德国人个性中的基本成分。

123　　虽然在克里米亚战争、美国内战和布尔战争中已经有足够的证据表明，规模较大的战争必然需要漫长的、旷日持久的和激烈的厮杀，但很少有战略家、战术家或计划的制订者，无论是德国的还是其他国家的，对于未来的冲突除了迅速解决之外还想到过别的可能性。在 19 世纪，尽管军方越来越重视规模和数量，重视作为群众现象的战争，但各个国家对于战争的理解仍然是运动战、英雄主义和速战速决。铁路会把士兵迅速运往前线；机枪会被用于进攻；威力强大的战舰和火炮会干脆利落地击垮敌人。不过，物质虽然重要，战争仍被看作——尤其是在德国——对精神的最大考验，而且，就其本身而言，也是对生命力、文化和人生的考验。1911 年，弗里德里希·冯·伯恩哈迪（Friedrich von Bernhardi）在一部两年内就出了六个德文版的书中写道，战争是"赋予生气的原理"。它是高级文化的表现。① "战争",一个与伯恩哈迪同时代的人写道,实际上是"人为了文化而必须付出的代价"。② 换句话说,不管是被看作文化的基础还是被视为进入创造和精神更高阶段的踏脚石,战争都是一个民族的尊严和自我形象中不可或缺的一部分。

在战争爆发的时候,就像特奥多尔·霍伊斯(Theodor Heuss)说的,德国人对于自己的"道德优越性""道义力量"和"道德上的正当性"深信不疑,而他还是一个坚定的自由主义者,绝不是狂热的民族主义分子。③ 对于同属左翼自由派的康拉德·豪斯曼(Conrad Haussmann)来说,战争是个意志问题:"在德国,所有的人都只有一个意志,就是维护自己权利的意志。"④ 当然,这场战争需要倾举国之力,但正因如此,才需要每个德国人的努力。"既然在我们当中没有俾斯麦,"弗里德里希·迈内克宣称,"我们每一个人才都必须是俾斯麦的一部分。"⑤ 社会民主党8月4日在国会发表了有关战争拨款问题的声明,其中甚至有"文化"这个神秘的词,社会主义者早先曾经把文化和阶级利益联系在一起,而现在却用它来象征每一个德国人的事业。社会主义者在声明中说,这是有关在需要的时候保卫祖国、反对俄国专制制度的问题,是"保障我国的文化与独立"的问题。⑥ 社会民主党的报刊谈到了保卫文化并借

124

① Friedrich von Bernhardi, *Germany and the Next War*, trans. Allen H. Powles (New York, 1914), 18.

② Wolfgang Rothe, *Schriftsteller und totalitäre Welt* (Bern, 1966), 19.

③ Theodor Heuss, "Der Weltkrieg," *März*, 8/3 (August 5, 1914), 221 – 25.

④ Conrad Haussmann, "Europas Krieg," *März*, 8/3 (August 22, 1914), 250.

⑤ Friedrich Meinecke, *Die deutsche Erhebung von* 1914 (Stuttgart, 1914), 29.

⑥ Groh, *Integration*, 704.

此 "解放欧洲" ！"所以，"《开姆尼茨人民呼声报》（*Chemnitzer Volksstimme*）写道，"我们此刻是在保卫整个德意志文化，德国人的自由意味着反抗残忍而野蛮的敌人。"①

关于国会就战争拨款问题的实际投票，社会民主党议员爱德华·戴维（Eduard David）在日记中写道："当我们站起来计票的时候，政府、其他政党还有旁听者的巨大热情令我永生难忘。"之后，他和他的孩子一起沿菩提树下大街散步。他那天心情极为紧张，以至于他不得不强忍泪水。"孩子和我在一起让我好受了一点儿。要是她不问那么多没有必要的问题就更好了。"② 小孩子的问题直截了当，显然威胁到了这天事态发展所唤起的幻想。

对于慕尼黑的艺术家路德维希·托马（Ludwig Thoma）来说，战争是可悲的，但也是不可避免的和必要的。8月1日，就在他去火车站的路上——因为他正打算去泰根塞——一群人聚集在车站前面许岑大街的街角处，有人在宣读动员令。"压力一下子释放了，"关于自己对形势的反应，托马写道，"事情终于有了结果……紧接着，面对这个勤劳勇敢的民族如何不得不用自己的鲜血换取为人类工作和创造价值的权利，我被深深地打动了。而对于那些搅乱了和平的人的强烈的仇恨，使其他想法都搁到了一边。"

德国辛辛苦苦地劳动并取得了成功，却招来邻国的羡慕和

---

① Konrad Haenisch, *Die deutsche Sozialdemokratie in und nach dem Weltkriege* (Berlin, 1919), 20–26.

② 爱德华·戴维1914年8月4日的日记, *Das Kriegstagebuch des Reichstagsabgeordneten Eduard David 1914 bis 1918*, ed. Susanne Miller (Düsseldorf, 1966), 12。

嫉妒。托马义愤填膺。① 全国各地都显得心有同感。马格努斯·希施费尔德是同性恋运动的领导者，他绝对不是个会欣赏自己国家的官僚权贵的人。对他而言，战争是出于"诚实和真诚"的缘故，是为了反抗英法的"吸烟服文化"。至于有人说英国是自由的故乡而德国是暴政和压迫的国度，希施费尔德回答说，英国在上个世纪就迫害过它伟大的诗人和作家。拜伦被驱逐出境，雪莱被禁止抚养自己的孩子，还有奥斯卡·王尔德被投进监狱。相反，莱辛、歌德和尼采在自己的祖国得到的是赞誉而不是羞辱。②

如果说随着战事的进行，英国、法国和美国会出现千禧年的观念，认为"这场战争是为了终结所有的战争"以及"这场战争是为了保卫民主"，那么在德国，人们的心态从一开始就是天启式的。在协约国，人们的看法带有强烈的社会政治性质，就像劳合·乔治（Lloyd George）承诺的"适合英雄居住的家园"一样。然而，对德国人而言，千禧年首先是精神上的事情。托马的希望是，"在经受了此次战争的痛苦之后，将会出现一个自由、美丽、幸福的德意志"。

所以，对于德国来说，战争是出于精神上的需要。它是为了追求真实，追求真理，追求自我实现，追求先锋派在战前就已经开始倡导的价值观，同时也是为了反对先锋派抨击的那些东西——物质主义、平庸、虚伪和暴政。先锋派抨击的这些尤其和英格兰有关。所以当英格兰在8月4日参战之后，它自然就成了德国最痛恨的敌人。愿上帝惩罚英格兰甚至成了很多战前是温和派的德国人的格言。

126

---

① Ludwig Thoma, "Stimmungen," *März*, 8/3（September 5, 1914）, 296 – 99.

② Magnus Hirschfeld, *Warum hassen uns die Völker?*（Bonn, 1915）, 11, 18, 33.

对许多人来说，战争还意味着解脱，从庸俗、约束和成规中解脱出来。艺术家和知识分子属于那些陷入战争狂热最深的人。教室和讲堂空荡荡的，因为学生们真的都跑去当兵了。8月3日，巴伐利亚各大学的校长和理事会向学子们发出呼吁：

> 同学们！缪斯女神沉默了。现在的问题是搏斗。这场搏斗是强加给我们的，因为德意志文化受到东方野蛮人的威胁，因为德意志价值观遭到西方敌人的嫉妒。于是，条顿人的怒火再一次熊熊地燃烧起来。解放战争的热情迸发了，圣战开始了。①

在基尔大学的校长向学生们发出呼吁之后，男生们几乎全都参了军。

把战争与解放、自由联系起来，说它是解放斗争或争取自由的斗争，这在当时很普遍。对卡尔·楚克迈尔（Carl Zuckmayer）来说，战争意味着"摆脱资产阶级的狭隘与琐碎"；对弗朗茨·绍韦克尔（Franz Schauwecker）来说，它是"跳出生活度个假"；对马格努斯·希施费尔德来说，制服、杠杠还有武器，就如同春药一样。② 《柏林地方报》（*Berliner Lokal-Anzeiger*）在7月31日的社论中说，在德国，人们如释重负，这很可能道出了大多数人的心声。但那种自由首先是主观

---

① "Burschen heraus!" *Vossische Zeitung*, 391, August 4, 1914.
② Carl Zuckmayer, *Als wär's ein Stuck von mir* (Frankfurt am Main, 1969), 168; Schauwecker and Hirschfeld in Eric J. Leed, *No Man's Land* (Cambridge, 1979), 21, 46–47.

的，是想象力的解放。战后埃米尔·路德维希（Emil Ludwig）
对他认为是 1914 年战争领导者的那些人大加挞伐，但当时他
也跟其他所有人一样陷入了 8 月的狂热。他兴高采烈地——这
一点他后来显然是想隐瞒的，他在 1929 年出版的《1914 年 7
月》（*July* 1914）那本书中说群众是"上当受骗的人"，并谈
到了"欧洲大街上集体的天真"——写了篇文章，名为《道义
的胜利》，刊登在 8 月 5 日的《柏林日报》上："哪怕是谁都不
敢想象的大祸临头，这一周在道义上的胜利也永远不会被
抹杀。"①

127

对路德维希和其他许多人而言，世界好像一下子变了。
"战争，"正像恩斯特·格莱泽（Ernst Glaeser）后来在其小说
《生于 1902》中说的，"让它变得美丽了。"瓦格纳和佳吉列夫
等具有现代趣味的人试图在艺术形式中实现的浮士德时刻，此
时对整个社会来说已经来到了。"这场战争是一种无与伦比的
美的享受。"格莱泽笔下的一个人物说。② 格莱泽的这些说法并
不是事后杜撰的。在德国士兵从前线寄出的书信中，把战争和
艺术联系起来的比比皆是。"诗、艺术、哲学，还有文化，这
些就是这场搏斗的全部内容。"学生鲁道夫·菲舍尔（Rudolf
Fischer）坚持认为。③ 弗朗茨·马尔克在经历了几个月的战争
之后仍然认为战争是个精神问题：

> 让我们在战后依然做个战士……因为这不是一场像报

---

① Emil Ludwig, "Der moralische Gewinn," *Berliner Tageblatt*, 392, August 5, 1914; 及 Emil Ludwig, *Juli* 1914 (Hamburg, 1961), 7 – 8, and chap. 13。

② Ernst Glaeser, *Jahrgang* 1902 (Berlin, 1929), 191 – 95.

③ 信，1914 年 11 月 18 日，见 Philipp Witkop（ed.），*Kriegsbriefe deutscher Studenten* (Gotha, 1916), 25。

纸和我们可敬的政客们所说的抗击外敌的战争，也不是一个种族反对另一个种族的战争；它是欧洲人的内战，是反对欧洲精神无形的内部敌人的战争。①

赫尔曼·黑塞（Hermann Hesse）也有过类似的联系。具有讽刺意味的是，战争，是生的问题，不是死的问题；它是对活力、能量和美德的肯定。战争是艺术问题。"我认为战争总的来说具有相当高的道德价值，"他告诉一位朋友说，

> 从资本主义单调乏味的太平日子中拽出来，这对许多德国人来说是件好事，而在我看来，真正的艺术家在一个由经受过死亡考验并了解紧张又活泼的军营生活的男人们组成的民族中，会发现更大的价值。②

128　　奥托·布劳恩（Otto Braun），一个 17 岁的青年，在离开家乡加入他的团的时候，也对被他视为创造的行动，对"新时代的雏形"心驰神往。这个新时代还在沉睡的上帝的精神中，他但愿自己可以为创造这个新时代贡献一臂之力。③

1914 年 7 月和 8 月，德国上演了它的《春之祭》。

---

① Erich Kahler, *The Germans* (Princeton, 1974), 272.
② 信，1914 年 12 月 26 日，见 Ralph Freedman, *Hermann Hesse：Pilgrim of Crisis* (New York, 1978), 168。
③ 日记，1914 年 9 月 17 日，见 Guy Chapman, *Vain Glory* (London, 1937), 107。

三 在佛兰德斯的原野上①

那场面非常具有戏剧性，估计我在战场上再也不会见到了。

东兰开夏郡 2 团 B 连的一名二等兵，

1914 年年底的一封家书

进步的国家始终在变，所以问题不在于是否该抵制不可避免的变化，而在于改变是该服从人民的风俗、习惯、法律和传统，还是服从抽象的原则和武断而笼统的信条。

本杰明·迪斯雷利

所有的游戏都有其意味。

J. 赫伊津哈（J. Huizinga）

---

① 一战时有首著名的战争诗，名字就叫《在佛兰德斯的原野上》（*In Flanders Fields*），该诗写于 1915 年 3 月，作者是加拿大军队的约翰·麦克雷（John McCrae，1872~1918）中校。——译者注

异国他乡的角落

130　　1914 年 12 月底，当德文郡布罗德克利斯特村的帕克太太收到丈夫的来信时，起初她很可能不愿相信信中的内容。她知道他在前线——具体在哪里，她不清楚，因为军队禁止在信中透露这样的细节——而且毫无疑问，她相信他正在为国王和国家英勇战斗。她本来希望圣诞节那天他至少可以在宿营地而不是前线，但是当她开始读信的时候，她很快意识到，自己的愿望落空了。

　　圣诞节那天，她丈夫作为多佛郡团 1 营 A 连的一员，的确是在前线，在佛兰德斯的伊普尔镇南面武尔弗格姆附近的阵地上。但是那天大部分时间里他与其说是在火线，不如说是在火线以外的地方度过的。多美妙的圣诞节！帕克下士（Corporal Packer），连同该防御地段上他所在团、旅、师里的几百名战友，还有整个佛兰德斯英军防线的数千人，非但没有和德国人交战，而且还不顾危险，来到双方战壕之间的无人区，与敌人聚会和联欢。出现在那里的德国人也一样多。

　　匪夷所思的一天。在帕克的描述中，他讲到了自己怎样因为给了对方一点点烟草而得到了大量礼物：巧克力、饼干、雪茄、香烟、一副手套、一块怀表，还有一把刷胡须的刷子！真不少！这样的付出与收获之比就连小孩也会觉得不好意思，但帕克和他的许多同胞一样，为此兴高采烈。"你看，"他轻描淡写地对妻子说，"我得到了很多圣诞礼物，还能平平安安地四处走上几个小时。"这封
131　信让帕克太太非常震惊，她赶紧把它寄给当地的报纸，结果，它被刊登在新年那天埃克塞特的《西泰晤士报》（*Western Times*）上。①

---

　　① "An Armistice," *Western Times* (Exeter), January 1, 1915, 3a.

那年圣诞节，步兵 G. A. 法默（G. A. Farmer）所属的女王的威斯敏斯特来复枪 2 营在沿战线更远的地方。他在寄给莱斯特家中的信里说得更清楚，更兴致勃勃："这真是我度过的最棒的圣诞节。"他的家人想必是目瞪口呆。毕竟还在打仗啊！法默继续说道：

> 两边的士兵真的都有过节的感觉，他们不约而同地停止了战斗，换了一种不同的、比较乐观的观点看待生活，所以我们就和身处美好的老英格兰的你们一样，非常宁静。①

苏格兰近卫团 2 营的爱德华·赫尔斯（Edward Hulse）所处的防线还在法默的南面。对于其非常具有文学修养和想象力的头脑来说，他的防御地段内发生的事情"绝对惊人，如果我是在电影中看到的，我会发誓说那是假的"！② 在赫尔斯所在的一些苏格兰近卫部队的对面，古斯塔夫·里本扎姆（Gustav Riebensahm）负责指挥一个威斯特法利亚团。对他来说，印象也差不多。亲眼看见的一切让他觉得难以置信。他在圣诞节那天的日记中写道："考虑到先前发生的一切，人们要看了又看，才能相信正在发生的事情。"③ 在所有关于那年圣诞联欢的叙说

① "Leicestershire and the War," *Leicester Mail*, January 6, 1915, 5c.
② Captain Sir Edward H. W. Hulse, "Letters Written from the English Front in France Between September 1914 and March 1915," 56–70（1916 年由其家人秘密出版）。这些书信的摘录更容易得到，见 F. Loraine Petre et al., *The Scots Guards in the Great War*, 1914–1918（London, 1925），67；以及 Guy Chapman, *Vain Glory*, 100–103。1915 年 3 月 12 日，赫尔斯在试图帮助一位负伤的军官同伴时在新沙佩勒阵亡。
③ 日记，1914 年 12 月 25 日，Gustav Riebensahm Papers, Bundesarchiv-Militärarchiv, Freiburg（以下简称 BAM）。

中，陶醉、惊讶和兴奋之情溢于言表。

"那情景我永生难忘。"第 16 后备步兵团的约瑟夫·文茨尔（Josef Wenzl）写道。[1]

"对于我们战壕里的许多英国士兵来说，圣诞那天的情景会深深地刻印在他们的头脑中，那是他们一生中最不寻常的一天。"戈登高地人团的一名军官断言。[2]

"这几天即便算不上我一生中，也算得上我们在这里度过的最不寻常的时光。"伦敦来复枪旅的二等兵奥斯瓦尔德·蒂利（Oswald Tilley）思忖道。[3]

1914 年的圣诞休战，不共戴天的敌我双方在坑坑洼洼的无人区上演了一则则洋溢着同志式友情的故事，这成为一战甚至所有战争史上著名的篇章。无人区，对峙双方战壕中间的那一小块地方，它的名字本身似乎就禁止这样的交流。尽管沿英德前线联欢事件发生得最多，但是在法国人和德国人之间、俄国人和德国人之间以及奥地利人和俄国人之间，也有无数类似的情况。1914 年的圣诞休战对于理解敌对各方的军队乃至他们所代表的国家的社会价值观和关注重点，非常具有启发性。像那样大规模的联欢在战争期间再也没有发生过，这就进一步表明，砸烂旧世界的并不是"八月炮火"，而是随后的事态发展。"爱德华时代的游园会"并不像有人说的，在 1914 年 8 月 4 日一下子就结束了。[4] 贝德福

---

① Fridolin Solleder（ed.），*Vier Jahre Westfront*：*Geschichte des Regiments List R. I. R.* 16（Munich，1932），92.

② "Our Day of Peace at the Front," *Daily Mail*, January 1, 1915, 4d.

③ 信，1914 年 12 月 27 日，O. Tilley, Imperial War Museum, London（下文简称 IWM）。

④ 这和巴巴拉·塔奇曼等很多人给人留下的印象相反，见 Barbara Tuchman, *The Guns of August*；Samuel Hynes, *The Edwardian Frame of Mind*。

德郡 1 营的 W. A. 昆顿（W. A. Quinton）在战争过去十年后写道：

> 当我们说起这件事情，后来和我们在一起的人还不太相信。也难怪，几个月过去了，就连我们这些当时在那儿的人也几乎不相信确有其事，只是每一个小细节想起来都还历历在目。①

第 20 轻骑兵团的 R. G. 加罗德（R. G. Garrod）是那些始终拒不相信联欢活动存在的人之一。他在自己的回忆录中写道，实际上，他从来没有碰到过哪个士兵在 1914 年的那个圣诞节走出战壕到无人区和敌人鬼混，所以他认为，圣诞休战不过是个神话，② 就像传说在 1914 年 8 月帮助英军撤出蒙斯的天使一样。

加罗德的不相信当然和人们对休战表现出的震惊有关。对许多人来说，休战，尤其是大范围的休战，是完全没有想到的。之所以让人感到意外，不是因为休战在战争中不常见——恰恰相反，休战是常有的事情——而是因为在战争的头五个月，战斗非常激烈，伤亡惨重。再者，舆论宣传在战争一开始就发挥了重要作用；到第一个圣诞节的时候，英法的宣传攻势已经见到了成效，它把德国人描写成野蛮得无以复加的野蛮人，没有同情心和友谊之类的正常人的感情。最后，各交战国拒绝了包括梵蒂冈和美国参议院在内的各方为在圣诞节期间安排一次官方停火而做出的努力。因此，大部分参战人员，包括在头五个月的残酷战斗中幸存下来的人，特别是刚上前线但已被灌输了

133

---

① W. A. 昆顿未出版的回忆录（1929），28，IWM。
② R. G. 加罗德的回忆录，IWM。

关于敌人的某些看法的人——这些人占大多数——都有充分的理由认为，这不是传统的战争，世界的确在因它而改变。但是从它非官方的和自发的性质来看，休战表明，某些态度和价值观的弹性有多大。虽然头几个月就血流成河，但使得这些价值观发生深刻变化的是随后的战争，它加快了向战前的先锋派和大部分德国人所特有的那种自恋和幻想转变的步伐，并使之在西方蔓延开来。

八月炮火

战争从人员和物资的调动开始，而且规模空前。8月初，欧洲各地大约有600万人接到命令并开始行动起来。6日，德国的战略部署切换至高速模式，以期在西线一击制胜。莱茵河上的大桥每天要通过550趟列车。科隆的霍亨索伦大桥战争初期每十分钟就要通过一趟列车。不到一个星期，150万名准备进攻的士兵就集结完毕。法国人同样十分忙碌。不到两个星期就有7000趟列车载着300多万名法国士兵驶往各地。

按照原先的设想，施利芬计划，用巴兹尔·利德尔·哈特（Basil Liddell Hart）的比方说，应当像旋转门一样。当一侧取道比利时和法国北部的德国人用力推门的时候，正在南部集中力量发动进攻的法国人就会被卷进去，从而增加了门的旋转势头，因此也增加了北部进攻的势头。不过，毛奇在实施该计划时做了修改。北部的推力没有原来设想的那么大。紧张不安的毛奇先是决定加强他的左翼，以抵御南部的法国人。接着，当比利时军队撤向安特卫普的时候，毛奇又从正在发动进攻的右翼抽调了七个师的兵力来防止比利时人突围。在8月更晚些时候，他又再次削弱突击力量，把四个师派去反击俄国人在东普鲁士境内的推进。接着，在削弱了北部的推进势头之外，他还决定让在南部指挥第 6 集团军的巴伐利亚王储鲁普雷希特（Crown Prince Rupprecht of Bavaria）自行决定，是向法军发动进攻，还是按照施利芬计划的要求诱敌深入。一心展示巴伐利亚人能耐的鲁普雷希特决定主动出击，结果他的行动虽然让法国人又退回莫朗日－萨尔堡地区，但后者却因此而龟缩防守，不再进入易受攻击的前沿阵地。德国人的地方主义就这样影响了施利芬计划的成败。德国的现实——它的分裂和地方性的忠诚意识——再一次破坏了团结一心、休戚与共的幻想。

　　始料未及的局部抵抗迟滞了德国人通过比利时的速度。接着，由冯·克卢克（von Kluck）指挥的右翼在击溃蒙斯的英军之后，又比原计划提前拐了弯，结果推进势头减弱下来的德军终于在 9 月的第二个星期被挡在了马恩河。接下来，德军便向埃纳河方向撤退，并在那里掘壕固守，抵挡协约国军队的追击。之后，双方为了免遭侧翼包围而向北机动，开始了所谓奔向大海的比赛。从 10 月中旬一直到 11 月初，德军拼命想突破伊普尔防线，他们为此动用了大量志愿兵，而那些志愿兵是在 8 月成群结队地报名入伍的。协约国的防线虽然蒙受了巨大的损失，但还是守住了。在第一次伊普尔战役之后——有些德国人把那次战役说成是"对娃娃们的大屠杀"[①]——西线的运动战暂告结束。正规部队元气大伤。弹药储备消耗殆尽，因为它们是为一场据说到"叶落时节"就可以结束的战争准备的。原本打算用作进攻武器的机枪，却作为超级的防御武器证明了自己的杀

---

① 这并不是指真的屠杀儿童，而是一些德国人在事后渲染第一次伊普尔战役中那些战死的德国士兵的年轻与无辜，因为他们中的许多人都是刚入伍的学生志愿兵。——译者注

135

伤力。此外，比利时和法国北部的地形宜守不宜攻，那里有数不清的村庄、农场和树篱。从英吉利海峡到瑞士边境，出现了一道由壕沟工事构成的奇特而细长的防线，这是双方的总参谋部针对意想不到的僵局所想到的唯一对策。

136

　　德军在马恩河遭遇败绩之后，法尔肯海因（Falkenhayn）接替了毛奇的职务。在 10 月和 11 月的伊普尔之战失利后，他决定放弃施利芬计划。尽管他依然认为西线是决定性的战线，但面对兴登堡（Hindenburg）、鲁登道夫（Ludendorff）和康拉德（Conrad）这些"东线将领"的压力——他们认为当务之急是应对俄国人的威胁——他还是屈服了。这样，德军的攻势就转向东线。与此同时，英法军队的领导层也很不情愿地接受了这样的事实，即在能够调集足够的人员与火力并给敌人以致命一击之前，他们也许只能暂时坚守自己的阵地。

　　德军和法军的伤亡都很惊人。德国在前五个月就损失了100 万人，而法国在 8 月的"前沿地带的战斗"中，两个星期的损失超过 30 万人。在头一个月，有些团的人员损失比例高达四分之三。到 12 月底，法国的总损失与德国相当，大约是 30万人阵亡，60 万人受伤或失踪。到 1914 年年底，法国和德国几乎家家都承受了相当大的失去亲友的痛苦。由于在最初的战斗中伤亡惨重，到年底时，在西线的大部分地方，法军和德军都是后备人员。

　　在蒙斯和勒卡托，然后特别是在伊普尔，最初 16 万人的英国远征军已被消灭殆尽。单是在伊普尔，损失就达到 54 105人。截止到 12 月，"老可鄙"——那是英国正规军给自己起的绰号，因为德皇据说在 8 月初的时候把英国远征军说成是"那支可鄙的小小军队"——差不多已经成了空架子，就等着志愿

部队的补充了。到 12 月 20 日的时候第 11 旅原来的军官只剩下 137
18%，士兵只剩下 28%，由此可见，伤亡率有多高。在这个
旅当中，萨默塞特轻步兵团损失了 36 名军官和 1153 名士兵，
而在 8 月高高兴兴登船的那些人，只剩下 4 名军官和 266 名士
兵。10 月到达法国的第 7 师，伊普尔战事开始时有 400 名军
官和 1 2000 名士兵，结束时只剩下 44 名军官和 2336 名士兵，
十八天之内损失了9000 多人。"把火炬从我们虚弱的手中交给
你……"①到年底时，有 100 万英国人入伍，而整个帝国此时的
作战人员已达 200 万人。到 12 月，战壕里的英军部队大多是志
愿兵。②

对于本以为将来的战争结局会取决于一次重大战役的军方当
权者来说，西线的僵局是难以接受的。前一个世纪是技术上出现
重大变化和变动的世纪。照理讲，战争会反映出这种变动。"伯
塞洛特问我，"马恩河战役之后，1914 年 9 月 13 日，亨利·威尔
逊少将（Major General Henry Wilson）在日记中写道，"在我看
来，我们何时会攻入德国境内，我回答说，除非我们出现重大
失误，否则我们应该在四个星期之内到达埃尔森伯恩③。他认
为三个星期。"④ 有先见之明的英国陆军大臣基奇纳（Kitchener）
在 8 月 5 日战争委员会第一次会议上要求建立一支大规模的英
国陆军——"我们必须做好准备，"他说，"在战场上投入几百
万人的部队，而且要维持数年。"——但他的呼吁遭到英国内

---

① 这句诗出自约翰·麦克雷的《在佛兰德斯的原野上》。——译者注
② 这些伤亡数字大多来自官方的团、旅、师的战争日志，这种情况下可见于
Public Record Office，London（下文简称 PRO）。
③ 在比利时东部，靠近德国边界。——译者注
④ 日记，1914 年 9 月 13 日，见 C. E. Callwell, *Field-Marshal Sir Henry Wilson*:
His Life and Diaries, 2 vols. (London, 1927), I: 177.

阁和总参谋的明确反对，甚至冷嘲热讽。外交大臣爱德华·格雷爵士（Sir Edward Grey）指出，基奇纳对于战争持续时间的估计，"在我们大部分人看来，即便不是难以置信的，也是不可能的"。[①] 成立新军的计划虽然通过了，但其实起初是准备用来保卫和平而不是赢得战争的。

138　　　从1914年的11月和12月，到整个1915年，甚至到1916年，直到索姆河惨败之前，协约国军队中的主导意见一直是进攻的精神是最重要的，因此——他们不顾挫折和其他相反的证据——一次突破，一次决定性的突击，就会使已经熄火的战争机器再次发动起来。然后，用不了几个星期，胜利就会到来。到1914年12月，英国参谋人员不太情愿地承认，那种决定性的突击要等来年春天新军到来，但那时还会采取运动战的形式。法国人也这样认为，甚至更坚决，不过考虑到他们很大一部分国土都已经沦陷，这种心情也是可以理解的。到当年年底，他们的看法是，再多一点点耐心，协约国就会在人员、弹药、马匹、资金和补给方面逐渐占据上风。然后就可以在适当的时候一击制胜。"霞飞将军，"1915年1月初，一份关于军官们应该对自己的手下说些什么的纲要性文件说，"没有给他们（敌人）最后一击，是因为爱惜法国人的生命。"[②] 负责指挥法国第4集团军的将领，坚持要求手下所有的指挥官让自己的士兵相信，被围困的是德国人，而不是法国人。[③] 在西线，即便没有足够的炮弹和子弹，即便堑壕战的物质条件让人难以忍受——因为

---

① Edward Grey, *Twenty-Five Years*, 2 vols. (New York, 1925), II: 68.

② "Programme d'une causerie à faire aux officiers et hommes au repos," 24N346, Service historique de l'armée de terre, Vincennes （下文简称SHAT）。

③ 引自 Quartier Général (QG), 1st Corps d'Armée (CA), January 1, 1915, 22N10, SHAT。

随着冬季的临近，没完没了的雨水正在把战场变成泥泞难行的沼泽——也没能改变这种根深蒂固的执迷于进攻的心态。一个月，两个月，顶多三个月：人们的估计基本如此。"一旦我们有了足够的炮弹……"此时负责指挥英国第 1 集团军的道格拉斯·黑格（Douglas Haig）在 1915 年 1 月 22 日告诉《泰晤士报》的战地记者说，"我们就可以突破几段德军防线。"[1]

在佛兰德斯、阿尔多瓦和皮卡第，9 月初以来一直断断续续的雨在 12 月开始变得没完没了。当月的降雨量超过六英寸，高于 1876 年以来任何同期的水平。8 月那些晴朗的天气只能在梦中见到了。淤泥塞住了步枪的枪管，使它无法射击。在 12 月 18 日至 19 日英军的进攻之后，德国人报告说，他们受的伤大多是刺刀造成的，因为对手的步枪被卡住了。[2] 河水暴涨。利斯河附近的水位离地面只有不到一英尺。索姆河地段的情况也差不多。战壕里，士兵们站在深达膝盖的水中，有时候还会陷到齐胸口的淤泥里，那样的话，就只能用绳子把他们拖出来。在拉巴塞附近的一个防御地段，水坝决口，士兵们被淹死在他们的地下掩体里。在各团 12 月的战争日志里，描写抗击自然力的战争的篇幅比与敌人战斗的还多。日志中像"烂泥令人绝望"和"战壕让人受不了"这类具有代表性的内容，只是暗示了作战人员处境的凄惨程度以及他们所面临的种种困难。作为武器，水泵、软管、铲，还有镐，变得比枪炮还重要。12 月 24 日，有传言说，在贝蒂讷附近的一个防御地段，德国人把英军战壕上方的软管转向了相反的方向，企图淹死他们。而在几天

139

---

① 日记，1915 年 1 月 22 日，*The Private Papers of Douglas Haig*, 1914 – 1919, ed. Robert Blake（London, 1952），84。

② 日志，第 20 步兵旅，1914 年 12 月 26 日，WO95/1650，PRO。

后，英军第 7 师的指挥人员又开始担心德国人可能把水引向英军的战壕——因为据说，他们已经关闭了科米讷的水闸。① 两条传闻都意味着一种缺乏绅士风度的战争形式，而那种事，就像假设的那样，并不是说德国人干不出来。

在许多地方连高高的胸墙也不起作用，于是只好把部队撤到没有进水的地方，只留下小股的观察哨或巡逻队应付了事。事实证明，交通联络和横向调动是不可能的。前线部队轮换一次常常要近八个小时，而正常情况下一个小时左右就可以完成。"树柴小组"起到的战术作用比侦察小组还大，因为树柴，还有金属网，起码可以起到相当大的保护作用，防止陷到淤泥里。

12 月和 1 月的伤亡反映了这场新战争的性质：冻疮、风湿病和战壕足造成的伤亡人数要远远高于实际战斗。"让人意外的是，整个营并没有染上肺炎。"某团的战争日志这样写道。② 英国第 1 集团军报告，由于 12 月的湿气渗入肤骨，它在 1 月第二个星期的伤亡人数是 70 名军官和 2 886 名士兵。这其中有 45 名军官和 2 320 名士兵是病号。相比之下，阵亡的只有 11 名军官和 144 名士兵，负伤的有 14 名军官和 401 名士兵。③ 一位军级指挥官在 1 月初向他的上级严肃地报告说："在目前的形势下，长期的阴雨天气所带来的麻烦是最主要的因素。"④ 离圣诞节还有一个星期，弗兰克·伊舍伍德（Frank Isherwood）给家人送去了问候："圣诞快乐，万事如意。照这样下去，我就不

---

① 日记，1914 年 12 月 25 日，P. Mortimer, IWM. 日志，第 7 师，1914 年 12 月 30 日，WO95/1627，PRO。

② 日志，诺丁汉郡和德比郡团 2 营，1915 年 1 月 8 日，WO95/1616，PRO。

③ 日志，第 1 集团军，WO95/154。

④ W. P. 普尔特尼（W. P. Pulteney）中将呈第二集团军司令史密斯－多林（Smith-Dorrien），1915 年 1 月 12 日，WO95/669。

指望看到下一个圣诞节了。"① 他真的没看到。

在战壕里待上三四天，人肯定会精疲力竭。女王的威斯敏斯特来复枪团的珀西·琼斯（Percy Jones）看到了皇家燧发枪手团1营在12月23日早晨离开战壕的情景。他们

> 衣衫褴褛、步履蹒跚、疲惫不堪，看上去全都像散了架。蓬头垢面、胡子拉碴，头上裹着五花八门的东西，这些人似乎是史前时代的野蛮人，而不是英国陆军的一支劲旅。②

天道无亲。德国人、法国人和英国人都在受罪，谁也找不到更好的办法摆脱困境。不过，对于对手如何应对战争中这一始料未及的方面，双方都十分好奇。德国人似乎特别羡慕英军防线的许多地方在年底时配发的山羊或绵羊皮夹克，还有英国人穿的系鞋带的高帮靴子——德军供应的是低帮的橡胶靴。这些夹克成了德国人在无人区的小规模战斗中一心想弄到手的战利品。德军某团的团史承认，英军12月18日在新沙佩勒附近发动进攻之后，13团洗劫了英军士兵的尸体，而13团特别看重的就是羊皮夹克。③

弄些战利品和纪念品回家，以证明自己参加过战斗，这在当时是司空见惯的，尤其是在战争初期。所有人都喜欢干这种事情。"在阵亡的英国人身上，我们发现了德国士兵的手表、

① 信，1914年12月19日，见 Christopher Isherwood, *Kathleen and Frank* (London, 1971), 308。
② 日记，1914年12月23日，P. H. Jones, IWM。
③ Carl Groos (ed.), *Infanterie-Regiment Herwarth von Bittenfeld* (1. *Westf? lisches*) Nr. 13 *im Weltkriege* 1914-1918 (Oldenburg, 1927), 70. 另见 Solleder (ed.), *R. I. R.* 16, 93; 以及日志，皇家爱尔兰燧发枪手团1营，WO95/1482, PRO。

金饰和铁十字勋章。"古斯塔夫·里本扎姆指责说。① 如果说德
国人羡慕英国人系带子的靴子，那英国人则对有些德国人穿的
防淤泥和水的长筒橡胶靴感兴趣。认为对手的制服、大衣、靴
子等装备更高级，这种想法很自然，因为似乎再也没有什么比
自己的装备更差劲的了，自己的装备完全不足以抵御潮湿和寒
冷。这大概就是为什么在 12 月和 1 月至少有相当数量的报告警
告说，要提防穿着己方制服的敌人耍花样。"17 旅左侧的炮兵
观察官报告说，敌人让士兵穿上了苏格兰短裙。"英军第 6 师 1
月中旬的日志写道。②

虽然所有证据都表明，攻击性行动在这样的情况下没有可
能取得成功，但舒舒服服待在暖和而干燥的司令部里的军队指
挥官们，却一再强调要保持进攻的精神，要为即将到来的决战
砥砺攻击的本能。狙击和夜袭应该不停地搞下去；坑道，或者
说地道，要向前挖；猛烈的进攻要反复进行。而这样做的理由
就是：哪怕暂时不能有什么实质性效果，对于士气的影响也非
常重要。

天气自然让人有充分的理由为士气担心，但是英国第 2 军
的指挥官在 12 月 4 日的命令中还提到，前线似乎出现了一种
"自己活也让别人活的活命理论"，而这种想法——他坚决要

142

---

① Gustav Riebensahm, *Infanterie-Regiment Prinz Friedrich der Niederlande* (2. *Westf? lisches*) *Nr. 15 im Weltkriege* 1914 – 18 (Minden i. W., 1931), 94.

② 日志，第 6 师，1915 年 1 月 17 日，WO95/1581。另见，二等兵 H. 霍杰茨（H. Hodgetts）的信，伍斯特郡团 2 营，*Morning Post*，December 24，1914，4a。日志，第 2 集团军，1915 年 1 月 22 日，WO95/268。法军资料中类似的证据也很多：服役记录，第 4 军，1914 年 12 月 29 日，22N556；报告，第 68 步兵团，1914 年 12 月 24 日，22N557；以及法国陆军总参谋长急报，1914 年 12 月 30 日，22N1134，SHAT。

求——必须立即予以扑灭。① 他之所以这样说，是因为有大量的证据表明，协约国的士兵与敌人之间存在一种互惠关系。这些事情发生的次数在整个 11 月和 12 月增多了，结果引起了"铜帽子"② 的警觉。与敌人私下达成默契——更不用说交往——乃是叛国行为。官方因为担心火上浇油，在战争日志很少会报告这类事情，但在临近岁末的时候，日志中的确也有提到，而且提到的次数还越来越多，这就表明隐瞒不报的数量要多得多。在一天当中的特定时段，尤其是在开饭的时候停止射击，这种做法在彼此已经对峙了一段时间的部队中很常见。关于换岗时的狙击以及巡逻时的行为，非官方的安排也存在。查尔斯·索利在几个月后的一封信中描写了这样的默契："根本不用'联谊'，只要 70 码外的'博什兄弟'③ 对我们友好，我们就尽量不去打扰他们。"他强调日常活动——包括修战壕和检查士兵的信件——的单调乏味。

夜间巡查敌人的铁丝网可以让人有一点点兴奋感。我们的主要敌人是荨麻和蚊子。所有的巡逻队，英国的和德国的，都非常讨厌死亡和荣誉的原则；所以，每当彼此碰巧相遇……都假装他们自己是利未人而对方是好撒玛利亚人，一句话不说就擦肩而过。任何一方要是去轰炸另一方，不仅没用，而且还违背了一直支配着相距不到 100 码的交战双方关系的不成文法律，因为他们发现，让对方不舒服

① 第 2 军军长给各师长的命令，1914 年 12 月 4 日，WO95/268，PRO。
② 指高级将领。——译者注
③ "博什"（Bosch）是一战时法国人对德国兵的称呼，意思是"笨蛋""傻瓜"。书中还提到一战时德国兵的其他绰号，比如"匈奴人"（Hun）。——译者注

反过来也会使自己不舒服。①

战壕里双方的说话声常常彼此可以听到，所以两边自然会像在娱乐场所一样，开一些善意的玩笑。戈登高地人团6营的二等兵弗兰克·迪瓦恩（Frank Devine），在12月21日的家书中讲述了有天早晨他怎样演奏《天风来自四面八方》这首伤感的苏格兰歌曲，以及对面的一个德国人又如何应之以《蒂珀雷里》②。

> 每天早晨他们都对我们喊话说，完了之后请我们吃饭。一天，他们举了一块小黑板，上面写了几个大字："你们英国人什么时候回家，好让我们得到和平。"他们对我们喊话说他们要和平。③

巴伐利亚第16后备步兵团的记录说，12月18日的伊普尔附近——当时在更南面的地方正发生激烈的战斗——一名来自德国西南部阿尔戈伊山区的士兵从胸墙上探出身，为汤米·阿特金斯（Tommy Atkins）④ 演唱了动听的岳德尔调⑤。⑥ 苦难中的幽默感

---

① Sorley, *Letters*, 283.

② 《到蒂珀雷里长路漫漫》（*It's a Long Way to Tipperary*）是一战时西线战场上最流行的英文歌曲之一。蒂珀雷里，爱尔兰的一个城镇。——译者注

③ *The Scotsman*（Edinburgh），9e . 这封信在1915年1月2日公开发表的时候加了一个标题——《德国士兵想要和平》。由此可以看出国内战线对于有关说法会产生怎样的误解，并对战线上的实际情况会怎样贸然得出完全未经证实的结论。

④ 指英国兵。——译者注

⑤ 在瑞士和奥地利山区流行的采用真假嗓音表演的唱腔。——译者注

⑥ Solleder（ed.），16 *R. I. R.*，88.

常常是活泼而机智的。12 月 10 日那天，大约早上九点，与埃塞克斯 2 营对峙的萨克森人喊话说，他们受够了，他们已经把德国的旗子降成了半旗。一些埃塞克斯士兵回答说可以给他们朗姆酒和杜松子酒。萨克森人拒绝了，说他们在战壕里只喝香槟！①

　　紧挨着埃塞克斯 2 营的兰开夏郡燧发枪手团的士兵们，开始和他们的对手谈起了交易：他们想用牛肉罐头换帽徽。"……交易达成了，"师里的日志写道，"只是对于谁先从自己的战壕里出来拿取属于他的东西还有一点儿小小的分歧。"② 当然，相互间的谅解是需要时间来培养的，而且也并不总是能够得到轮换部队的欣赏或尊重。所以，埃塞克斯 2 营可以和萨克森人和睦相处，但接替后者的普鲁士人却被描写成"一帮不友好的家伙，跟他们喊话总不回答"。③

　　总之，在圣诞之前的几个星期，对峙的战壕之间已经产生了一定的好感——互相的谅解和私下的协议。它将成为圣诞休战的基础。担心僵持不下的战争会影响作战人员的士气的，不只是英军的指挥机构。在英军下达命令禁止与敌军联谊的一个星期前，法尔肯海因将军就向他的军官们提出了类似的警告：与敌军联谊的事件要"由上级仔细调查并大力制止"。④ 不过，此类事件发生的次数还是不断上升，这说明上层的警告实际上没什么效果。

　　天气和恶劣的战壕条件容易让交战双方同病相怜，但是，

144

----

① 日志，第 12 旅，1914 年 12 月 10 日，WO95/1501，PRO。

② 日志，第 4 师，1914 年 12 月 1 日，WO95/1440，PRO。

③ 同上。

④ 这道日期为 1914 年 11 月 28 日的命令可见于巴伐利亚第 6 后备师的卷宗，Bd. 5，Bayerisches Kriegsarchiv（下文简称 BKA）。

官兵关系，尤其是火线背后的指挥官和前线士兵的关系的不断恶化，也是圣诞期间事态发展的推手之一。各方的总参谋部在西线采取的徒劳无功的、显然没有什么意义的战术引起了相当程度的不满。例如，为了继续突显"进攻精神"，也为了让德国人认识到，要是他们再把部队调往东线就会严重削弱其在西线的阵地，英国人在 12 月 18 日沿着他们战线的南半段发动了一次规模较大的进攻。担任主攻的是印度军团，但大约三分之二的英军作战部队都参与了支援性的突击。从北面的勒图凯到南面的吉旺希，战斗一直持续到 12 月 22 日，而如果从英军的士气而不是战略的角度来看，整个行动只能说是一场灾难。

18 日晚，第 7 师在新沙佩勒和弗罗梅勒向对面的威斯特法利亚人和萨克森人发动进攻，结果伤亡惨重，损失了 37 名军官和 784 名士兵。单是皇家沃里克郡团 2 营就损失了 320 人，包括负责指挥的军官。有一个排，原先有 57 名士兵，只剩下 1 名一等兵和另外 3 人。苏格兰近卫团 2 营攻占了对方 25 码长的战壕，但因为无法守住这个突前的阵地，只好在早晨的时候撤退，而他们在此次行动中损失了 6 名军官和 188 名士兵。参加进攻的军官只有一人是完好无损地回来的。

在整条战线，结果都差不多。任何已经取得的成功都是暂时的。德国人的命运也一样。12 月 20 日，他们在吉旺希发动反击并取得了一些进展，但两天后英国人又用反击把德国人赶出了他们的新阵地。因此，经过五天激战，双方在圣诞节前夕的阵地就跟他们在 18 日，也就是战役开始前差不多一样。对手摆出彰显"进攻精神"的姿态，的确给德国人留下了深刻的印象，所以德国人缩减西线兵力的幅度并没有原来想象的那么大，但这种徒劳而又可怕的杀戮也让英军士兵感到失望。

　　19 日，在勒盖尔和圣伊夫之间，来复枪 1 旅和萨默塞特轻步兵团 1 营在大白天的下午发起了进攻。按计划，英国人应先用火炮的弹幕射击破坏掉他们需穿过的敌方的铁丝网障碍。但为了以防万一，每个士兵都要带上草垫，准备铺在剩下的没有被炸断的铁丝网上！① 德国人对于在进攻开始时看到的这奇怪的一幕想必非常惊讶。炮兵部队不出意外地把交给自己的任务完全搞砸了，结果，在重达 60 多磅的正常装备之外还要带上草垫子的英国士兵，几乎没有人能冲到 120 码开外的敌方铁丝网跟前，战壕就更不必说了。难以形容的杀戮。作为负责指挥此次进攻的军官之一，一位名叫萨顿的上校随后报告说，此次进攻"彻底失败了"。尽管火线后面的旅长认为此次行动达到了一个最重要的目的，即不让德国人把部队调往东线，但萨顿在报告中还是难掩深切的悲痛与失望。

　　　　从本营的角度看，此次行动唯一的作用带有某种令人伤感的性质：首先，为参与进攻的各连的英勇行为感到骄傲，他们毫不犹豫地向着由武器精良的敌军把守的未被动摇的防线前进；其次，为损失了那么多招人喜欢的同志而感到痛心，他们即便不死，情况也很糟。②

　　与联谊事件一样，官方战争日志不愿记载反映不满情绪的材料。日志中可以看到的任何事例，都只能合理地理解为是对怨恨程度的一种暗示。15 旅（隶属于第 5 师）12 月 23 日的日

---

① 　至于人们是如何想象这种场面的，参见 *The Illustrated London News*，January 6，1915，37。

② 　日志，第 11 旅，WO95/1486，PRO。

志内容带有发牢骚的意味，反映出一种深刻的情绪："接到师长的命令，要求发动进攻并继续一点一点地推进——但很难知道从哪里着手以及怎样着手。"①

147　沿法德之间的战线也有类似的进攻，率先采取行动的主要是驻守香槟的法国人，而在付出很大伤亡却没有取得明显的效果之后，他们也产生了类似的幻灭感。在圣诞那天无人区的联谊活动中，可以听到士兵和低级军官对于上级指挥机构的许多不满。法国人缴获了一封写于 12 月 27 日的德国人的书信，从中不仅可以知道有过广泛的联谊活动，还有德国人在几天前看到的一件事情：当时，一些法国士兵射杀了他们自己的军官，因为他在看不到任何希望的情况下，在死亡将会成为勇敢的唯一奖赏的情况下，还不想投降。他们杀害了自己的长官，然后投降了。②

德国士兵也有牢骚。年轻的阿尔伯特·佐默（Albert Sommer）在日记中讲述了他的"白痴"连长如何在圣诞之夜逼着手下出去巡逻，想要弄清楚他们的对面是谁。有人开了枪，招来了敌人的炮火，结果毁掉了那晚的宁静。佐默还愤愤地说，连长待在后面的战壕里喝着酒庆祝圣诞，而他们却要面对死亡。③

不过，天气、战壕条件还有对战争指挥的失望，虽然对前线士兵的心理有很大影响，但这些还不足以解释 1914 年圣诞节当天以及圣诞节前后发生的事情。同样令人沮丧的因素后来还

---

① 日志，第 15 旅，1914 年 12 月 23 日，WO95/1566，PRO。

② 1915 年 1 月 10 日，S. R. de Belfort，18N302，SHAT。

③ 日记，1914 年 12 月 24～26 日，Albert Sommer Tagebuchaufzeichnungen，MSg 1/900，BAM。

会出现在这场战争中，而且常常到令人难以忍受的程度，但差不多规模的联谊活动却再也没有发生过。在 1914 年 12 月，前线士兵的动力和情感中的某些东西将随着战事的继续而消失，心理倾向和一系列的社会价值观也将被战争的进程彻底改变。

和平降临大地

圣诞夜的气温陡降。进了水的战壕变得冰冷。烂泥问题不大了，它本身就提高了大家的兴致。对德国人来说，圣诞夜是圣诞节庆祝活动中最喜庆的部分，所以在夜幕降临的时候，在德军防线的大部分地段出现了一些小型的圣诞树，那种传统的用冷杉做成的圣诞树。这种做法违反了官方的指示，因为后者禁止把圣诞树带进战壕。为了有装饰效果，许多树上还点了蜡烛，有真的，也有代用品。

据说，法国人——对他们而言，圣诞树常常是某种新奇的东西——和英国人起初对于对面的奇怪发光物大惑不解，以为是什么花招，于是就朝那些星星点点的地方射击。"头一件不同寻常的事情发生了，"珀西·琼斯写道，"当时我们注意到在敌人防线的后面有三处大火。这里平常可是连划根火柴也会被看作疯狂的举动的地方。"然后，敌人战壕的上方透出亮光。"我们暗自认为敌人在准备大举进攻，所以就开始擦拭枪支和子弹，严阵以待，以便迅速投入战斗。"再然后就传来德国人的声音："不要开枪！""这样很好，"琼斯说，"但我们听说了太多德国人背信弃义的故事，所以继续保持非常严密的警戒。"①

各方的总参谋部都警告自己的部队，圣诞和新年期间要做

---

① 日记，1914 年 12 月 27 日，P. H. Jones，IWM。

148

好准备，以防敌人偷袭。德国人的理由是，法国人和英国人太注重物质，不懂得感情，不能以正确的态度庆祝圣诞。法国人把德国人看作异教徒，英国人把他们视为野蛮人，所以在圣诞那天并不指望他们能有基督徒应有的表现。然而，德国人这儿那儿的圣诞树虽然因射击而消失了几分钟，可是当射击慢慢停止的时候，它们总是差不多又出现了。过节的心情是按捺不住的。

圣诞树出现后，歌声也开始响起——有时是喧闹的，但更多的时候是安静而感伤的。绝大多数情况下好像是德国人先唱的，而当歌声开始回荡在无人区冰冻的荒野时，对面战壕里的人也听得入了神。在许多地方，德国人一齐小声哼唱《平安夜》或者《永不凋谢的玫瑰》。法国人对面的某处，一只口琴在稍停片刻之后，独自吹奏起《平安夜》。轻柔的琴声在静夜中久久回荡，让法国人听得如痴如醉。在其他地方，一名德国士兵不顾寒冷，用小提琴演奏了汉德尔（Handel）的广板。[1]在阿戈讷，符腾堡第 130 团在前线得到了音乐会歌唱家基希霍夫（Kirchhoff）的犒劳。对面的法国士兵也被他的表演深深地吸引了，甚至都爬到己方的胸墙上。他们一次次地热烈鼓掌，直到基希霍夫又为他们献上一曲。[2]

驻守在卡朗西附近防线的法国第 269 步兵团的埃米尔·马塞尔·德科贝尔（Émile Marcel Décobert），在写给父母的信中讲到法国士兵和他们的敌人一起唱德国圣诞颂歌的事情。[3] 在

---

[1]　Curt Wunderlich, *Fünfzig Monate Wehr im Westen: Geschichte des Reserve-Infanterie-Regiments Nr. 66* (Eisleben, 1939), 280 – 81.

[2]　Wilhelm, Crown Prince of Germany, *My War Experiences* (London, n. d.), 122 – 23.

[3]　信，1914 年 12 月 26 日，BAM。

萨默塞特轻步兵团 1 营对面的德国人，请来了他们团的乐队演奏德、英两国的国歌，之后他们欢呼三声，又继续唱起《可爱的家》。英国人对于这样一种具有世界主义精神的善解人意的选择非常感动。[①]

渐渐地，整条战线在那个圣诞夜几乎都停止了射击。人们爬上来，坐到胸墙上，向对面的"敌人"大声打着招呼，并开始攀谈起来。在女王的威斯敏斯特来复枪团对面的萨克森人给英国人出了个难题，要他们过去拿酒。"我们的一个同伴接受了挑战，"一名二等兵在他寄回英格兰的家书中写道，"而且作为交换，他还带去了一大块蛋糕。这样一来就开了头……"[②]

许多军官在允许甚至鼓励自己士兵出去和敌人见面的时候，都是出于策略上的考虑。比如，他们希望知道与自己对阵的是什么人，敌人的设施如何。然而，这些实际的考虑在联谊活动中往往都是次要的。大部分聚会都是自发的，既没有得到批准，也没有军事目的。过节的心情完全征服了战场。

第二天早晨，当黎明到来的时候，地面已冻得结结实实。有些地方还覆盖了零零星星的初雪。在佛兰德斯，突然到来的严寒带来了浓雾。浓雾在强烈阳光的照射下才渐渐开始消散。天气的突变带来了惊喜和欢呼。与前一个月的季风气候相比，这样的天气着实让人喜欢。"神奇而美丽的白霜"，古斯塔夫·里本扎姆在圣诞节那天的日记中开头用了这样几个字。然后，在做好战斗准备后不久，昨天夜里还是孤立事件的联谊活动，

150

---

①　日志，萨默塞特轻步兵团 1 营，WO95/1499；詹姆斯·麦科马克（James M'Cormack）的信，*The Scotsman*，January 9，1915，12d，以及 J. 达林（J. Dalling）的信，*The Western Times*，January 11，1915，3g。

②　《前线来信》，*Daily Mail*，January 4，1915，9cd。

在许多地段一下子成了大规模的联欢。

士兵们跑到无人区，在有些地方甚至跑到对方的战壕里举行庆祝活动。有些人腼腆，有些人比较开朗。他们又说又唱，互相讲故事，交换礼物。随着早晨时光的慢慢过去，信任也在增加。双方安排了埋尸小组。戈登高地人团 6 营和威斯特伐利亚第 15 步兵团联合为死者举行了一场感人的葬礼。当苏格兰人、英格兰人、萨克森人和威斯特伐利亚人在一个共用的大墓两边排好队，阿伯丁联合自由教会的 J. 埃斯勒蒙特·亚当斯牧师大人（the Reverend J. Esslemont Adams）和戈登高地人团 6 营的随军牧师，用英语念诵了《诗篇》的第 23 篇。接着，一名神学院的学生又用德语念诵了一遍："主是我的牧者，我必一无所缺。他让我在如茵的草地上歇息，又领我到幽静的溪水旁……"

他们之后又用双方的语言逐句念诵了主祷文："我们在天上的父……"①

许多地方通常是用唱歌或唱圣歌的方式进行联欢。莱斯特郡团 1 营的副营长是 A. H. 布坎南－邓洛普（A. H. Buchanan-Dunlop）少校，他在平民生活中是一名教师，执教于爱丁堡附近的马瑟尔堡的洛雷托学校。就在圣诞节前不久，他收到学校期末音乐会的节目单。他和自己手下的莱斯特人进行了排练，并在圣诞节那天走出战壕，来到无人区，为德国人演唱了学校节目单中的部分曲目。德国人则报之以一些经过挑选的圣歌。② 其他地

---

① 日志，苏格兰近卫团 2 营，1914 年 12 月 25 日，WO95/1657；信，见 *Daily Mail*，January 1，1915，4d；D. Mackenzie，*The Sixth Gordons in France and Flanders*（Aberdeen，1921），23 - 24；Riebensahm，*Infanterie-Regiment* 15，96。

② *Daily Mail*，January 4，1915，9cd；*The Scotsman*，January 4，1915，8g.

方的活动比较无聊。在第 6 师第 3 来复枪旅的前面，一名德国人的杂耍表演吸引了一大群观众，大家看得津津有味。

正午左右，圣诞大餐上来了，参加联谊活动的人都回到各自的战壕。他们刚吃完饭，无人区就又热闹起来。戈登高地人团 6 营的一些士兵发现，他们的对手当中有一位战前曾经在英格兰工作过的理发师。他们马上要他在那儿，在无人区，重操旧业，给他们刮脸修胡子，而那位德国人竟然照办了！

一开始的客套过后，以货易货的生意突然开始了。除了家人和朋友寄来的几百车皮的圣诞包裹，每个英国士兵还收到了玛丽公主的圣诞礼盒。给吸烟士兵的是一只烟斗、十支香烟和一些烟草。给不吸烟士兵的是巧克力。因此，所有英军士兵都有可以交易的东西。德国人和法国人的情况也差不多。范·德·阿申豪尔少校（Major von Der Aschenhauer）写道，他的士兵从国内收到的礼物多得不知如何是好。珀西·琼斯在 24 日的家书中道出了各方共同的感受："我很好，只是收到的圣诞包裹太多。"多出来的圣诞礼物显然需要用来换些新的、不同的东西。

德国人似乎特别钟爱英国的牛肉罐头——它不像德国的肉罐头那么油腻——还有英国的水果罐头。第 10 旅的日志说，有人看到德国人"为了牛肉罐头差点儿打起来"。[①] 塞缪尔·贾德（Samuel Judd）不明白德国人为什么喜欢老牛肉。他得出的结论是他们填不饱肚子——"他们又出来换牛肉和果酱了"！[②] 在北斯坦福郡团的对面，德国人想用香烟换牛肉罐头。不过，苏格兰来复枪团的士兵做了一笔在他们看来是这个奇怪集市上最

152

---

① 日志，第 10 旅，WO95/1477。另见日志，第 20 旅，WO95/1650，PRO。
② 日记，1914 年 12 月 28 日，Samuel Judd，IWM。

划算的买卖——用几听牛肉罐头换了两桶啤酒！①

各种各样的纪念品都有人找，也有人要。彼此交换的最微不足道的纪念品就是签名。西福斯高地人团 2 营的二等兵科林·芒罗（Colin Munro）给他在埃尔的妻子寄了张明信片，上面有六个德国士兵的签名。报纸杂志也是现成的可以交换的东西。兰开夏郡燧发枪手团 2 营的一名军官用《潘趣》杂志换了一些德国香烟。他在家书中提到了这件事情，结果他的家人马上把那封信寄给《每日电讯报》（Daily Telegraph）发表；《潘趣》杂志的欧文·西曼（Owen Seaman）针对他的出版物竟然被用来跟德国人换取香烟这种掉价的、有失尊严的事情还写过一首讽刺诗！各种各样的烟草是用来交换的最常见的物品。在这场战争中，差不多所有人都吸烟。但是，对有意义的纪念品的追逐也会发展到令人担心的地步：在第 4 师的前线，据一份报告说，步枪也成了交换的对象。②

有没有真的踢过足球比赛？比赛的传闻沸沸扬扬，有很多还提到英国人和德国人之间的比赛，但现在并没有令人信服的证据可以证明确有其事。尽管如此，那些传闻对于我们了解前线士兵的愿望和心态还是很有帮助的。比赛的可能性似乎最大程度地激发了英国人的想象。很多人在家书中都讲到了前线其他地方进行的比赛。故事讲得活灵活现：比分是三比二，对手是萨克森人——多数的说法是他们赢了，也有一些讲他们输了。这让人以为和牛肉罐头之类的东西有关的原始游戏或许真的发生过。但是，仅仅因为无人区坑坑洼洼的地形，用真的足球来一场正规的比赛就是不可能的。

---

① *Glasgow Herald*, January 14, 1915, 9fgh.
② 贝克特（Beckett）上尉的报告，汉普夏郡 1 营，WO95/1488，PRO。

　　然而必须指出，圣诞节那天，整条战线上并不都是和平与善意。在圣埃卢瓦附近由第 3 师防守的英军防线最北端，狙击活动持续了一整天。那里的伍斯特郡 3 营夸耀说，他们上午"猎杀"了敌人四名狙击手，晚上两名。① 南面拉坎克吕附近，第 2 师的正面，德国人在 24 日上午发动了进攻。近卫步兵 1 团 2 营丢掉了在那里作为第一道防线的战壕，还伤亡 57 人。圣诞节那天的心情依然是痛苦的，而且还要挖战壕，构筑新的防线。尽管如此，这些地段的圣诞节过得还是相对平静的。

　　友好交往大多发生在比利时和法国北部英德之间的战线上，那里差不多三分之二的士兵都在一定程度上参与了此事。在其他地方，联谊活动即便不能公然进行，通常也会悄悄进行。战斗，甚至是狙击，在圣诞节那天很少发生。"整条前线都出奇地平静，让人有点不踏实。"在索姆河附近与法国人对阵的一个德军团的日志中写道。②

　　如果说英国人和德国人不想在他们的公文中详细披露联谊事件的细节，那么对于法国军官来说，这个话题则是完全被禁止的。尽管如此，很多地方的材料，比如德国军队的记录、私人信件和日记，还是可以证明，法德之间的联谊活动即使不像在英德战线上那么普遍，那么充满信任，但也广泛存在。甚至在法军官方的战争日志中也可以找到少量证据，比如丰克维利耶③附近防线的第 111 旅、埃纳河畔孔代附近的第 69 师、阿尔多瓦的第 139 旅以及索姆河畔第 56 旅的日志。第 56 旅在 25 日那天记录的内容是干巴巴的：

154

---

① 团和师的战争日志，1914 年 12 月 25 日，见 WO95/1413，PRO。
② 日志，巴伐利亚第 20 步兵团，1914 年 12 月 25 日，Bd. 8，BKA。
③ 法国北部的一个村庄。——译者注

今天很平静。整个防御地段都自发停火，尤其是在两端，那里的法国和德国士兵从各自的战壕里出来，在一些地方交换报纸和香烟。①

没有指名道姓，也没有提到是哪支部队。然而，巴伐利亚第 12、15、20 团的记录表明，法军至少有 12 个团参与了在索姆河畔栋彼埃尔附近公开的联谊活动——第 20、22、30、32、43、52、99、132、137、142、162、172 团。换句话说，德军的文件表明，法国人提到的友好交往不能反映休战的程度。

在一些地方，休战一直持续到新年那天。有些地方还持续到 1 月，甚至 1 月的第二个星期。然后，尽管又恢复了战争的样子，有了一些狙击和炮击，但在 1 月余下的时间里仍然非常平静。第 1 来复枪旅在 1915 年 1 月最后一天的日志中写道："这是非常平静的一个月。由于敌人不想激怒我们，我们完成了很多工作。"②

原因何在

士气虽然也是个问题，但它似乎并不是诱发联谊活动的关键因素。那些告诉敌人说他们受够了战争的人，往往是为了打个招呼，相当于说"哈罗！"——当时要是说"哈罗"，似乎有点不太合适——大意是，"这种烂事，不是吗？"要不然，跟几小时前还一直想要消灭你的人，还能说些什么？你不可能向敌人道歉说不该朝他们开枪；那样未免太荒唐了。说你希望结束战争，这是最接近于表达这样一种想法的方式，而且是可以接

155

---

① 日志，56 旅，1914 年 12 月 25 日，26N511，SHAT。
② WO95/1496，PRO.

受的。

　　国内报刊在听到一些跟敌人交谈的只言片语之后，就大肆渲染敌人所谓的厌战，但前线士兵虽然在书信和团里的报告中记录了这些交谈的内容，实际上却并没有把那些内容太当回事。把厌战的材料记下来，也是为了掩盖因为卷入休战事件而带来的犯罪感。据说有人发现了敌人某些非常重要的情报：敌人厌倦了战争，他们的士气正在瓦解。

　　不过，战争的目的在这个时候似乎还没有受到质疑。士气有问题，其原因更多是战争的管理而不是它所宣称的目的。尤其是德国人，占据的都是外国的领土，所以对于自己的成功仍然是信心满满。有些人认为他们距巴黎不过一箭之遥。还有些人说，他们听说自己人进了伦敦或者到了莫斯科郊区。胜利就在眼前。洛德上尉（Captain Loder）在苏格兰近卫步兵团日志中的记述很有代表性：

　　　　他们对于战争的总看法如下：法国撑不住了，很快就要投降了。俄国在波兰大败，很快也准备和谈。英国是块硬骨头，还没有啃下来，但法俄的退出会让德国太过强大。他们认为战争到 1 月底就可能结束。这反映出在德国士兵中流传的都是些什么样的谎言，也体现了德国和英国之间存在的仇恨。①

　　就像有评论者后来说的，"极少数厌战的例子只是让许多人变得更加放心大胆"。② 德国人是这样，法国人和英国人也是

156

① WO95/1657，PRO.
② Mackenzie, 6th Gordons, 26.

这样，只是没有那么张扬和明显——"我们要逮住他们！"（On les aura！）[1]

士兵们此时似乎还没有认真想过战争的目的这一问题，然而，大部分人对于家人、朋友以及家乡的思念都非常强烈。大量的后备人员现在到了前线，他们中很多人都已经30多岁甚至40多岁了，都有妻子儿女，这一点是诱发联谊活动的重要因素。想要在家中过圣诞节的想法简直太强烈了，所以大多数人希望，至少能享受到一天的安宁和善意。有证据表明，在前线士兵当中，年轻一点儿的总的来说比较有侵略性，不太喜欢表现出友好的姿态。不过，这些证据还表明，英军士兵在联谊活动中最积极。这需要说明一下。

佛兰德斯和法国北部恶劣的作战条件显然很容易让汤米·阿特金斯想要过上几天相对太平的日子。再者，德国人的军事威胁对于英国人来说并不像对他们的盟友那样直接，战争毕竟是在比利时和法国境内进行的，所以，这也让汤米很容易有喘口气、歇一歇的想法。但英军士兵参与圣诞休战的最重要原因，有可能是对英国在此次战争中的目的有了明确的认识。

对英国人来说，这场战争并不是专门针对德国的，并不是为了不让它拥有海军、殖民地甚至经济优势，虽说德国在这些方面的野心显然也引起了严重的关切。这场战争也不只是为了保持欧洲大陆的均势，不让任何一个大国的势力过于强大，尽管那也是英国长期关心的问题。不，对于英国人来说，这场战争还有更广泛的目的。这是一场为了维护英国人的国内和国际

---

[1]　一战时法国的宣传口号。——译者注

秩序体系的战争，该体系被认为正在受到德国及其内向的文化所代表的一切的冲击。在英国人眼中，德国到 20 世纪初的时候已经取代了法国，成为世界上不稳定和不负责任的力量的化身。而英国却代表着相反的东西：稳定和负责。德国不仅威胁着英国在世界上的军事和经济地位，还威胁着大英治下和平的整个道德基础。英国人认为，大英治下的和平让世界太平了一个世纪，欧洲在这段时间没有发生全面战争，这一点是从安东尼时代的罗马以来未曾有过的。

无论是在更广阔的世界和帝国中，还是在国内它自己的民众中，英国的使命主要是促进公民道德意识的发展，让外国人和缺乏教养的英国本土居民学会文明社会的行为规则，或者说"游戏"规则。英国的使命，用基普林（Rudyard Kipling）的话说，是要让"次等种族"知道"法律"。所以，文明和法律差不多是同义的。只有当人们按照由时间、历史和先例积淀下来的规则进行游戏的时候，文明才有可能，而所有这些规则加起来就是法律。文明是客观的价值观问题，是外在的形式问题，是行为而不是态度问题，是职责而不是一时的兴致问题。"只有文明人才可能联合起来，"J. S. 密尔在他的文章《论文明》中写道，"所有的联合都是妥协：那是为了共同的目的而牺牲个人的部分意志。野蛮人无论如何都不愿意牺牲对于个人意志的满足。"①

虽然英国为自己在整个 19 世纪的社会政治宽容感到自豪，比如为路易·拿破仑、梅特涅、路易·菲利普和马克思等人提供庇护，但伦敦作为一个城市以及英国作为一个国家，依然明

158

----

① George Watson, *The English Ideology*: *Studies in the Language of Victorian Politics* (London, 1973), 61–62.

确信奉中庸的、主张理性改革和理性约束的伦理准则。法律和议会就是社会对于这种伦理准则和行为的认可。

如果说德国是世纪末世界中带有激进主义色彩，因而也带有现代主义色彩的最主要的国家，那英国就是带有保守主义色彩的最主要的国家。德国的破坏性能量威胁到了英国成就中精华的东西，也就是在世界上确立一定程度的法律和秩序。相对而言，英国总体上对于宣示现代文化没有多少兴趣，这一点无须广泛的文献证据。虽然弗吉尼亚·伍尔芙后来断言，人类的本性"在 1910 年 12 月或者 1910 年 12 月前后"发生了变化，虽然在福特·马多克斯·福特的印象中，1910～1914 年那几年"就像一个不断打开的世界"，但对于艺术家的创新活动，英国在 1914 年的时候总的来说仍然完全抱着怀疑的态度。福特抱怨说，"完全缺乏艺术细胞"似乎是英国人的"民族特性"。① 英国的音乐和戏剧与欧洲的发展状况没有多少合拍的地方；绘画和文学的情况只是稍好一些。1904 年，国家美术馆拒绝了德加（Edgar Degas）的赠品。1911 年，沃尔特·西克特（Walter Sickert）写道：

> 因为有几小群大多不到 30 岁的具有献身精神的狂热者，这里的绘画还没有死去，就如同一小团昏暗、闪烁的火苗。民族的品位要么击垮这些狂热者，要么迫使他们乖乖就范。热爱自己艺术的英国年轻画家，到头来却主要因

---

① Ford Madox Ford, *Thus to Revisit* (London, 1921), 136–37; Virginia Woolf, "Mr. Bennett and Mrs. Brown" (1924), *The Captain's Death Bed and Other Essays* (London, 1950), 91.

为外力而只能制作人们需要的巧克力盒子。①

比法国的情况更为突出的一点是，艺术中新的冲动似乎都 159
是从国外输入的。被拉斯金指责说"把一桶颜料泼在公众脸
上"的惠斯勒（James A. M. Whistler）开始让美国因素发挥重
要的影响；20世纪初继他之后的还有埃兹拉·庞德、T. S. 艾
略特和雅各布·爱泼斯坦（Jacob Epstein）。②

如果说德国人把这场战争视为精神的冲突，那英国人就将
其视为一场斗争，目的在于维护社会价值观，准确地说，维护
战前的先锋派所猛烈抨击的那些价值观和理想：正义、尊严、
礼貌、克制以及依靠对法律的敬重来控制"进步"。对于维多
利亚时代的人和爱德华时代的大部分人来说，道德是客观的东
西。"意见会变，风俗会变，信条亦有兴衰，"1895年，阿克顿
勋爵（Lord Acton）在他的剑桥就职演说中宣称，"但道德法却
被铭刻在不朽的牌匾上。"③ 对于道德根源的追溯也许有不同的
方式，但有一点毋庸置疑，那就是人们——主要是通过教
育——越来越明确地认识到是非对错之间的区别。自由不是放
纵；它是社会知识和训导的结果。自由是艰苦的劳作。自由不
是说你有权利随心所欲；自由是说有可能去做你应当做的事情。
伦理学比形而上学更重要。"因此，"J. S. 密尔写道，"坦率地
说，只有具备坚定德性的人才是完全自由的。"④ 英国人的自由

---

① Walter Sickert, "Post Impressionists," *Fortnightly Review*, 89（January 1911），
79.

② Stanley Weintraub, *The London Yankees*（New York, 1979）.

③ 阿克顿引用的是弗劳德（Froude）的话。Lord Acton, *A Lecture on the Study of History, delivered at Cambridge, June 11*, 1895（London, 1895），72.

④ 见 Watson, *Ideology*, 60。

不是权利，而是责任。

德国人解释战争的焦点是指向内心和未来的。托马斯·曼把这场战争看作从正在腐化堕落的现实中获得解放。对于旧世界，他问道："难道思想的害虫不是在里面像蛆虫一样到处蠕动吗？难道它没有发酵并散发出文明的腐败气息吗？"对曼来说，这场战争和他的艺术是一回事，二者都是为了争取精神的自由。① 而对英国人来说，问题的焦点是社会的和历史的。

160
　　　　像你们过去那样子做人，

　　　　生几个你们父辈生下的儿子，

　　　　而上帝会保佑女王。②

对英国人来说，战争是实际的需要，这一点集中反映在"一切照旧"（Business as usual）③ 的口号中。就像士兵在 1914年 10 月 1 日给父母的信中说的：

　　　　我恐怕斗争就要开始了，所以我们该时刻提醒自己，维护之前世世代代形成的传统，那是我们莫大的荣幸。这是个大好的机会，我们要竭尽全力利用它，因为要是我们失败了，那我们在自己的有生之年就会永远诅咒自己，我们的孩子也会鄙视我们的亡灵。④

---

① Thomas Mann, "Gedanken im Kriege," *Gesammelte Werke*, XIII: 530 – 32. 文章首次发表于 1914 年 11 月的《新评论》（*Die Neue Rundschau*）。

② A. E. Housman, "1887," *The Collected Poems* (London, 1962), 10.

③ 英国政府在一战初期的政策。——译者注

④ A. D. Gillespie，见 John Laffin（ed.），*Letters from the Front*，1914 – 1918（London，1973），12。

对德国人来说，这是一场改变世界的战争；对英国人来说，这是要保存一个世界的战争。德国人的动力是愿景，英国人的是历史遗产。

对英国的普通士兵来说，谁是战争的罪魁祸首，那是毫无疑问的。汉普夏郡 1 营的二等兵帕滕登（Pattenden）8 月 23 日抵达法国，三天后投入战争，然后就是不停地行军，结果到 9 月初，他的双脚又肿又起泡，再也无法正常行走，只能拖着脚走。疲惫、饥渴和目睹的战争惨状，让他既麻木又迷茫。对长官已经完全失去了信心的他，在 9 月 5 日拿出日记草草写道：

> 他们告诉我们，行军是出于战略的需要。一派谎言。这几乎就是溃败。我们已经逃了两个星期，因为我们害怕被彻底打败和挨揍，而现在要是我们受到攻击……我们连十几码都跑不动了，结果将会是一场大屠杀。①

但是，疲惫和沮丧并没有削弱目的感。马恩河战役期间，帕滕登抽空写道：

> 啊，太可怕了，在亲身参与之前，没有人能想得出战争是什么样子，生灵涂炭……德皇也许该永远受到诅咒，让他永远不能睡得安稳，这个疯狂的恶魔，让他哪怕是在死后也不得安宁……我们必须消灭他，要不然我们永无宁日。

161

---

① 帕滕登的日记现在是该团记录的一部分，汉普夏郡团 1 营，WO95/1495，PRO。

之后几个月的艰难困苦也没能影响这种目的感，所以到 12 月底，人们的看法还完全一样：必须打败德国人，否则文明就会陷入危险。

那么，在圣诞节前后，是什么原因让那么多英国人走出战壕，去和德国人握手言欢、谈笑风生并交换纪念品呢？可能恰恰就是他们为之战斗的那套价值观。有些人认为，战场联谊是一种古老的礼节。在神圣的日子里，人们向自己的对手致意并表示尊重。在 19 个世纪初的"半岛战争"中，有一个圣诞节，法英两国的军队就很友好，好得让参谋人员发现有一大群人围坐在篝火周围，一边分享口粮，一边打牌。法国人显然开始把英国人当成了敌人 - 朋友。正直、守礼的观念，游戏的观念——在最神圣的日子里不去打搅敌人——是英国人"费厄泼赖"（fair play）意识的核心。对手只是对手，不是敌人；让人不喜欢的只是其努力可能造成的后果。

162　　当然，不符合规则的情况的确也在增多，有些还非常突出。在前线的某些地段，圣诞节那天的英国人就像我们指出的那样主动发起了进攻。另外，海军部在圣诞节那天的上午还派了水上飞机轰炸位于库克斯港的齐柏林飞艇的机库。空袭因浓雾而完全失败。不过，总的来说，那是克制、宁静和反思的一天。

人们时常谈到英国社会话语中与体育运动有关的意象。在维多利亚时代，英国人的确痴迷于游戏，并把运动伦理理解为整个社会交往的指导原则。在拉格比公学，游戏首次成为教育大纲中不可或缺的一部分。托马斯·阿诺德（Thomas Arnold）① 认为，

---

① 英国教育家和历史学家，1828～1841 年任拉格比公学的校长。——译者注

运动会让青年男子拥有希腊人的体魄和基督教骑士的灵魂。对游戏的推崇从公学传到大学，然后又进一步扩散。在 19 世纪下半叶，对英国人来说，足球、橄榄球和板球不只是娱乐，还可以给他们带来激情。矿工、工厂工人，以及各个劳动阶层，对于足球普遍表现出特别的兴趣，因为这项运动只需要有个能踢的东西就行了。中产阶级和上层社会养成了打板球的嗜好。因为板球可以让人联想到田园生活，所以事实证明，它是一种最合适的媒介，可以把快活的英格兰的许多神话转换为现代的工业景观，转换为帝国。但是，这两种游戏在整个社会都受人欢迎。克拉伦登委员会（Clarendon Commission）① 在 1864 年坚持认为"板球场和足球场……不单单是娱乐的地方；它们还有助于塑造某些最有价值的社会品质和男子汉的美德，它们就像教室和宿舍一样，在公学教育中占有显著而重要的位置"。②

在 19 世纪 70 年代和 80 年代，学校开始聘请专业人员作为教练。在马尔博罗③，板球开始成为一项受老师和男孩们关注的重大赛事；在拉德利，人们对操场和小教堂一样热情。洛雷托的校长 H. H. 阿尔蒙德（H. H. Almond）在 1893 年坚持认为，足球运动"带有的几乎只有好处"。它会提供"一种让人拥有骑士精神、公正和好脾气的教育"。④

163

---

① 在 1861 年成立的一个皇家专门调查委员会，目的是针对相关投诉，调查英国九所主要公学的经费、管理、课程设置等情况。委员会在 1864 年公布了它的调查报告。——译者注

② James Walvin, *Leisure and Society*, 1830 – 1950（London, 1978），85.

③ 马尔博罗学院以及下文提到的拉德利学院和洛雷托学校，都是英国在 19 世纪上半叶创建的学校，起初只收男生。——译者注

④ Tony Mason, *Association Football and English Society*, 1863 – 1915（Brighton, 1980），224.

因此，体育运动有助于实现道德品质和身体素质两方面的目的；它鼓励自立和团队精神；它有助于个体的发展并使之合群。"体育并不是体制的无足轻重的支柱。" 1888 年，板球作家查尔斯·博克斯（Charles Box）思忖道。它"不同情虚无主义和共产主义，也不同情想把国家搞乱的其他任何'主义'"。[①]相反，体育培养了勇气、果断和公益精神；体育，就像 1899 年英国足球决赛之后星期一的《泰晤士报》说的，"在生活的战斗中"具有很高的价值。[②]

到世纪末的时候，对体育的推崇已经渗透到社会的方方面面。在工业市镇人们晚上去散步的时候，听到的谈话似乎都跟"足球评论和预测"有关。到爱德华在位的时候，到水晶宫现场观看足球决赛的观众有十万人。对许多人来说，对体育的兴趣甚至盖过了对政治的兴趣。1904 年，G. K. 切斯特顿（G. K. Chesterton）有句俏皮话，说板球运动员 C. B. 弗赖伊（C. B. Fry）"比张伯伦先生更能代表我们"。《潘趣》杂志战前曾经刊登过一幅漫画，画的是一个工人指着他的议员——议员在 1911 年的时候开始有了报酬——说："像哈什……这种人一年要给他 400 英镑。同样的钱我们都可以买两个一流的中后卫了，想到这儿，就要把我气疯了。"[③]

在维多利亚时代后期和爱德华时代，最有名的诗作也许要数亨利·纽博尔特爵士（Sir Henry Newbolt）写于 1898 年的《生命的火炬》（*Vitaï Lampada*）：

---

① Peter Bailey, *Leisure and Class in Victorian England* (London, 1978), 128.

② Mason, *Football*, 228.

③ Donald Read, *Edwardian England*, 1901 - 15 (London, 1972), 53 - 54.

今晚的球场鸦雀无声——

再拿 10 分即可赢下比赛——

掷球迅猛，光亮眩目，

比赛还剩一小时，轮到最后那位队员击球了。

这不是为了饰有缎带的外套，

或者私心期待的赛季名声，

而是因为他的队长在他的肩头猛拍——

"加油！加油！好好游戏！"

接下来的一段就把这种热爱体育的精神连同伊顿公学的运动场一并带到了帝国的远端。

沙漠中黄沙已染红——

那红色是因为方阵溃败，损失惨重，

机枪出了故障，上校也已阵亡，

尘土和烟雾让士兵们不辨东西；

死亡之河溢出了它的堤岸，

英格兰遥不可及，而荣誉也成虚名；

但学校男孩的喊声却让人们集合起来：

"加油！加油！好好游戏！"

"好好游戏！"就是生活的内容。正派、坚毅、勇气、文明、基督教、商业，全都融为一体——游戏！

1902 年，当基普林在那首一反常态的《岛民》（The Islanders）中发泄怨气时——在南非战争中受挫，然后又是塞西尔·罗兹（Cecil Rhodes）等朋友的离世让他愤愤不平——

他找不到比体育运动更适合的意象，来表达他对英国人的鄙视。

> ……汝等的灵魂就满足于
> 三柱门边穿着法兰绒裤子的傻瓜
> 或者足球门边沾满泥巴的笨蛋。

165　　1914 年 7 月底，亨利·詹姆斯——他担心"某种可怕而残忍的正义"，有可能让英国人为多年来"物质化的愚蠢和庸俗"付出代价——想到了基普林的诗句。詹姆斯写道：

> 如果说这个国家的确出了什么非常糟糕的事情，那就是一点儿也没有法国人机灵——诸如三柱门边穿着法兰绒裤子的傻瓜和沾满泥巴的笨蛋之类的人物，非常能够代表我们偏爱的机灵。①

如果说基普林和詹姆斯愤世嫉俗的言辞在英国并没有得到很多人的认同，那用来揭示英国人性格特点的那些比喻却让许多人心有同感。鲁珀特·布鲁克是唯美主义者当中的唯美主义者。他也用体育运动的意象来庆祝英国人在战争爆发时对它的反应——他把充满朝气的士兵比作"纵身跳入圣洁之河的泳者"。②

---

① 信，致克劳德·菲利普斯爵士（Sir Claude Phillips），1914 年 7 月 31 日，见 *The Letters of Henry James*, ed. Percy Lubbock, 2 vols.（London, 1920），II：389 - 92。

② 见他的诗作《和平》（*Peace*），Rupert Brooke, *The Collected Poems*, ed. G. E. Woodberry（New York, 1943），111。

以这样的精神，英国人投入了战争；以这样的精神，他们战斗了一段时间。参加圣诞休战的英国人，肯定大多也是以这样的精神。战争是一场游戏，虽然一点儿也不能掉以轻心，但仍是一场游戏——"好玩极了"，就像鲁珀特·布鲁克以及其他许多人在他们的家书中一直说的那样。[1]

有封信讲述了圣诞节那天在戈登高地人团6营的前沿阵地上发生的事情，提到了一只突然冒出来的野兔：

> 德国人和英国人一齐跑出了各自的战壕，结果出现了不可思议的一幕。那就像一场足球比赛，兔子就是足球，穿着灰色短上衣的德国为一方，穿着短褶裙的"苏格兰佬"为另一方。德国人赢了比赛，因为他们逮到了奖品。但他们得到的还不只是兔子——突如其来的友谊开始了，神圣的停火要求被提了出来，所以在圣诞那天剩下的时间里，我们那里一枪没打。[2]

在这里，体育精神被认为是休战的原因，而这一点自然让人想到，要是大家在游戏的时候都中规中矩，那就不会有战争。有些在英国待过的德国人——而且为数还不少——显然也感染了英国人对于体育的激情。女王的威斯敏斯特来复枪营的一等兵海因斯（Lance Corporal Hines）提到，有个德国人用磕磕巴巴的英语跟他说："早上好，先生；我住在霍恩齐的亚历山大路，我要看明天阿森纳对托特纳姆的比赛。"[3]

---

① *The Letters of Rupert Brooke*, ed. Geoffrey Keynes（New York, 1968）, 625.

② "One Day of Peace at the Front," *Daily Mail*, January 1, 1915, 4d.

③ "The Christmas Truce in the Trenches," *Chester Chronicle*, January 9, 1915, 5c.

获得巨大成功的《三个男人一条船》(*Three Men in a Boat*)的作者杰罗姆·K. 杰罗姆(Jerome K. Jerome）坚决认为，体育精神是文明的精髓，他还呼吁德国人把这场战争当作"所有游戏中最伟大的游戏"：

> 好吧，先生们，就让我们把它当作一场值得尊重的比赛，尽可能地少留下痛苦吧。让我们看看我们是否能把它变成一场漂亮的游戏，会因为玩到底而变得更好；让我们在游戏结束、返回家乡的时候，思想全都变得更加纯洁，看问题更加清楚，而且因为苦难而对彼此更加友善。好吧，先生们，你们相信上帝号召你们把德意志文化传遍大地。你们准备为自己的信仰而死。而我们也相信上帝对那被称作英格兰的玩意儿也有用处。好吧，那就让我们决一雌雄。似乎没有别的办法。你们为圣米歇尔，我们为圣乔治；而上帝与我们双方同在。
>
> 但不要让我们在斗争中失掉共同的人性。那是大家最糟糕的失败，也是唯一真正影响重大的失败，唯一真正持久的失败。
>
> 就让我们把它当作一场游戏吧。要不然，它还能是什么呢？①

167　　就像杰罗姆建议的那样，游戏精神是件重要的事情。输赢是次要的。只要精神是对的，游戏就没有输家。正是抱着这样的态度，一名英国炮兵在家书中描述了他所说的"最伟大的一

---

① Jerome K. Jerome, "The Greatest Game of All: The True Spirit of the War," *Daily News and Leader*, January 5, 1915, 4ef.

幕":一架德国"鸽"式飞机被 16 架法国和英国飞机追击。对这位英国炮兵来说,最让人激动的就是那个德国人竟然逃脱了！"我们为他欢呼,因为局面对他非常不利。他肯定是个很棒的小伙。"这封信于 1 月初刊登在爱丁堡的《苏格兰人报》(*Scotsman*)上。

随着战事的延宕,这样的看法也将逐渐消失。即使它们偶尔还会出现,肯定也不会再登上报纸。后来虽然也有过这样的事情,即军官们为了激发手下士兵的勇气,在进攻中踢着足球冲过无人区——最有名的例子就是 1916 年索姆河的 W. P. 内维尔上尉(Captain W. P. Nevill)——但那毕竟是孤立的现象。1916 年 7 月 1 日那天,内维尔在开球之后转眼间就被打死了。他的一位战友在回忆的时候把他称作"营里的小丑"。[1] 罗兰·D. 芒福特(Roland D. Mountfort)在索姆河攻势第一天对波齐埃发动的无果进攻中侥幸逃生,只是肩膀负了伤。他对自己的母亲讲述了那天的情况,并觉得必须加上一句:"我们没有踢着足球冲锋,我们既没有说过'伙计们,这是通向柏林之路',也没有说过'世界新闻'每个星期都在说的那些话。"[2] 随着战事的继续,体育精神——如果说不是"和体育有关的词汇",因为那是很难消除的——将会渐渐消退,但是在 1914 年的圣诞节,那种精神仍然是很强烈的。

对体育的推崇自然也有可能走向极端,然后带来事与愿违的后果。在马格德堡,五名做了战俘的英军军官在圣诞节后不久就被关了八天禁闭,原因是用几只黑面包踢足球。对英国人来说——当时他们通过报刊得知了此事——自己士兵的行为体

168

---

① 见 Paul Fussell, *The Great War and Modern Memory*(New York, 1975),27。

② 信,1916 年 7 月,p. 163,R. D. Mountfort, IWM。

现了汤米·阿特金斯不折不挠的精神；对德国人而言，这种滑稽的表演无礼至极，而且因为是士兵干的，这就要比小学童扔面包以及其他诸如此类的恶作剧更不体面。[1]

古斯塔夫·里本扎姆也觉得对体育的迷恋有损英国人的形象。12月26日，他在日记中写道：

> 听说英格兰人告诉53团，说他们对停火非常感激，因为他们真的要再踢一踢足球了。整个事情正变得越来越荒唐，所以必须结束。我跟55团说好了，今天晚上就结束停火。

不仅是德国人，就连法国人有时候也嘲笑英国人的态度。英国人真的是什么事都不认真。"他们认为战争是一项体育运动。"路易·迈雷抱怨说。他们"太镇定了，往往抱着无所谓的态度"。[2] 即便到了战后，法国人想到英国人的体育精神时还是非常恼火，说那是英国人自私自利的表现。[3]

所以毫不奇怪，体育组织在招募志愿兵的过程中发挥了重要作用。到1914年年底，有50万名志愿兵通过这样的组织挺身而出。[4] 当时甚至还成立了一个足球营，其正式的番号是米德尔塞克斯团17营，或"死硬者"（the Die Hards）。足球明星们应该为英国的青年树立榜样。米德尔塞克斯17营使我们对英

---

① *Western Times*, January 19, 1915, 6f, 据《柏林日报》的报道。

② 日记，1916年8月27日，Louis Mairet, *Carnet d'un combattant* (11 *février* 1915 – 16 *avril* 1917) (Paris, 1919), 212 – 13。

③ P. B. Ghéusi, *Cinquante ans de Paris: mémoires d'un témoin*, 1892 – 1942, 4 vols. (Paris, 1939 – 1942), IV: 185 – 97。

④ Walvin, *Leisure*, 129.

国人的体育精神在这场战争中的命运有了深入的了解。起初，该营被留在英格兰到各地举行表演赛，并通过在中场休息的时候呼吁观众们发扬爱国主义精神来招募新兵，但是在 1915 年 11 月，这支部队被送往法国并与那里的各个团进行比赛。陆军部当时决定要提振西线部队的士气。在法国，该营真的接受了一些作战训练，但一开始它把大部分时间都花在踢球上。然而到了 1916 年 6 月，因为兵力短缺，但也是为了再次做个榜样，这支部队最终被投入维米岭行动。在那里以及后来在靠近索姆河的博蒙阿梅尔，伤亡率都很高，结果该营损失惨重。1916 年 12 月，在师里的足球杯决赛中，米德尔塞克斯 17 营仅仅以 2 比 1 的比分击败了 34 旅，而他们通常都是以两位数的得分大败对手的。由此可以看出，战争让足球人才蒙受了多么大的损失。1918 年 2 月，该营最终解散。早先无论什么时候，该营属下都有超过 200 名足球运动员，而此时只剩下大约 30 名。①

　　许多对德国人抱有顽固成见的英国士兵——他们的成见主要是从战前具有强烈反德情绪的报刊那儿得来的——本来会把杰罗姆·K. 杰罗姆共同展示体育精神的呼吁看作徒劳的举动。德国人被描写成不通人情的、需要用兵营式的方法严加控制的畜牲，他们是没有能力进行这种游戏的。毕竟连德国人自己也承认——谢菲尔德的一份报纸在战前声称——足球为英国人做到的事情，在德国要靠义务兵役制。② 对于这两个国家的人民

169

---

① 战争日志，米德尔塞克斯 17 营，WO95/1361，PRO。另参见与前雷丁（Reading）队前锋 W. G. 巴利（W. G. Bailey）相关的文件，以及与 R. 斯塔福德（R. Stafford）相关的文件，后者从 1917 年 8 月到 1918 年 2 月曾担任足球营的指挥官；两份文件都可见于 IWM。

② Mason, *Football*, 225.

来说，每一项活动都是"国民学校"。

基于这样的看法，英国人对待战场联谊的态度既有屈尊俯就的意思，也抱着道德的目的。他们要让德国人看看，什么叫礼貌，什么叫信任。和德国人的第一次实际接触产生了各种各样的反应，其中很多人都表示觉得非常意外。有些像爱德华·赫尔斯那样的人会继续对德国人表示蔑视，只是声音没那么响了；其他人觉得德国人让人有了意想不到的发现。伦敦来复枪团的 W. R. M. 珀西（W. R. M. Percy）压抑不住自己的热情。"在这件事情上他们真的太棒了，"关于敌人，他这样写道，"他们是非常好的人。现在我对德国人有了很不一样的看法。"①关于自己与萨克森人的邂逅，珀西·琼斯说道：

> 我跟敌方的很多人都说了话，握了手。他们的身体似乎很好，制服和鞋子都穿得整整齐齐，但是非常年轻。他们看起来非常高兴和友好，我们受到了隆重的欢迎。他们中的大部分人看起来都非常有教养，而且从我们得到的亲笔签名来看，他们似乎都是在莱比锡学习的学生……总之，我们和我们的敌人一起度过了非常开心的一天，分手时还不停地握手，彼此说了很多祝福的话。他们一再向我们保证，要是我们朝天上开枪，他们也会，但是我们没有机会去考验他们了，因为我们现在在乌普利纳②，对面是普鲁士人。③

---

① W. R. M. Percy, See H. E. Boisseau (ed.), *The Prudential Staff and the Great War* (London, 1938), 18. 珀西于 1915 年 4 月 28 日在伊普尔附近阵亡。

② 法国北部省的一个城镇。——译者注

③ 日记，1914 年 12 月 27 日，P. H. Jones, IWM。

根据自己的亲身经历，萨默塞特轻步兵团1营的二等兵达林（Private Dalling）得出的结论是，"他们并不都像他们有时候被描画的那样黑"。在达林寄回国内的这段话中，他多次用到了像"值得尊敬的"和"有绅士风度的"这样的词。① 苏格兰近卫步兵团的洛德上尉得到的印象是，和战场联谊有关的教化使命取得了进展。"双方进行了游戏，"他在营地日志中写道，"我知道这个团［他是指里本扎姆的15团］不管怎么说已经学会了相信英国人的承诺。"② 女王的威斯敏斯特来复枪营的一等兵海因斯的看法也差不多。他为在节礼日③那天被轮换下来而感到遗憾，"因为我们本来可以进一步增进与敌人之间的友好关系"。④ 鉴于这样的看法，鉴于参加战场联谊的法国士兵差不多的态度，法国1915年一本宣传手册中的话就显得特别讽刺了。那本小册子是专门为国内战线准备的，它一面故意轻描淡写堑壕战的危险性，一面指出它是如何舒适和愉快，进而还说，普瓦利（poilu）⑤ 在1914年圣诞节的庆祝活动之后之所以不愿休假，是因为他们在前线过得非常开心。⑥

在其他一些例子中，英国人的教化使命显然遇到了挫折，而挫折主要和普鲁士部队有关。萨克森人指责说，有几个地方的普鲁士人向毫无防备的敌人射击，违反了停火协议。在女王的威斯敏斯特来复枪营的对面，萨克森人表示，他们不相信普

---

① *Western Times*, January 11, 1915, 3g.

② 日志，苏格兰近卫步兵团2营，1914年12月25日，WO95/1657，PRO。

③ 1914年的节礼日为圣诞节次日。——译者注

④ "The Christmas Truce in the Trenches," *Chester Chronicle*, January 9, 1915, 5e.

⑤ 一战中法国步兵的绰号，意思是"毛人"，这是因为法国步兵多来自农村，常蓄有胡须，堑壕战恶劣的环境使得这一绰号更显得名副其实。——译者注

⑥ *La Vie de tranchée* (Paris, 1915), 35.

鲁士人，普鲁士人——按照来福枪营日志的说法——在同样的情况下可不会"费厄泼赖"。北斯塔福德人对面的萨克森人警告说，右面的普鲁士人是"下流胚"。节礼日那天，一名萨克森军官向北斯塔福人军官表达了敬意，并且很有礼貌地要求英国士兵中午过后把头低下来："我们是萨克森人；你们是盎格鲁－撒克逊人；一名绅士的承诺对我们和对你们是一样的。"①这就证明了至少有些德国人是懂得怎样游戏的。

但其他人不懂，所以就要把他们当学生一样，教会他们有关礼貌的规则。《每日邮报》（Daily Mail）在这一年的最后一天刊登了一封不同寻常的信，讲到了在一处相距只有 50 码的英德战壕之间的雪球大战。据说，那都是因为有一名身材魁梧的德国人在步枪的枪头上绑了一面旗子，在战壕上方左右挥舞。在引起注意之后，他就用洪亮的声音喊道："你们对战争是不是跟我们一样厌烦了？""这招来了很多玩笑逗趣的话，"《每日邮报》上的那封信说道，"还让双方互相猛扔烟草和巧克力，最后是一场雪球大战。"但是，当一名德国人"在雪球里裹了一块石头并用它砸中了一名英国士兵的眼睛"时，关系就变得"有点不太友好了"。当然，就跟嬉闹的学童似的，接下来就是哭诉和抗议，最终肇事者表示道歉，"于是便和好如初"。②

维多利亚时代综论

我们这里要提出的是，在维多利亚时代和爱德华时代有一种共同的心态。当然，这两个时代哪一个都不是充满确定性的

---

① *History of the 1st and 2nd Battalions the North Staffordshire Regiment* (*The Prince of Wales'*) 1914 – 1923 (Longton, 1932), 14 – 15.

② "Letters from the Trenches," *Daily Mail*, December 31, 1914, 8a.

时代，而且后者比前者更甚，但这两个时代又都在寻求确定性。虽然我们现在关注的是运动和当时大量存在的对于道德的质疑——尤其是我们对于爱德华时代的看法近来已经被这种转型意识所支配——但我们不应忽视对于稳定的渴望和认为经验应当从属于秩序的信念，那是在这两个时代之间起着桥梁作用的东西。维多利亚时代的那位无与伦比的塞缪尔·斯迈尔斯（Samuel Smiles）①，简要地概括了这种冲动："包容一切，一切也各得其所。"在英国，这种冲动在世纪更替之后并没有减弱。斯迈尔斯在 1859 年出版的《自助》，一本关于如何做到操行端正和成功的指南，到 1900 年已经售出 25 万多册。

这种心态自然涉及由社会的和伦理的价值观结合而成的社会准则。这种准则并不是一成不变的，把它说成"资产阶级的"或"维多利亚时代的"或"爱德华时代的"，就是把它变成一个标签，从而歪曲事实真相。然而，否认主流的社会准则或道德规范——它们不分阶级和地位，以这样那样的方式影响着大多数公民——的存在，否认人的经验被划分为是非善恶的不同类别并被赋予不同的重要性，同样也会歪曲事实真相。社会准则就像原子，它的各个组成部分在不停地运动，彼此间的关系也在不断地变化，但它的存在确定无疑，尽管也有很多明显的例外和不规则的现象。实际上，例外以及不规则的现象反倒强化了社会准则的力量，因为它们使公众更加意识到行为得体的必要性。②

173

---

① 苏格兰作家和政治改革家，他凭借《自助》（Self-Help）一书一夜成名，该书被誉为"维多利亚时代中期自由主义的圣经"。——译者注

② 参见 Gertrude Himmelfarb，"The Victorian Ethos：Before and After Victoria"，见其所著 Victorian Minds（New York，1968），276 – 78。

　　用不着追溯到罗马征服或黑斯廷斯战场就可以断定，英国的岛国性质、政治权威的逐渐集中化——特别是在 17、18 世纪——相对便利的海上通道和可通航的内河网络，以及伦敦作为政治、经济和文化中心的重要地位，这一切都有助于激发国民的认同感。随着铁路、电报和汽船的出现而带来交通和通讯系统的改善，随着城市化的进程，那种认同感也被传递给更广泛的人群。但是，在"把社会秩序建立在共同接受的价值观的基础上"这种愿景的发展过程中，最重要的影响因素也许是新教的兴起和能够阅读圣经的人数的增多，特别是在 19 世纪初的伟大复兴之后。到该世纪末，社会秩序的共同愿景已经被人们普遍接受。

　　这一愿景以及与之相伴的价值观不是通过社会帝国主义（social imperialism）① 强制推行的，而是产生于宗教环境；在宗教环境还不足够的地方，则是产生于得到改善的经济和社会状况。现在为人们普遍接受的一个观点是，到维多利亚时代末期，大部分英国人都不用再为糊口而挣扎了。一定程度的舒适，不管多微小，在大多数情况下已经实现了。正在增长的是肉类而不是面包的消费，是牛奶和鸡蛋而不只是土豆的消费。在世纪更替前的几年，实际工资在稳步增长，家庭规模在下降，酒类消费在减少，而且社会福利也开始被提供了。克利夫顿学院的校长阿奇迪肯·威尔逊（Archdeacon Wilson）1893 年在圣阿格尼丝工人俱乐部的演讲中说道：

174　　　　　或许将来书写这个时期英国人民的历史的历史学家，

---

① 这个说法有不同的含义，在这里是指通过对外采取帝国主义政策来转移国内的矛盾和问题，从而维护国内现存的秩序。——译者注

想得更多的不是这个时期在立法甚至商业和科学方面的进步，而是引人注目的社会运动。通过社会运动，许许多多的力量都做出了努力，以实现不同阶级之间的团结，并向先前的世代似乎熟视无睹的生活状况开战。①

就像罗伯特·罗伯茨在关于索尔福德工人阶级生活的回忆录中提出的，主要和中产阶级联系在一起的价值观在第一次世界大战前夕已经渗透到下层阶级，而下层阶级所希望的，照罗伯茨的说法，"不过是在人们看来'谦恭有礼和受人尊重'"。②体面也许是这个时期英国道德和社会风气的关键特征。作为评判人们是否得到社会认可的标准，体面比财富或权力更重要。稳重、认真和充满道德热忱是体面必不可少的标志，而在继倡导约翰·卫斯理（John Wesley）、杰里米·边沁和 J. S. 密尔的福音主义和功利主义之后，责任也在有关幸福的布道中开始被纳入快乐和美德的范畴。

当然，爱德华时代也有危机感。争取妇女选举权运动、劳工骚乱、反对在立法过程中贵族的作用，以及对爱尔兰未来的担忧加剧了这种危机感。在围绕所有这些问题而展开的鼓动活动中，许多人看到了对法治的挑战。1914 年夏天，要是在英国提起战争，人们会以为说的是爱尔兰爆发内战，而不是英国卷入欧洲大陆的冲突。在维多利亚时代后期以及爱德华时代的著述中，字里行间流露着一种没落感。J. B. 普里斯特利（J. B.

---

① H. E. Meller, *Leisure and the Changing City*, 1870 – 1914（London, 1976），248 – 49.

② Robert Roberts, *The Classic Slum*: *Salford Life in the First Quarter of the Century*（Manchester, 1971），15 – 16.

Priestley）当时还是一个正在试笔的年轻人，他写下了有关灾难
和灭绝的诗篇却不明就里："我想世界今晚行将灭亡。"[1] 此外，
诸如 G. B. 肖和 H. G. 韦尔斯这样的人也在英国制造了相当多思
想上的刺激，更别说还有奥伯利·比亚兹莱（Aubrey
Beardsleys）和奥斯卡·王尔德这些人带来的骚动。但是，尽管
有毁灭的预感，尽管在艺术和思想领域出现了一定程度的躁动，
墨守成规、沾沾自喜甚至自命不凡的心态，在英国仍然根深蒂
固，远远超过法国，更别说德国、意大利、奥匈帝国或俄罗斯。
在体面、家庭、社会政治秩序以及宗教等问题上，爱德华时代
的价值观和看法是维多利亚时代的延续。区别在于，在较晚的
时代，变化所带来的威胁更大，挑战感也更强烈。

在进入新世纪之后，变化所带来的威胁主要被认为和德国
有关。德国代表着新的、不同的和危险的东西。在这方面，它
取代了法国的角色。德国人成为这个世纪头十年的文学和戏剧，
特别是居伊·杜莫里耶少校的戏剧《一个英国人的家》（*An
Englishman's Home*）[2] 的主要攻击对象。有关德国入侵的故事大
量出现，表现出对变化的恐惧以及把变化与德国等同起来的
心理。

《新政治家》（*The New Statesman*）在 1913 年讲过一个带
有寓言性质的故事，说一趟快速列车意外停靠在一个郊区车
站，车上的一名乘客决定从车上下来。"你不能在这儿下来。"
站在站台上的列车员对这位乘客说。"可是，"乘客回答说，

---

[1]　J. B. Priestley, *Margin Released* (London, 1962), 46–47.

[2]　《一个英国人的家》于 1909 年首次在伦敦上演并引起轰动。该剧描写了英
　　国遭受无名敌国的入侵，一个普通中产阶级家庭被敌军士兵围攻的故事。
　　该剧在英国的入侵文学史上具有重要的意义，二战初期它又被搬上舞台并
　　改编成电影。——译者注

"我已经下来了。""车在这儿不停。"列车员坚持说。"可是,"那位乘客说,"它已经停了。"① 批评家和诗人杰拉尔德·古尔德(Gerald Gould)用这个故事来说明他对艺术家的道德特权的看法,但是从这则故事中可以得出的同样重要的一点是,与那个造反者在同一趟车上的其他乘客没有领会他的倡议,更别说跟着他一起行动了。毫无疑问,那种解读也可用于英国的公众。

176

喝茶还是加蜂蜜吗?

1914 年 7 月底,对愈演愈烈的欧洲危机警觉起来的鲁珀特·布鲁克写信给他的朋友爱德华·马什(Edward Marsh)说:"我担心的是英格兰可能采取正确的做法。"但"采取正确的做法"是什么意思?在几天后另外一封描述乡间远足的信中,布鲁克笼统地暗示了他自己对于该问题的回答:

> 我是沃里克郡的。不要跟我谈达特穆尔高原、斯诺登峰、泰晤士河或者湖区。我了解英格兰的心脏地带。它矮树丛生,笑意盈盈。小小的地块随山丘起起伏伏,所有的路也都快活地扭来摆去。那些房舍和乡村有股子难得一见的朴实劲,充满了泥土味,平平常常却又难以捉摸,清新,绿草如茵,快乐平和……说到加利福尼亚,美国的其他州有这样一句俗语:"花不香,鸟不鸣,男人没有荣誉感,女人没有贞操。"我很清楚,这句话中的四点至少有三点是确有其事。但沃里克郡刚好相反。这儿的花闻起来有股

---

① Gerald Gould, "Art and Morals," *New Statesman*, August 23, 1913, 625 – 26.

天堂的气息；像我们的那种百灵鸟是没有的，也没有那种
夜莺；男人的付出多于他们的亏欠；而女人则拥有非常伟
大而了不起的贞操，请记住，绝不只是因为没有经受过考
验。在沃里克郡，一年四季都有蝴蝶，每个夜晚都有皎洁
的明月……莎士比亚和我都是沃里克郡的乡巴佬。多美的
地方啊！①

因为觉得自己过于多愁善感，接着他又说："这是胡说
的。"但把其中一些成分放进也许是他最有名的诗句里——比
如他提到的"……异国他乡的某个角落永远属于英格兰"——
就可以清楚地看出，那不是胡说。

这个英格兰是讲究荣誉、德行、责任的英格兰。在这样
的英格兰，贵族的和中产阶级的世界观已经融合在一起。在
这样的英格兰，帝国和体育、诚实和社会稳定，都属于一个
不可分割的整体。对于英格兰这样一个社会，德国人的冒险
构成了革命性的威胁——威胁到它的安全、繁荣和完整，威
胁到哈代小说中西撒克斯的风景，威胁到 A. E. 豪斯曼（A.
E. Housman）的什罗普郡少年，也威胁到肯尼特·格雷厄姆
《柳林风声》中那位把自己的房子建在古代文明遗址上的巴
杰先生。

……哦！
教堂的时钟还是停在差十分三点吗？
喝茶还是加蜂蜜吗？

① Christopher Hassall, *Rupert Brooke* (London, 1964), 456.

《格兰切斯特的牧师老宅》（*The Old Vicarage，Granchester*）中的这些诗句是鲁珀特·布鲁克于 1912 年 5 月在柏林的咖啡馆写的，这一点颇具讽刺意味。1915 年加利波利战役期间，他在圣乔治节那天死去，而那一天也是莎士比亚和华兹华斯去世的日子。

从一开始，无论是在巴尔干还是在比利时，战争对于英国来说都和领土无关。相比于入侵比利时，入侵法国的战略威胁要大很多，但英国政府宣战和动员的公开理由却是为了"可怜的小比利时"。对英国人来说，从一开始，这就是一场关系到价值观，关系到文明，关系到体育精神，尤其关系到未来和过去的联系的战争。就像劳合·乔治 1914 年 9 月 19 日在女王音乐厅的演讲中说的：

> 我们在可以遮风挡雨的山谷里住了好几代了。我们是太舒服也太放纵了……严酷的命运之手驱使我们上升到这样一个高度，从那里，我们可以看到对一个民族来说至关重要的伟大而永恒的东西，看到被我们遗忘的高峰——荣誉、责任和爱国精神——看到泛着熠熠白光的"牺牲"的尖塔，像粗壮的手指一样指向天国。[1]

一部分人，特别是年轻人，把战争看作受欢迎的冒险，而他们支持战争的理由和德国人也没什么不同：这场战争乃是通往未来之路，通往进步之路，通往革命之路，通往变革之路。在英国，也有某种千禧年的气氛。在鲁珀特·布鲁克、赫伯特·里德

---

[1] John Grigg, *Lloyd George：From Peace to War*, 1912 – 1916（Berkeley, 1985），166.

（Herbert Read）、查尔斯·索利等年轻的唯美主义者那里，也可以看到这样的想法。但对于大多数英国人来说，这是一场以维护和恢复为目的的战争。

圣诞休战的英方背景就是这样。从实际情况来看，当时有充分的理由把战争推迟到场地再次适合比赛的时候，但更重要的是，正是那种比较广泛的理想，即英国的绅士必须显示出他的勇气，使得英国人翻过战壕，出现在无人区。

但为什么德军也有那么多人参与其中呢？关于这一点，首先必须指出，这种现象在非普鲁士人当中，尤其是在巴伐利亚人和萨克森人当中最为突出。我们已经看到，这些人和普鲁士人的关系比较紧张。巴伐利亚和萨克森的士兵地方观念很强，对他们来说，就像对于英国人那样，历史并不像对那么多的普鲁士人那样从属于愿景。虽然普鲁士的一些部队也参加了战场联谊，但似乎并不像非普鲁士人的部队那么普遍和热情。德国对于现代性的追求是由普鲁士领导的，相比之下，1914 年的圣诞休战则是与历史和传统有关的庆祝活动。

在各交战国的国内，人们对于战场联谊的消息的反应比较复杂。英国人最开放。英国的媒体可以自由刊登描述那些事件的信件。《每日邮报》甚至在 1915 年 1 月 5 日那天刊登了两幅照片，拍的是一名法国士兵和一名德国士兵一起在井边往桶里打水，然后又走回各自的战壕。版面上方的标题是《关于非官方休战的独家图片》。有些编辑付钱给描写战壕生活的通讯员，这可能在事实上也助长了一定程度的夸大其词和有时候的凭空捏造。报纸对于休战的重要意义肯定是要发表意见的，英国的神职人员也在他们的讲坛上讨论了休战可能带来的后果。大多数人得出的看法是：很遗憾，战争必须继续。对于德国的挑战，必须迎头痛击。战争的关键不在于领土，而在于价值观：无论如何都不能屈服于德国的利己主义。

　　相比之下，法国人则禁止报道有关战场联谊的消息。报刊不允许刊登任何描述这些事件的文章，甚至也不允许转载国外报纸的文章。圣诞期间的法国媒体又显得有点咄咄逼人。法兰西学术院的莫里斯·多奈（Maurice Donnay）在圣诞节期间给《费加罗报》写了一篇文章，此文被刊登在 1914 年最后一天的头版，标题是《神圣的仇恨》。而在前一天，有篇文章的开头是这样的："德国人张口动笔，没有不撒谎的。"法国的国内战线对于战争的事态发展有多么无知，从几个月后出版的一本名为《战壕生活》（_La Vie de tranchée_）的小册子就可以看出。它在描写战壕生活时，也谈到了前线英国人和德国人交往的趣闻。它声称，英国人喜欢晚上在战壕里合唱，而德国人据说非常喜欢这种娱乐，总是大声喊好！

　　　　接着，他们这些猪猡也想唱歌，于是你就会听到各种各样的声音招呼他们：狗、猫、虎……还有许多人大喊"闭嘴！"他们的声音就被淹没了。

　　恼羞成怒的德国人开始开火，而英国人一个个都乐疯了。前线的夜晚就是这样度过的，非常有意思！——《战壕生活》声称。①编出这种故事以及断言所有德国人都是骗子，是出于同一种心态。

　　德国当局给了全国媒体几天时间去议论此次停火事件。社

───────────

①　_La Vie de tranchée_, 71–72.

会民主党的喉舌《前进报》（*Vorwärts*）对于这一话题非常感兴趣，还披露了与之有关的大量信息。柏林的自由派媒体也刊登了这种奇怪的新闻。但军事当局突然下令，不允许再谈论此事。

各国军方都严令部队，再发生此类事件将会严惩不贷；同时由于各国军队的大本营一度追查此事，想要得到参与者的姓名和所有可以得到的信息，士兵们对于和敌人进一步接触果然变得非常谨慎了。尽管如此，战场联谊在整个 1915 年还是时有发生。虽然在那年圣诞节，活跃的战场联谊只限于极少数情况，但在 11 月和 12 月也出现过多次休战，这其中最有名的一次还是和苏格兰近卫团有关。那时候的气氛正在起变化。"这场战争会持续多少个圣诞节，"派驻圣詹姆斯宫的美国大使沃尔特·H. 佩奇（Walter H. Page）在一封急件中写道，"没有人能有足够的智慧清楚这一点。"①

战场联谊在 1916 年很少发生，而在 1917 年和 1918 年，虽然法国军队中出现了兵变，而且当时还可以听到"我们必须跟德国人讲和并攻打英国人"之类的话，② 但西线的联谊事件可以忽略不计。随着战争性质的变化，敌人的概念也变得越来越抽象。绅士也变成了一个抽象的概念。英雄失去了姓名：他成了没有名字也没有个性的默默无闻的士兵。

在柴郡第 6 营的战史中有这么短短的一句话："1918 年 9 月 2 日，在我们从洛孔③发起的进攻中，我们重新占领了在那

---

① 信，致 E. M. 豪斯（E. M. House），1915 年 12 月 7 日，见 Burton J. Hendrick, *The Life and Letters of Walter H. Page*, 3 vols.（New York, 1922 – 1925），II: 108。

② Guy Pedroncini, *Les Mutineries de 1917*（Paris, 1967），177.

③ 位于法国北部加来海峡省。——译者注

里度过了1914年圣诞节的战壕。"① 这也许是作者后来发现的。1918年，该团1914年圣诞节在这些战壕里待过的人还有没有，或者更重要的是，他们四年之后还能不能够认得出那些战壕，那还不一定呢。这期间，世界已经大变样了。

① Charles Smith, *War History of the 6th Battalion: The Cheshire Regiment* (Chester, 1932), 5.

第贰幕

四 战争祭

啊，山楂树，你的果子红了，

要不然，春天还会带来什么呢？

理查德·德默尔《前线士兵》（*Der Frontsoldat*），

《1914年圣诞》

……但许多人在那里静静地伫立，面朝山岭那边空荡荡的天空，心里清楚，自己的双脚已踏上世界的尽头。

威尔弗雷德·欧文《春季攻势》（*Spring Offensive*）

在这场科学的、化学的和"立体主义的"战争中，在因空袭而变得可怕的一个个夜晚，我时常想到《春之祭》……

雅克-埃米尔·布朗什

战斗芭蕾

186 　　火炮齐射，震耳欲聋。在没有风的时候，从伦敦和巴黎就可以隐隐约约地听到隆隆的炮声。炮击有时候会持续数天。1916 年 6 月在索姆河，它就持续了七天七夜。野炮、中型火炮和重型榴弹炮。英国人 15 英寸口径的火炮可以发射 1400 磅的炮弹。德国人的"大贝尔塔"，口径 17 英寸，可以发射一吨多重的炮弹。1916 年在凡尔登，德国人投入了几门这种 20 吨重的巨炮。一门炮需要九台拖拉机的牵引才能进入阵地，炮弹装填要靠起重机。这种炮弹能把建筑物夷为平地；方圆两英里之内的窗玻璃都会被震碎。1914 年 8 月，这些庞大的战争机器轰开了据称是坚不可摧的列日要塞。当克虏伯大炮朝着最终的目标"遛着"它们的炮弹时，要塞中的比利时守军都快疯掉了。

　　集中火力进攻的时候，通常每 10 码就有一门野炮，每 20 码就有一门口径在 6 英寸以上的重炮。当巨大的炮弹爆炸的时候，它们用自己的暴力蹂躏着大地，树木、石块、泥浆、残肢断臂以及其他的碎片都被抛到数百英尺的空中，并留下一个个泳池大小的弹坑。当战斗暂时停止而老天又开始下雨的时候，士兵们就浸泡在这些洞穴般的水坑里。齐射中采用的大多是小型和中型炮弹，效果虽然没有那么震撼，可是对于士兵来说，它们同样能把人消灭得不留下一点儿痕迹。"一名信号兵刚出去，"皇家威尔士燧发枪手团 2 营的一名医官写道，"这时，一发炮弹在他的身边爆炸了，结果什么也没有剩下。"这名军官还描绘了另外一幅关于炮弹爆炸的生动画面：

在 150 码高的泥柱中，两个人一下子垂直飞到或许有 15 英尺的空中。他们飞上去又落下来的姿势就如同杂技演员一般娴熟而优雅。有支步枪，慢慢地旋转，飞得比他们刚才的位置还高，掉下来的时候还在转。[1] 　187

防守的一方要么蜷缩在战壕前侧挖出的"惊恐之洞"里，要么就挤在掩体中。掩体常常在地下 15 ~ 20 英尺，约五步见方，6 英尺高。较重的炮弹不仅可以摧毁战壕，还会震塌掩体的木梁、波纹铁和金属网，至少也会把上面的泥土翻过来，堵住出口。乙炔灯和蜡烛灯的灯光摇曳。震动一大，它们就一齐熄灭。会不会有喘口气的时候？有。终于有了。但接着就听到前面坑道中活下来的哨兵低声喊道："毒气！"于是，大家就乱哄哄地摸索着寻找防毒面具，又拉又拽，把它们戴上；随着毒气的刺激性气味在黑暗中慢慢地和烟雾一起扩散开来，煎熬也在加剧。最后，一切都归于平静，只听到沉闷的喘息声和一些粗嘎的说话声、咳嗽声以及少许的哭泣声。

这样的循环还会开始吗？是不是要进攻了？哨兵们有没有活下来？潜望镜那儿有没有人？因为当敌人开始进攻的时候，要有一场"奔向胸墙的比赛"：从掩体的台阶上去（要是还可以），进入战壕（要是它们还在那儿），上刺刀，把机枪集中起来，把手榴弹摆好——如果有时间，还要为迫击炮、喷火器以及这场"穴居人"战争的各种武器配备人手。[2] 必须抢在敌人

---

[1]　John Keegan, *The Face of Battle* (New York, 1976), 264.

[2]　夏尔·德尔韦尔在 1916 年 2 月 11 日的日记中使用了穴居人这个词，*Carnets d'un fantassin* (Paris, 1935), 145；而彼得·麦格雷戈在 1916 年 8 月 6 日的信中用到了它，P. McGregor, IWM。因此这个说法大概并非像有些人说的那样是战后杜撰的。

的前面跑到胸墙那儿！

　　无人区的另一侧，士兵们还在等待。梯子旁的一张张面孔，形容憔悴，色如死灰。几分钟前分发的一小杯海军朗姆或者施纳普斯和皮纳尔①，能让人感觉迟钝，但又不至于头脑糊涂。装备都检查了。镐和铲、用来装沙土的口袋、信号枪、铁丝网。每个人都要背上60多磅重的东西。个人的装备还包括水壶、口粮、防毒面具、急救包、饭盒和弹药。有的还要带上手榴弹和战壕迫击炮的炮弹。"把全部家当都背在背上可不是闹着玩的。"来自爱丁堡的唱诗班指挥彼得·麦格雷戈（Peter McGregor）写道。② 军官们用手枪代替了步枪，其他大部分笨重一点儿的装备也都没有，因而行动起来比较轻便——英国军官用短手杖指挥，因为太嘈杂，喊话听不到。此时说话实际上是毫无意义的。有几个人紧张得喋喋不休。有些人则彼此交流着最后的愿望。还有些人在低声祷告。排长们现在对表。

　　时间到。尖利的哨声。蜂拥的人群。人们爬上梯子。许多人动作笨拙——因为负重，因为恐惧，或生来如此。上来了！最初的感觉就好像赤身裸体。身体此刻是暴露的、紧张的、忐忑的，等待着径直施加于它的暴力。尽管是跟在己方炮火向敌人战壕"徐进弹幕射击"的后面——"徐进弹幕射击"是到1917年时的惯常做法——但开始暴露在外的一刹那还是让他有一种无辜的感觉。"那时候跨出战壕并且活下来的人，在随后的岁月中再也没有体验过那样的高潮。"一位幸存者写道。③

---

① 海军朗姆（navy rum）、施纳普斯（Schnaps）和皮纳尔（pinard）分别是一战时英、德、法三国士兵配给的酒。——译者注
② 给他妻子的信，1916年7月24日，P. McGregor，IWM。
③ H. 温特（H. Winter），见 Denis Winter, *Death's Men: Soldiers of the Great War*（Harmondsworth, 1979），177。

　　然后就是前进，缓慢地、跌跌撞撞地前进。那是因为负重，因为地形，因为进攻的战术。德国人和法国人比较有创新精神，常以集团的形式向前猛冲。英国人更有条理。每隔两三码一个人，几个排一起齐头并进，后面隔 20 码是第二波。头都低着，一方面是因为背包太重，另一方面也是出于本能，想在敌人面前尽量缩小目标。

　　蜂窝一样弹坑密布的无人区很快就打乱了预先的部署。有些人滑倒了。队形开始散乱。有些人爬起来继续前进。其他的不行了。1917 年在泥泞不堪的帕森达勒（Passchendaele）①，有些人就淹死在巨大的下水道一般的弹坑里，那里积满了黏糊糊的东西，有雨水和泥浆，还有腐尸。现在有人开始听到子弹的声音。有人闻到了恶臭，那种从被炮火掀过来又翻过去的尸体身上散发出的强烈恶臭。有人被击中了。奔向胸墙的比赛输了。战场现在遭到机枪的扫射、迫击炮火的包围和步枪子弹的清除。

　　更多的人倒下了。有些人大喊大叫。多数人默不作声。受伤的起先很少会感到疼痛。军官们试图保持好队形。但这些在无人区中进退维艰的士兵，这些"在两个世界之间徘徊的人"，几乎不需要鼓励，因为在这样的形势下，与战友分开就意味着恐惧。只有抱团才会有安全感和慰藉。实际上，进攻者往往都集中在一起，成群结队，互相掩护。

　　炮火有没有像承诺的那样把铁丝网炸断？很少，而且可以说一向就是这样。几近虚脱的士兵们上气不接下气寻找着铁丝网的缺口，结果却大失所望。缺口即使有，也非常少。敌人的火力已变得具有毁灭性了。只有少数人冲到铁丝网的跟前。

① 伊普尔附近的一个比利时村庄。1917 年 7 月 31 日至 11 月 10 日的帕森达勒战役也被称为第三次伊普尔战役。——译者注

189

他们投掷手榴弹。他们用自己的步枪射击。有几个人穿过铁丝网，冲向敌人的战壕，但白刃战很少发生。带头进攻的军官们大多已经被击中。联络也中断了。第二波遭遇了和第一波同样的命运。接着，第三波就做出决定，认为进攻已经失败。哨声再次响起，发出撤退的信号，这次听起来有点发颤。活着的人跌跌撞撞地往回撤。有些人晕头转向，结果就横着跑。受伤的士兵在地上爬行。有些人躲进了弹坑。敌人的大炮开火了，给撤退造成很大的杀伤，但这次总算没有反击。进攻部队的零头回来了。

无人区中受伤的士兵只能听天由命。只有到夜幕降临之后，大部队才会想办法把他们救回来。他们竭力忍住越来越剧烈的疼痛。呻吟会招来雨点般的子弹。最后，受折磨后的沉寂终于降临到这片战场。

主题

190 尽管缺少弹药和训练有素的士兵，但一击制胜的幻想仍然主导着整个 1915 年的战略思维，尤其是在英国和法国。英国人和法国人在阿尔多瓦、皮卡第和香槟的进攻，德国人在佛兰德斯的进攻，甚至连英国人要在达达尼尔海峡对土耳其人取得突破的设想，全都是以打开"缺口"——就好似红海在摩西的信念面前一样，把敌人的战线一下分开——并在随后猛攻取胜的梦想为基础的。

只是在第二次伊普尔、加利波利、新沙佩勒、费斯蒂贝尔、阿拉斯和洛斯这一连串战役遭遇惨败之后，协约国才被迫重新考虑作战策略，但即使到了这个时候，军事计划制订者看法的逐渐改变，也不是主动求变，更多的是被动反应。使他们的态度有了明确转变的，是 1916 年 2 月德国人以战争中前所未有的强度与火力对凡尔登发起的进攻。1916 年出现了新的而且双方都能接受的战争形式——将吞噬掉数百万人生命的蓄意的消耗战。这样做不是以如果清除了主要障碍就可以获得速胜为借口的，而是因为已经做出决定，只有消耗敌人才能赢得这场战争。各行各业都被动员起来，劳动力进行了重组，食品采取或打算采取配给制，税率也做了调整。总之，这场战争成了一项需要把一切都投入进去的事业。它成了"总体战"。查尔斯·索利把消耗称为"已经瘫痪的战略的最后一招"。①

在法尔肯海因集中力量进攻凡尔登的决定背后，有多种动机和考虑。他一向都是"西线派"，认为战争将会在西线进行决战。1915 年，尽管他同意为了击败俄国而在东线投入更大的努力，但到当年 12 月，他得出的结论是：和预期的相反，俄国不会被迅速击垮。而法国则相反，法国已经到了崩溃的边缘，它有可能利用凡尔登周围的突出部作为发起点——相对于西线的其他地方，那里成了法军的前沿阵地——发动最后的、孤注一掷的攻势。所以，必须先发制人，扑灭上述危险。再者，德军的猛攻可以彻底削弱法国人的力量，同时迫使英军向北反击。这样一来就会给英国造成巨大的伤亡，让它的资源也趋于枯竭。

在凡尔登，法尔肯海因将军除了他的部队之外，还集中了1220 门火炮，用来对大约八英里的正面进行突击。他估计他的军队每失去两个人，法国人就要失去五个。这就是消耗战的实质。不过，法国人设法挺过了攻势开始时密集的炮火和最初的

191

---

① 给母亲的信，1915 年 7 月 10 日，Charles Sorley, *Letters*, 284。

一次次进攻，然后，战斗就变成了残酷的拉锯战。到 11 月，法国人将在该突出部损失 50 万人。在这样的压力下，他们只好向英军求助。于是，1916 年 7 月，英国人在索姆河附近大举进攻，头一天就损失了 6 万人，到 11 月的时候又损失 50 万人。协约国损失惨重，但法尔肯海因的如意算盘也落空了。在凡尔登和索姆河这两场战役中，德军大约损失 80 万人，略少于英法。

1916 年，佛兰德斯的伊普尔及其周围的突出部继续遭到猛攻，随后，在 1917 年的帕森达勒或第三次伊普尔战役中，它们又再次成为反复争夺的目标，因此可以把伊普尔与凡尔登、索姆河一道，看作三位一体的恐怖战场。法尔肯海因将军称之为阵地战。"阵地战的首要原则，"他写道，"就是寸土必争；丢失的阵地要立刻通过反击夺回来，哪怕是打到最后的一兵一卒。"① 双方采取了同样的原则。"为了 10 码的荒原，赔上整团整团的性命"——这是伊凡·戈尔（Ivan Goll）的看法。② 对恩斯特·云格尔（Ernst Jünger）来说，索姆河战役之后，整个战争和生活的面貌都起了变化：

> 在这里，骑士精神永远消失了。就像所有高贵的个人情感一样，它也必须让位于新的作战节奏，让位于机器统治。在这里，新欧洲在战斗中首次露出了自己的面容。③

---

① Alistair Horne, *Death of a Generation* (London, 1970), 104.
② Ivan Goll, "Requiem for the Dead of Europe" (1917), See Jon Silkin (ed.), *The Penguin Book of First World War Poetry* (Harmondsworth, 1979), 232.
③ Ernst Jünger, *In Stahlgewittern* (Berlin, 1931), 100.

　　两年多了，西线的交战各方在战斗中互相捶打——如果说那个老词对这种新的战争形式，也就是让数百万人付出生命而战线前后移动顶多在一英里左右的战争形式还合适的话。要是把西线的战争分成四个阶段，即开场的运动战，1915年的稳住阵脚，1916~1917年的消耗战，以及1918年用重新开始的运动战来收场，那么1916~1917年的危局就构成了最长也最连贯的阶段。

　　凡尔登、索姆河和伊普尔这三次战役体现了大战的逻辑、意义和实质。1916年，每三名法国普瓦利中就有两名经历过凡尔登战役；英军士兵大多都参加过索姆河战役或伊普尔战役，或这两个战役都参加了；而德国的部队大多到过佛兰德斯或凡尔登。这些地方也是战争中关键的作战区域。我们对于大战的印象——震耳欲聋、令人胆寒的炮火齐射，进攻中一长排一长排的士兵在如同月球表面一般坑坑洼洼的地带缓慢地向前移动，仅仅是为了勇敢地面对机枪、未被炸断的带刺的铁丝网，还有手榴弹——通常就来自这些战役，而不是战争第一年或最后一年的战役。

　　中间这段时间的战争颠覆了所有传统的战争观念。防守变成了进攻。对于这种变化，霞飞起初在无意中将其称为"胜利的抵抗"。[1] 技术和战略之间的巨大差距意味着，发起进攻的一方无论其数量有多大，相比于防守一方来说都要脆弱很多，虽然对后者而言，炮火准备会对他们的心理造成很大的影响。在列日、凡尔登、索姆河和帕森达勒这些战役中，重炮的轰击摄人心魄，但尽管如此，其火力也很少能达到足以摧毁敌军防线

193

---

① 　Ordre général, Nº 32, December 17, 1914, 16N1676, SHAT.

的程度。结果，防守的一方几乎总是能够赢得"奔向胸墙的比赛"。① 这意味着进攻方所面临的失败风险要远远高于防守方。1914 年和 1915 年的进攻让各国军队伤亡惨重，结果在 1915 年年底就出现了僵持不下的局面。1916 年，德法军队在凡尔登酣战的时候，主动出击的英军在索姆河吃了败仗。1917 年，法军在贵妇小径失利，结果引起兵变。英军也在帕森达勒遭遇败绩。1918 年，德军在孤注一掷地试图取得突破的时候，实现了对自己的超越。那次进攻之后，精疲力竭的他们最终不得不选择了撤退。

牺牲在无人区的成群进攻者——这一幕与 1914 年圣诞期间对垒双方开心的狂欢形成了强烈的反差——成了这场战争中最重要的画面。进攻者在前进的时候通常并不寻求掩护，结果被成排地撂倒，其效率就如同用长柄的大镰刀割草一般。"看到他们在走，我们非常惊讶，"德军的一名机枪手描写英军在索姆河地区的一次进攻时写道，"军官们走在前面。我注意到他们中有个人走得很沉着，还拿着手杖。当我们开始射击的时候，我们只需要不停地装弹。他们成批地倒下。只需要向他们开枪就行了，用不着瞄准。"②

法国士兵对于自己的机枪手的作用描写得比较简洁："德国士兵感觉就像纸糊的一样。"③ 赫伯特·里德回忆说，他看到德国士兵像靶场上的靶子一样倒下。④ 在这里，英雄是受难者，

---

① Keegan, *Face of Battle*, 227 – 37.

② John Ellis, *Eye-Deep in Hell* (London, 1977), 94.

③ Roger Campana, *Les Enfants de la " Grande Revanche "*: *Carnet de route d'un Saint-Cyrien*, 1914 – 1918 (Paris, 1920), 204.

④ Herbert Read, "In Retreat: A Journal of the Retreat of the Fifth Army from St. Quentin, March 1918," 见 *The Contrary Experience* (London, 1963), 248.

而受难者也是英雄。进攻者是 19 世纪世界的代表，而这个世界被这场战争给拆除了。

如果说进攻者是一个垂死挣扎的世界的代表，那么防守者，不管是顽强的、惊恐不安的，还是坚韧的、狂妄自信的，则成了即将到来的新世界的象征。由于全面进攻是例外而非通则，战壕生活大多表现为防守，表现为令人厌倦的无休止的挣扎，目的是守卫"生存"，是在充其量只能算原始的条件下活下去。到了 1916 年，像普瓦利和弗龙特施魏因（Frontschwein）这样的字眼——意思是毛人和前线猪，指邋里邋遢、胡子拉碴、粘满泥浆的法国士兵和德国士兵——变成了他们各自国家饱含爱意的称呼，不像在先前以绚丽而富有英雄气概的方式交战的时代里那样，可能是骂人的话。在这种生活中，感官冲击是全方位的。"我们的导师就是我们日常的悲惨遭遇。"一个法国人写道。①

在超现实主义这个词被士兵诗人纪尧姆·阿波利奈尔于 1917 年在为佳吉列夫的《游行》（*Parade*）——该剧是斯特拉文斯基、萨蒂（Erik Satie）、毕加索以及科克托合作的产物——所写的演出说明中首次使用之前，整个西线的景象就已经带有了超现实主义的意味。一幅毁灭的全景画呈现在各大战区的士兵面前。树成了烧焦的木桩；烧焦的木桩反过来又被竖了起来——作为观察哨——以便看上去像是受到破坏的树。烂泥无处不在。"日落和日出是亵渎神明的，"曾在伊普尔突出部服役，后来因伤退役，但又作为战地画家重返佛兰德斯的保罗·纳什（Paul Nash）写道：

---

① Paul Rimbault，见 Jean Norton Cru, *Témoins*（Paris, 1929），465。

195 　　　　　……只有滚滚乌云中落下的黑雨……才适合这样的地方。雨下个不停；散发着恶臭的烂泥成了更加令人作呕的黄泥汤；弹坑里积满了绿中泛白的雨水；大路小径都覆盖着几英寸厚的泥浆；奄奄一息的焦黑的树木冒着烟，流着汁；炮弹打个不停……它们扎进的坟墓就是这片土地……这一切难以名状，充满了罪恶而且看不到希望。①

　　一名法国飞行员俯瞰雨后的凡尔登时，想到的是"一只湿漉漉的巨大癞蛤蟆的皮"。②对于经历过凡尔登、索姆河或伊普尔战役的普通前线士兵来说，他们的日记哪怕是写得最不清楚的，也传递出一种至少是对这场战争的外在惨状的认识。

　　进入战壕轮战一次的时间，正常情况下包括：在前线三到四个昼夜，然后在支援战壕待同样长的时间，再接着就是做差不多同样长时间的后备队。只有在做后备队的时候，才有可能像赫伯特·里德说的那样"变得文明起来——洗澡、换衣服、写信"。③要不然，所有人都是野蛮人。1917 年兵变之前，法军指挥机构常常是很随意地对待本应安排的休假和休整时间。进战壕轮战一次竟然长达一个多月，有时甚至超过两个月。

　　肮脏和污秽自然是战壕里的忠实伴侣。有时候，因为浑身

---

① 给妻子的信，1917 年 11 月 16 日，见 Paul Nash, *Outline：An Autobiography and Other Writings*（London, 1949），210 – 11。

② Alistair Horne, *The Price of Glory：Verdun* 1916（London, 1962），173.

③ 赫伯特·里德的日记，1918 年 1 月 10 日，见 *Contrary Experience*，116。

脏得实在不行了，士兵们即使是在隆冬季节也会不顾寒冷，在弹坑里洗澡。那些弹坑常常因为连续下雨而积满了水。"那日子过得跟野兽似的……连猪都不如！"路易·迈雷如是说。① 士兵们争论着伊普尔和索姆河的烂泥哪一个更烂。关于 1917 年的伊普尔，一个英国人写道：

> 这不是在打仗。要不是因为有机枪和炮击，它更像是玩烂泥游戏。无论哪里都泥泞难行。裹腿都被烂泥扯掉了，要不是绑得牢，靴子、袜子，还有两条腿，也要被扯下来。②

196

在占领一条被水淹没的战壕时，一个法国人风趣地说："只要德国人的潜艇不来攻击我们就行了。"③

"从来没有哪种气候像佛兰德斯的这样，"J. W. 哈维（J. W. Harvey）在信中写道，

> 我希望我大骂这雨、雨、雨的话不会在检查的时候被删掉！我估计部分原因可能是连续的开火；但我觉得，与之相比，以后在看待我们英国出了名的天气的时候，我要更厚道一些。④

这样的比较是不可避免的。"我总以为法国是个阳光明媚

---

①　日记，1915 年 9 月 27 日，Mairet, *Carnet*, 96。

②　Guy Buckeridge, "Memoirs of My Army Service in the Great War," 65, IWM.

③　Horne, *Price of Glory*, 62.

④　信，1915 年 2 月 14 日，J. W. Harvey, IWM。

的地方，"1916 年 6 月，彼得·麦格雷戈颇感委屈地表示，"但它很冷，经常下大雨。"四天后，他的妻子珍得到的消息是，"这儿的雨下得就像龙头拧开了"。① 爱德华·托马斯（Edward Thomas）就该话题写了一首名为《雨》（Rain）的诗："雨，午夜的雨，有的只是狂风暴雨。"大雨消解了所有的爱和所有的意义。

> ……除了对死亡的爱，
> 如果它便是对完美的爱，而且
> 不会——暴风雨告诉我——让人失望。②

浑身湿透、瑟瑟发抖的恩斯特·云格尔认为，"炮火不像潮湿和寒冷那样能彻底瓦解人的抵抗意志"。③ 无论用多少可穿的东西——羊毛袜、背心、皮马甲——把身体的各个部位包裹起来，甚至还加上报纸，都不管用。冬天的夜晚似乎特别漫长，而黎明则是一天中最冷的时候。"我们在乎的不是死亡，"一名法国士兵在 1915 年年初的冬天写道，"而是寒冷，极度的寒冷！我想我此刻的血液中结满了冰块。啊，我希望他们会发动进攻，那样就会让我们暖和一点儿。"④ 在接下来的那个冬天，在阿尔多瓦，咖啡，甚至酒，11 月的时候都结成了冰。"这种天气适合北极熊。"马克·博阿松（Marc Boasson）在信中说。"如果你想喝点东西，就先要把冰敲碎。肉冻得结结实实，马铃薯冰

---

① 信，1916 年 6 月 7 日和 11 日，P. McGregor，IWM。

② Silkin（ed.），Poetry，91.

③ Jünger，In Stahlgewittern，163–64.

④ 1915 年 1 月 19 日，Campana，Enfants，69。

成一团，就连弹药箱里的手榴弹也都粘在一起。"① 在 1916 ~ 1917 年的严冬，热茶用不了几分钟就结成了冰，而面包、牛肉罐头和香肠都成了冰块。在一首名为《暴露》（*Exposure*）的诗中，威尔弗雷德·欧文再现了粗糙的双手、皱起的额头和结满冰霜的眼睛。②

在这样的条件下，吃饭不可能是一种享受，而作战的压力也进一步降低了人们的胃口。不规则的开饭时间，不可靠的补给线，缺少蔬菜，千篇一律的肉食——所有这些都破坏了任何可能有的乐趣。1916 年春天，西格弗里德·沙逊（Siegfried Sassoon）在休假结束回到索姆河的时候，带了一条熏制的大马哈鱼准备与战友分享，但当他磕磕绊绊地蹚水走过一条名为坎特伯雷大街的交通壕时，他意识到，"对于一直忍受着那种炮击的人来说，熏制的大马哈鱼算不了什么"。③

可见，天气对士兵的精神状态有很大的影响。突然间的云开日出就可以提升士气。"天气好极了，"1916 年 3 月凡尔登战役激战正酣的时候，夏尔·德尔韦尔（Charles Delvert）兴高采烈地写道，"这种日子有它的魅力。它就像露营一样。你可以在战壕里溜达；空气清新，阳光灿烂。蓝天上飘过几朵快活的小云彩。"④ 但这样的天气在战争中是很少见的，这样的诗情画意在德尔韦尔的日记中也是很少见的。

战壕里到处都是害虫。苍蝇、螨虫、虱子卵、跳蚤、蚊子　198

---

① 信，1915 年 11 月 27 日，Marc Boasson, *Au Soir d'un monde：lettres de guerre*（Paris, 1926），iii - iv。

② Wilfred Owen, *The Collected Poems*, ed. C. Day Lewis（London, 1964），48 - 49.

③ Siegfried Sassoon, *Memoirs of a Fox-Hunting Man*（London, 1960），300.

④ 日记，1916 年 3 月 29 日，Delvert, *Carnets*, 184。

和甲虫令人心烦，但让人讨厌的主要还是虱子和老鼠。虱子在
衣缝里产卵，而且繁殖速度惊人。虱子的生殖能力太强了，用
普瓦利的话说，早晨出生的到了晚上就成了祖母。跟它们开战
毫无胜算。士兵们尝试着用大拇指的指甲碾，用蜡烛的火焰烧，
用国内送来的药粉和头油把它们赶出来，但都无济于事。"唯
一的办法就是朝它们扔上几个朗姆酒瓶子。"一名英国士兵风
趣地说。① 它们中个头最大的都有了名字："德皇""皇储"
"兴登堡"。只有战地洗衣房和热水澡有些效果，但也只是短时
间内。罗杰·坎帕纳（Roger Campana）觉得这些害虫比刚果或
波利尼西亚的吸血蝙蝠还凶猛——"要是好事者知道了它们的
故事，就会把它们拿来作为所有法国人的榜样"。坎帕纳唯一
欣慰的是，德国人战壕里的虱子据说还要大！②

　　战壕里的老鼠据说有猫大，虽说休整区周围的老鼠数量更
多。散落的食物和腐尸吸引着它们。它们嚼烂背包，啃破口粮
袋。罗兰·芒福特在写给母亲的信中说，在他的那个地段，老
鼠们"最大的战绩就是咬死并吃掉了战壕里的猫养在掩体里的
五只近三周大的猫仔。我不知道它们之前为什么没有那么做，
非要等到可以美餐一顿的时候"。③

　　对老鼠的战斗有时就跟对人的战斗一样，需要认真对待。
珀西·琼斯的心里就老是惦记着老鼠。"我……捉老鼠上了
瘾。"他在日记中承认。他每天晚上都要拿着镐把和铲追赶
老鼠。

①　信，1916 年 8 月 19 日，R. D. Mountfort，IWM。
②　日记，1915 年 11 月，Campana，*Enfants*，115。
③　信，1916 年 6 月 16 日，R. D. Mountfort，IWM。

　　我们有时候跑得太远了点。比如前天晚上，我们四个　　199
人大呼小叫地在前沿的各个战壕之间追赶一只老鼠，一直
追到第二道战壕，那里的哨兵差点儿朝我们开枪，他以为
我们是德国人！

　　琼斯抓老鼠上了瘾，这在他两个星期之后住进休整区的时
候也没有改掉。在伊普尔的运河附近，他参与了一场名副其实
的大屠杀：

　　　　昨晚我们干了一场大仗，消灭了近100只，这还不包
括许多在水里游的时候想必已经被砸死的。筏子上的人弹
药耗尽，只好再上岸拿些砖头。①

　　对付老鼠和其他害虫的唯一有效办法就是毒气。毒气战会
暂时肃清战壕里这些害人的东西。

　　战壕里的工作许多都是在夜里做的。正常的资产阶级的时间观
念被颠倒了。夜幕降临，穴居人大军就跟他们所鄙视的害虫一样，
从自己的洞里出来，四处奔忙，执行各自的任务：铁丝网小组②进
入无人区；战壕的工事要修理和延伸，结果西线成了一座巨大
的、错综复杂的蚁丘；发动小规模凶猛的袭击，就像蚊子一样
叮敌人一口。即使没有具体的事情可做，要想睡觉也是不可能
的。德尔韦尔描写了1916年1月战壕里的一夜：

---

①　日记，1915年12月16日；书信，1916年1月3日，P. H. Jones, IWM。
②　铁丝网是一战时开始采用的新的战争手段之一，铁丝网小组（wiring party）
　　的任务是，进攻时破拆敌人的铁丝网，防守时布设和修理己方的铁丝
　　网。——译者注

灯都灭了。现在，老鼠和虱子成了这里的主人。你
可以听到老鼠在啃东西，在跑，在跳，在木板间窜来窜
去，在掩体的波纹铁后面吱吱乱叫。成群结队，动静很
大，一刻不得消停。我担心随时可能有哪只老鼠爬到我的
鼻子上。接着，虱子和跳蚤又开始疯狂地咬我。要眯一会
儿都绝对不可能。快到半夜的时候，我开始打起了瞌睡。
嘈杂声让我跳了起来。开炮了，还有步枪和机枪开火的
噼啪声。德国佬一定又在进攻泰蒂峰了。一点半左右，
喧闹声好像渐渐小了。两点一刻，它又开始了，这一次
非常猛烈。地动山摇。我们的大炮在远处不停地发出雷
鸣般的吼声。三点的时候，炮击范围分散得更开了；慢
慢地，一切都安静下来。为了能在六点钟起来，我又打
起了瞌睡。老鼠和虱子也起来了：意识到活着也就意识
到苦难。①

经过这种连续几天几夜的感官轰炸，人往往变得晕头转向、
行动迟缓，甚至怎么都打不起精神。"我想我愿意用自己的灵
魂换来几个小时的安稳觉。"有人表示。② "要命的是缺乏睡
眠。"德尔韦尔写道。③ 在终于被换下来的时候，部队向休整区
出发。威尔弗雷德·欧文写道：

> 弓着腰，如同背着口袋的老乞丐，
>
> 小腿外翻，咳起来像老妖婆，我们诅咒着在泥泞中前行，

200

---

① 日记，1916 年 1 月 12 日，Delvert, *Carnets*, 129–30。
② Winter, *Death's Men*, 101.
③ 日记，1915 年 12 月 8 日，Delvert, *Carnets*, 101。

直到我们背朝着幽灵般的照明弹，

开始向我们远方的休整区跋涉。

人们走着走着就睡着了……①

　　非常讨厌但又躲不掉的还有尸臭——只是被漂白粉同样难闻的臭气给盖住了——以及被腐肉招来的成群的苍蝇。四肢和躯干的残骸由于炮击而被不断地翻来覆去。挖掘或修理战壕的小组不断挖到腐烂和残缺程度各异的尸体。多数时候他们只是用铲把它们铲到一边。不过，那些残肢断臂确实也有被放进沙袋的。要是沙袋迸裂，里面的东西可就露了出来，那情景之恐怖，也只有黑色幽默才能让人不至于歇斯底里。在伊普尔突出部的某个地方，轮换下来的士兵全都排成一列，从战壕一侧伸出的一只手臂那里走过，并与之握手道别——"再见，杰克"。对换下去的人有效的做法对刚来的人也是一样——"哈罗，杰克"。② 炮兵上尉 F. H. T. 泰瑟姆（F. H. T. Tatham）给自己的母亲讲过另外一个怪异得几乎有点幽默的情节：

　　　　在我们观察所的战壕里总有股难闻的气味，用杂酚油也除不掉。我今天发现，原来那是我们用潜望镜的时候倚靠的沙袋里腐烂的残骸发出的。我估计那具倒霉的尸体在那里可能已经有六个月了——老鼠通常对它们是不会不管的，所以那很可能是一个肮脏的德国人。因为被翻动了，那气味更大了，而且它还爬满了蛆。那只难闻的沙袋现在已经用杂酚油浸过并被扔得远远的了——但他们显然不可

201

---

① Wilfred Owen, "Dulce et Decorum Est," *Collected Poems*, 55.

② W. C. S. Gregson, Papers, IWM.

能把德国佬的残骸装进同一个沙袋，而要把这个讨厌的东西清理干净，我又担心胸墙会倒下来，所以觉得左右为难。①

澳大利亚人 J. A. 罗斯（J. A. Raws）给家人讲了一个同样"奇特的"故事。1916 年年底在波齐埃和挖掘小组一起干活的时候，他遇到——就像他说的——"一阵猛烈的炮击"。他两次被埋。第二次，他挣扎着爬出来之后，看到不远处有个人，半截身子埋在土里。他以为那是一个刚刚遭遇了和他同样命运的同志，就跌跌撞撞地过去想帮那个人爬出来。他又拉又拽。突然，鲜血喷了罗斯一身，那个人的头掉在他的手上。"那恐怖无法形容。"他写道。② 三天前，他的兄弟阵亡了，而罗斯也会在他再次轮换到前线的时候阵亡。一名在凡尔登的法国士兵写道："我们身上都有尸臭。我们吃的面包，我们喝的污浊的水，我们接触到的所有东西，都有股腐烂的气味。"③

在某些地段，残肢断臂每天都可以见到。在索姆河畔的弗雷努瓦，一座德国士兵驻扎的房子直接被炮火击中。恩斯特·云格尔跑去救人。

我们抓住瓦砾中露出的手和脚，把尸体拖出来。一个是头没了，脖子还在躯干上，就像一只大的血蘑菇。另一

---

① 信，1916 年 8 月 2 日，F. H. T. Tatham，IWM。
② 信，1916 年 7 月 31 日，见 C. E. W. Bean, *The Official History of Australia in the War of* 1914 – 1918, 6 vols.（Sydney, 1929 – 1942），III：659。
③ Ellis, *Eye-Deep in Hell*, 59.

具尸体身上，被炸碎的骨头从胯根子那儿冒了出来，胸口一处巨大的伤口把制服都浸透了。第三具尸体的肠子从裂开的躯干中流了出来。在我们要把这具尸体拖出来的时候，一块扎进那处可怕的伤口里的碎木板把它别住了，发出了令人毛骨悚然的声音。

还有一次，云格尔目睹了一场机枪决斗。

> 突然，我们的神射手倒下了，头被打穿了。尽管脑浆顺着面颊淌到了他的下巴，但在我们把他抬到旁边坑道的时候，他的意识还是完全清醒的。①

在罗杰·坎帕纳的掩体被炮弹击中之后，他为了向朋友证明他躲过的这发炮弹离自己有多近，就拍下了一位战友尸体的照片。那具尸体"从肩到胯都撕裂了，就像肉店里看到的一堆切开的肉"。② 德尔韦尔以更精确的语言记录了一位战友的死亡：

> 热古德死得很可怕。他刚跨进掩体，一发炮弹就爆炸了（很可能是奥地利 130 毫米的炮弹）。他的脸烧坏了；一块弹片打进了他耳朵后面的颅骨；另一块弹片切开了他的肚子，打断了他的脊柱。血肉模糊中可以看到他的脊髓滑了出来。他的右腿膝盖以上的部分完全碎了。最令人骇

203

---

① Jünger, *In Stahlgewittern*, 123, 207.
② Horne, *Price of Glory*, 187.

异的是，他还挺了四五分钟才死去。①

塞萨尔·梅莱拉（César Méléra）的凡尔登经历中有这样的场面和观察到的东西：

> 埋在土里的马和骡子。臭烂泥有时候能没过你的脚踝，同时还释放出一种难闻的气味和一种比重大并且不透明的气体。战场上的伤员，喉咙里发出死亡的声响，没有人照料，只能喝自己的尿解渴，没见识过这些……就没有见识过战争。②

威胁着士兵生命的不单是敌人的炮火，还有他们自己的炮火——在它打不到目标那么远的时候。配桑将军（General Percin）估计，因己方炮火而阵亡或负伤的法国士兵有 75000 人。③ 让·吉罗杜（Jean Giraudoux）对保罗·莫朗（Paul Morand）自嘲说："我属于打死英国人最多的那支法国军团。"④ 炮击够不到目标的原因有，糟糕的通信、人为的失误、弹药受潮或者风，而它总是在前线士兵、参谋人员以及炮兵部队之间制造仇隙。战争过程中，这种情况的比例一般来说是随着炮击次数的增加而增加。⑤

---

① 日记，1916 年 1 月 27 日，Delvert, *Carnets*, 138 – 39。
② 日记，1916 年 6 月 16 日，César Méléra, *Verdun* (Paris, 1925), 34 – 35。
③ Horne, *Price of Glory*, 99.
④ 日记，1916 年 10 月 16 日，Paul Morand, *Journal d'un attaché d'ambassade* (Paris, 1963), 39。
⑤ 参见 1918 年 9 月 16 日的情报分析《炮兵部队的近弹》，见于巴伐利亚第 16 后备步兵团的卷宗，Bd. 13, BKA。

　　总之，用西格弗里德·沙逊的话说，前线"因为死的人太多而腐烂了"。① 路易·迈雷在阵亡前的一个月也想过这个问题：

　　　　死！这个词就像海里洞穴的回声一样，在看不见的黑暗深渊里一次次隆隆作响。在这次与上次的战争之间，我们不是死了，而是终结了。整齐干净，在可以遮风挡雨的房间里，在暖和的床上。现在我们是死了，死得湿漉漉的，泥泞不堪，满身血污。这种死是被淹没和吞没的死，是屠宰场里的死。尸体躺在冰冷的泥土里，泥土渐渐地把它们吸收进去。离开人世的最幸运的方式就是被包裹在从帐篷上撕下来的帆布里，长眠在最靠近的墓地。②

　　人们会不会夸大战壕生活的惨状？据说很多人就是这样做的，并且因为在他们的叙述中一味地用"烂泥和鲜血"来制造耸人听闻的效果而受到别人的谴责。有些大战老兵从未见识过进攻；有些在前线的时间虽然很长，但连敌人都没有见过；经历了整个战争而又毫发无损的人很少。前线有些地方实际上非常平静。有些人从未丧失他们的浪漫和冒险意识，有些人从未丧失他们的幽默感。因此，批评者说，如果把目光集中在凡尔登、索姆河和伊普尔的惨状，那就会歪曲这场战争的现实。他们声称，即便在那些不平静的地段，那种标准的、大规模的炮击和进攻也很少。大多数时候困扰着人们的是战壕生活的平淡

---

① Siegfried Sassoon, "Counter-Attack," *Collected Poems* 1908 - 1956 (London, 1961), 68.
② 日记，1917 年 3 月 10 日，Mairet, *Carnet*, 294。

乏味，实际上也就是无聊。

这样的争论，有一部分属于定义和语义学的问题。人们在分类的时候，该把什么样的体验归于"恐怖"，又该把什么样的体验归于"无聊"？难道一个人感到恐怖的就不能是另一个人感到无聊的吗？反之亦然。要是有人坚持说，恐怖这种感觉之所以产生，只是由于赋予生命以意义的价值观以及环境呈现出出乎意料的矛盾性，而无聊则是例行公事的必然结果，哪怕是例行公事的杀戮，那问题就永远也不会得到解决，因为没有哪种恐怖感——哪怕是这场战争引起的恐怖感——可以永远保持下去。在有了几个星期的前线体验之后，人们差不多就对什么都见怪不怪了。人们很快就对残忍和可憎的事情有了免疫力。要想活命，他们只能如此。就像小提琴演奏家和奥地利步兵弗里茨·克赖斯勒（Fritz Kreisler）说的：

> 某种凶狠好斗的倾向会在你的心中产生，让你除了战斗的职责，不在乎世上任何事情。你在吃面包片的时候，有人在你身旁的战壕里被子弹打死了。你平静地看了他一会儿，然后接着吃你的面包。为什么不呢？无可奈何。到头来你在说到你自己的死亡时，也会像谈论午餐会一样无动于衷。①

与教友救护队（Friends' Ambulance Unit）② 在一起的来自

---

① Fritz Kreisler, *Four Weeks in the Trenches: The War Story of a Violinist* (Boston, 1915), 65–66.

② 由英国贵格会（也称"教友派"）教徒于一战爆发时发起成立的志愿救护团体，它在一战和二战的战场上发挥了重要的作用。——译者注

利兹的贵格会教徒约翰·W. 哈维，在寄自伊普尔的信中写道："我这段时间很疲惫，见了那么多可怕而又可悲的事情；要不是因为人生来就有见怪不怪的本事，真是会受不了。"①

所以，哪怕是恐怖也可以让人习以为常并感到无聊——觉得什么都见过了，存在再也没什么值得惊异的地方。"你心中空荡荡的，"克赖斯勒继续写道，"但事实是，跟你一边的那伙人正在和另一伙人搏斗，而你的那边必须赢。"②

即使情况看上去很平静，伤亡也在继续增加——因为有狙击手，因为有想让敌人始终处于紧张状态的漫无目的的炮击，还有就是因为事故。正是这种以为一切都平安无事时的消耗，让一些士兵觉得最可怕。死亡似乎完全没有目标。在陆军部队的战争日志中，在对一天的活动所做的简短得只有一行字的报告中，常有这样一句极具讽刺意味的话："非常平静。伤亡三人。"就像感到极度痛苦的美国大使在一封从伦敦发出的信中说的，"如果从法国传来的消息是'没有什么可报告的'，那就意味着正常每天都有 5000 人伤亡"。③

在"恐怖与无聊"的争论中产生的那种对立是虚假的。关　206
键在于 1916～1917 年这一阶段的战争所具有的更加广泛的意义，它和先前的战争形式的关系，以及它与人们的期待及价值观的关系；所以在这里很难否认，1916～1917 年的"前线"体验实际上就是"前沿"体验，对某种就其含义而言是全新的东西的体验。当然，士兵们依然是按照先前就存在的范畴来对感

①　信，1914 年 12 月 20 日，J. W. Harvey，IWM。
②　Kreisler, *Four Weeks*, 66.
③　信，致弗兰克·N. 道布尔迪（Frank N. Doubleday），1915 年圣诞节，见 Hendrick, *Life and Letters of Walter H. Page*, II; 111。

觉到的东西进行分类的——这是一种本能的反应——但实际的
体验总的来说至关重要，而且从更广泛的背景来看也是新奇的。

之前的范畴，还有已被接受的战争与先前历史的关系，都
随着时间的推移而消磨和瓦解。这种衰退的速度在各交战国以
及各国人民当中是不一样的，要看现存价值观的弹性以及它所
引起的共鸣的程度，但在所有的地方，哪怕只是在战后，在那
口把目的、记忆和结果都搅拌在一起一同发酵的大锅里，之前
的范畴的有效性都瓦解了。

重估一切价值

在各个主要的国家中，德国人甚至在战前就最喜欢质疑 19
世纪资产阶级自由社会的规范和价值观，喜欢把当下提升到法
律所控制的范围之外，喜欢凭借直接经验的力量而不是传统和
历史的力量来获得灵感。在战争中，他们从一开始就专注于
"胜利"的思想，专注于某种酒神式的活力论。这种活力论意
味着征服的时刻会自动地、自然而然地提供一系列激动人心的
机会。这些机会首先是精神上的和能够促进生命意义的，然后
才是领土的和物质的。领土战争的目标——那是大量有关德国
战争努力的文学作品所关注的事情——只是模糊地表现了奔放
的热情或因厌战而导致的歇斯底里的情绪。战争的目标问题仅
仅是一种政治上的策略，它反映了前线战况的好坏。规定战争
目标的是前线，不是别的。

最先认识到防御的重要性，继而又将消耗战的思想——不
是靠猛打猛冲来"击败"敌人，而是靠自我牺牲来耗尽敌人的
资源——付诸实施从而颠覆了战争规则的是德国人，这一点并
非偶然。德意志这个国家在战前就最乐于质疑西方的社会、文

化和政治的规范，最乐于推动旧确定性的瓦解和新可能性的来临。所以，德国人对于改变交战规则不会感到太勉强。对于打破国际惯例他们也不会感到太勉强，因为在他们看来，那些国际惯例是和英法霸权所强加的法治联系在一起的，是对德国的利益不利的。

消耗战的思想从短期来看是特殊的军事形势的产物，是为了应对 1914 年施利芬计划失败所造成的、之后又持续了一整年的意外僵局。但它也表明，德国的军政领导人愿意把全体国民的情感投入——在战争初期非常明显——转化为军事战略。在普鲁士传统中被视为"国民学校"的军队，此时应当成为全体德国人的学校。"总体战"是实现这一目标的工具。现在不再有军人和平民之分。消耗战要倾举国之力。

这样的想法不是突如其来的。战前的泛德意志运动、海军协会（Navy League）①、殖民团体以及其他激进民族主义组织，它们的许多活动的目的就是要用军事原则和军事品德让德国社会重新焕发活力。有趣的是，这种大众化的军国主义形式有很多都源自非容克人士，源自军队中一些具有代表性的新派人物，比如鲁登道夫和鲍尔（Max Bauer），同时还源自民族主义团体中的白领，即所谓的新中产阶级。总体战的理想不属于施利芬和毛奇那样的容克贵族，而属于新德国。埃里希·鲁登道夫就是新德国最好的象征，他是一个平民，商人之子，一个一心想飞黄腾达的人，一个喜欢行动而不是思考的人。他，和他所代表的现代冲动一样，来自边缘地带，来自他出生的地方——东普鲁士波森省克鲁谢维亚村果园里的一处平房。到了 1917 年 7

₂₀₈

---

①　由德意志帝国海军上将阿尔弗雷德·冯·蒂尔皮茨于 1898 年 4 月底发起的一个游说团体，目的是支持扩张德意志帝国海军的实力。——译者注

月，鲁登道夫在德国的权力已是无人能及。对鲁登道夫和新德国来说，所有的政治问题，所有的经济问题，所有的文化问题，说到底都是军事问题。

此时，消耗战不过是这种思维方式的衍生物。要是没有朝着"总体"方向的持续准备，它是不可能出现的。总体战要求打破军人和平民之分，拒绝接受战争中公认的道德准则。德国占领军在比利时对待平民的方式和对于新战争手段的倚重，尤其是对于毒气和火焰喷射器之类新发明的使用，还有开始实施无限制的潜艇战，都是在总体战到来的过程中，在消耗战之前的最重要的几个步骤。

欧洲正在变化中的社会和物质面貌将会对未来的战争产生怎样的影响，这个问题早在1914年前的几十年就引起了整个大陆的国务活动家、政治家以及法律专家的关注。军人和平民还能不能被容易地区分开来？19世纪初，西班牙人为了反抗拿破仑的入侵而开展的游击战，就已经提出了若干未来的难题。然后，1870～1871年的普法战争以富有戏剧性的方式表明，六十年前拿破仑在西班牙的经历，不过是稍稍感受了一下战火烧到欧洲人口最为稠密的地区的后果。从1870年9月的色当战役到1871年春天停战的这一时期，围绕战争中平民和军人关系的所有问题都开始浮出水面。德军炮击斯特拉斯堡、佩罗讷和苏瓦松，朝居民区开火，却总是以平民和军人在互相帮助、难以把两者区分开来为由。占领区还实行恐怖政策：烧毁平民的房屋，枪杀人质，征收罚金。

1871年至1914年，国际法讨论的重点一方面在于明确界定军事入侵者的权利和义务，另一方面在于界定平民守卫者的权利和义务。在这些讨论中，德国人一般坚持认为，征用占领区居民的财物并要他们保持驯服是合理的。持有这种看法的并不只有他们，但是把它极端化，提出战争中的通敌罪概念的可以说只有他们。根据这一观点，被占领的领土上的平民干扰战争努力的行为，就和入侵者本国国民的干扰行为一样，具有叛国的性质。①

德国占领比利时就是出于这样的立场。尽管总的来说肯定不像协约国宣传的那样骇人听闻，但德国的占领政策还是非常严厉的。即便婴儿并没有被有计划、有步骤地从别人怀抱里抢走并摔在砖墙上，即便修女们并没有被蓄意找来以供鸡奸、强奸和屠杀，即便老人并没有在被子弹打成筛子之前被逼得四肢着地爬行，被枪杀的人质数量也是相当多的，这其中包括妇孺和八旬老人。卢万被夷为平地。其建于 1426 年的图书馆，连同28 万册图书及其收藏的珍贵古版书，还有中世纪的手稿，都一起遭了殃。先是在比利时，然后在法国和俄罗斯，恐怖政策被宣布为占领区的官方政策。德国人很自豪地使用了"条顿人的怒火"（furor teutonicus）② 这一说法。

210

对协约国而言，对待平民的方式成了德国人缺乏人性的确凿证据；在鼓动英国人战争情绪的时候，"可怜的小比利时"和"钉在十字架上的比利时"，成了把人们团结起来的主要口号。卢万及其图书馆的遭遇被视为德国人野蛮行径的象征，是条顿人仇视历史，仇视整个西方文明——包括它的人工制品、

---

① 参见 Geoffrey Best, "How Right Is Might? Some Aspects of the International Debate About How to Fight Wars and How to Win Them, 1870–1918", 见于 *War, Economy and the Military Mind*, ed. G. Best and A. Wheatcroft (London, 1976), 120–35。

② 这一说法源自古罗马诗人卢坎（39~65），形容条顿人或日耳曼部落在战斗中的疯狂、凶暴和无情。——译者注

成就和价值观——的象征。除了卢万的图书馆，很快遭遇同样厄运的还有兰斯大教堂（它在 9 月 20 日首次遭到炮击，亨利·詹姆斯断言这是 "迄今为止对人类心灵所犯下的最丑陋的罪行"[①]）、伊普尔的布厅 （Cloth Hall）[②]，最后还有阿尔贝大教堂。德国人声称，这些建筑物的塔楼供瞭望和发送可视信号之用，所以他们别无选择，只能将其炸掉，而顾不得所造成的不利影响。不过，对远远超出直接作战范围的平民和历史古迹的攻击，很快便使他们无法自圆其说。10 月 11 日，两架 "鸽" 式战机飞到巴黎，扔了 22 枚炸弹，市民被炸死 3 人，炸伤 19 人。圣母院也被刮到了。在协约国看来，这是战争形式的扩大，是不容抵赖也不可接受的。接着，1914 年 12 月，战火烧向英格兰的平民，英格兰北部港口哈特尔普尔以及海滨度假胜地斯卡伯勒和惠特比遭到来自海上的炮击。1915 年，德国的齐柏林飞艇开始空袭伦敦和巴黎；到 1916 年年初，这些空袭已深入北部的兰开夏郡。

年轻、有才华并且十分受人尊敬的历史学家弗里德里希·迈内克在战争的头几个月写道，对于德国人的行为，外国人认为残忍，德国人自己肯定只能说是诚实。不管怎么说，如果法军把兰斯大教堂作为观察哨来使用，那它就必须被炸掉。事情就这么简单。在这种情况下，法国人和英国人把德国人说成野蛮人，就纯属虚伪。[③] 迈内克的话还算是温和的。另外一位德国历史学家在表达类似的观点时，就说得比较尖刻了：

---

① 信，致伊迪丝·沃顿 （Edith Wharton），1914 年 9 月 21 日，Henry James, *The Letters of Henry James*, II：420 – 21。

② 伊普尔镇的一座始建于 13 世纪的商业建筑。——译者注

③ Meinecke, *Erhebung*, 71 – 72. 另见 Max R. Funke, "In Rheims," *März*, 8/4 （December 19, 1914）, 242 – 45。

教堂的塔楼倒下上千座，也要好过一名德国士兵因为这些塔楼而倒下。我们中的人道主义者和唯美主义者别再唠叨了。我们要伸张自己的权利。这些道理非常简单，而要反复地向不愿意听的人讲则是很没有意思的。①

考虑到迈内克及其同行的职业，人们本来可能指望他们会尊重个人以及国家对于其所处历史背景的依赖性，而不是像这样毫不含糊地断言生命力高于历史。然而，他们的言论所突出的正是酒神式的自以为是。战争过程中，占据德国大学历史学教席的43人当中有35人坚称，德国之所以卷入战争，只是因为它受到了攻击。②

除了否认历史，还有一种常见的情况，那就是否认有过破坏行为。1914年10月出现了一份向"文化界"发表的声明，有93位德国知识分子签名，其中包括神学家阿道夫·冯·哈纳克（Adolf von Harnack）、作家赫尔曼·祖德曼（Hermann Sudermann）、作曲家恩格尔贝特·洪佩尔丁克（Engelbert Humperdinck）、科学家威廉·伦琴、剧作家格哈特·豪普特曼（Gerhart Hauptmann）等泰斗级人物。"说我们可耻地侵犯了比利时的中立，那不是真的，"他们坚称，"……说我们的部队在卢万表现得很野蛮，那也不是真的。"③ 随着战争，同时也随着这个世纪的向前推移，愿望、憧憬和幻想将逐渐成为现实的主宰。德国是这一过程的引领者。人们应该"对人道敞开心扉，

212

---

① *Kölnische Zeitung*, January 29, 1915.

② Klaus Schwabe, *Wissenschaft und Kriegsmoral：Die deutschen Hochschullehrer und die politischen Grundfragen des Ersten Weltkrieges*（Göttingen, 1969）, 23.

③ 重印于 Ernst Johann（ed.）, *Innenansicht eines Krieges：Deutsche Dokumente*, 1914 - 1918（Munich, 1973）, 47 - 48。

只要这样做不会伤害到他们自己",恩斯特·云格尔说。这样的自我主义以及对轰轰烈烈的渴望,对战争的到来起了推波助澜的作用——云格尔愿意承认这一点。

> 在以不可抗拒之势把我们拖进战争的错综复杂的欲望中,当然也包括对于可怕的东西的兴趣。我们这一代人过得循规蹈矩,这引起了一种真实的渴望,渴望不同凡响。[1]

法国人和英国人对德国人的战争方式如此愤怒是不是有道理呢?毕竟英国人自己在世纪之交的南非战争中,当布尔人采取"打了就跑"的方式发动袭击而且组织平民进行抵抗的时候,他们也曾像德国人现在指责比利时人那样指责过布尔人的战术"不符合体育精神",而且英国军队在无奈之下还建立了条件恶劣的拘押中心,不仅男人,就连妇女和儿童也被关了进去。指责英国人做法虚伪的俏皮之人,使下面这句话听起来别有一番味道:"不列颠统治了大海,所以不列颠放弃了规则。"[2]另有证据表明,战争初期,法国士兵在占领区也犯下了"暴行",[3] 所以,人们完全有理由问一问,要是战争主要在德国的领土上进行,法国人会有什么样的表现。在战争动员开始几天之后,教师、曾经的和平主义者路易·佩尔戈(Louis Pergaud)

213

---

① Jünger, *In Stahlgewittern*, 114 – 15.
② "统治大海"是英国爱国歌曲《统治吧,不列颠》中的一句歌词。文中所引俏皮话的俏皮之处在于,说这话的人巧妙地利用了英文中"统治"(rules)和"规则"(rules)、"大海(waves)"和"放弃(waives)"这两组词读音相同的特点。——译者注
③ Jean-Jacques Becker, 1914: *Comment les Français sont entrés dans la guerre* (Paris, 1977), 46 – 47;以及 Pierre Miquel, *La Grande Guerre* (Paris, 1983), 145。

写道："我们要把普鲁士这个毒如蛇蝎的种族斩草除根，这是必要的，也是要紧的。"①

尽管如此，现有的证据还是有力地表明，德国人拒绝承认国际准则的做法是最有计划、有步骤的——部分原因在于觉得有必要，因为他们认为这些准则对于他们当下的幸福是有害的，但在很大程度上也是由于他们德国人就是不太想遵守那些规则，在他们看来，那些规则是异己的、以历史为基础的，因而无论是对他们自己还是对当下所具有的巨大意义来说，都是不合适的。战后的德国人自责说，他们的宣传做得远远赶不上协约国，但事实是，协约国在反对德国人的主张背后，的确有比德国人反对他们的敌人更多的实质性东西。德国人呼吁的"诚实""公开"和"坦率"，带有浪漫主义和理想主义的光环；他们的呼吁是对内在的和私人德性的呼吁。协约国的呼吁是一种基于社会、伦理和历史的呼吁；它是对外在的和公共价值观的呼吁。

亨利·柏格森在 1914 年 12 月谴责德国人让他们的野蛮主义带有"科学的"色彩，② 亨利·詹姆斯在 1915 年 1 月提到伊普尔毁灭背后"卑劣的魔鬼信仰"，③ 但是，1915 年 4 月 22 日德国人在西线伊普尔附近的兰热马尔克，第一次有计划地使用窒息性气体攻击法国和加拿大的军队，使得协约国人民对于德国威胁的邪恶本质以及德国人的"罪孽"深信不疑。1915 年春季的这一事件在皮埃尔·米克尔（Pierre Miquel）所谓的"恐

---

① Jean Lestoquoy, *Histoire du patriotisme en France des origines à nos jours*（Paris, 1968）, 207.

② Henri Bergson, *La Signification de la Guerre*（Paris, 1915）, 19.

③ 信，致埃文·查特里斯阁下（Hon. Evan Charteris），1915 年 1 月 22 日，Henry James, *Letters*, II：453。

怖主义战争"中，是最惊人的一幕。①

1899 年的《海牙宣言》和 1907 年的《海牙公约》禁止在战争中使用"有毒物质或有毒武器"。尽管法国人和英国人早在 1914 年 9 月就已购买液氯，尽管法国人在 1915 年 4 月之前的一段时间就已经在研制毒气弹，但事实仍然是，德国人是第一个广泛而系统地使用毒气的。因战前在合成氨方面的研究而在后来获得诺贝尔奖的化学家弗里茨·哈贝尔（Fritz Haber），在 1914 年秋季就想到用氯气可以让德国人重新掌握战争的主动权，而且哪怕是军火和人力短缺，也可以使战争以胜利结束。德国人指控协约国在炮弹中使用毒气，而不是德国人和法国人已经使用的相对无害无毒的刺激物，但他们的指控空口无凭；他们声称在海牙达成的协议并不适用于呈云雾状扩散的气体，而只适用于使用发射物施放的气体，这种说法不过是强词夺理。

一些评论家在当时以及一些历史学家随后都表示，对于毒气的使用没有必要大惊小怪。他们认为，毒气实际上比炮击更人道，因为它造成的伤亡很小，即使是在开始使用致命毒气之后也是如此。② 这样的看法貌似有理，其实不然。使用毒气当然不是因为它更人道，而是因为它可以让前线士兵更加提心吊胆。它不是为了取代炮击，而是作为炮击的补充。就如一名英国炮兵在德国人借助毒气夺取了伊普尔附近的战略要点 60 高地之后在 1915 年 5 月说的：

---

① Miquel, *La Grande Guerre*, 327.
② 巴兹尔·H. 利德尔·哈特提出了这一观点，见其所著 *History of the First World War*（London, 1972），145；另有彼得·格拉夫·基尔曼斯埃格（Peter Graf Kielmansegg），见 *Deutschland und der Erste Weltkrieg*（Frankfurt am Main, 1968），91。

如果我们不想每次都蒙受巨大的损失，就必须使用这种东西。那些好心肠的人声称，让人感到窒息要比用高爆弹把他炸飞更仁慈。那是他们想在整个世界面前掩人耳目。实际上，他们先是释放毒气，并用刺刀把所有被毒气熏倒而无法动弹的人刺死，然后又把他们的高爆弹对准那些还在拼命喘气的可怜的人。对于整件事情，人的感受难以言表。①

各方的士兵，甚至是久经沙场的老兵，从来都没能适应毒气战思想。实际上，有些直接参与毒气研发的德国人就认为它是一种"缺乏骑士精神的"和"令人反感的"武器。② 第6集团军指挥官、巴伐利亚王储鲁普雷希特，试图以敌人会以牙还牙为由阻止它的使用，但他的意见被否决了。具有讽刺意味的是，1915年9月，正是他的第6集团军在洛斯成了英军首次大规模毒气攻击的目标。虽然毒气很快就成为双方的常规武器，而且随着战争的进展双方还开始采取更加致命的形式，但士兵们仍然认为毒气是一种不地道的作战手段。医疗队的 G. W. G. 休斯（G. W. G. Hughes）中校说：

我永远也忘不了首次毒气攻击之后在伊普尔附近看到的惨状，波珀灵厄到伊普尔的路边躺满了人。他们精疲力竭，一边喘着粗气，一边从嘴里往外吐着黄色的黏液。他们脸色发青，表情痛苦。情况非常糟糕，而我们却无能为力。在有

---

① 信，1915年5月5日，V. M. Fergusson，IWM。
② Ulrich Trumpener, "The Road to Ypres: The Beginnings of Gas Warfare in World War I," *Journal of Modern History*, 47 (September 1975), 468.

关这些毒气攻击实例的书籍和文章中，对其恐怖和可怕之处的描述我觉得都没有夸大，甚至还没能完全反映实际的情况。看到过他们或者为他们治疗过的人，离开时都恨不得直接扑向德国人，掐死他们，想办法让他们为他们的残忍付出代价。一下子死掉也好过这种可怕的折磨。①

看来，毒气战的受害者——只要看到过——在心灵上受到的折磨远远超过被炮弹炸得缺胳膊少腿的士兵：

216
    在我所有的梦中，我都无助地看到，
    他向我冲来，发出咯咯的声音，窒息，溺亡。②

士兵们当然都很迷信，英国的士兵开始觉得使用毒气会招来坏运气。③ 英法国内战线认为，德国人使用毒气是不可接受的。国内舆论被激怒了，所以当《每日邮报》请求英国妇女按照报纸上给出的规格，用棉花和羊毛制作 100 万只简易的防毒口罩，以便为 4 月下旬的紧急情况做准备时，军队得到的捐赠铺天盖地。这些口罩有几千只被立刻送往法国，发给部队暂用。

---

① 引自休斯自传性的描述，见 G. W. G. Hughes, n. d., n. p., IWM。
② Wilfred Owen, "Dulce et Decorum Est," Collected Poems, 55. 欧文（wilfred owen）在他这首名为《为国捐躯，美好而光荣》的著名战争诗中描写了在遭到毒气攻击时，战友在他面前窒息而亡给他留下的梦魇般的记忆。他把氯气的毒雾比作绿色的海，把中毒比作溺水，因此这里才出现"溺亡"这个词。这两行诗的前面一节描写的就是记忆中遭到毒气攻击的场面：毒气！毒气！快，伙计们！——恍恍惚惚，摸摸索索，/刚好及时套上难看的面罩；/可有人还在呼号，还在跌跌跄跄地奔走，/还在如人在烈焰或石灰中一样挣扎……/昏暗中，透过模糊的镜片和混浊的绿光，/就如在绿色的海面之下，我看到他在溺亡。——译者注
③ Robert Graves, Goodbye to All That (Harmondsworth, 1960), 123.

毒气战的技术发展很快：从氯气到光气和芥子气。芥子气最致命，而且它又是德国人率先使用的。防毒面具相应也变得更加复杂，蒙在脸上的材料是橡胶纤维做的，镜片是不会碎裂的玻璃做的。人们讨厌这种面具。往好里说，呼吸困难，而且视线和灵活性也受到限制。

在凡尔登的光气进攻中，皮埃尔·德·马泽诺（Pierre de Mazenod）周围尽是些戴着面罩的人，这让他想起了"死亡嘉年华"。[①] 对许多人而言，毒气使战争进入了一个不真实的、虚幻的世界。士兵们一旦戴上面具，就一点儿也看不出他们是人。长长的鼻子、硕大的玻璃眼睛和迟缓的动作，这些使得他们成了幻想中的东西，其有棱有角的面容就像是毕加索和布拉克（Georges Braque）笔下的人物而不是传统的士兵。多热莱斯（Roland Dorgelès）把防毒面具称为"这个代表了战争真实面目的猪鼻子"。[②] 关于德国人的毒气进攻，英国人有如下评论：

> 由于德国人使用了毒气，战争变得更加惨烈，骇人听闻的事情层出不穷，直到文明世界的士兵们的勇气不得不上升到这样的高度，就连以前那些出去同会喷火和放毒气的恶龙作战的骑士都相形见绌。在这场与掌握了科学知识的猩猩种族的殊死搏斗中，不要看外在的东西，而要看内在的东西，那样才能看到战士额头上闪闪发亮的光环……但是比从前带有羽饰的盛装战士的光环更了不起的，是他缠着化学绷带、看上去没有了人样却还能在泥泞或尘土中骑行或蹲伏，迎候德国人的枪炮刀剑，以及火焰喷射器、

217

---

① 见 Horne, *Price of Glory*, 286。

② Roland Dorgelès, *Souvenirs sur les Croix de bois* (Paris, 1929), 18.

窒息性气体、催泪气体、有臭味的气体等其他战争手段的勇气！①

所以，毫不奇怪，皇家工程兵的"防毒气部队"在战后十周年聚会的时候，有个喜剧节目的剧情梗概提到了俄罗斯芭蕾。毒气和俄罗斯的舞者都被视为"创新"的顶峰，表现了还远远不能为社会中大多数人接受的现代意识。在周年纪念的节目单上，对大英帝国最优秀指挥官勋章获得者、皇家学会会员、意大利骑士勋章获得者亨利·S. 雷珀（Henry S. Raper）中校是这样介绍的：

> 雷珀斯基在表演他有名的俄罗斯芭蕾舞剧《透析》。情节：故事发生在一片林中空地，在那里可以看到克洛林、布罗明和艾奥丁这美丽的三姐妹在漫步②。索迪恩③，一个恶名昭著的坏蛋，过来迷住她们，给她们每人一个电子作为她们的戒指。到她们明白过来是怎么回事的时候已经为时太晚。就在她们快要在绝望中化为晶体的时候，她们被阿詹坦④析出，因而得以免除可怕的厄运。最后一幕描写的是索迪恩，他此时已变成离子，在做布朗运动。⑤

---

① Frank Fox, *The British Army at War* (London, 1917), 35 – 36.
② 克洛林、布罗明和艾奥丁分别是氯、溴、碘的音译。——译者注
③ 钠的音译。——译者注
④ 银的音译。——译者注
⑤ 摘自伦纳德·利维（Leonard Levy）准备用于私下传阅而印制的一本纪念性的小册子，"Some Memories of the Activities of the R. E. Anti-Gas Establishment During the Great War", n.d. [November 1938]，见 Foulkes Papers（J41），Basil Liddell Hart Archives。

鉴于毒气在首次使用时英国国内表示强烈抗议，读一读荷　218
兰在 1919 年公布的化学战报告的开头几段很有意思。报告开头
是这样的：

> 毒气是一种合法的战争武器——对此，委员会毫无疑
> 义——而且它将来还会被使用，这一点他们认为可以作为
> 一个不可避免的结论，因为历史表明，一种武器既然已经
> 在战争中被证明是成功的，那它无论如何都不会被为了生
> 存而战的国家放弃。①

二十年后，在下一次战争爆发的时候，英国的每一个人都
会得到一副防毒面具。这种"立体主义战争"已经蔓延到整个
国家。

火焰喷射器是德国人率先使用的另外一种武器；从 1914 年
后期开始，它就是他们武器库中的一部分。协约国说它违反了
禁止使用"有意造成不必要痛苦的武器、发射物和材料"的海
牙协议，而且还坚持认为"交战国对于给敌人造成伤害的手段
的选择并不拥有不受限制的权利"。火焰喷射器由油瓶和钢管
组成，油从钢管中以很高的压力喷出。这种武器就像毒气一样，
长期来看并不特别有效——它最大的用处不过是烧死躲在碉堡
和掩体里的敌人——但它可以把巨大的恐惧感慢慢地注入潜在
牺牲品的内心。对迈雷来说，火焰喷射器是这场冷酷战争的最
高象征，是这个疯狂的世纪熊熊燃烧的幻影。② 法国人和英国

---

① "Report of the Committee on Chemical Warfare Organisation," Foulkes Papers
　　(J18), Basil Liddell Hart Archives.
② 日记，1916 年 12 月 26 日，Mairet, *Carnet*, 269–70。

人不像德国人那样喜欢使用火焰喷射器：他们认为，只要被攻击的战壕在抵抗，背着火焰喷射器的人就很可能被击中，从而变成人肉火炬，对于己方部队就更多的是威胁而不是帮助。而要是进攻没有遇到什么抵抗，火焰喷射器几乎就没有必要。不过，法国人实际上还是保留了火焰喷射器，用于第一波突击成功后的肃清残敌。

在德国人率先有计划、有组织地使用的其他堑壕战发明中，还有战壕迫击炮和狙击战。迫击炮，或者像英国人带有嘲讽意味的昵称"明妮"，早在 1914 年 9 月就出现在贵妇小径等地。法国人讨厌迫击炮，称之为"煤桶"或"火炉烟囱"。狙击手连同其望远式瞄准镜也作为不符合体育精神的作战方式而惹人讨厌，有时甚至连自己一方的人也讨厌。

英国人和法国人在引入新的作战观念方面非常迟钝，比如战壕迫击炮、毒气或坦克。从一开始，人们就不愿意接受堑壕战的现实。"我不知道要做什么，"基奇纳说，"这不是战争。"①堑壕战的责任当然在德国人；他们最先采用了这种"不像男人的"作战形式。谢尔菲斯将军（General Cherfils）指责德国佬的行为就像"缩头鼹鼠"，拒绝诚实的、充满男子汉气概的、光明正大的战斗。② 但除了指责德国人，有创造力和革新精神的想法却没怎么出现。在索姆河战役拖拖拉拉地打了三个月却仍然看不到取得突破的迹象之后，罗伯逊将军（General Robertson）竟然还把坦克说成"有点孤注一掷的新发明"。③

坦克大概是协约国在堑壕战中唯一的重大发明。然而，

---

① E. L. Woodward, *Great Britain and the War* 1914 – 1918 (London, 1967), 40.

② André Ducasse et al., *Vie et mort des français* 1914 – 1918 (Paris, 1968), 72.

③ Woodward, *Great Britain and the War*, 40.

1916 年 9 月 15 日在索姆河畔将其过早地投入使用，而且数量不足，浪费了这种出奇制胜的重要武器。在维多利亚时代，出奇制胜被认为有点不道德。它属于赌徒和懒汉不道德的世界。成功必须是艰苦工作和奋斗的结果，不是靠运气和出其不意。所以，坦克在当时不是被当作秘密武器，而是被看作英国人之决心和献身精神的产物。就黑格而言，和步兵突击相比，坦克永远是次要的。最后赢得战争的是人，而不是机器，是人在"玩游戏"。

　　如果说坦克被协约国不太情愿地当作游戏中必要的组成部分，那德国人使用潜艇攻击指定区域中的所有船只，更是从一开始就被法国人和英国人视为其野蛮行径的又一证明。对于自己的舰队，德国人一向更看重它的象征意义而不是实际应用。例如，1912 年 10 月，贝特曼·霍尔韦格告诉英国驻柏林大使馆高级官员格兰维尔勋爵（Lord Granville），德国对自己舰队的要求是，"不仅要致力于保护德国的商业，还要致力于它的伟大这个总目标"。[①] 战争爆发的时候，英国海军起初占有明显的优势，所以到 1914 年年底，英国不仅牢牢地控制着国内水域，对德国在北海和英吉利海峡的海上运输进行有效的封锁，还给海上的德国舰队造成了相当大的损失。德皇不愿意再拿他剩下的宝贝舰队冒险，不愿意让他的象征物遭受灭顶之灾。所以，除了对英格兰东海岸发动一些打了就跑的袭击和 1916 年的日德兰海战，德国舰队就一直待在港内，躲在雷场后面。因为不允许动用这种大国地位的象征，德国海军当局就把重点转移到一种更新式的海战武器。这种武器就是潜艇。它在效果上更加

220

---

① Woodward，*Great Britain and the War*，167.

"现代"，能实施隐蔽的、出其不意的、突然的毁灭性打击。在把重点放到潜艇上的同时，德国人又一次改变了传统的战略思维模式。潜艇本来是用来支援海军舰队的，现在却反过来：潜艇成了德国人主要的海战武器，而水面舰队的地位则下降了，主要承担支援任务。在陆地，德国人钻到地下；在公海，他们采取同样的办法。

1915 年 2 月，他们宣布在英国周围设立一个"战区"，该战区范围内的所有船只，不管是商船还是别的，都会遭到攻击而不会顾及船员和乘客的安全。这一次，德国人的理由还是英国人先违反了海上法律，而他们只是对英国人封锁自己国家的行为做出回应。英国曾经拒绝批准试图确立海战法规的 1909 年《伦敦宣言》，而且，它还继续按照有利于自己的方式理解诸如违禁物资性质之类的有争议问题；因此，德国人表示，德国别无选择，只能采取反制措施，尽管这些反制措施有可能显得比较残忍。

在这个例子中，德国人的理由无疑有某些值得肯定的地方。但这里的兴趣点是德国人回应方式的性质问题。诉诸无限制的潜艇战，并再次拒绝区分军人和平民、中立国和交战国，德国人用比英国封锁更大的戏剧性和干劲把战争拖入了总体战。恐怖政策也被用于海上。1915 年 3 月，"法拉巴"号客轮被鱼雷击中，而且鱼雷还是在客轮放救生艇的时候发射的。100 多人丧生。5 月 7 日，英国邮轮"卢西塔尼亚"号在爱尔兰海岸被鱼雷击中，2000 多名乘客和船员中有 1198 人丧生，其中包括 120 名美国人。在狂热的仇外情绪中，德国还制作了一种奖章，以纪念这次海上"胜利"。距离首次使用毒气没过去几天，就又发生了"卢西塔尼亚"号被击沉的事件，这激起了中立派人士对德国的愤怒。哈佛大学教授乔赛亚·罗伊斯（Josiah Royce）到那时为止一直克制着没有在自己的课堂上提到战争。但他获悉"卢西塔尼亚"号的遭遇时，再也忍不住了。"如果我听任我班上的学生对于怎样看待这些事情还有一点点怀疑，那我就枉为一名哲学教授，特别是一名道德哲学教授。"他接着还讲到了"那些普鲁士人的战争恶行的最新表现"以及"这种对人性的新考验"。① 罗伊斯的反应在美国人当中非常具有代表性。

222

在协约国的国内，"卢西塔尼亚"号的沉没让人们义愤填膺，纷纷踊跃参军。25 岁的威廉·格雷格森（William Gregson）显然就是受该事件的影响。他在布莱克浦一所文法学校——阿诺德学校当教师，他的日记到那时为止记的更多是校园生活和足球，而不是战争。5 月 9 日，星期天，他在日记中写道，"'卢西塔尼亚'号的沉没依然像乌云一样笼罩着我们，使得晨祷时里格比的布道异常激愤。"两个星期不到，格雷格森就决定从军了。②

整个夏季，德国人继续执行他们的战术：先是在 7 月 9 日攻击丘纳德轮船公司的大型邮轮未果，继而在 8 月 19 日击沉了白星轮船公司的"阿拉伯语"号。反对他们的声音明显在提高，而且潜艇战对于英国经济并没有产生预期的效果，所以在 1915 年 9 月，这些攻击就被叫停了。

不过，基于对这场新战争的性质的更广泛理解，法尔肯海因在其对阵地战的看法中——他在 1915 年 12 月的备忘录中表

---

① 信，致 L. P. 杰克斯（L. P. Jacks），1915 年 6 月，见 *The Letters of Josiah Royce*, ed. John Clendenning（Chicago, 1970），628 – 29。

② 日记，W. C. S. Gregson, IWM。

达得最为完备——又提出要积极实施无限制的潜艇战。两者都是总体战中必不可少的成分。法尔肯海因在 1916 年始终未能就潜艇战的对象问题说服政府和德皇。但在日德兰海战之后，因为认识到德国几乎不可能撼动英国的海上优势，同时 1916 年的陆战同样也没有进展，德皇和贝特曼·霍尔韦格最终相信，要想胜利，再次发动潜艇战是唯一可行的办法。虽然这样做有可能导致美国参战，但德国人相信，他们能在美国人出手之前就让英国屈服。

223

　　如果说被击沉的吨位数是成功与否的标准，那这一次的攻势起初无疑是很有希望的，至少在 1917 年夏末英国人开始采取有效的护航方式之前一直是这样。不过，对德国人来说，由此造成的最严重的后果就是美国在 4 月参战。潜艇战会一直持续到最后，但是到 1918 年 7 月，转折点就出现了，因为到了那个时候，英国人每个月生产的新船的吨位数超过了被德国人击沉的吨位数。

　　在空中，就如我们指出的，德国人也率先扩大了作战范围。因此，在所有的层面上，在陆战、海战和空战中，率先尝试最新方法的，通常都是德国人。公然违反国际行为准则和道德准则的也是他们。在战争的所有这些领域和方面，1916 年都显得特别重要。诸如毒气战和潜艇战之类的新思想，有很多都是在 1915 年首次尝试的，所以在事后看来，那一年乃是过渡之年；但是就一些最突出的方面来看，新战争的来临和被接受却是在 1916 年。很多人都意识到巨大的变化即将到来。1916 年年初，乔治·布拉雄（Georges Blachon）在《两个世界》杂志上发表了两篇文章，分别名为《新战争》和《我们眼前的战争正在起变化》。

在战争的方式、战术和手段上，德国人在 1914 年占据了主动。战争将给欧洲的精神带来革命，从而也将必然给欧洲的国家结构带来革命。德国是倾向于革命的欧洲大国。位于欧陆中心的它，想要成为欧洲的领导者，或者像它所说的欧洲的心脏。在这场战争中，德国不仅代表了革命的思想，还支持各地的革命力量——不管这些力量的最终目标是什么。它为罗杰·凯斯门特（Roger Casement）[①] 和爱尔兰民族主义分子反对英国的斗争提供帮助，它从瑞士把列宁送回俄国以便在彼得格勒挑起革命。对德国人来说，最重要的是推翻旧体系。那是这场战争的要领。一旦成功，革命的力量就会继续前进，建立一个与新形势相适应的新体系。

224

---

① 他出生于都柏林，父亲是英国人，母亲是爱尔兰人，一战期间因试图得到德国的援助并在爱尔兰武装反抗英国的统治，最终被捕处死。——译者注

五　疯狂的理性

啊，上帝，我们往日的依靠，我们未来的希望。

　　　　　　　　　　　　伊萨克·沃茨（Isaac Watts）

我认为这场战争没有给人民的性格和风俗习惯带来任何重要而持久的变化。

　　　　　　迈克尔·麦克多纳（Michael Macdonagh），1916 年

我将回到英国的老家，

我离开那里，为的是用机枪扫射；

我浴血奋战过，

也了解了很多有趣的事情；

但现在我手臂已断，我想我尽到了自己的责任，

明早我就会亲吻到我在英国老家的姑娘。

　　　　　　　　　　　　　　圣诞贺卡上的诗句，

　　　　　　　　　　　　英国红十字会，1917 年

他们的办法是不去问为什么

中小学教师、矿工、银行职员、家禽养殖场主，还有绅士、 226
城市中产阶级、工人和农民，是什么让这些愤怒的人继续待在
战壕里？在无人区那由死亡的铁拳主宰的地带边缘，是什么支
撑着他们？是什么让他们跃出战壕，前赴后继，不顾嘈杂、地
形、恐惧和混乱，依旧秩序井然？在长期面对死亡或它的象征
时，在进攻和反击中，在防守或感到疲惫的时候，在行军途中，
在夏日和冬季，在火线，在承担支援和后备任务的时候，在休
整和也许作为最大考验的休假的时候，是什么支撑着他们？

我们这里说的不是职业军队，而是由平民组成的军队，是
志愿和应征入伍的人，这样的军队在世界上前所未见，而且我
们说的不是靠皮鞭、绞索或普罗克鲁斯忒斯之床来强迫人服从
的军队体制。在这次战争中，开小差虽然还是要被处死，而且
军事法庭也没有闲着，但相对于参战士兵的数量并考虑到他们
必须勇敢面对的环境，不服从命令和煽动叛乱发生的比例还是
非常低的。能够让人在西线的地狱中坚持下去的是什么，这一
点是理解这场战争及其重要意义的关键。

从前线士兵的日记和书信可以清楚地看出，在前线服役期
间，特别是在行动但也包括日常执勤的时候，人的感觉因为受
到无数的冲击而变得非常迟钝，以至于用不了多久，所有人都
会按照本能的反应去生活。他本能地履行自己的职责。当然，
自我保存是个重要的本能，但考虑到士兵所处的情境，更重要
的是军队制定的严格的行为条例，尤其是社会准则，那是军队 227
更广泛的背景。本能和直觉很大程度上是由士兵所处的社会规
定的。

艾伦·托马斯（Alan Thomas）后来写到一次进攻的场面：
"嘈杂声、烟雾、火药味、步枪和机枪急促的射击声，全都搅
在一起，令人感觉麻木。我只知道自己在和其他人一起往前冲，
别的就不太清楚了。"[1] 托马斯也许不知道他为什么要向前冲，
但他向前冲——忠诚、尽职、光荣地向前冲是有很多理由的，
这些理由大多是积极的而不是消极的。相比于惩罚的威胁，
"这项事业"连同从个人、家庭和国家等多重角度对它所做的
解释，在决定行为方面起到的作用要重要得多。

对来自伦敦的爱尔兰人帕特里克·麦吉尔（Patrick McGill）
来说，跃过战壕就意味着"多想无益的时刻到了"。[2] 时间，甚
至空间都不重要。眼下最要紧的就是穿过自己这边的铁丝网，
越过布满弹坑的地带，注意排长的信号，背好沉重的背包。这
时候，士兵既按照平时训练反复强调的条例行事，也按照社会、
教育和教养逐渐灌输给他的整套价值准则行事。

在极端危险的情况下，本能的反应决定了人的行为，这一点
现在完全可以理解。书面材料中经常提到一种类似于麻醉的状
态。下面是亚历山大·艾特肯（Alexander Aitken）描写的一次进
攻，那是 1916 年 9 月在索姆河畔的"鹅巷"（Goose Alley）[3]：

> 我穿过硝烟……在这样的进攻中，冒着夺命的炮火，
> 人就像紧紧握住充电电极一样虚弱无力，除了机械地往前
> 冲，无力做任何事情；一旦毫无遮掩地暴露在死亡面前，
> 意志就凝固了，就好像进入麻醉状态的时候只剩下最后的

228

---

[1] Ellis, *Eye-Deep in Hell*, 100.

[2] 同上。

[3] 战壕名。——译者注

那个念头一样，而那个念头也是醒来后的第一个念头。只有安全了，或因受伤带来的震惊，才会破坏这种自动的催眠状态。与此同时，所有正常的情绪也全都丧失了。①

但从其他叙述来看，对许多人来说，要挨过漫长的战壕生活，就必须始终保持这种近乎麻醉的状态。士兵们来到前线大约三个星期过后，在他们的身上就可以看出明显的变化：反应迟钝、面无表情、目光呆滞。德国的学生兵胡戈·施泰因塔尔（Hugo Steinthal）说，士兵们陷入的这种麻木，可以让他在那个地狱中熬过来而不至于精神崩溃。在战壕里度过了一段让人特别疲惫的日子并被轮换下来以后，他在家书中写道：

> 无论是谁，只要他在战壕里待上我们步兵一样长的时间，也无论是谁，只要他在那些地狱般的进攻中没有疯掉，那他肯定至少要失去对很多东西的感觉。我们可怜的小伙子们，承受了太多可怕的事情，太多难以置信的事情。对我来说，能够忍受那所有的一切，简直是不敢相信。我们可怜的小脑袋，绝对不可能把它全都装进去。②

马克·博阿松说，战壕体验容易让人陷入自动的麻醉状态。③ 弗里茨·克赖斯勒也提到过人们陷入"奇怪的、可以说是受了催眠作用的精神状态"。④ 贝当将军注意到，天真的年轻

---

① Ellis, *Eye-Deep in Hell*, 101。

② 信，1915 年 4 月 4 日，寄自法国，见 Philipp Witkop（ed.），*Kriegsbriefe deutscher Studenten*（Gotha, 1916），45 – 46。

③ 信，1917 年 3 月 26 日，Boasson, *Au Soir*, 218 – 19。

④ Kreisler, *Four Weeks*, 2 – 3。

人最初进入"凡尔登熔炉"的时候，都装出一副轻松的、满不在乎的样子。而侥幸活着的人出来的时候，表情都"因见识了恐怖而僵硬了"。[1] 战斗疲劳症或神经衰弱是最后用来描述这种情况下极端病例的术语，但军队参谋人员和医务官迟迟不愿承认这样的事情。西约克郡 2 营的杰克中校在 1916 年 11 月的日记中记录了一个例子。他手下有名军官，从 1914 年 11 月开始就和该营一起在法国服役，现在显然受到了神经衰弱的折磨：

> 我……向上级指挥部门报告说他已经精疲力竭，并请求把他送回国内休养。得到的答复很奇怪，说没有军人"精疲力竭"这回事，所以我的请求被拒绝了。[2]

如果军方不愿意承认战斗疲劳症，那平民就无从知道实情。加菲尔德·鲍威尔（Garfield Powell）在索姆河攻势期间对政客们喋喋不休的废话非常愤怒，建议把他们全都送到战壕里待上一个星期：

> 战斗疲劳症！他们知道那是什么意思吗？大男人变得跟小孩一样脆弱，一边哭喊，一边狂乱地挥舞双手，抓住最靠近的人不放，求着不要扔下他不管。[3]

要是说在主要作战区域的前线部队中有很多人，甚至大多

---

① Horne, *Price of Glory*, 227.

② J. L. Jack, *General Jack's Diary*, ed. John Terraine (London, 1964), 188-89.

③ 日记，1916 年 7 月 23 日，G. Powell, IWM。

数人，都受到过某种程度的战斗疲劳症的折磨，这个假设可能
不算过分。就像法国士兵诗人夏尔·维尔德拉克（Charles
Vildrac）说的：

> ……绊倒在
> 死神的脚下然后又
> 爬起来呼吸的人，
> 只能笑或只能哭：
> 他无心去悲伤。

即使一个人觉得自己在正常行使职责，前线那么多杂活，
比如修战壕、挖新厕所、参加铁丝网小组、站岗、清理装备、　230
捉老鼠和虱子，也会让他几乎没有时间和精力去思考战争的意
义和目的。负责书信检查的军官感到工作极其乏味，因为差不
多所有信件的内容都很平淡寡味。物质上的关切居多，比如饭
菜、香烟、衣服、装备，以及天气和害虫之类的烦心事；情感
上很少超出老套的感伤；对整个战争的描绘通常也是老生常谈。
就连罗兰·多热莱斯那样敏锐的观察家也承认："哪怕是最深
刻的印象，过后我想到的时候也有点隔阂。那时候我关注的都
是些鸡毛蒜皮的事情，而这常常妨碍了我的整体判断。"①
因为在战壕里注意力都放在大量的琐事上，就像安德烈·
布里杜（André Bridoux）说的，"让时时刻刻非做不可的事情压
得喘不过气来"，② 而且又得不到关于其他战场战况的确切消
息，所以人们发现，对于整个战争很难拼凑起一幅清晰的画面。

---

① Dorgelès, *Souvenirs*, 20.

② André Bridoux, *Souvenirs du temps des morts* (Paris, 1930), 16.

这就是亨利·巴比斯（Henri Barbusse）的小说《炮火》在1916 年出版时被热切传阅的原因之一①。士兵们渴望对战争有更广泛的了解。大多数人都像瞎子一样打完了这场战争。

安德烈·纪德去过布拉夫伊（Braffye）的一个医护站，那里在接收从战场上下来的伤员。他想从那些还能说一说自己的遭遇的人那里了解一些真实的反应。让他非常意外的是，那些幸存者口中说的，就跟报纸上报道的一样。"他们没有人能够提供哪怕是一点点独到的想法。"他抱怨说。这就好像士兵们在投入战斗之前，就已经看过有关此次战斗的报刊文章一样。②战争似乎是按照假定，按照不单是和战争本身，总的来说还和文明有关的价值观以及思想准则所养成的本能反应来进行的。在索姆河，沃克牧师大人（the Reverend Walker）为一位重伤员领受了圣餐：

231

> 祝福之后，他闭上双眼，合拢双手，说了"温柔的耶稣，温顺和善，注视着一个小孩，等等"——上帝赐福于父亲、母亲、祖父，并使我成为一个好孩子——然后是主祷文。③

如果说垂死的士兵会求助于童年时代在床边学到的宗教仪式，那么，那天，或者是接下来的那天，或者是接下来的那个星期，那些面临灭绝威胁的人也是以同样基本的方式来做出反

---

① 巴比斯的《炮火》（*Le Feu*）是最早描写一战的小说之一。它是根据作者作为一名法国士兵在西线战场上的亲身经历创作的。——译者注

② "Dictée," *Nouvelle Revue Française*, 33（July 1, 1929），21–22.

③ 信，1916 年 8 月 25 日，the Rev. J. M. S. Walker, IWM。

应的。生活开始被当作死刑缓期。没有别的。人们不再发问，而且是有意如此。他们停止了理解。"犹如他尽可能定期地努力清理自己身上的虱子一样，"雅克·里维埃说，"士兵也小心地在挨咬之前，把自己心中的想法一个接一个地消灭在萌芽之中。此时，他显然是把那些想法看作害虫，而且他没有别的办法，只有把它们当作害虫对待。"①

这场战争的意义如此重大，如同不可知也不可定义的神性，以至于言辞和思想都失去了作用。加布里埃尔·舍瓦利耶（Gabriel Chevallier）说道："我感到自己从来没有像那样缺乏思想。"② 夏尔·德尔韦尔说："人的思维停滞。什么也不想。脑袋像灌了铅似的。"③ 狄龙·劳森（Dillon Lawson）说："在这里，一个人必然会得出的结论是，思考不仅没有用，而且会更糟。"④

在英国和德国士兵当中，除了一些相对较小的事件，他们直到最后都保持着几乎绝对的忠诚。意见分歧和不服从命令的现象，甚至 1917 年在埃塔普勒英军基地劳工连的兵变⑤，都不应被过分渲染。在战争中要对数百万的战斗人员进行大规模动员，要组织好庞大的工业和官僚基础，在这样的大背景下，违反纪律的事情发生的比例还是非常低的。1917 年，在 4 月伤亡惨重却又劳而无功的贵妇小径攻势之后，法军防线的确普遍发

---

① Jacques Rivière, "French Letters and the War," *The Ideal Reader*, 271.

② Ducasse, *Vie et mort*, 94.

③ 日记，1916 年 6 月 12 日，Delvert, *Carnets*, 286。

④ 信，1917 年 7 月 23 日，致罗纳德·里斯（Ronald Rees），R. D. Rees, IWM。

⑤ 埃塔普勒（Étaples）是法国北部海岸的一个小渔港，一战期间英军在那里建立了训练营。——译者注

生了兵变。但对兵变的研究表明，它们之所以发生，并不是因为从根本上怀疑战争的目的，而主要是因为在一些事情上感到不满，比如定期休假、食物质量、后方阵地的娱乐设施不足、酒的价格、烟草匮乏。士气受到影响是因为法国对战争努力的管理有问题，而不是相反。

如果说战争成了本能的反应——到 1916 年的时候无疑就是这样——那么，交战的不同文明和文化中的各种假设就成了最重要的东西。在这里，对这些假设来说，"责任"或者德瓦尔和普夫利希特①是个至关重要的口号。当英雄主义的光芒在战争的头一个月便黯淡下去之后，当战争进入无精打采的消耗战阶段的时候，责任的概念就成了战争努力的关键。只要这个词在表面上还有一点点意义，不管是明说的还是未曾明说的，战争就会继续打下去。只要士兵们在思考的时候还能把他们的本能反应和本能行为与某种潜在的责任意识联系起来，他们就会不顾恐惧、疲惫甚至沮丧，继续战斗下去。②

从巴比斯的《炮火》和西格弗里德·沙逊、威尔弗雷德·欧文、罗伯特·格雷夫斯（Robert Graves）以及赫伯特·里德的战争诗等作品开始，中间经过 20 世纪 20 年代的"醒悟文学"，到最近一些对士兵情感的分析，描写这场战争和研究这场战争的大量文献都非常重视前线士兵中出现的讽刺感、幻灭

---

① "德瓦尔"和"普夫利希特"分别是法语 devoir 和德语 Pflicht 的音译，它们和英文中的 duty 一样表示责任和义务。——译者注

② 在随后受"醒悟"派思想主导的描写这场战争的文学作品中，这种对责任的强调被严重淡化了。夏尔·德尔韦尔是的确指出过责任的重要性的人之一："L'histoire de la guerre par les témoins," *Revue des deux mondes*, 99a. (December 1929), 640。

感和异化感。这种与现存社会秩序及其价值观有关的漂泊意识和边缘意识很重要，我们在后面还会谈到，但就这场战争而言，应该指出，尽管不满的情绪越来越强烈，可战争还在继续，而它之所以还在继续，有一个原因是士兵们愿意打下去。至于他们究竟为什么愿意打下去，则是个有待解释而又常常被忽视的问题。

233

只有在俄国，战线的确崩溃了。那里的社会仍然处于相对落后的状态，不具备打一场持久战所必须具备的经济、社会和道义手段。在俄国，通过教育和国家中其他公共机构进行的社会化程度还不够。工业的普及程度和现代化程度也不够，无法提供足够的军需补给，这就导致沙皇军队在整个战争期间都受到物资短缺的困扰。大部分俄国士兵就像大部分俄国人一样，都是没有文化的农民，他们的战斗热情只是出于对沙皇的忠诚。相比于城市的、工业化的和有文化的社会中的士兵，他们对待生活的态度比较朴素，缺乏社会的和意识形态的装饰。结果，他们的士气也比较低落。在两年半的时间里，俄国人伤亡了550万人。部队总是缺少弹药，而平民总是缺少食物；运输系统混乱不堪；政府四分五裂。1916～1917年的严冬和大饥荒终于使战线崩溃了。到1917年春天，俄国人民已经受够了。那一年发生了两次革命，分别是在3月和11月，后者是布尔什维克策划的。到1918年3月，俄国同德国签订了《布列斯特－立托夫斯克条约》并退出了战争。

在别的地方，尽管俄国人的做法在1917年下半年的确赢得了一些同情，但总的来说，士气稳住了。那么，"责任"的含义是什么，而这种含义在战争进程中又发生了怎样的变化？

责任

234 　　按照 19 世纪中产阶级的世界观，历史在本质上终归是进步的，而进步又源于道德上的节制和世俗生活中的进取，也就是说，既要相信天命又要相信个人奋斗。这个总看法中的言外之意是，公共需要与个体愿望之间的和解——即使不是完全一致——是可能的，是值得期待的。对于塞缪尔·斯迈尔斯那样的人来说，一方面是集体的进步，另一方面是个体的荣誉、实业和幸福，两者紧密相关——"值得尊敬的实业走的是和责任相同的路；天道已经把两者和幸福紧密地联系起来"。①

　　然而我们在这里看到，对斯迈尔斯而言，实业和责任只不过是与幸福"紧密地联系起来"。它们还不是一回事。如果说最大的幸福并不一定来自对责任的履行，那么强烈的个人满足感就是。在 19 世纪中产阶级理想化的道德准则中，个人奋斗的目标永远是社会和谐、公共福利和公共的善。个体利益虽说应该得到国家的保护和促进，但最终还是要服从公共的善；只有懂得约束自己的人才是体面的；为公众服务的观念，或者说责任，成了这个阶级最大的成就。

　　随着国家的公共机构和工具在 19 世纪得到了发展并逐渐处于公众的控制之下，在学校、医院、财政委员会、公共事业部门和殖民地管理部门任职并管理的正是中产阶级，更别说政府中也越来越是这样。在私营部门，银行、保险公司和实业公司也从中产阶级的冒险精神和进取心中受益匪浅。到该世纪末，

---

① 　Asa Briggs, *Victorian People* (Harmondsworth, 1965), 124.

就连军队，从军官到普通士兵，也开始成为中产阶级的天下。　235
只有总参谋部仍然掌握在旧贵族的手中，虽说阶级控制在这里
也不再牢固。

　　1914 年，在法国、英国和德国，走上战场的主要就是深受
服务和责任观念影响的中产阶级。这是史上第一场中产阶级的
战争。如果说之前的战争都是王朝战争，是封建的和贵族的利
益集团的战争，是王侯们争权夺位的战争，那么，第一次世界
大战就是资产阶级的第一次大战。因此，中产阶级的价值观会
成为这场战争中占主导地位的价值观，不仅决定士兵个人的行
为，还决定整个战争的组织方式，甚至战略战术。战争的激烈
程度本身——它当然要被称为"大战"——正反映了 19 世纪
中产阶级对于增长、收益、成就和规模的执迷。机器、帝国、
军队、官僚系统、桥梁、舰船在 19 世纪那个极端的世纪里，规
模全都扩大了；"无畏"和"大贝尔塔"是欧洲人在那场战争，
那场极端战争的前夕，给他们最可怕的武器起的很能说明问题
的名字。

　　1914 年 8 月，乔治国王给即将启程的英国远征军的电文
是："我对你们绝对有信心，我的战士们。责任是你们的口号，
而我也知道，你们会很好地尽到自己的责任。"在那张有名的
征兵海报"你的祖国需要你"上，当基奇纳用手指着英国公众
的时候，那锐利的眼神就是要让人想起相应的口号："尽到你
的责任。"作为"最初的 10 万人"中的一分子，伊恩·海（Ian
Hay）在其广为流行的、振奋人心的颂扬英国远征军的书中
写道：

　　　　在他们的心头写上了

这样一行留作纪念的话：——

他尽到了自己的责任——和自己的本分！①

236　　在开战头几个月兴高采烈的气氛中，各方对于责任的看法听起来都是冠冕堂皇，都是为了光荣地保卫祖国，反对卑鄙的、背信弃义的外敌入侵。责任和冒险成了一回事。

在英国和法国，与责任联系在一起的是荣誉和忠诚，还有捍卫文明和正在走向文明的世界中的价值观，比如正义、尊严和免于暴政的自由。这些都是用"慷慨激昂的言辞"大声地——实际上就是大叫大嚷地，如安东尼·鲍威尔（Anthony Powell）后来说的——宣布的。② 有关责任的聒噪，无疑在很多人那里收到了效果，但其他人却是基于苏格拉底式的理由，在做出冷静而理性的决定之后积极投身于战争努力的。日后会成为杰出历史学家的 E. L. 伍德沃德（E. L. Woodward）1913 年离开牛津，接着又在巴黎待了一年。他之所以在战争爆发的时候加入军队，并不是因为他想和德国人的"野蛮行径"做斗争，而是因为他觉得，要是一个人总的来说受益于自己国家的法律，那么从道义上来讲，即便这些法律突然间变得不再合适了，他也不应该拒绝它们。③ 1915 年 4 月，一个名叫 B. B. 利恩（B. B. Leane）的澳大利亚少校——他将在 1917 年阵亡——在日记中表达了类似的看法，尽管不太清晰："我相信我会安然无恙，但这不好说，不管怎么样，我必须尽到我的责任。"④ 在

①　Ian Hay, *The First Hundred Thousand* (London, 1916), xi.

②　Anthony Powell, *The Kindly Ones* (London, 1971), 161.

③　Woodward, *Great Britain and the War*, xv – xvi.

④　Bill Gammage, *The Broken Years: Australian Soldiers in the Great War* (Canberra, 1974), 47.

法国，也有类似的呼吁和理由，当然，它们显得格外急迫，因为法国是直接受到攻击和被占领的。

　　无论是英国还是法国，它们一开始都把责任和爱国主义联系在一起，而且它们响亮的爱国论调都带有鲜明的历史特色。这两个国家几个世纪以来的成就，具有一种客观的现实性和触手可及的吸引力。它们的成就在任何一张世界地图上，在世界上许多政府和立法机构中，在议会、内阁和司法体系中，都清晰可辨。事实上，历史为英国人和法国人的认同感提供了实实在在的内容，那种认同感具有一种外在的存在。因此在战争之初，责任并不是一个抽象的概念。它是一项实际的命令。"我想，人们活得从来没有像这样对过去有着清醒的认识。"这场战争中的老兵、威尔士人戴维·琼斯写道。① 个体的幸福、自我实现，乃至个体的目的，通常都不是起推动作用的因素，尽管有些人的战争热情，尤其是在知识界和艺术界，的确是受这样的私利激发的。对于大多数英国人和法国人来说，这场战争是通向文明和持续进步的一个阶段，而文明和进步这两者都有赖于被视为历史的、实实在在的、基础的东西。"在我作为一名绅士的灵魂中，我暗自确信，我是在为文明而战，"1915 年复活节那天，路易·迈雷在即将参加他的第一次进攻时写道，"我非常清楚我的责任是什么；我不会不去履行……我现在还不是个勇士，但我肯定会成为勇士。"②

　　随着战事陷入僵持和消耗的局面，责任和德瓦尔的观念也开始失去它们的自信的、带有攻击性的意味。在让－马克·贝

237

---

① 戴维·琼斯，见 D. S. Carne-Ross, "The Last of the Modernists," *New York Review of Books*, October 9, 1980, 41。

② Mairet, *Carnet*, 32.

尔纳（Jean-Marc Bernard）1915 年 7 月在阿尔多瓦阵亡之前，
他写了一首诗，其中有这么几行：

> 我们如此无望，
>
> 和平遥遥无期
>
> 让我们有时几乎都不知道
>
> 去哪儿寻找我们的责任。①

在回顾 1915 年取得的战绩时，珀西·琼斯直打"寒战"，
因为他在地图上看到"还要把德国人赶走多远"。② 查尔斯·索
利到 1915 年 9 月的时候确信，他防守的那段战线坚不可摧：
"现在的战线从我们这儿不可能后退了，但我不知道它是不是
有可能或者会不会再往前移。"③ 在国内，薇拉·布里顿（Vera
Brittain）④ 在 1916 年年初写道，悲观的人现在说这场战争也许
要打上十年。⑤

随着战事的延宕，前线士兵——不管是志愿从军还是应征
入伍——的书信和日记对于这场战争的总体目标，即保卫文明，
提及的次数越来越少，而对于自己有限社交范围内的事情，比
如家人、同志和所在的团，则谈得越来越多。尽管士兵们非常
担心自己在重压之下有可能垮掉，有可能丧失自控力，他们的
双腿或神经有可能在遇到紧急情况的时候不听使唤，但奇怪的
是，他们对于自我，精神性的自我，总的来说却很少关注，对

---

① Jean-Marc Bernard, "De Profundis," 见 Ducasse, *Vie et mort*, 102。

② 信，1915 年 10 月 28 日，P. H. Jones, IWM。

③ 给父亲的信，1915 年 9 月 2 日，Sorley, *Letters*, 307。

④ 英国作家和反战人士。——译者注

⑤ Vera Brittain, *Testament of Youth* (London, 1933), 259.

于个人情感的讨论，比如勇气、畏惧、希望或愤怒，也很少关注。宗教提得也不多，就连随军牧师也是如此。私人日记不怎么谈情感和理想了。加菲尔德·鲍威尔觉得，索姆河地区"整个该死的演出"

> 那么没有人情味，让人即便在拥挤的人群中……也感受不到……人的情感。希望、复仇、愤怒、鄙视，这些情感中的任何一种在行动中都会起到支撑作用，但我相信，很少有人体验到它们。①

注意力都集中在外物上：物质方面的需要及匮乏、战友的福利、国内战线的气氛等。战争初期满怀理想主义热情的埃布尔·费里（Abel Ferry），1916 年 5 月从前线居然这样写道："理想主义是骗人的。世界属于那些不相信思想的人。"② 在谈到凡尔登的士兵时，贝当将军写道，"决心"已成为他们的主要特征，也是他们的主要动机——"一种抵抗入侵者、保卫自己家人和财产的不可屈服的愿望"。③ 让人们继续战斗下去的是实际的关切，而不是崇高的原则。

在士兵周围最切近的事物中，他所在的团成了责任的焦点。战友间的深厚情谊成了被战争激发出来的最强烈的情感之一。"你们不要以为我们不开心，"1918 年 4 月，郁郁寡欢的赫伯特·里德从前线写道，"困难的时候，我们有战友之情，它让

239

---

① 日记，1916 年 8 月 4 日，G. Powell，IWM。

② 日记，1916 年 5 月 11 日，Abel Ferry，*Carnets secrets*，1914 - 1918（Paris，1957），140。

③ Ducasse，*Vie et mort*，159 - 60.

一切都变得大不一样。"① 这种战友情的核心就是对自己同伴的责任感和绝对的信赖。它也是一种强烈的归属感。

有意思的是，士兵们好像在担心国内战线可能会垮掉。结果，宣传成了一种双向的流动。不仅是国内战线——比如报刊在社论中，牧师在布道中，教师在授课中——描绘了一幅美好的战争画面，士兵们往往也会对自己在国内的亲人隐瞒战争可怕的现实。这样做，是因为得到军队书信检查人员的鼓励；也是因为缺少合适的语言和比喻来描绘不曾料到的新体验；再者就是不想让亲人牵挂和伤心。显而易见，随着战争继续进行，相比于战火纷飞的前线，国内战线的情绪要低落得多。早在1915 年 1 月，弗兰克·伊舍伍德（Frank Isherwood）就对自己的妻子抱怨说，所有人——显然不包括她——写的信都让人心情沮丧。比如，他的兄弟好像"对自己的国家、上帝和其他所有的一切都失去了信心。就连教皇也不光彩!! 正是那些什么罪也没受过的人牢骚最多"。在另一封信中，他提到，国王说"在过去六个月里，他只在法国看到过笑脸"。② 战事年复一年，国内形势每况愈下："我们真的是在为某些值得拥有的东西而战。"1917 年 8 月，迪克·斯托克斯（Dick Stokes）觉得必须要写信告诉自己的父母。几个月后，他的父亲又在表示国内士气日益低落，斯托克斯回信说："要说有什么东西肯定会垮掉，那不会是英国陆军! 是别的!!"③

随着责任的关注点变得越来越狭窄，早先的激情也让位于

---

① 信，1918 年 4 月 28 日，Herbert Read, *Contrary Experience*，127。

② 信，1915 年 1 月 15 日和 20 日，见 Christopher Isherwood, *Kathleen and Frank* (London，1971)，312。

③ 信，1917 年 8 月 28 日和 12 月 20 日，R. R. Stokes，IWM。

顺从与忍耐。珀西·琼斯在战前是个年轻的记者，1914 年成了一名充满热情的志愿兵。他在 1916 年 6 月 26 日所写的日记中流露出对于索姆河攻势备战工作的担忧：

> 斯诺将军和他的参谋人员忙于告诉我们，我们实际上不会有任何伤亡，因为所有的德国人都会被我们的炮火齐射消灭掉。一派谎言！……对于精心制订的进攻和巩固计划，几乎所有人都没有信心，但他们全都决心一往直前，直到有什么东西让他们停下来为止……我们的责任很清楚——向前进，直到有什么东西让我们停下来为止。①

在女王的威斯敏斯特来复枪团琼斯所在的那个排里，有一个人在 1916 年 7 月 1 日那天活了下来，而且毫发无损。E. 拉塞尔－琼斯（E. Russell-Jones）中尉在 7 月 1 日的进攻开始前，在日记中表达了和琼斯相似的看法——"再有几分钟就开始了，那将成为德意志文化终结的开端"：

> 战争是件奇怪的事情，对于喜欢它的人来说是件很好的事情，但是我要说，我一点儿也不喜欢这种游戏。现在我的感觉糟透了，并且为了它而憎恶自己，因为当一个人像我这样有那么好的同伴时，他就会强烈感觉到自身的不足。但既然我们在这里，我们大家现在就要把它进行到底，所以，要做的就是尽可能地坚持到底。②

---

① 日记，1916 年 6 月 26 日，P. H. Jones，IWM。
② 日记，1916 年 7 月 1 日，E. Russell-Jones，IWM。

241 　　到 1917 年，责任和德瓦尔就开始渐渐地从前线士兵的积极
词汇（active vocabulary）中消失了。他们中现在有很多人都是
应征入伍的。英国在 1916 年 1 月开始实行义务兵役制。刻意肯
定战争的现象不见了——这一点可以理解，因为战争已经进入
第三个年头却还看不到尽头，而且采取的战术徒劳无功——不
过，与之相比，更应该指出的也许是，虽然士兵们感到疲惫和
沮丧，可仍然愿意"继续战斗"和"坚持到底"。因此，卷入
贵妇小径惨败后兵变的法军第 36 步兵团，在士兵们所写的 3000
封信当中，只有 400 封或者说 13% 的信因为对兵变表达了某种
程度的同情而被邮政控制部门扣留下来。绝大多数的信件甚至
都没有提到不服从命令的现象。① 在这里值得注意的并不是兵
变的证据，而是大部分士兵的克制和忠诚。

　　在某些方面，不服从命令的可能性实际上是被旧式指挥
官放大了，他们对于新式军队存有疑虑。黑格就不信任新式
士兵：

　　　　他们出来是迫不得已，要是离开军队他们就会觉得解
脱了。这种人对于保持沉默感到不满，他们来自一个喜欢
诉说各种真真假假的委屈的阶级，他们在这方面的教养对
于早先部队中忠于职守的精神，起到了令人遗憾的消解
作用。②

---

① QG IIIe Armée，"Contrôle de la Correspondance"（报告上注明的日期为 1917
年 5 月 31 日），16N1521，SHAT。

② Stephen R. Ward，"Great Britain：Land Fit for Heroes Lost，"见 S. R. Ward
（ed.），*The War Generation*（Port Washington，N. Y.，1975），28。

1917 年 6 月，法国第 3 集团军指挥官安贝尔将军（General Humbert）估计，当时的法国士兵中，每 100 名有 50 个是忠诚的，35 个是可疑的，15 个是坏的。安贝尔要求军事法庭对开小差的士兵采取果断行动。[①] 鉴于这样的假设，士兵们——不论新兵还是老兵——所表现出来的忠诚程度就非常突出了，而这是最高指挥机构完全没有料到的。如果说无限的公学热情在普通士兵中消失了，那这更多是由于这场战争自身的性质，而不是英法军队在社会特性方面不太显著的变化——在英国，由于工业需要，工人阶级在征兵制度下更有可能被留在国内。

另外，对责任提得少了，也说明士兵们觉得，用言语来表达自己的体验和看法越来越困难了；它和责任概念的消失没有太大的关系。例如，威尔弗雷德·欧文现在居然说，自己"在责任沉寂的时候听到了音乐"。[②] 到 1918 年夏天，在德军发动大规模攻势并取得局部突破之后，黑格和他的许多将领，还有到前线参观的情绪低落的记者和政客们，都因为士兵们的坚韧而深受鼓舞。

到 1916 年，战争似乎已经有了它自己的用传统语言无法解释的理由——"在非理性大行其道的时候去谈论理性是荒谬的。"路易·迈雷这样写道——但原先清楚的东西现在蒙上了阴影，并不意味着战争就不再继续了。"无论如何，斗争都必须继续下去，"迈雷说，"直到两个集团中有一个完蛋。"[③] 这个说法的言外之意就是战争已经有了它自己的势头，但这

242

---

① 安贝尔的信，1917 年 6 月 1 日，16N1521，SHAT。

② Wilfred Owen, "Apologia Pro Poemate Meo," *Collected Poems*, 39.

③ 信，1916 年 12 月 29 日，Mairet, *Carnet*, 273。

里也有坦然接受的意味，即尽管感到困惑和憎恶，还是必须继续忠于原来的事业。这种看法依然属于"不管对错，都是我们的祖国"（our country，right or wrong）①，哪怕祖国这个概念的范围已经缩小到某人所在的团，某人的家人和朋友。我们在前面提到的苏格兰人彼得·麦格雷戈，1916 年 9 月在后备战壕里工作的时候被炮弹炸死了。这种死法没有一点儿英雄主义色彩，而在战争的这一阶段，差不多所有的死亡都是这样。包括阿盖尔和萨瑟兰高地人团 14 营 B 连的上尉和排里的中士在内的人写慰问信给他的遗孀，都特别提到了麦格雷戈的好脾气以及"快乐和坚毅"。主持葬礼的随军牧师也写道：

> 我们做了祈祷……我们感谢您的丈夫听从责任的召唤，感谢上帝认为他适合在为国服务之时献出自己的生命。那定然会使您此刻得到宽慰。您会用我主的话——已经在您丈夫的墓前说过的话——来抚慰自己："人为朋友舍命，人的爱心没有比这个更伟大的！"②

这里提到的责任，就是为国服务，但重点还是在离自己最近的战友身上。

自然，如果说对于参战人员而言，目的不再像一开始那么明确，如果说战争还要继续下去，那就必须依靠"永恒真理"

---

① 这句话常用来指极端的爱国主义。据说它最早是由美国海军的一名指挥官小斯蒂芬·迪凯特（Stephen Decatur，Jr.，1779～1820）在 19 世纪初说的，原话是"我们的国家！在她与外国的交往中但愿她都是对的，但不管对还是错，她都是我们的祖国！"——译者注

② 信，1916 年 9 月 15 日，McGregor，IWM。

的力量，也就是人们从自己的文化和社会中获得的内在资源打下去。薇拉·布里顿有位朋友颇为敏感；此人担心在前线遇到紧急情况时自己经受不住针对勇气的考验，他这样写道："我告诉你们，在这儿容易激动肯定是个祸害。理想的情况就是做个典型的英国人。"[①] 而做个典型的英国人，当然就意味着一个人要压抑内心的情感，坚定沉着，按规矩做事。英国人过去常称为"底"（bottom）的东西就是关键的东西：沉稳、忍耐、正直。在这种原始的生存环境下，勇气和德性往往被当作一回事。有勇气的必然是"好的"，"好的"必然是有勇气的。因此，道德在本质上是和外在行为，是和得体有关的事情。那些做不到这一点的人，通常都是些酒色之徒。"在战壕里，你的罪孽会让你遭到报应。"有个士兵说。[②] 无论是英国士兵还是法国士兵，到了 1917 年，都不再谈论光荣和英勇，特意提到责任的也很少，但是对于坚持，对于决心、忠诚和坚毅，对于挺住，倒是说得很多。

描写这场战争的文学作品经常提到，当时不再是人打战争，而是战争打人。太过强大的战争技术，比如机枪、大炮和毒气，让作为个体的士兵陷入了难以自拔的脆弱感和无助感。战前进行过环球航海的塞萨尔·梅莱拉在凡尔登说，这种战争形式标志着"战争的破产，战争艺术的破产；工厂正在消灭艺术"。[③] 但是，虽说丧失了个性，可士兵们仍在坚持战斗。就大部分人而言，他们既没有搞兵变，也没有成群结队地开小差。男人们还在打这场战争——不仅有将军，还有

244

---

① Brittain, *Testament of Youth*, 316.

② Keegan, *Face of Battle*, 275.

③ 日记，1916 年 6 月 14 日，Méléra, *Verdun*, 30－31。

可怜的步兵。描写这场战争的文学作品有失偏颇。它的关注点大多集中在战争的消极影响，而不是那种让战火燃烧了四年多的积极本能。就连钦佩尼采并因此而在战前就沾染上无政府主义倾向的赫伯特·里德在 1917 年 7 月的一封信中也写道："我开始意识到生活中最重要的事情就是要具备一点儿'绅士'品质，而且是在任何场合下。"① 这就是英国人声称他们为之战斗的东西——文明行为的不成文法律。像里德那样自由的精灵都转而采取这一观点，可见那种未曾言明的驱动力有多强大。

对所有士兵来说，不管他们属于哪个国家，那种驱动力都根植于各自国家的社会秩序和价值观。资产阶级这个词尽管已经被愤世嫉俗者、政治激进派和愤青们滥用，可它对于西欧在 19 世纪发展起来的那种秩序以及构成那种秩序的文化要素来说，现在依然是适用的。另外，作为一个形容词，它对于 1914～1918 年的战争方式来说也是适用的。那场战争首先是欧洲中产阶级的内战。虽然在我们分层而多元的社会中，用当代术语去界定资产阶级或中产阶级不再是件容易的事情，可是在世纪之交的欧洲，却并不存在这样的困难。那时候，这两个术语在社会结构方面，尤其是在品德方面，都具有现实性。财富、教育、事业以及社会关系，虽然是地位和体面的重要决定因素，但自觉遵守价值准则和自觉服从某些行为惯例，才是成为资产阶级社会的一分子的关键。价值观在当时是把阶级以及社会结合在一起的黏合剂。

当时的英国是这样一个社会，在其中，我们现在认为和中

---

① 信，1917 年 7 月 27 日，Read, *Contrary Experience*, 107。

产阶级有关的那些价值观已经渗透它的方方面面。崇尚进步的
世俗的宗教，对实用、成功和得体的关切，对勤劳、坚毅和道
德热忱的崇拜，尤其是对为社会而奋斗和服务的敬重，这些成
分乃是当时英国人在世界上的成就的核心，也是英国人战争行
动的核心。法国虽说有点动荡，但在战争前夕，很大程度上也
被类似的价值准则主导。它继承了大革命的理想主义，继承了
伴随路易·菲利普的"资产阶级君主制"而来的权力更迭，继
承了路易·拿破仑的第二帝国在经济上迅猛发展的成果，继承
了 1871 年以后共和主义议会秩序逐步取得的成就，尽管这种成
就的确不太均衡。法国在许多方面都信奉依靠奋斗而有所成就
的实证主义伦理。"资产阶级本质上就是奋斗。"法国资产阶级
分子勒内·若阿内（René Johannet）坚持认为。① 大战本质上
也是奋斗。"这场战争最可怕的一点是，"邦雅曼·克雷米厄
（Benjamin Crémieux）——他作为一名步兵经历了整个战争并负
过三次伤——后来说，"从事它的人在那样做的时候，良心上
居然能够和做其他任何工作一样。"②

　　资产阶级价值观是如何灌输的？在讨论保持社会稳定的 246
必要前提的时候，J. S. 密尔着重强调，要有"一种从幼年开
始并贯穿终生的教育制度，它里面不管还有什么别的东西，
但有一样非常重要而且不能间断，那就是约束性的纪律"。③
稳定的关键是个体的利益和想法要服从社会的需要和目的。在
密尔对教育比较宽泛的理解中，虽然正规的学校教育作用并不

① Charles S. Maier, *Recasting Bourgeois Europe* (Princeton, 1976), 32.
② Benjamin Crémieux, "Sum la guerre et les guerriers," *Nouvelle Revue Française*, 34 (1930), 147.
③ J. S. Mill, "Coleridge," *John Stuart Mill: A Selection of His Works*, ed. John M. Robson (Toronto, 1966), 445–48.

太大，但西欧通过实行初等义务教育，到该世纪末，差不多已经达到普遍能读会写的水平。而且现在一般都同意的一个看法是，当时世俗的学校教育——它倾向于淡化宗教训练的重要性，并转而突出公民教育和本国历史——在培养民族自豪感和忠诚感方面发挥了重要作用。在该世纪下半叶，对于具有阅读能力的广大民众来说，读报变得既方便又容易，社会化进程也因此得到进一步深化。在法国，义务兵役制，即"全民皆兵"的思想——这样的口号让人想起了18世纪末的革命战争——对于社会化的进程功不可没。但在这一过程中，最重要的是在大工业社会中个体自给自足状态的普遍瓦解。职业和劳动分工成了大工业社会的标志，个体在其中开始被国家的各种公共机构和工具包围起来——中小学教师、税务官、警察或治安法官。国家的手伸得越来越长，管得越来越宽，而国家的代理人实质上就是中产阶级，不管他们是属于上层还是底层。他们是中产阶级美德的具体体现。因此，大部分士兵都在资产阶级世界范围之内履行自己的职责，而大部分战略家和军事领导人当然也是如此。把乔治·舍斯顿（George Sherston）（西格弗里德·沙逊）载过海峡带到法国的那艘渡船"让人感到幸福的是，名字就叫维多利亚"。[1]

247　　　第一次世界大战的军队领导层一直饱受争议。有些军事历史学家在为这场战争的指挥官们辩护的时候认为，在西线，除了堑壕战之外没有别的办法，而之所以选择堑壕战，并不是因为像通常说的那样缺乏想象力，而是考虑到巨大的军事科技进步所采取的合理举措。很可能的确是这样。堑壕战也许真的不

---

[1]　Sassoon, *Memoirs of a Fox-Hunting Man*, 271.

可避免。但这和下面要提出的观点并不矛盾，即一旦交战各方在西线陷入僵局，英法的战略战术思维中按部就班的特点，普遍不愿冒险（哪怕是经过精心策划的冒险），对独创性的怀疑，在道义上对偷袭战术的顾虑，这些全都符合我们归于资产阶级的那种心态和刻板的人生观。把道格拉斯·黑格提拔为英军总参谋长这件事情本身也具有象征价值：他是这样一个人，他的整个生活和行为举止都是中产阶级价值观及抱负的缩影。不苟言笑、虔诚、投入、勤勉、内敛，却是荣誉、成就和体面的典范，是一个时代的象征——在英联邦，可能每一座比较大的城市都有一所学校是用他的名字来命名的。但他也代表了一个时代的悲剧。①

到 1916 年被解除职务为止一直担任法国陆军总参谋长的霞飞将军，虽然在饮食上远不是那么有节制，却是一个法国版的黑格。两人都表现出坚毅和镇定的特点。1915 年 12 月，德军在凡尔登的集结让陆军部长加列尼（Gallieni）忧心忡忡，可霞飞却傲慢地对他说："这些担忧毫无道理。"② 有一次，他还这样描述自己的战术，"我要一点儿一点儿地啃掉他们"，——这幅画面很生动。③

黑格和霞飞只不过是一种普遍状况的外在表现。其他参谋军官强化了他们的影响和观点。1915 年部署在阿尔多瓦的法国第 10 集团军指挥官莫杜伊上校（Colonel Maud'huy），三年前曾经对他的手下的团宣称："敬礼敬得正确的人很多，敬礼敬得

---

① 巴兹尔·利德尔·哈特称黑格是"战前英国的完美典范"，见 *Through the Fog of War* (London, 1938)，57。

② Ducasse, *Vie et mort*, 150.

③ 同上书，104。

漂亮的人很少……可以说，敬礼是教养的标志。"① 这是倾心于红蓝制服和猛打猛冲（attaque à outrance）②，尤其是骑着骏马猛打猛冲的贵族子弟的论调。可是，对形式和体统念念不忘——这在莫杜伊那里很明显——也是贵族留给资产阶级的遗产，后者当时声称要给形式注入内容。在进攻中，保持队形绝对必要，法军有个连的上尉就坚持认为：

> 一般来说，在前进的时候，一个人总是想利用敌人的接敌路线和战壕。那些东西虽然可以让你出其不意地接近敌人，同时又不会受到损失，但还是会打乱连队的攻击队形。另外，在开始射击和你必须出来并进入开阔地的时候，那样做会不会有点困难？③

这里的逻辑体现了一种特殊的心态。哪怕是你可以用诡计占领敌人的战壕，也不要那么干。诡计会给你带来麻烦！英国人可能更执着于这种态度。德军第 15 后备团的日志提到英军于 1915 年 9 月在洛斯发动进攻的时候这样说道：

---

① Ellis, *Eye-Deep in Hell*, 81 - 82.
② 猛打猛冲是一战之前和一战初期在欧洲军队尤其是法国军队中流行的作战思想。它认为在作战中必须依靠坚强的意志、勇气和冲劲，竭尽全力发动进攻才能赢得胜利。但这种战术在新的作战方式（堑壕战）和新的军事技术（机枪和铁丝网）面前，虽然付出了惨重代价却收效甚微。——译者注
③ 第 153 步兵团的拉法格上尉（Captain Laffargue）的这番话写于 1915 年 8 月 25 日，刚好在一个月以后被德国人在一次进攻后发现了。参见其德文译文 "Studie über den Angriff im gegenwärtigen Zeitabschnitt des Krieges", Nachlass of Franz von Trotta gen. Treyden, N234/3, BAM.

十排长长的横队清晰可辨，每排估计有 1000 多人。这样的目标以前从未见过，甚至也没有想过会出现这种情况。机枪手的工作从来没有这么简单过，而且效率也从来没有这么高过。①

沉重的背包妨碍了士兵的奔跑或跳跃，或扑进弹坑寻求掩护。但从来没有人认真考虑过把背包从士兵的背上拿掉，好让第一波突击有更大的机动性，并有机会表现出隐蔽性和想象力。背包因而成了一种象征，那是每个士兵背在身上投入战斗的社会和文化包袱。那年 9 月也经历了洛斯之战的罗伯特·格雷夫斯写了一首诗，纪念在屈恩希（Cuinchy）附近阵亡的 A. L. 萨姆森（A. L. Samson）上尉：

> 我们在前面找到了可爱的上尉；
> 他的手下排成一条线整齐地倒在地上，
> ……他们死得很得体；
> 他们排着队冲锋，又排着同样的队倒下。②

条理、秩序和按部就班，它们将是成功的关键。一起来坚持吧。1916 年 7 月中旬，澳大利亚第 1 师在索姆河附近的波齐埃投入战斗，反复攻击一座高高的山。澳大利亚人在 9 月 4 日撤出了战斗，伤亡 2.3 万人。澳大利亚的《官方史》（Official History）后来掩饰不住自己的鄙视和愤怒：

249

---

① Horne, *Death of a Generation*, 39.
② Robert Graves, "The Dead Fox Hunter," *Poems* (1914 – 26) (London, 1927), 48 – 49.

投入一个陆军兵团的几个部分，一个旅接着一个旅……接连 20 次攻击敌军防线中一个最坚固的据点，这样做肯定可以被说成"有条理"，但要说它是经济的就完全没有道理了。[①]

问题是，一支部队的决心和坚毅最后是要用伤亡人数来衡量的。如果军官们手下连队的伤亡较轻，他们就会遭到怀疑，所以他们要以适当的魄力坚持进攻。

250　　士兵们知道，当他们跃出战壕的时候，大屠杀在等着他们。他们的反应如何？"我希望做这种游戏，哪怕我不能为之增添很多光彩，我肯定也不会玷污它。"一名年轻的英国志愿兵在索姆河战役前写道。[②] "在死亡面前能够表现得体"，那是最重要的——凡尔登的一名法军中士在进攻前这样说道。[③] 在危险面前还念念不忘做出得体的反应，这一点在文件中一再得到印证。勇气和灵感无关，它取决于积蓄起来的道义力量，而大家都希望自己拥有足够多的这种力量。上百万的他们的确是这样"做游戏"的，而且"表现得体"。在敌人的炮弹驱散了英军的一次进攻之后，威尔弗雷德·欧文描述道："我们吵吵嚷嚷，就像一群从板球场上下来的人。"[④]

开小差的传闻满天飞，但在英军士兵中，它们似乎仍然只是传闻而已。"我们倒是很想相信那些传闻，"T. S. 霍普（T. S. Hope）说，"唯一让人觉得不踏实的是，我们找不到

---

① Bean, *Official History*, III：873.

② Martin Middlebrook, *The First Day on the Somme* (London, 1975), 28.

③ 居伊·阿莱（Guy Hallé），见 Horne, *Price of Glory*, 237。

④ 给科林·欧文（Colin Owen）的信，1917 年 5 月 14 日，Wilfred Owen, *Collected Letters*, ed. Harold Owen and John Bell (London, 1967), 458。

任何亲眼看到过它们的人。"① 同样，在法军士兵1917年5月和6月发生兵变期间，士兵们的书信经常提到军官被自己的部下打死的事情，但写信的人似乎谁也没有目睹过这样的事情。②

1917年9月，记者迈克尔·麦克多纳在伦敦的克拉珀姆（Clapham）交汇站看到两列火车分别停在站台的两侧。一列载着准备开往前线的英国士兵，另一列载着德国战俘。德国人笑着大喊"同志"，而英国士兵也做出回应，把巧克力和香烟扔给德国人。"许多人，"麦克多纳起初想道，"都说这场战争永远也不会结束。我常想，它有没有可能因为双方的普通士兵都决定放下武器回家而结束。"但他一转念，又认为这样的幻想"不可能！责任感，一种巨大的力量，不允许那样做"。③

让·诺顿·克吕（Jean Norton Cru）在战后表示，在法国人当中，自由职业者在前线的伤亡人数最多。④ 德国和英国军队的情况很可能也一样。在英国，从事各种专门职业的群体，以及经商和从事文员工作的人中参军最多。⑤ 那说明了什么？是不是律师、教师和建筑师这些人缺乏脚踏实地的思维和专业技能？对于那样的伤亡率，有点天真或许是个次要因素，但肯定不是全部原因。从事专门职业的中产阶级士兵看来是对战争目的，对责任和服务观念最着迷的人——这些观念对

251

---

① Ellis, *Eye-Deep in Hell*, 187.

② "Rapport de contrôle postal du 129e RI," June 4, 1917, 16N1521, SHAT.

③ 日记，1917年9月14日，Michael MacDonagh, *In London During the Great War* (London, 1935), 24。

④ Jean Norton Cru, *Du témoignage* (Paris, 1930), 23.

⑤ J. M. Winter, "Britain's 'Lost Generation' of the First World War," *Population Studies*, 31/3 (1977), 454.

他们仍然具有残存的意义，即便那种意义已经无法再清楚而准确地说出来。1918 年 11 月 11 日，也就是停战日那天，法国历史学家亨利·贝尔（Henri Berr）在一本描写这场战争的书的导言结尾处，在说到自己国家取得胜利时写了这么几句话："法国正体会着一个完成了一项令人尊敬的工作的优秀工人所体会到的满足感。"① 这是正派的资产阶级的语言和道德。这是有关责任的语言和道德。所有的恐惧，所有的苦难，所有的代价，就相当于一个优秀工人完成了一项工作！

两名法国医生路易·于奥（Louis Huot）和保罗·瓦弗内尔（Paul Voivenel）在 1918 年 7 月完成了一项针对普瓦利的心理研究。他们认为，与古斯塔夫·勒庞强调环境对个体影响的假设相反，法国士兵的心理素质并没有因为战争经历而发生根本的变化。他们声称，普瓦利还和原先一样，和他们的民族、他们的"种族"一样。② 心理学家的说法既对也错。士兵是靠着真心相信的社会价值观来支撑自己的，但是正如我们将会看到的那样，这些价值观在战争中受到了剧烈的冲击，结果，士兵对于社会、文明和历史的态度实际上已经无可挽回地改变了。

残余的价值观让英国和法国挺过了战争，但那些价值观与现代战争残酷的现实之间的内在冲突，势必会削弱价值观的力量。有位法国将军写信给 1917 年 4 月阵亡的路易·迈雷的伤心的父母，提到了"恪尽职守之美"。③ 几十万妻子和父母收到的信都表达了类似的看法。对于那一代的孤儿寡妇和伤残军人而

---

① Henri Berr, *La Guerre allemande et la paix française* (Paris, 1919), xvii.

② Louis Huot and Paul Voivenel, *La Psychologie du soldat* (Paris, 1918).

③ 信，1917 年 5 月 7 日，Mairet, *Carnet*, xiv。

言，这些话会支撑他们多久呢？

1919 年，道格拉斯·黑格在圣安德鲁斯大学一次面向大学生的演说中，继续用老套而崇高的字眼讲述了那场战争的目的。那些字眼在整个战争过程中的确曾激励过远征军的士兵，然而，它们也深深植根于 19 世纪的资产阶级伦理：

> 在那场我们最终获得胜利的伟大斗争的每一个阶段，我们的勇气的提升，我们的决心的增强，都是因为我们确信，我们不仅是在为自己和帝国而战，也是在为一个完美的、上帝与我们同在的世界而战。我们是在为一种更高级的文明形式而战——在那种文明中，人对其邻人的责任找到了比对他自己更重要的位置——反对依靠武力建立并强大起来的帝国。那样的帝国的确高效，但那种高效没有用骑士精神或者对弱者的道义责任来弥补它的不足。①

这是解释英法战争努力之实质的一种方式。十年后，F. 斯科特·菲茨杰拉德（F. Scott Fitzgerald）用不同的语言更为全面地表达了同样的想法。迪克·戴弗，《夜色温柔》（*Tender Is the Night*）中的男主人公，在游览索姆河战场的时候说：

> 西线这种事干不了了，在很长一段时间内都干不了了。年轻人以为他们能行，但他们不行。他们能打第一次马恩河战役，但不是这种。这需要宗教、多年的富足、巨大的保障以及在两个阶级之间恰好存在的那种关系……你得在

---

① *The Private Papers of Douglas Haig*, 1914 – 1919, 10.

感情上全神贯注，才能追溯到比你的记忆所及更遥远的往事。你得记住圣诞节，记住王储和他未婚妻的明信片，记住瓦朗斯的小咖啡馆、菩提树下大街的露天啤酒店和市政厅的婚礼，记住看德比赛马，记住你祖父的络腮胡子……这种战斗是刘易斯·卡罗尔、儒勒·凡尔纳和写《水精》(Undine) 的不管什么人一起发明的，还有打保龄球的乡村执事、马赛的教母，以及在符腾堡和威斯特伐利亚偏僻的小巷里被诱奸的姑娘们。哎，这是一场爱之战——中产阶级在这儿耗费了一个世纪的爱……我那美丽、可爱而又安谧的世界，随着暴烈的爱的大迸发而在这儿把自己整个毁掉了。①

① *The Bodley Head Scott Fitzgerald*, 6 vols.（London, 1963 – 1967），II: 67 – 68.

六 神圣的舞蹈

凡以创造和制作为目的的
都属于艺术的领域，凡以探究和求知为目的的
都属于科学的领域。可见，"战争的艺术"这个说法
比"战争的科学"更为恰当。

卡尔·冯·克劳塞维茨

这样的春天，即将消逝，
我们再也不能体验到完整的世界。

恩斯特·布拉斯（Ernst Blass）

战争之神

255 　　战前的德国在文化理想与社会、经济、政治现实之间存在巨大的鸿沟。为了消除这种对峙，德国人奋力前行——那是在意志和探索上的努力，许多德国人希望借此在精神上超越物质上的关切与限制，尽管那种超越仍然是世俗的。精神与强权将在超现实的和谐中，在酒神式的活跃与日神式的宁静中达成和解。届时，手段与目的，客体与主体，将融为一体。古风与现代性也将合二为一。技术革新和工业进步将在一种宏大的综合中与田园式的淳朴结合起来。社会与文化不再是相互冲突的两个领域，而是一个不可分割的整体。

　　在 1914 年 8 月喜悦的气氛中，德国人真的以为这一目标实现了，以为战争状态事实上已经带来和平与"征服"。冲突和分歧被搁置一旁，德国人终于实现了俾斯麦企图实现但最终又未能实现的团结，灵与肉的团结。"战争带来的最美妙的事情之一，"有评论者写道，"就是我们再也不是一群乌合之众了。"[1] 动员是令人振奋的：乌合之众消失了，只剩下德国人，一个由精神贵族构成的民族。

　　对弗里德里希·瑙曼和马克斯·韦伯等温和派左翼人士而言，8 月的气氛就好像人民国家已经成为现实，政治上的左翼和右翼，工人和资产阶级，都在自愿而有效地合作。于是，不但是居住在德国的德意志人团结了起来，他们现在还和德国境内的各少数民族，和他们的奥地利兄弟密不可分地融为了一体。

256 日后会成为军政当权者无法控制的对手的恩斯特·托勒（Ernst

---

① 　Ernst Schultze, *Die Mobilmachung der Seelen* (Bonn, 1915), 58.

Toller），在 1914 年时也和其他人一样被卷入了民族主义狂欢。"这个民族不再有种族之分，大家说的是同一种语言，保卫的是同一个母亲——德意志。"①

8 月那些日子的狂喜是千禧年式的。凭借"八月思想"的迸发本身，凭借"八月思想"的清楚表达本身，"胜利"已然在握。战场上的胜利不过是走走过场。那种胜利是必然的，是德意志民族自我伸张的必然结果。"我们会成为征服者！"8 月 7 日，一位来自莱比锡的学法律的学生声称，"有了这样强大的争取胜利的意志，什么都无法阻挡。"② 六个星期后，他死了。

就像我们之前说的，8 月的那种气氛本质上是审美的。形式被采用了，然后又被创造性意志的至高无上的行动超越了，为的是实现据说是永恒的和终结的美。"对我们来说，德国人的道德规范和德国人的风俗习惯就像是所有美的事物新发现的源泉。"波恩的一位教授写道。③ 而另一位评论者则声称，德国的精诚团结和唯心主义具有塑造未来的"魔力"。④ 诗人赖内·马丽亚·里尔克以及其他很多人，都满怀谦卑和敬畏之心向"战争之神"顶礼膜拜。

> 我们？我们热血沸腾，团结一心，
> 是因死亡而变得生气勃勃的新人。⑤

---

① Field, *Evangelist*, 378–79.
② 瓦尔特·利默（Walter Limmer）的信，1914 年 8 月 7 日，见 Philipp Witkop（ed.），*Kriegsbriefe gefallener Studenten*（Munich，1928），8。
③ E. Küster, *Vom Krieg und vom deutschen Bildungsideal*（Bonn，1915），24。
④ Schultze, *Mobilmachung*, 26.
⑤ "Fünf Gesänge," 见 Thomas Anz and Joseph Vogl（eds.），*Die Dichter und der Krieg: Deutsche Lyrik*，1914–1918（Munich，1982），31–32。

因死亡而变得生气勃勃，这就是德国的"春之祭"。

德国人的普夫利希特概念充满了这种唯心主义色彩。如果说英国人的责任和法国人的德瓦尔都扎根于作为基础和砌块的历史意识，那德国人的普夫利希特则是牢牢地扎根在作为神话的以及作为对现在和未来的诗性辩护的历史观中。

当然，战前整个西方世界的文化氛围就充斥着对历史真实性的怀疑，对历史学家是否有能力对过去进行客观地叙说的怀疑。19 世纪下半叶，历史学家自身对于西方文明的走向也抱着怀疑的态度。他们提出，要用重新强调精神性和"内在的体验"来代替物质主义和标准化。但到该世纪末，德国在这方面要比其他任何国家都走得更远。19 世纪初，叔本华把历史定义为"人类漫长而又艰难的迷梦"，并嘲笑所有装腔作势的客观性和普遍性。[1] 他在世的时候没有得到多大的关注，但是在那个世纪的下半叶，他开始成为一颗闪亮的明星。1870 年，叔本华的崇拜者、历史学家雅各布·布克哈特——他虽然是瑞士人，却是在柏林接受的训练，而他对德国同行的影响也最大——写道："如果说有什么长久的东西能够被创造出来，那只能是凭借真正的诗篇难以抗拒的强大力量。"他赞成亚里士多德的看法，认为诗比历史更深刻。[2] 在布克哈特那里，历史与艺术同行。学术生涯初期曾经带有实证主义倾向的研究罗马史的历史学家特奥多尔·莫姆森（Theodor Mommsen），到 1874 年的时候

---

[1] Arthur Schopenhauer, *Ein Lesebuch*, ed. Arthur and Angelika Hübscher (Wiesbaden, 1980), 168.

[2] 布克哈特给普伦（Preen）的信，1870 年 12 月 31 日，见 *The Letters of Jacob Burckhardt*, ed. and trans. Alexander Dru (London, 1955), 145；以及 Burckhardt, *Force and Freedom*, ed. J. H. Nichols (New York, 1943), 153。

也在走一条类似的道路。当时，他在对柏林大学的学生发表演说中提出："历史方面的作家也许更接近于艺术家而不是学者。"① 历史学家中包括约翰·G.德罗伊森、海因里希·冯·西贝尔（Heinrich von Sybel）和海因里希·冯·特赖奇克（Heinrich von Treitschke）等在内的所谓普鲁士学派，以及威廉·狄尔泰和新康德主义者那样的社会历史领域的思想家，对德国人从人们的想象而不是从外部世界中寻找人的问题的答案的倾向产生了重要影响。历史，总而言之，与其说是过去的不如说是现在的事情，与其说是理性分析的不如说是直觉的事情。尼采指责客观性的滔滔言论在他于 1900 年死后也渐渐流行开来；而正如我们已经看到的那样，像尤里乌斯·朗本和休斯敦·斯图尔特·张伯伦那样拥有广泛读者的文化批评家，也要求把生活彻底审美化。要把握历史的真相，只能靠直觉而不是批判的方法。历史是艺术，不是科学。在对 19 世纪历史思想的重新定位或者拆解中，在对经验主义和实证主义的反叛中，在对作为西方的自由主义和唯物主义以及英法长期拥有的世界霸权地位的化身的社会、政治和文化秩序的反动中，德国思想家扮演了先锋的角色。

258

　　德国人在 1914 年的爱国热情实际上有其历史渊源：俾斯麦的统一战争；反抗拿破仑的"解放战争"；霍亨索伦家族，特别是腓特烈大帝统治下的普鲁士在欧洲的崛起；路德对罗马教会的反叛；红胡子腓特烈和奥托大帝的冒险活动；条顿骑士团的传教活动；甚至是公元 9 年阿米尼乌斯的胜利。然而，作为一个崭新的民族国家本身，德意志在世界上

---

① Theodor Mommsen, *Reden und Aufsätze* (Hildesheim, 1976), 91.

对世俗的法律和政府制度缺乏明显的影响，它留给世界的历史遗产主要是精神上的，是在音乐、哲学和神学领域；所有这一切都使得 1914 年的德国版的历史和德国版的民族主义带有强烈的唯心主义色彩，而且与英法相比，与其说是要理解过去，不如说是要预报未来。1889 年，濒临精神崩溃的尼采告诉布克哈特，他是"历史上所有的名"。[1] 1915 年 4 月，格哈特·帕斯托斯（Gerhart Pastors）说到在前线的那帮人的时候，用了类似的语言："路德、俾斯麦、丢勒、歌德——满天的繁星在我们心中闪烁。"[2] 而对威廉·克莱姆（Wilhelm Klemm）来说，这场战争是一种"奇妙的现实"。[3] 换句话说，历史、诗、梦，以及属于个人的时刻，全都汇成了一种令人振奋的感觉。

因此，和德国人的普夫利希特相关的不只是保卫祖国，不只是遵守有关服务的社会准则，还含有包括个人荣誉和意志在内的强烈的主观成分。在这里，荣誉不只是对行为准则的盲目遵从，不只是忠于传统，它还与个人的灵感和主动精神有关。个人不只是那个叫作社会的功利主义联合体中的一颗微粒。真正具有德意志特性的个人是国家，是共同体的化身。而国家又像一位作者说的，不过是"更高级的人"。[4] 充满活力的个人是国家的集中体现。这与叔本华和尼采的思想

---

① 信，1889 年 1 月 6 日，见 *The Portable Nietzsche*, ed. and trans. Walter Kaufmann（New York, 1954），686。

② 信，1915 年 4 月 16 日，Witkop（ed.），*Kriegsbriefe*（1916），49 – 51。

③ 在他名为《祈求》（"Anrufung"）的诗中，见 Anz（ed.），*Dichter und Krieg*，51。

④ Leopold Ziegler, *Der deutsche Mensch*（Berlin, 1915），摘自 Johann（ed.），*Innenansicht*，65。当时流行的一句口号是："每一个德国人都代表着德国，德国也体现在每一个德国人身上。"

是一致的：除非作为一个人自己的创造物，否则世界并不存在。国家是一个人想象力的创造物，是诗性的真理，是伦理的而非社会的产物。

意志和荣誉是联系在一起的。意志是手段，通过它，荣誉才得以展示。意志是创造性的而不是压制性的力量。它和在灵感的激发下积极履行责任是同义的。战前，德意志的敌人以及它自己的左翼政治力量批评说，德意志是个等级制国家，在那里，唯一重要的就是盲目服从。对此，有作家回应称——这也是向卢梭致敬——一个人，他越是孱弱，就越是喜欢发号施令；越是强大，就越是喜欢服从。① 德意志已经成为一个由提坦巨神构成的民族。格哈德·安许茨（Gerhard Anschütz）是个带有左翼政治倾向的法学教授，他将在战后德国民主宪法的起草中发挥重要的作用。但在 1915 年，他居然写道："军国主义这个词，全世界都在拿它来咒骂我们，我们就把它当作荣誉奖章吧。"② 年轻的士兵瓦尔特·哈里希（Walter Harich）也这样看。当时他写道，按照德国人的理解，军国主义秩序正是那种让德意志在这场斗争中占据上风的东西："我们十分清楚，我们是在为这个世界上的德国思想而战，我们是在维护德国人的感情，反对亚洲人的野蛮和拉丁人的麻木。"③

"要比尽责做得更多"是勃兰登堡人第 24 团的格言。它体现了这样一种观念：个人要积极主动地完成集体的指令。"在这里，不是说只要尽力就可以了，"瓦尔特·哈里希从前线写

260

---

① Schultze, *Mobilmachung*, 67.

② Schwabe, *Wissenschaft und Kriegsmoral*, 25.

③ 信，1914 年 10 月 14 日，见 Witkop（ed.），*Kriegsbriefe*（1916），71。

道，"在这里，要让不可能成为可能。"① 通常认为不可能的，士兵个人的创造性意志要把它变得可能。把不可能变得可能，靠的是在精神上超越单纯的义务观念、单纯的忠于职守的观念和单纯的责任观念，因为在英法文化中，责任不过是自私自利的功利主义算计。从战争一开始，神圣的责任就成了标准的说法。1914 年 9 月，年轻的法律专业学生弗朗茨·布卢门菲尔德（Franz Blumenfeld）在乘火车开赴前线的路上，既饱览了特里尔周围晴朗而静谧的埃菲尔山区美景，也看够了浸泡在雨水中的洛林的荒凉与阴沉。他心生感慨，指责战争是"极其可恶的、不值得为之牺牲的、愚蠢的、过时的和完全破坏性的"东西。但在同时，一想到牺牲和个人的奉献，他又感到欢欣鼓舞："因为毫无疑问，决定性的问题总是在于个人要乐于牺牲，而不是为之牺牲的目标。"② 在这里，作为现实，作为历史的产物以及国家与国家之间、人民与人民之间的外在联系的产物，战争是既可恶又可悲的，但作为观念、灵感和手段，它又是受欢迎的。

虽然每个交战国都喜欢用自己过去的文化成就来支持目前的决定，但在这方面，德国要走得更远。历史失去了自己作为过去成就的完整性和独立性，结果成了为现在，为贪婪的、贪得无厌的现在效劳的奴婢。弗里茨·克拉特（Fritz Klatt）声称，1914 年 8 月 28 日那天，他一醒来就意识到那天的意义。那是歌德的生日。他马上拿起歌德的《西东合集》———一本诗集；而且就像他在信中说的，那本书"老实说，实际上就放在我的手枪旁边"。③ 就像歌德和杀人武器的联系所暗示的那样，

---

① 信，1914 年 10 月 14 日，见 Witkop（ed.），*Kriegsbriefe*（1916），70。
② 信，1914 年 9 月 23 和 24 日，见 Witkop（ed.），*Kriegsbriefe*（1928），20－21。
③ 信，1914 年 8 月 28 日，见 Witkop（ed.），*Kriegsbriefe*（1916），61。

战争作为德意志文化活动的典范，乃是德国人的普夫利希特的另一个核心主题。战争不仅是对文化的最大挑战；为了证明自己的优越性而心甘情愿地发动战争，这种意愿还应当成为任何文化的目标。这样，战争和真正的文化，即与虚假的文化相对的真正的文化，是同一个意思。

1914年10月，年轻的汉斯·弗莱舍尔（Hans Fleischer）在孚日山区边上的布拉蒙附近。一天，在休整区，他散步时偶然发现一座几乎已经被完全摧毁的宅邸，那是德·蒂尔克海姆男爵（Baron de Turckheim）的宅邸。珍贵的藏书、绘画、家具和嵌板全被打烂了。但在废墟的一角，弗莱舍尔发现了一架大钢琴，而且还是斯坦威牌①的。它竟然在战火的肆虐中完好无损。在钢琴的下面，他还找到一些乐谱。他选了什么？瓦格纳钢琴版的《女武神》（*Die Walküre*）。他坐了下来，劲头十足地——他写道——边弹边唱起了《爱情和青春之歌》。然后，他离开了。"刚才我好像在家里，弹着德国的音乐，现在我可以回到战争中了。"② 但是这一幕让人觉得非常悲伤的是，那个年轻人并没有离开战争。战争还在那儿，在他的周围。钢琴、音乐、废墟、战争，全都搅成一团，因此才有那么强烈和难忘的感觉。歌德、瓦格纳以及德意志文化万神庙中的其他所有人，都成了战争领袖。罗曼·罗兰在一封致格哈特·豪普特曼的公开信中问道："你们是歌德还是阿提拉③的后代？"得到的回答当然是："两个都是！"

---

① 斯坦威钢琴公司是由美籍德国移民亨利·E. 斯坦威于1853年在美国纽约成立的，以制作高品质钢琴闻名。——译者注
② 信，1914年10月2日，见 Witkop（ed.），*Kriegsbriefe*（1916），13–15。
③ 指古代匈奴王阿提拉（Attila，406~453）。一战和二战时的德国兵就被贬称为匈奴人。——译者注

262　　　尽管起初信心满满，但战场上"必然的"胜利却并未到来。1914 年它没有到来，1915 年它也没有到来。战争之初的狂热是不可能持久的。在战争的精神本质（那是在 8 月达成的认识）与前线和国内的物质关切表现出的令人泄气的现实之间，存在再次分裂的危险。工资、物价、国内战争努力的组织以及实际的战壕生活，全都威胁着崇高的精神成就。到 1915 年，国内战线的裂隙重又出现，越来越多的社会民主党人开始就战争目的以及政治改革的问题提出质疑。诉诸毒气，诉诸无限制的使用潜艇，这样的战争方式引发了更多的问题。这场战争真的像总参谋部和政府宣称的那样，是一场强加给德国的防御性战争吗？

　　为了应对这种影响到国家团结的威胁，军政领导层加强了战争努力的力度，使物质上的总体性与战争初期精神上的总体性一致起来。到 1916 年，以总理贝特曼·霍尔韦格为代表的、不太具有侵略性却更多地感到担忧和良心受折磨的政治领导层受到了公开指责，并在 1917 年中期被晾在一边。到 1917 年 7 月，德国实际上成了由军方控制的极权主义国家。就连德皇也不过是个傀儡，要听命于兴登堡和鲁登道夫两位将军领导下的统帅部。另外，由于西线的军事僵局还在继续，由于伤亡人数增加到数百万，由于厨房里不仅没有了儿子就连锅也被拿走造子弹了，由于食物短缺日益严重，由于日子变得越来越艰难，胜利的神话也被用与牺牲、自我否定以及命运有关的现实——而不仅仅是思想——进一步装点起来。死亡呈现出创造性的功

263　能。死亡变得令人振奋。战争现在有了属于它自己的道德价值，从而无需瞻前顾后。战争成了总体战。

　　由于德国成年男子大量伤亡、英国实施经济封锁、美国在 1917 年 4 月参战以及德国国内反战势力壮大，要想取得真正的

胜利，前景越来越渺茫；有关胜利神话的颂歌，听起来也越来越刺耳，越来越不切实际。从民族主义组织甚至政府层面透露出的国土保卫战的目标清单上，开始看不出一丁点儿的理性和镇定。要是按照泛德意志主义分子或 1917 年 9 月新成立的"祖国党"的意思，未来的德国将囊括从乌拉尔山脉到大西洋，从北海到亚得里亚海的整个地区。由于德国人在 1918 年夏秋之际在西线最终崩溃，瓦尔特·拉特瑙，一位将浪漫与民主这两种不同的倾向奇怪地集于一身的普鲁士犹太人，这位曾经在德国的原材料动员中发挥了很大作用的智囊人物，开始呼吁总动员，举国抗击外国侵略者，就像 16 世纪明斯特再洗礼派的教徒那样，用同归于尽的方式血战到底。1914 年 8 月的喜悦在战争岁月中先是变成热切的决心，继而又变成歇斯底里。这条道路是德国人内心之旅的延伸。

不过，德国虽然有分裂的迹象，但直到 1918 年 11 月 11 日上午十一点停火前为止，总的来说，它在 1914～1918 年的战争中还是团结的。总的取向始终是积极的。濒死之际强调的也是再生、轮回、生命、"体验"。"我看到了死，同时大声呼唤着生。"阿尔方斯·安肯布兰德（Alfons Ankenbrand）如是说。1915 年 4 月 25 日，他死在了苏谢，年仅 21 岁。[1] 只有明白这种形而上学，才能理解德国人是怎样继续战斗的。他们一开始在数量上就占据了优势。他们两线作战。他们支持并资助奥地利人和土耳其人的战争努力。他们对人力和物力的动员非常出色。他们设法把俄罗斯打得退出了战争。他们击退了协约国的猛攻，其中还包括 1917 年 4 月之后美国的经济力量和 1918 年

① 信，1915 年 3 月 11 日，见 Witkop（ed.），*Kriegsbriefe*（1916），44-45。

的军事力量。1918 年夏天，他们又一次功亏一篑。

为德国人提供精神支持的信仰行为（act of faith），在某些方面与激励着英国人和法国人的战争努力的信仰行为并无不同。然而，到头来更引人注意的却是两种信仰间的差异，而不是相似的地方。英国人和法国人的信仰有一种理性的基础；德国人的信仰则是建立在唯心主义和浪漫主义之上的。英国人和法国人的信仰是社会的，而德国人的信仰是形而上的。德国人的战争努力是用许多与英国人和法国人相同的社会化工具来准备的，比如宗教、教育、兵役以及国家对私人领域进行干预的其他形式。但德国工业化的性质，比如起步晚、相对迅速以及高度集中，意味着与工商业一同发展起来的许多社会规范和价值观对于德国社会存在的渗透还不够深入，而且事实上还受到怀疑。德国的资本主义，借用后来一位历史学家的形容词来说，是"贬值了的"资本主义。① 在英国，J. S. 密尔曾把分工看作"培养合作精神的伟大的学校"，因为几个人的联合劳动就可以完成无论多少人都无法独自完成的任务。② 那种"培养合作精神的学校"后来也来到了德国。结果，德国人在 1914 年和整个战争期间实现的精神上的团结——它在战争中大多数时候都得到了大部分社会主义者的支持——更多的是建立在私德而不是公共价值观的基础上，是建立在想象而不是社会现实的基础上。

265 在前线待了一年多之后——先是在法国，后来又去打塞尔维亚人——格哈特·帕斯托斯的献身热情丝毫没有减退。1915 年 10

---

① Fritz Stern, "Capitalism and the Cultural Historian"，见 *From Parnassus*：*Essays in Honor of Jacques Barzun*, ed. Dora B. Weiner and William R. Keylor（New York, 1976），219。对这一主题的详细论述参见 Stern, *Gold and Iron*（New York, 1977）。

② J. S. Mill, "Civilization," 见 Robson（ed.），*Mill*, 444 – 45.

月，在从萨瓦河畔写给家人的信中，他说自己迫切地想要教训一下塞尔维亚人："我们有一种强烈的冲动，想要当面教训一下塞尔维亚人，用拳头狠狠地打在他们脸上。要是向前开拔的命令今晚就下来，我们就会觉得像是要上天堂一样。"他依然在把战斗等同于天国、拯救以及超越。1916 年，在编辑并准备出版学生的战时通信时，菲利普·维特科普（Philipp Witkop）选择了这段残忍同时又带有唯心主义性质的内容——它把用拳头狠揍别人的脸与天国联系起来——作为他那本书的结尾。①

英国很快就成了德国的头号敌人。它是个虚伪的商业民族，是资产阶级商人而非英雄的民族。和出门求财的商人一样，它在"七月危机"中一开始并没有把自己的所有底牌放到桌上，既没有宣布中立，也没有宣布支持法国，所以它被指控为应对战争负责。这意思就是：它有罪，因为它在该行动的时候没有行动。这里的推理和现代的美学标准很是般配。有罪的是受害者而不是凶手。思考和不行动本身就不纯洁，因为它们意味着狡诈、算计和不诚实。相反，行动就是解放，行动就是生活。所以，采取行动的人不能受到责难。"山顶宝训"被人们用尼采式的英雄气概否定了。"不该说谁有罪，而要说什么有罪，那必须搞清楚。"马格努斯·希施费尔德坚持认为。英国是那种否认生活秩序的头号代表，德国必须挣脱那种秩序，因为那是一个扼杀了真正的欢乐、灵感和精神的世界。②

许多在战前和英国有联系的德国教授，都把英国人出乎意料的介入当作对他们个人的冒犯，把它理解为整个西方文化罪

266

---

① 信，1915 年 10 月 7 日，见 Witkop（ed.），*Kriegsbriefe*（1916），113 – 14。

② Magnus Hirschfeld, *Kriegspsychologisches*（Bonn, 1916），7.

孽深重的写照。神学家阿道夫·冯·哈纳克再也没有从这样的打击中恢复过来。① 所以，他和其他人得出了一个苦涩的结论：比利时只是英国用来打击德国的借口。英国这个小店主民族之所以出手，不过是为了消灭经济上的竞争对手。要不然，它的介入还能做何解释？在一首想象英国外交大臣爱德华·格雷的死亡和在审判席前的可怕命运的"诗"中，弗里德里希·雅各布森把英国的参战诋毁为"为了战利品和黑心钱"。② 1914 年的除夕之夜，巴伐利亚第 15 步兵团的军官和第 1 营的士兵在团部聚会，在午夜钟声敲响的时候，他们庆祝新年的方式是大喊"愿上帝惩罚英格兰"，尽管在栋彼埃尔附近和他们对峙的是法国人。③

由于德国人参战的理由从一开始就不如法国人和英国人那么具体，所以相应的，他们对于战事延宕的解释，也是用神秘而浪漫的观念装点起来的。常见的说法是，战争代表了终极体验；还有，战争尽管是惨烈的，也显然是浪费的，但要是把自己彻底沉浸在战争的活力中，要是把德国人的本质与战争的现实融为一体，那整个民族的生存就会进入一种更高级、更崇高的形式。因此，战争既是教育，又是启示。用恩斯特·武尔歇（Ernst Wurche）这名士兵的话说：

> 如果生活的意义和目的就是要超越纯粹形式的存在，那我们在生活中已经取得了很多成就，因为不管我们今天

----

① Agnes von Zahn-Harnack, *Adolf von Harnack* (Berlin, 1936), 444.
② 这首名为《爱德华·格雷》的诗可见于 Nachlass Gerhard von Nostitz-Wallwitz, N262/1, BAM。
③ 日志，1914 年 12 月 31 日，见 Kriegstagebuch of the 15th Bavarian Infantry Regiment, Bd. 1, BKA。

或明天的命运如何，我们所知道的都要超过百岁老人和哲学家。没有人比我们看到过更多的真相，更多的卑劣、胆怯、软弱、自私和自大，也没有人比我们看到过更多的美德和默默无闻的高尚精神。我们对生活几乎再无所求：它向我们比向其他人揭示了更多的东西，除了人类没有要求的——我们要耐心地等待，看看它对我们有什么要求。要是它要求一切——它毕竟给予了一切——那就扯平了。①

如果说从一开始对许多德国人来说，战争就和美是一个意思，那它愈演愈烈的狂暴则被很多人当作不过是其美学意义的加强而已。换句话说，随着战争的破坏力的不断加大，它也相应地继续被精神化，或被内在化。格哈特·帕斯托在经历了几个星期的阴雨、泥泞、炮击和法国人的进攻之后，战争中"好的"一面对他来说甚至变得更加清晰了：

> 你变得坚强了。这种生活把所有的软弱和感伤一扫而空。你被戴上了锁链，被剥夺了自决的可能性，接受了忍受痛苦的训练，接受了自我克制和自我约束的训练。但最主要的是你转向了内心。你能忍受这种生活、这些可怕的事情和这种谋杀的唯一办法就是，把你的精神植根于更高级的领域。你被迫进入自我观照的状态，你不得不与死亡达成协议。为了找到能够抵消可怕的现实的东西，你必须伸手够取最高贵的和最高级的东西。②

---

① 恩斯特·武尔歇，转引自瓦尔特·弗莱克斯（Walter Flex）1916 年 3 月 14 日的信，见 *Briefe von Walter Flex*（Munich, 1927），184 – 85。
② 信，1915 年 4 月 16 日，见 Witkop（ed.），*Kriegsbriefe*（1916），49 – 51。

自我这个词乃是贯穿这段文字的主题。因为外部世界的暴力愈演愈烈，一个人也就越发迫切地要在他的自我中，在他的灵魂中求得安宁。

当必胜的神话被打碎，那些碎片就变成了一个个新的，甚至更大、更耀眼的神话。在多产的阵痛中，幻想又滋生出一群幻想。恐怖变成了精神上的圆满。战争变成了和平，死变成了生，灭绝变成了自由，机器变成了诗，超道德变成了真理。超过 18000 鼎教堂大钟和无数只管风琴的音管为了战争而被捐献出来，它们被熔化并用来制造武器弹药。① 随着对 19 世纪资产阶级世界中有形的和社会的固定之物的冲击的加剧，随之而来的就是不断突破强制、边界和形式而获得解放的感觉。推动这种解放依然是普夫利希特最重要的含义。死与生的这种联系，显然是《春之祭》中献祭那一段的重演。

会众

援引具有唯心主义信仰的学生和其他知识分子的书信，会招来批评说这样做是把总人口中的少数人，在这场战争中思想上最为忙碌的那部分人，当成整个国家的代表。德国的工人阶级呢？农民呢？大多数作战人员呢？

关于他们的想法，原始资料当然不太容易搞到。这些人很少写日记，至于收藏或搜集他们的书信，战后似乎也没人有这样的兴趣，或者说没人在这方面成功过。另外，德国主要的军事档案都在第二次世界大战中毁于盟军的轰炸，邮件审查的记录似乎也不见了。因此，关于非知识分子对于这场战争的态度，

① Daniel R. Borg, *The Old-Prussian Church and the Weimar Republic* (Hanover and London, 1984), 39.

现在只有一些零散的并且往往是间接的材料。

　　不过，军队中不服从命令的现象相对较少，这说明总的来说，士气还是比较稳定的，并且工人阶级和农民出身的士兵在前文所说的价值观背景下履行着自己的职责。下表列举了巴伐利亚第4步兵师违抗命令和不法行为的案例，它们受到调查但并不一定会受到军事法庭的审判。该师在这场战争中的大多数时间都在西线。不端和违法行为包括：擅离职守、开小差、怯战、从事间谍活动、故意自残、自杀、武器使用不当、不服从上级、辱骂上级、损坏财物、叛国、违反邮政法的行为、刑事犯罪行为，以及其他各种不法行为。

269

受到调查的数量[*]

单位：例

	1914 年	1915 年	1916 年	1917 年	1918 年
1 月		63	12	47	87
2 月		26	18	41	59
3 月		33	23	46	70
4 月		40	27	42	47
5 月		20	22	54	80
6 月		24	14	52	112
7 月		23	20	82	118
8 月	17	32	32	48	103
9 月	12	25	72	77	115
10 月	29	27	80	47	136
11 月	20	46	59	86	91
12 月	65	31	37	153	47

*巴伐利亚第4步兵师档案，Bd. 102，BKA。

　　比较突出的月份是 1914 年 12 月和 1915 年 1 月，1916 年的 9 月至 11 月，1917 年的 7 月、9 月、11 月和 12 月，以及 1918

年除 4 月之外的全年。第一个阶段在时间上刚好与 1914 年的战场联谊相吻合；第二个阶段刚好是凡尔登攻势失利和索姆河战役造成巨大伤亡的时候；第三个和第四个阶段反映了在胜利前景黯淡的时候，士气的普遍低落。1918 年 4 月的数据下降可以用当年春天鲁登道夫攻势起初获得的成功来解释。我们可以看出，随着战事久拖不决，这些数字也在增大，但应该指出的是，不服从命令的现象从来没有变得过多。

在德军中就跟在其他所有军队中一样，可以听到的不满通常都是关于供应品、伙食、装备、战略以及军官们享受的物质待遇。例如，1917 年 8 月，有个炮兵连在一份上呈最高指挥机构的报告中申诉说："参谋军官们消遣时骑的马比部队的作战用马还好。"师指挥部对这种"不符合军人身份的"言论十分恼怒，便下达指示，以后不许这样说三道四。① 那年夏天还有一些命令被下达了，要求对条件和待遇有正当意见的士兵可以通过合适的渠道反映，而不要只是发牢骚。② 法国和英国的军事档案中也有很多这样的材料；它说明士气上是存在一些小的问题——考虑到此次战争的性质，那是完全可以理解的——但意志实际上并没有受到大的影响。

并不是只有知识分子或冒险家——比如恩斯特·云格尔，他在战前就离家出走，加入了法国的外籍军团，还有恩斯特·武尔歇和瓦尔特·弗莱克斯（Walter Flex）——才抱着上文所说的那种对待战争的总态度。这一点可以在赖因霍尔德·艾哈克（Reinhold Eichacker）的一本通俗小说中——该小说在 1916 年已经开始第二次印刷——得到进一步的印证。《致生活的信：

---

① 军司令部命令，1917 年 8 月 18 日，巴伐利亚第 1 步兵师，Bd. 90，BKA。
② 陆军司令部命令，1917 年 7 月 31 日，巴伐利亚第 1 步兵师，Bd. 90，BKA。

来自战壕的灵魂和灵魂的战壕》（*Briefe an das Leben：Von der Seele des Schützengrabens and von den Schützengräben der Seele*）讲的是一名士兵的故事，甜腻得让人受不了。他和自己心爱的姑娘结婚一年后上了战场。他在战壕里待了一年，回到家中却意外地发现自己的妻子已经投入别的男人的怀抱。他二话没说，转身又奔赴前线，只是在不久后得知，他的妻子自杀了。通过对生活和战争意义的苦苦思索，他终于能够平静地面对她，面对死亡的前景了。他最后的慰藉是，他和她将会在来世重新结合。在这部小说中，就跟在德国的许多战争努力中一样，生活的意义只有在死亡中才能找到。

不用说，德国士兵也和其他国家的士兵一样，忍受着疲惫、抑郁和心理创伤的煎熬。他们也觉得自己是在依靠本能的力量和内在的资源从事这场战争，但对德国人来说，那些内在资源在形式上显然是形而上的，这和为英法普通士兵提供心理动力的、以社会历史为基础的价值观截然不同。战争是意志及能量的较量，不是物质手段的较量；它是为了延续"1914 年的精神"，是为了实现宏大的理想。

对许多人来说，到头来结果是一场空，是失败。到了 1918 年 7 月，鲁道夫·宾丁（Rudolf Binding）意识到，"我们完了。思想让人痛苦。我们怎样才能恢复过来？文化，就如其战后将为人所知的那样，毫无用处；人本身很可能更加没有什么用处"。①作为对手，达维德·吉尔希克（David Ghilchik）在 10 月就意识到德国的末日来临，他说："现在我无论如何都不要做德国人。"②

① 日记，1918 年 7 月 19 日，Rudolf Binding, *A Fatalist at War*, trans. I. F. D. Morrow（London，1929），237。

② 信，1918 年 10 月 13 日，D. L. Ghilchik, IWM。

然而，就如我们将会看到的那样，即便是这种空虚感也可以设法加以操纵和改动。事实证明，一个人实际上也可以在精神上陶醉于这种空虚感。失败会引发"在背后捅刀子"的想法，认为德国不是在前方与敌人光明正大的战斗中被打败的，而是被外部的污蔑和内部的背叛打倒的。这个最近迷上了创新、实验和摈弃旧形式的民族，将在精彩绝伦的精神戏法中，把它自己的反叛心理投射到它想象中的国内外敌人身上。背叛者会变成被背叛者，反叛者会变成受害者，失败者会变成征服者，就像在达达主义的作品中反艺术会变成艺术一样。

再回到 1914 年 10 月。在安特卫普落到德国人手里的当晚，柏林的埃斯普拉纳德酒店举办了一场盛大的宴会。照理说，重大的社交聚会着装要端庄得体，要和那种严肃的场合相称。比如，女性不要穿露肩礼服。但在这天晚上，有位女士来的时候穿了一件非常透明的低胸礼服，而那种礼服本来只适合参加社交季最高潮时的盛大舞会。

"夫人，您今晚非常漂亮。"有人恭维说。

"是的，"她回答说，"我穿上这件是为了庆祝夺取安特卫普；但您等着看我留到打败英国时穿的衣服吧！"[①]

那位女士在战败时穿的是什么，我们不得而知，但按照柏林战后接受约瑟芬·贝克（Josephine Baker）[②] 的方式来看，这里所暗示的庆祝胜利的服装——皇帝的新衣——在战败的时候也一样合适。

这些推断是不是合理呢？例外是不难找到的。在德国，随

---

① Evelyn, Princess Blücher, *An English Wife in Berlin* (New York, 1920), 35.

② 出生于美国的著名黑人女歌舞演员，20 世纪 20 年代中期在欧洲巡回演出并大获成功。她的舞蹈服装以暴露著称。——译者注

着战事进行，对战争的一般性不满和反对的确也在增加。1916年，德国的部分地区因食物短缺而发生骚乱。同年 4 月，巴伐利亚天主教当局被其主教告知说，消除对战争的不满是他们的头等大事。① 在接下来的两年当中，尤其是在严寒的冬季，不满也时有发生。

持怀疑态度的人起初在政治上来自社会民主党内部的少数派。然而，1917 年 4 月，反对战争的独立社会民主党（USPD）成立了。它里面既有战前修正派领袖爱德华·伯恩斯坦（Eduard Bernstein）那样的政治温和派，也有罗莎·卢森堡（Rosa Luxemburg）和卡尔·李卜克内西（Karl Liebknecht）那样的激进派。1918 年 1 月，由激进的工会代表领导的罢工潮席卷了各个兵工厂。这些工会代表反对战争，并坚决要求进行广泛的社会政治改革，他们非常赞赏布尔什维克最近在俄国获得的成功。1917 年年底和 1918 年，由于反战的小册子传到了某些防御地段，由于不服从命令的现象增多，前线也开始出现相当多的厌战和消沉的迹象。但卷入这些活动的人为数很少。② 大多数的罢工并不是出于政治原因，而是出于经济原因，特别是严重的食物短缺。陆军仍然是忠诚的。

在国内的温和派当中，最晚到 1917 年，战争已成为存在之谜。此时，对于马克斯·韦伯来说，战争的"精神动力已经枯竭"。相比之下，对于法哲学教授古斯塔夫·拉德布鲁赫（Gustav Radbruch）来说，战争似乎是个"幽灵一样的东西"，一头瞎了眼却又势不可挡的怪物。无论胜负都是灾祸，只是相

---

① F. L. Carsten, *War Against War: British and German Radical Movements in the First World War* (London, 1982), 76 – 77.

② 同上书，多处。

比较而言，前一种灾祸在程度上稍微轻一些。在这场巨大的危机中，他感到只有在宗教中才能找到些许安慰。[1] 到 1917 年，对汉斯·德尔布吕克（Hans Delbrück）、恩斯特·特勒尔奇（Ernst Troeltsch）、阿道夫·冯·哈纳克和弗里德里希·迈内克来说，这场战争已经有把所有欧洲文化毁于一旦的危险。1914 年 8 月曾经那么灿烂的未来，现在似乎只是漆黑一片。1918 年 2 月，在经受了前一个月的打击和困扰之后，德尔布吕克在给他妻子的信中承认，他对于未来非常害怕。他不知道在经历了所有令人伤心的事情之后，是不是还有某种可怕的悲剧在等待着德国。"如果整个事情不能很快了结，它就会变得十分可怕。"[2]

274 　　然而，尽管有这些不祥的预感和怀疑，士气以及继续战斗的决心还是保持住了，甚至在 1918 年秋季撤退的时候也是如此。全面崩溃的危险从来就不存在——在士兵当中肯定不存在。而当崩溃真的来临的时候，它的规模并不大，而且崩溃发生在战时大部分时间都窝在港口的海军中。1917 年，威廉港发生了勉强算是兵变的事件。水兵们抗议他们的待遇、劣质的口粮、缺少休假和封闭的营区。1918 年 10 月底和 11 月初，基尔港和威廉港的水兵发生兵变。骚乱随后又因为突然传开的即将停火的消息而迅速蔓延到整个德国。不过，前线的陆军直到最后都是忠诚的。只有在后方，在德国国内，少数士兵参与了所谓的 1918 年革命。

　　因此，战争期间，对于本国战争努力的幻灭感和异化感从来就没有在德国蔓延。即使在存在这种幻灭感和异化感的地方，它们也不是在作战人员中而是在平民中比较普遍。带有幻灭感的语言和文学作品，总的来说是战后才有的现象，而且到处都是。

---

[1]　Schwabe, *Wissenschaft und Kriegsmoral*, 104 – 105.

[2]　德尔布吕克的信，1918 年 2 月 4 日，同上，166。

七　走向内心

虽然我们奉行超法律的准则

虽然我们刚刚还在争吵，

可要是允许撤退

我就会跑得无影无踪。

士兵诗作

人们抛开此时此地，把自己活动的领域移向远方，因为在那里有可能获得完全的确证。这就是抽象。

保罗·克莱（Paul Klee）

席勒，一个平庸的诗人，没有为外国人提供任何有趣的东西。即便在和平时期，凭经验也知道不要去输入人们已经拥有的东西。我们有了卡齐米尔·德拉维涅（Casimir Delavigne）、蓬萨尔（François Ponsard）、德·博尔尼耶（Henri de Bornier），为什么还需要席勒？

约瑟芬·佩拉当（Joséphin Péladan），1917 年

战争即艺术

276 从一开始，这场战争就激发了人们的想象力。在历史上很可能没有别的哪个四年，产生过那么多有关公共事件的记述。包括艺术家、诗人、作家、神职人员、历史学家和哲学家在内，所有人都全身心地投入这出正在上演的人性剧。

对于独立思考和理性决策，知识分子尽管可以颇为自得地予以宣扬，但他们中的大部分人都对根深蒂固的国家忠诚意识做出了反应，而且还身体力行。哪怕是出于年龄或健康原因不能入伍的，他们也会通过别的方式为战争出力，比如成为宣传人员、战争艺术家、救护车司机或者护理员。不过，除了对国王和国家的忠诚——这可以说是最主要的——战争本身的重大历史意义以及随着它的进行而显示出的惊人的不可言喻性，对他们也有一种独特的魅力。就连内向的马塞尔·普鲁斯特——晚上把自己关在用软木做壁板的房间里创作伟大的长河小说《追忆似水年华》——也被这幕奇妙的景象迷住了："就如过去人们活在上帝中，现在我活在战争中。"[1] 埃德蒙·戈斯（Edmund Gosse）在战时对亨利·詹姆斯有过仔细的观察。据说，詹姆斯经常隔着英吉利海峡，朝着传来隐隐炮声的方向眺望。"当德国人毁掉兰斯大教堂的时候，"戈斯写道，

憎恶和痛苦几乎使他像动物，像森林中肋部中箭的狮子一样咆哮起来。他隔着大海凝望东南，仿佛看到了闪烁的火光。吃饭的时候，说话、散布、思考的时候，睡觉、

---

① George D. Painter, *Proust: The Later Years* (Boston, 1965), 223.

醒来、起居、呼吸的时候，他满脑子都是战争。他的朋友
们十分担心：他的身体状况尽管有所好转，但还是无法承
受如此的紧张。①②

就连那些持批评态度并试图置身事外的人，比如 D. H. 劳　277
伦斯，也很快因为社会中的多疑症——任何对战争不太热心的
人都会受到怀疑——而发现自己卷入了这场危机。

　　大部分激进的想象，不管其倾向是政治的还是审美的，从
一开始就全神贯注。战争所提供的不但有各种各样的场面、声
响和意象，还有情感和努力方面各种极端的事例——多热莱斯
把战壕称为"这巨大的告解室"③——它们和古板的爱德华时
代甚至躁动的威廉时代没有任何联系。因此，对于战前先锋派
孜孜以求的具有革命意义的新生，这场战争起到了名副其实的
劝勉作用。"欧洲大战意味着最严重的历史性危机，意味着新
时代的开始。"列宁在 1914 年年底断言。④ 对于左翼的政治激
进派而言，陈腐的社会秩序和战争的蓬勃活力之间的这种张力，
尽管有遗憾、悲伤和恐怖，却是件好事：战争将以革命而告终。
对于艺术领域的许多激进分子而言，这种张力绝对是美妙的。
雅各 - 埃米尔·布朗什和他在巴黎曾经为俄罗斯芭蕾舞团出过
力的朋友们，对于齐柏林飞艇飞抵法国首都上空的景象感到无
比兴奋。他们把那个景象想象成在天空游弋的鲸鱼或鲨鱼，或
者"怪物法夫纳（Fafner）——它那用铝和古塔胶做成的庞大

---

①　Weintraub, *The London Yankees*, 350 – 51.

②　亨利·詹姆斯死于 1916 年 2 月。——译者注

③　Dorgelès, *Souvenirs*, 8.

④　Klein et al. , *Deutschland im ersten Weltkrieg*, I: xvii.

身躯，晃晃悠悠，在熟睡的西岱岛上空从它灯塔般的双眼中射出一束束电光"。米西亚·塞尔特把战争与柏林分离派的招贴画联系起来。"这些可怕的道具应该放到剧院里。"布朗什说。①这里是倾向于把战争当作一种艺术形式，当作生活的更高级表现：只有当人类认识到拯救之道并不在于死气沉沉的社会规范，而在于唯美的价值观，在于生与死的象征性，恐怖和悲伤才有意义，才能得到克服。作为召唤，作为变革的工具，这场战争包含了建设性的目的——这就是许多艺术家的判断，至少在早期是这样。

278　　　艺术家当中对于战争最激进的回应来自这样一群人，他们完全打破了传统的忠诚意识，于1915年齐聚中立的苏黎世，并在那里提出了"达达主义"思想，如果那种虚无主义宣言也能说是一种思想的话。该群体的成员来自不同国家，但其核心是德国人。它的主要人物包括胡戈·巴尔（Hugo Ball）、理查德·许尔森贝克（Richard Huelsenbeck）、汉斯·里希特（Hans Richter）、汉斯·阿尔普（Hans Arp）以及罗马尼亚人特里斯唐·查拉（Tristan Tzara）。他们拿腔作调，用警句般带刺的语言抨击席卷欧洲的自我毁灭的狂欢。他们否定所有的意义，甚至他们自己。唯一的意义就是无意义，唯一的艺术就是反艺术。达达在那儿之前，达达就在那儿了。理查德·许尔森贝克鼓励"世上没有目标的人"联合起来。②

　　虽然装作伤心和愤怒的样子，但达达主义似乎很享受战争。胡戈·巴尔写道："战争就是我们的妓院。"③ 达达主义自身否

---

① Gold and Fizdale, *Misia*, 166.
② Johann（ed.），*Innenansicht*, 163.
③ 同上书，164。

定一切的狂欢就是这场战争在精神上的对应物。在拒斥因与果，拒斥过去和未来，拒斥除掷骰子之外的一切意义方面，达达主义欢快地玩着带有德意志风格的自恋游戏。它一边起劲地否定意义，一边却把战争视为意义的精髓。达达主义的虚无主义游戏是精神上的战争游戏。

　　在发现破坏具有召唤作用的同时，破坏所固有的混乱与模糊也的确让一些艺术家和知识分子无法承受，令他们的创造冲动归于沉寂。在庆祝战争来临时的一阵子诗兴大发之后，战争的惨状和欧洲知识界无力阻止这场杀戮的现实让里尔克默然无语、惶惶不安。亨利·詹姆斯在去世前几年也没有写出什么有分量的作品。战争中痛失爱子的拉迪亚德·基普林，只能为儿子生前所在的爱尔兰近卫团写写战史。对于艺术家面临的两难困境，约翰·高尔斯华绥（John Galsworthy）在 1915 年说道："［艺术家］虽然用自己做的工作、自己说的话、自己心中的思想和看法支持这出战争大戏，但在内心深处，他却在退缩。"[1]

　　随着战争的意义开始没入追问存在的迷雾中，"现实"世界——那个有形的、秩序井然的"现实"世界的统一性也开始动摇了。由于战争使得战前世界中合乎理性的联系，即因果联系受到了质疑，文明作为实实在在的成就，其意义也受到了攻击；19 世纪认为全部历史乃是走向进步的历史这一观点也是如此。外部世界的坍塌，使得个体人格成了统一性的唯一堡垒。戴维·琼斯把索姆河攻势看作旧世界的最后一次重大行动。旧的习惯和态度到此为止还在坚持。之后到来的

279

---

① John Galsworthy, *A Sheaf* (London, 1916), 208.

便是他所说的"决裂":"整个过去,就我所能看出的而言,都在化为乌有。"① 无独有偶,乔伊斯的斯蒂芬·迪达勒斯也被惹得说出了一番让人联想到叔本华的话:"历史是一场噩梦,我正竭力从中醒来。"② 当过去化为乌有,"我"就变得头等重要了。

虽然大部分士兵依然保有他们的责任意识,但也有一些人开始就他们的二分困境中的另一面——异化感、边缘感,同时还有新奇感——各抒己见,也就是认为,世界正在毁灭,这一点现在似乎不可逆转,但世界也在走向新生,这一点似乎也不可避免。在后一个过程中潜藏着具有惊人意味的现实:士兵代表了一种创造性的力量。作为破坏与重建、死亡与重生的双重代理人,士兵往往把自己视为"前沿"人物,是变革和新生活的倡导者。他是奉命游走于生存极限的人;在那里的外围,在无人区的边缘,在正常范畴的边缘,他以一种独特的方式"活着"。

280　　　然而,他还被要求越过无人区。那实际上便是他最高的使命。那是胜利的本质。由于战争的目的变得越来越抽象,用常规的意象不太好把握;胜利的意义,即成功穿过那片把敌对双方分开并且会置人于死地的地带的后果,也相应变得抽象了。为了活下去,士兵要完全依靠从自己的想象中获得的养分。战争逐渐成了一件与个体的阐释力有关的事情。

与后方的观察家——无论是心理学家还是记者——关于战争经验并未改变他们各自民族的本质特征的结论相反,经历过

---

① David Jones, *In Parenthesis* (London, 1982), ix; D. S. Carne-Ross, "The Last of the Modernists," *New York Review of Books*, October 9, 1980, 41.

② James Joyce, *Ulysses* (Harmondsworth, 1968), 40.

战斗的前线士兵相信自己发生了根本性的变化，尽管这种变化还难以言表。在 1916 年 6 月第一次进入战壕之后，彼得·麦格雷戈告诉自己的妻子：

> 我很好——就跟以前一样——但是不——那永远不可能。在战壕的这四天让我发生了翻天覆地的变化。没有人会在经历了那些事情之后还能跟以前一样。[1]

对方的鲁道夫·菲舍尔有着类似的说法："从战场上下来的人，没有哪个还跟以前一样。"[2] 马克·博阿松参加了 1915 年 9 月阿尔多瓦和 1916 年 6 月凡尔登的进攻之后，在一封家书中承认：

> 我变得很厉害。我不想告诉你们战争给我的内心带来的可怕的厌倦感，但你们非得要我那样。我感到万念俱灰，感到垮掉了。[3]

在何种意义上垮掉了？作为社会的和道德的存在，他在后来的信中指出。与自己以及战友们发动兵变和革命的可能性相比，他更担心的是顺从和倦怠，是"那种没完没了的驯顺"，因为前者至少还是能量、生气和社会良知的表现。"在我看来，"他写道，"我们正在经历非常严重的道德危机，表面上并不明显，没有哭喊，也看不出有什么表现，却很严重，因为它

---

① 信，1916 年 6 月 21 日，P. McGregor, IWM。
② 信，1914 年 11 月 18 日，见 Witkop（ed.），*Kriegsbriefe*（1916），25。
③ 信，1916 年 7 月 10 日，Boasson, *Au Soir*, 127。

是深层的。"① 博阿松是在暗示一种普遍的退却：从表面上完好无损的外部世界遁入私人的精神世界。

传统的权威任由士兵听从他自己命运的摆布。传统意义上的领导人失败了。而且国内战线也不理解士兵的苦难之路（via dolorosa）② 的本质。唯一能为士兵提供支持的社会现实是"战壕中的战友情"。在这种情况下，就如一名年轻的德国志愿兵所说，人变成了直觉意义上的社会主义者。不过，士兵的"社会主义"缺乏意识形态的准确性或实践性。它在很大程度上是感伤的、消极的，却和先锋艺术家的"社会主义"有着惊人的相似之处。这种社会主义是"人本善"的一种，它排斥形式和组织，并把正在遭受蹂躏的自我，卑微、焦虑、驯服的自我，投射于信条之中。这种冲动带有自我怜悯的性质，同时也带有无政府主义的性质。人既是受难者，也是叛逆的幸存者。外面那些官僚、政客、高级军官、记者和大发战争财的奸商，他们是可鄙的。他们像豺狼一样以杀戮和苦难为食。他们是真正的敌人，是靠死亡和毁灭自肥的食腐动物。

战争期间在布达佩斯为患有精神神经症的士兵提供治疗的桑多尔·费伦奇（Sandor Ferenczi）证实，在面对巨大的物质力量而个人又感到无能为力的时候，士兵们就会退缩到自己的内心。"力比多从客体退缩到自我，在促进自爱的同时也将对客体的爱减弱到漠不关心的程度。"③ 他的许多病人都承认自己性无能，或者对性的兴趣大大降低。

---

① 信，1917 年 12 月 22 日，同上，299 – 300。
② 原指耶稣背着十字架穿过耶路撒冷老城到把他钉死的地方的那条道路。——译者注
③ Leed, *No Man's Land*, 183 – 84.

因此，士兵不仅是现代审美意识的前兆，还是它的代理人。士兵不仅是搞破坏的祖宗，还是未来的化身。未来的希望只存在于个体的想象中。"我已决定，"1915年9月，乔治·贝纳诺斯（Georges Bernanos）① 写道，"我的墓志铭只有这么两行。葬在这里的是一名战死者，他的参战和死亡，是为了他的自我满足和激怒那些没有参战也没有死亡的人！"②

对较为传统的人来说，比如路易·迈雷，道德视角的破坏、外部世界的内在化，以及作为社会和文化黏合剂的理性主义的消失，意味着艺术也死了。当他的部队在1917年3月被轮换下来的时候，通常的换防仪式一点儿没变。"出发。音乐，军号声，枪刺寒光闪闪。光荣的军旗，暗淡的剪影。"迈雷强调，那里的乡村有一种淡水彩画的色调。他竭力想为这一切，为仪式和周围的自然环境寻找积极的意义。在对这类象征物的集体阐释中，在人人都可以理解的形式中，包含着艺术的传统目的，作为知识而非能量的艺术的目的。但对他的战友们来说，对于最高意义的兴趣已经消失。他们只专注于自身："……每个人都只是从他个人所惦记的事情出发来看待一切。"有座小山的地势特别陡峭，于是一位军官就说，"那是个牢不可破的阵地。"再往前，一大块平地展现在眼前："那可以建一个很好的机场。"一块平整的草地也让人兴奋："多棒的一块足球场！"所以迈雷悲哀地得出结论："诗已经死了。"③ 他当然是指传统意义上的诗死了。

---

① 法国作家，一战中作为士兵参加过索姆河战役和凡尔登战役。——译者注

② Roland N. Stromberg, *Redemption by War: The Intellectuals and* 1914 (Lawrence, Kan., 1982), 152.

③ 日记，1917年3月4日，Mairet, *Carnet*, 291。

283 　　士兵们遭遇的可怕东西在过了一段时间之后，除了从非常个人化的角度，否则是很难理解的。跟迈雷不同，有些人在这种情况下看到的不是艺术的死亡，而是新的审美意识的诞生。对罗伯特·格雷夫斯来说，人的脑浆溅在战友的帽子上，这种景象成了"诗意的虚构"。[①] 早晨炮击的声音让温·格里菲斯（Wyn Griffith）想到了音乐，但不是有着传统旋律与和声的音乐，而是一种新的、与所有习惯的作曲技巧截然不同的音乐。[②] 雅各－埃米尔·布朗什声称，对巴黎的空袭尤其让他想到了斯特拉文斯基的《祭》。[③] 格雷夫斯、格里菲斯和布朗什联想到的东西都差不多。他们都把在战争中看到的和听到的跟艺术联系起来。实际上，艺术成了唯一能找到的和这场战争相关的东西，但那当然不是依照之前的规则的艺术，而是放弃了创作规则的艺术，是以挑衅为目的的艺术，是把艺术变成事件和体验的艺术。当战争失去了外在的意义，它首先就成了一种体验。在此过程中，生活与艺术携手并进。

　　有些士兵开始觉得，就像珀西·琼斯于 1915 年年底看到伊普尔时注意到的那样，"在这种可怕的大破坏中，有一些让人特别着迷的东西。"他说，照片无法恰如其分地反映现实。两个月后，他对那种"世界末日"般的景象仍然像着了魔一样："伊普尔对我的吸引力越来越大，我还在搜寻没有被炮弹直接命中过的房子。"[④] J. W. 甘布尔（J. W. Gamble）当时也在那

---

① Graves, *Goodbye to All That*, 98.

② Wyn Griffith, *Up to Mametz* (London, 1931), 187, 212.

③ Jacques-Émile Blanche, *Portraits of a Lifetime*, ed. and trans. Walter Clement (London, 1937), 259 – 60.

④ 日记, 1915 年 10 月 28 日, 以及信, 1915 年 12 月 12 日, P. H. Jones, IWM。

儿，而他的反应也几乎一样。

　　星期六那天……我利用暂时的平静又去伊普尔转了转。那种景象真是奇妙——怪异、荒诞，当然也很荒凉——不过非常有趣。我估计那个地方战后会挤满了观光客和旅游者，他们对于自己看到的东西会很惊奇。庞贝古城遗址之类的地方简直会被淘汰掉。[1]

　　在甘布尔的心目中，伊普尔尽管是当代的，但作为被毁灭文明的遗址，已经超越了庞贝古城。其象征意义无与伦比。然而，目睹如此巨大的破坏，显然又让琼斯和甘布尔非常兴奋。当加菲尔德·鲍威尔在 1916 年 8 月 28 日的日记中写下"我们现在开到了'我们的梦想之地'伊普尔"的时候，那语气显然带着嘲讽，但他选择的老套的说法倒也非常贴切。[2] 对戴维·琼斯来说，战壕那种"荒原"也成了"迷人的地方"。[3] 加拿大人卡农·F. G. 斯科特（Canon F. G. Scott）偶然发现了一具沾满黄色泥浆的年轻士兵的尸体，当时斯科特立刻想到了"青铜塑像。他面庞俊美，端端正正的头上覆盖着一头稠密的卷发，看上去更像艺术品而不是人"。[4]

　　来自波士顿的哈里·克罗斯比（Harry Crosby）是许多自愿来到法国参加救护工作的美国青年之一，1917 年，他在凡尔登熔炉找到了逃避死亡的办法，尽管这听起来有点自相矛盾。他

284

---

[1]　信，1915 年 12 月 23 日，J. W. Gamble，IWM。

[2]　日记，1916 年 8 月 28 日，G. Powell，IWM。

[3]　David Jones, *In Parenthesis*, x.

[4]　Heather Robertson, *A Terrible Beauty*: *The Art of Canada at War* (Toronto, 1977), 92.

一想到波士顿那些令人厌恶的事情就直发抖，

> 特别是波士顿的少女。她们在无性的环境中长大，穿着帆布内裤和平底鞋，戴着玳瑁框的眼镜，一旦结了婚，就会接连五六年每九个月准时生下一个孩子，然后就退休，在奇尔顿俱乐部打发时光。天哪，多么乏味的逃路。

凡尔登让"死神之手……在它上面画满了印记"。但正因如此，他才觉得它"像磁石一样充满吸引力"。① 战争尽管造成了巨大的破坏，或者说，实际上正是因为其带来的无处不在的惨状，它变成了一种召唤的力量，不过它激发的不是社会性创造力，而是个人的想象力和转向内心。战争成了通向生气勃勃的新活动领域的一种途径。

艺术即形式

285 　　然而，转向内心即便不等于沉默——字面意义和比喻意义的沉默——它也带来一种窘境。一个人该如何收集和整理战争体验，哪怕只是为了他自己？传统的表达模式，比如语言、绘画甚至音乐，在这种情况下显然是不够的。

　　"利用科学来进行搏斗，利用进步来回归野蛮，文明转而反对自身并毁灭自身，面对这类咄咄怪事，理性无从应对。"

---

① Malcolm Cowley, *Exile's Return* (New York, 1934), 256; Geoffrey Wolff, *Black Sun: The Brief Transit and Violent Eclipse of Harry Crosby* (New York, 1976), 59.

路易·迈雷写道。① 对艺术家保罗·纳什来说，他这一行的常规工具是不够的。"这个地方并不是笔墨可以形容的。"在谈到佛兰德斯的景象时，他对自己的妻子说。② 看来，抛弃传统的艺术形式是唯一诚实的反应。纳什和其他许多英国官方的战争艺术家——他们大多接受过传统的训练，是从依循常规的背景中和战前那种总体上对艺术创新抱有敌意的文化环境中培养出来的——逐渐转向实验性的创作模式。他们遇到了一些反对，但大多还是赞成。

到 1917 年，即便是在官方的圈子里，人们也不得不承认，战争开启了新的时代，一个需要新的鉴赏力的时代。C. R. W. 内文森（C. R. W. Nevinson）是一小群战前就开始反抗传统学院式创作方法的英国艺术家中的一员。他去过巴黎，结识了立体派和未来派的艺术家，并在那里和莫迪利亚尼共用一间画室。"在我们城市拥挤的大街上疾驰而过的大功率重型汽车，"他在 1913 年写道，"映现在光和色的幻境中的舞者，在兴奋的人群上空翱翔的飞机……这些能给人带来激情的东西，要比两只梨和一只苹果更能满足我们对于这个如歌般富有戏剧性的宇宙的感知。"③

战争来临的时候，饱受病痛折磨的内文森没能入伍，但他就像自己说的，"在想要有所作为，想要'参与'战争的冲动的驱使下"，先是加入红十字会在敦刻尔克服务，接着又加入皇家陆军救护队。不过，风湿热让他在 1916 年离开了军队。然

286

① 信，1916 年 12 月 29 日，Mairet, *Carnet*, 270 – 71。
② 给他妻子的信，1917 年 11 月 16 日，见 Nash, *Outline*, 210。
③ 见其为吉诺·塞韦里尼（Gino Severini）的未来主义作品在 1913 年 4 月在马尔伯勒画廊的画展目录所写的导言，引自 John Rothenstein, *Modern English Painters*, 2 vols. (New York, 1976), II: 129。

后在 1917 年 6 月，尽管他过去在艺术上表现得很激进，但还是被聘为"英国陆军官方艺术家"。起初，他感到不得不压抑自己天生的创作本能。但他在资讯局（Department of Information）的雇主们注意到他的工作因此受到了影响。看了内文森最新的画作之后，负责协调英国宣传工作的威灵顿宫（Wellington House）① 里一位名叫 T. 德里克（T. Derrick）的官员，在 1917 年 10 月的一份呈送资讯局文艺部负责人查尔斯·马斯特曼（Charles Masterman）的备忘录中写道：

> 我会告诉他说，我有理由相信他自己不羁的、未被驯服的自我，可以表现在随后的工作中而不会冒犯官方人士。我相信是这样。对他那个受压抑的、得体的、带有官方性质的自我，评价不怎么样，不像他想的那么高。②

马斯特曼表示赞同，并允许内文森可以自由创作。内文森后来果真与总司令部和陆军部有了麻烦，主要就是因为他画的《光荣之路》（*The Paths of Glory*）和《士兵群像》（*A Group of*

---

① 一战爆发后，英国成立了一个名为"战争宣传署"（War Propaganda Bureau）的秘密机构，总部设在威灵顿宫，负责人是作家兼自由党议员查尔斯·马斯特曼，他招募了一些重要的作家和艺术家从事战争宣传工作，尤其是对外宣传。除了战争宣传署，英国当时还有其他几个负责宣传和资讯的机构。为了协调这些机构的工作，英国政府对它们进行了几次重组。上文提到的成立于 1917 年 2 月的资讯局就是这方面的努力之一。1918 年 3 月，又成立了资讯部（Ministry of Information），接管英国所有的宣传工作。——译者注

② 备忘录，1917 年 10 月 16 日，C. R. W. Nevinson file, Department of Art, IWM。

Soldiers）。前者被认为会影响士气，因为画的是前线阵亡士兵，而且还用了那么一个具有讽刺意味的名字。后者则被认为"太丑陋"，而且按照陆军部的说法，有可能为德国人提供口实，说"英国人堕落"。但他其余的画作，虽然基调都是描写战争 287 的惨状而不是英雄主义，却得到了赞许甚至推崇。1918 年 1 月，作为帝国战争博物馆前身的国家战争博物馆，甚至分别出资 50 英镑和 100 英镑收购了《光荣之路》和《士兵群像》，认可了它们作为战争纪实材料的重要价值。1918 年 3 月，报业巨头同时也是新近任命的资讯部部长的比弗布鲁克勋爵（Lord Beaverbrook），在位于莱斯特广场的莱斯特画廊正式举办了内文森作品展，尽管内文森坚持要求在展览目录的前言中加上下面这段尖刻的文字：

> 我对公众不抱幻想，原因是：主要是由于我们的报刊、我们令人恶心的钟爱传统的公学，以及我们散发着腐臭气味的大学，普通英国人不但对思想和艺术领域所有处在实验中的新东西抱着怀疑的态度，而且他们在心智上还被训练得那么缺乏体育精神，想把所有的新尝试都扼杀在萌芽中，尤其是当有迹象表明，新的尝试正在形成一种未来的健康和力量。①

这些画只有四幅没有被卖掉。1919 年，比弗布鲁克旗下的《每日快报》（*Daily Express*）会以嘉许的口吻称内文森是"著

---

① 这段前言连同上文对内文森创作活动的反对意见，备忘录，1917 年 10 月 16 日，C. R. W. Nevinson file, Department of Art, IWM。

名的未来派艺术家"。①

因此，总的来说，当局在艺术事务上的表现显然还是很灵活的。但是，这并没能够逃脱人们的批评。有批评家祝贺那些控制着官方艺术的人，因为他们"懂得折中，不是只从得到认可的皇家艺术学院和伯灵顿宫，还从斯莱德②和所谓的反叛艺术中心卡姆登镇（Camden Town）——那里的思想自由和表达自由同样很活跃，而且毫不掩饰——挑选他们的战争阐释者"。③

288　　　自从1911年在格拉夫顿街的画廊举办过后印象派画展之后，英国人的鉴赏力整体来说已经大有长进。

在知识分子当中，对于战争的另一种反应便是对语言，对"滔滔不绝的大词"的含义越来越生疑。荣誉、光荣、爱国、牺牲，这些词的首字母开始不再大写。在一支美国救护队中，与法国人一起工作的 E. E. 卡明斯（E. E. Cummings）在经历了这场战争之后，不仅在诗句中避免使用大写字母，就连自己的署名也是这样，结果他成了 e. e. cummings。"有些大词现在听起来跟1914年不一样了。"罗兰·多热莱斯在战后感叹道。④

看来，对于描写战壕体验来说，传统的语言和词汇非常不够。诸如勇气——不用说还有光荣和英雄主义——之类的带有古典和浪漫意味的词语，在解释是什么让士兵们留在战壕里履行自己的职责时几乎毫无用处。就连一些基本的、描述性的名

---

① *Daily Express*, May 30, 1919.

② 指斯莱德美术学院（Slade School of Fine Art）。——译者注

③ Michael L. Sanders and Philip M. Taylor, *British Propaganda During the First World War*, 1914–18 (London, 1982), 157.

④ Dorgelès, *Souvenirs*, 10.

词，比如进攻、反击、出击、负伤和炮击，其捕捉现实的力量也荡然无存。1916 年 10 月，约翰·梅斯菲尔德（John Masefield）在家书中谈起自己对前线的印象时就说到这个问题——当时他参观了索姆河战场。"要是说地面被炮弹'犁过了'，那就像个小孩子在说话。"至于烂泥，"把它叫作烂泥会让人产生误解"。

> 我从来没有见过那样的烂泥。它有点像是停滞的河流，要流淌嫌太稠，但要静止又嫌太稀。它的表面还有点像淡红色的奶酪一样泛着光，可它根本就没有凝固。你在里面不会留下任何脚印，脚印全都又合了起来。在里面每走一步都要没过你的靴子，有时甚至一直没到你的小腿肚子。在它的下面有结实的地方可以站脚。要是你走的时候旁边也有军队在走，那就会把你溅得从头到脚全是泥。①

因此：

> ……重负之下，
> 词语开始绷紧、开裂，有时还折断，
> 或因紧张而打滑、松脱和失去弹性，
> 或因含混而朽烂，但不会原处停留，
> 不会静止不动。

289

---

① 　给他妻子的信，1916 年 10 月 21 日，见 Constance B. Smith, *John Masefield: A Life*（New York, 1978），164。

T. S. 艾略特后来这样写道。① 词语好像已变得像索姆河的烂泥一样。

当然，在国内战线听到的依然是委婉的说法，大部分士兵也在继续说着"日子艰难""差点儿送命"和在参加一场"非常有趣""非常好玩"的"演出"。迪克·斯托克斯（Dick Stokes）参加了 1917 年 4 月攻占维米岭的战斗："这是一场伟大的战斗……这是一场盛大的演出，而且非常成功。"11 月，他在伊普尔突出部，当时他听说了在康布雷发动的进攻："我希望他们会把我们派到那儿，这听上去非常有趣。"到了 1918 年10 月，他的语言也没有变化："刚回来，上个星期真痛快，狠狠地揍了德国佬。一点儿没事，完好无损，只是浑身被虫子咬了。"② 当然，斯托克斯和他的大部分战友一样，从来没有意识到自己说的话——把"狠狠地揍了德国佬"和"被虫子咬了"联系在一起——有多么荒诞。

J. W. 甘布尔以类似的态度描述了 1915 年 12 月在伊普尔附近一次毒气攻击后的场景，那就像皮兰德娄（Luigi Pirandello）或尤奈斯库的戏剧③。

> 我刚刚在给两个伤员包扎的时候，其中一个叫我注意
> 两只大老鼠——它们摇摇晃晃，靠后腿撑着，像喝醉酒一

---

① T. S. Eliot, "Burnt Norton," *Collected Poems*: 1909 – 1962 (London, 1963), 194.

② 信，1917 年 4 月 17 日、1917 年 11 月 26 日和 1918 年 10 月 2 日，R. R. Stokes, IWM。

③ 路伊吉·皮兰德娄，意大利剧作家、小说家和诗人，1934 年诺贝尔文学奖得主。欧仁·尤奈斯库，剧作家，罗马尼亚人，后加入法国籍，代表作是《秃头歌女》。两人的戏剧都涉及人类生存的荒诞性这一主题。——译者注

样。这可真是最奇妙的一幕。通常只是在（白天）老鼠从身旁溜过去的时候，人们才可以看到它们，可这两只老鼠 290 就这么出来了，而且样子太滑稽了。它们当然也是有点中了毒气，不过，非常奇怪，这是演出结束之后我记得最清楚的一件事情。[①]

甘布尔写下这些文字的时候，似乎并没有意识到这一幕有多么不协调。不过，就在他 1916 年 5 月阵亡之前，他倒是写过一篇短文，把自然的和平与力量跟战争的狂暴与无力做了对比。一个有思维能力的人，就如他在通信中指出的，他的感受力显然会随着战争以及自己对于战争体验的深入而变得更加敏锐。他在临死前也成了一个踏上内心之旅的游子。其他一些敏感的精灵也开始放弃模糊而笼统的表达方式，放弃委婉语，有人甚至放弃了形容词，转而寻求清晰的意象和有力而又好像轻描淡写的说法。于是，语言逐渐被剥离了它的社会意义，变成了高度私人化的诗性的工具。这一蜕变的极端例子还是达达主义调制的语音和拟声的"无意义"。在此过程中，作为一种与周遭环境格格不入的感受力的表现形式，讽刺成了很多人的修辞方式和语气。

人们为了活命而钻到地下，士兵们用炸弹去炸鱼，塞内加尔部队起初会吃掉作为卡车润滑剂的油脂，死去的信鸽会被授予荣誉军团勋章，英军总司令在 1916 年 6 月 30 日，即索姆河"大攻势"的前一天，宣布"对铁丝网的破坏从未如此彻底"，一名法国将军在 1918 年 3 月 20 日，即德军最后一次强大攻势

---

① 给他父母的信，1915 年 12 月 23 日，J. W. Gamble, IWM。

前夕，认为"越来越多的证据表明德国佬不会进攻"①——这样的战争和这样的世界，似乎只有乞力马扎罗的豺狼和普鲁弗洛克窃笑的男仆才适合参与和生活在其中。幽默是尖酸的、黑色的；要是其先辈没有经历过那场"伟大的战争"，在 20 世纪最后二十五年就不会有蒙蒂皮松剧团②。

1914 年 11 月底，在贝蒂讷附近的布里格迪尔·P. 莫迪默（Brigadier P. Mortimer）在日记中写道：

> 我们的当务之急看来是要清理掉战壕前面德国人的尸体，因为这些战壕已经臭得没法待了。出去把那些尸体烧掉的人会得到奖赏和提拔，结果涌现出许多英勇事迹。39营 2 连的一名士兵在离德国人的战壕 50 码远的开阔地处理了三具尸体之后，正准备处理第四具的时候被打死了——真是冷静而勇敢。③

莫迪默把这件事记下来，虽然未做进一步的评论，但显然很郑重。要求人们勇敢地与尸体战斗，活人为了消灭死人而被打死——在这样的世界里，人们要多久才会意识到那惊人的讽刺性？1916 年 7 月，巴兹尔·利德尔·哈特所属的国王私人所有的约克郡轻步兵团第 9 营，唱着《收起烦恼，背上行囊》开赴了战场，参加索姆河战役。去时 800 人，几

---

① Jünger, *In Stahlgewittern*, 198；Graves, *Goodbye*, 97；Horne, *Price of Glory*, 147, 259；Marie-Émile Fayolle, *Les Carnets secrets de la Grande Guerre*, ed. Henry Contamine（Paris, 1964），259.

② 英国从 20 世纪 60 年代末开始走红的著名超现实滑稽幽默剧团。——译者注

③ 日记，1914 年 11 月 29 日，P. Mortimer, IWM。

天后回来时只剩下 70 名士兵和 4 名军官。他们又唱起《收起烦恼》! [①]

但此时人们已经开始意识到战争的讽刺性。《友谊天长地久》被填上新词，变成了带有达达主义意味的歌曲。"我们在这里，是因为我们在这里，是因为我们在这里呀，是因为我们在这里。"英军士兵们唱道。和着《到主座前求》的曲调，英国大兵用颤音唱道：

> 当这该死的战争结束，
>
> 我再不用当兵，
>
> 当我穿上便装，
>
> 啊，我该多么幸福！
>
> 周日再不用在教堂检阅，
>
> 再不用申请休假证，
>
> 我要让军士长
>
> 把他的休假证贴在他的屁股上。

292

1916 年 3 月，有人在战壕里偶然听到这么一段对话：

"哎，比尔，这战争什么时候结束?"

"啊，不知道，等到比利时再也没有东西可以装沙包的时候吧。" [②]

1916 年 2 月 12，在伊普尔，在布厅附近的大广场那边一所

---

① Basil H. Liddell Hart, *The Memoirs of Captain Liddell Hart*, 2 vols. (London, 1965), I: 21 - 23.

② 日记，1916 年 3 月 10 日，W. C. S. Gregson, IWM。

被炸毁的旧印刷厂里，出了第一期著名的《抹布时报》（*Wipers
Times*）① ——后来又陆续出现了《"新教会"时报》《克默尔时
报》《索姆河时报》《B. E. F. 时报》，以及最后在 1918 年 11 月
的《更好时报》。那种幽默几乎都是黑色的。除了在给编辑的
信中模仿伦敦《泰晤士报》描绘了春天第一只布谷鸟见到的情
景，报纸上还有几则广告：

> 建筑地块出售。
> 把房子建在阳光明媚、微风拂拂、生机勃勃的 60 高地
> 上，可以俯瞰
> 历史名城伊普尔。
> 详情咨询：博什 & 梅嫩公司②③

而在 1916 年 7 月底的《索姆河时报》上，则有这样的问卷
调查：

> 你是不是受了乐观主义的害？
> 你不知道？
> 那就问问自己下列问题。
>
> 1. 你是不是很开心？

293

---

① 在伊普尔前线作战的英军士兵创办的战地月刊，其名称与英军士兵的发音
　　和幽默感有关。他们把 Ypres（伊普尔）发成 "威普尔斯"（wipers）的
　　音，而后者是 "抹布" 的意思。——译者注
② 博什为一战时法国人对德国人的贬称，梅嫩为伊普尔附近的比利时小
　　城。——译者注
③ *Wipers Times*, February 12, 1916.

2. 你早晨醒来的时候是不是觉得协约国这边一切都在向着好的方向发展？

3. 有时你是不是认为战争会在来年结束？

4. 相比于坏消息，你是不是更相信好消息？

5. 你认为我们的领导人有能力给战争带来圆满的结局吗？

如果你对这些问题中的任何一个的回答都是"是"，那你就患上了那种可怕的疾病。

我们可以治好你的病。

在我们这儿待上两天，你身上的病症就会彻底根除。

不要犹豫，马上申请。联系：

沃尔瑟普、福克斯利、内尔姆斯公司的先生们

电话72："咕哝斯顿"

电报："松鸡"①②

就如路易·迈雷意识到并感到遗憾的那样，士兵们的嘲讽有很多都是"虚假的"。"一种疾病，虚假的嘲讽，搞垮了现在这代人，"他在1916年年初指责说，"最糟糕的就是它所造成的麻木，或者说做作，那比较可怕。"③《抹布时报》1918年的改版导言也觉得必须指出，"那种狂欢常常是歇斯底里的，不自然的"。二等兵戴维·吉尔希克肯定同意。"奇

---

① *Somme Times*, July 31, 1916.

② 英语中的"松鸡"（grouse）一词也有发牢骚的意思。——译者注

③ 日记，未注明日期，Mairet, *Carnet*, 129。

怪的是，亲爱的，"在从意大利前线寄出的信中——1918 年 8
月，他作为卡车司机正在那里服役——他告诉自己的妻子，
294 "我好像不会笑了。"① 然而，即便这种幽默大多是勉强装出
来的，但它能够感染许多人，这表明它的确引起了共鸣。战
争期间嘲讽的暗流，在战后世界里将会变成汹涌的波涛。

　　不过，对有些没有能力再发出笑声的人来说，伴随转向内
心的是沉默。达达主义也许还为虚无而尖叫，可有些人感到，
就连尖叫的冲动也都被惊惧或总体的不可理喻性扼杀了。"战
争……是位沉默的老师，跟它学习的人也变得沉默了。"鲁道
夫·宾丁写道。② "现实超出了一切文学、绘画和想象所能理解
的范围。"另一位生还者坚定地说。③ 有位叫马克·博阿松的士
兵没能活下来，他在悲观中难以自拔："什么也没有创造出来，
一切都在失去。"他抱怨这场战争让人在精神上感到窒息，就
好像毒气的存在也是为了戕害灵魂一样。人文精神在经历了三
个世纪的折磨之后，正在垂死挣扎。

　　　　世界在才智和道德上的退化几乎是不可避免的，就
　　跟思想会变得绝对卑下一样。这种卑下会用容易让人产
　　生幻觉的技术上的完善和种种实用的技能掩盖起来。战
　　争的苦难会带来惊人的工业化和大量有用的改进。人类
　　所有的活动都会转向实际的目的……没有偏见的文化气
　　数已尽。人类正在按照这场战争已经让我们熟知的方式
　　让位于人造的东西。文艺复兴破产了。德国的工厂正在

---

① 信，1918 年 8 月，D. L. Ghilchik，IWM。
② 信，1915 年复活节，Binding，*Fatalist*，60。
③ Marcel-Edmond Naegelen，*Avant que meure le dernier*（Paris，1958），222.

吞噬这个世界。[1]

在这里，"德国的工厂"等同于"容易让人产生幻觉的技术上的完善和种种实用的技能"。

如果说过去成了虚构，如果说一切真的都在变化，那也许只有电影——有些看过电影的人觉得——才适合捕捉那绵绵不绝的运动。在士兵们的书信、日记和回忆录中，很突出的一点就是频繁地提到电影。之所以如此，部分原因就在于这种媒介的新颖性以及它的发展所带来的兴奋感，但在参战人员当中，有些人似乎真的觉得，正在发生的一切不知怎么的是属于银幕而不是生活。法国第 360 步兵团有一个人目睹了相邻的营 1915 年 5 月在阿拉斯附近发动的进攻。士兵们离开自己的战壕，冲向铁丝网，结果被机枪的火力扫倒。这位旁观者和他的战友们站在战壕里，伸长了脖子观看这次行动，"就好像在电影院里一样"。[2] 一位经历了 1916 年戈默库尔之战的英军士兵后来写道："其他人就像电影——那种剧烈晃动的老式电影——银幕上的人物一样，大家都急匆匆的……"[3]

艺术和道德

战争对道德准则的冲击，就和它对审美形式的冲击一样猛烈。用所有可以想象得到的方式进行大肆杀戮成了家常便饭，成了职责所在，成了道德决断，这对于声称植根于犹太

---

①　信，1918 年 3 月 19 日，Boasson, *Au Soir*, 311。

②　Gaston Esnault, *Le Poilu tel qu'il parle* (Paris, 1919), 160 – 61.

③　Ellis, *Eye-Deep in Hell*, 102.

教和基督教伦理的道德秩序来说，绝对是最猛烈的冲击。虽然基奇纳在派出英国远征军的时候曾经警告说，不要去碰法国的女人和美酒，但没过多久，各方军队的首脑就开始为大批士兵的性需要做出安排了——当然，那样做是为了鼓舞士气！在19世纪的世界里，道德与士气被认为是不可分的；大战不仅破坏了这种关系，而且还使它们有相互排斥的危险。对许多人而言——也许还是对大多数人而言——它们依然是有联系的，就如我们之前看到的那样，但也有越来越多的人认为，要保证士气，就不要谈道德，或者至少要放松道德上的要求。

296

在面临极度危险和即将到来的死亡时，军队和士兵历来认为他们除了别的特权，还拥有道德上的特权。1914～1918年战争的民主化本身，意味着成百上千万的士兵获得了这些特权。对于彼得·麦格雷戈这样一个来自爱丁堡的不谙世事的管风琴师和唱诗班指挥来说，就连普利茅斯附近的训练营都是让人兴奋的新世界。1915年9月的一个星期天，他去了普利茅斯。"我玩得很开心。"他在信中告诉自己的妻子，而她在读到下面的内容时说不定会非常生气。

我们找了个茶室，在那儿我吃了煎鱼。但还不仅是这样。我在烟草店买烟的时候问老板是否知道哪儿有喝茶的地方，于是他就说了这个地方。那是法国人开的。没错，那儿有打扮得花枝招展的女士，旁若无人地抽着烟。那儿还有阿盖尔人和水手。哦，天哪，那儿可真是应有尽有，食物可口，服务周到。侍者是法国人。那是个不折不扣的坏地方。我以前从来没有去过那样的地方。我很好。不用为你的男人担心，他平平安安。我吃得太多，腰带都扣不上了。煎鱼和炸薯片很好吃，茶倒在杯子里，放在桌上，那上面铺着白色的桌布，还有汤匙什么的。可那些人！哦，天哪！女士们的举止简直把我惊呆了。我们在卫生间的门口等着，以为出来的会是男的，哪想到是两位女士，就是这样。我从那个地方逃走了。①

几个月后，这种震撼感对麦格雷戈来说就慢慢消失了，但对于新生活的新奇感依然存在。11 月底的时候他在盖尔德福特："我们在一个小茶室喝茶，许多军官都带着自己的女人，在我看来，当兵的不管到哪里都会想方设法地找女人。我们的人刚到一个地方就会看到他们跟姑娘在一起。"②

在西线，妓院很快成为各个基地和充当休整区的较大市镇的常规设施。士兵们就和上厕所一样要排队，唯一不同的是有宪兵维持秩序。战争初期，18 岁的伯特·钱尼（Bert Chaney）看到士兵们两个两个地排起了长队。

我以为有音乐会或电影……就问怎么回事。"找点乐子，"③ 有人告诉我，"只要两个法郎。"我大惑不解，就问什么意思。"哎呀，老弟。难道你们那儿的人什么都没教你吗？"他们以为我是个大傻瓜。以为我这样的年轻

① 信，1915 年 9 月 14 日，P. McGregor，IWM。
② 信，1915 年 11 月 21 日，P. McGregor，IWM。
③ 原文"A bit of grumble and grunt"是伦敦东区的俚语，有性交的意思。来自伦敦东区的伯特·钱尼当然知道这句话的字面意思，但他没想到军队会有这种事，所以在别人眼里就像个傻瓜一样一定要问那是什么意思。——译者注

人，一个伦敦的东区佬，会不知道那是什么意思——难道我不知道红灯是什么意思吗？有人告诉我，这些地方不是给我这样的年轻人，而是给想老婆的已婚男人准备的。[1]

在英军，所有必须住院治疗的疾病当中有 27% 属于性病，而在战争期间，因为得了性病而接受过治疗的士兵达416891 人。[2]

在国内战线，道德也松开了它的紧身胸衣和腰带。卖淫现象显著增多。在巴黎，1914～1915 年被捕的 3907 名女孩当中，有一半以上被查出患有性病。这些女孩大多是新手，而且许多来自沦陷区。[3] 为了限制这些女孩的活动，当时也采取了一些措施，但公众一般都睁一只眼，闭一只眼。女人和士兵的非正式关系也变得习以为常。英国歌舞杂耍剧场的歌曲《姑娘，每个大兵都有份》为各地定下了调子。谁知道汤米还回不回得来？何不让他及时行乐。由于男劳动力缺乏，女性也加入了劳动力大军，这在使她们变得越来越独立的同时，也意味着家庭和家长权威道德约束的松弛。越来越多的女性现在都是自己租房，她们可以在那里招待自己的男友。如果说在 1914 年之前对固定的道德准则的冲击就已经开始了，那么这场战争可以说起到了攻城槌的作用。道德和性成了与社会规定不相干的、越来越属于个人良知的事情。

298

---

① Michael Moynihan（ed.），*People at War* 1914 – 1918（Newton Abbot, 1973），107.
② Winter, *Death's Men*, 150.
③ Huot, *Psychologie*, 156 – 57.

弗雷德里克·曼宁注意到，士兵们的情绪似乎摇摆于"缠绵感伤和粗俗下流这两个极端之间"。[1] 也许士兵们一向就是这样。在珀西·琼斯 1914 年入伍的时候，头一件给他留下深刻印象的事情就是战友们的咒骂——"对士兵来说，骂骂咧咧似乎很自然，就如同艺术家的长发和高尔夫球手的格子外套"。[2] 不过，大战中的士兵好像对粪便学特别感兴趣，说起来不厌其烦。排泄的意象成了一个明确的主题。这一点毫不奇怪。许多士兵死了，而在他们死的时候，他们不是像英国委婉语说的"上西天了"，而是"踢到桶了"。那是装满粪便的桶。"大解放"的来临，首先从肠道开始。"在书中，战争是那么美，但在现实中，它却散发着大粪和腐尸的恶臭。"夏尔·德尔韦尔抱怨说。[3]

英国的国内战线把肛恋和德国联系在一起。1917 年一份控诉德国人战争罪行的材料汇编认为，他们的行为不仅残忍，而且"让人恶心"。"在他们洗劫过的房子里，他们留下了记号，床上、桌子上和橱柜里，到处都是大便。"[4] 但前线士兵可不这么看。活在非人的机器所制造的死亡和腐烂中的士兵们，在人类的污物中发现了象征性的无辜。火线后面的炮兵或许会像汉弗莱·科布（Humphrey Cobb）以这场战争为背景的小说中声称的那样，把敌人的厕所也挂了号[5]——资产阶级文化不许人排泄——但实际守在火线上的士兵对敌手的难处却往往有不同的看法。1915 年 9 月，法国人菲利普·吉拉尔代（Philippe

299

---

① Frederic Manning, *The Middle Parts of Fortune* (London, 1977), 50.

② 日记，1914 年 10 月 24~25 日，P. H. Jones, IWM。

③ 日记，1916 年 2 月 18 日，Delvert, *Carnets*, 149。

④ *Their Crimes* (London, 1917), 14.

⑤ Humphrey Cobb, *Paths of Glory* (New York, 1935), 4-5.

Girardet）在观察哨执勤的时候，看到有个战友没带武器就跑出战壕，走了几步到后面的空地上，解开裤子蹲了下去。吉拉尔代说，德国人肯定也看到了这名普瓦利，因为没有东西挡住他们的视线。但他们什么也没干。那名步兵不慌不忙，站起来把衣服仔细地整理好，然后安然无恙地回到了自己的战壕。①

在记述这场战争的日记和回忆录中，尤其是在靠想象创作出来的文学作品中，厕所是一再被提到的主题。对托马斯·博伊德（Thomas Boyd）来说，战壕是"为魔鬼挖的巨大的厕所"；对 T. 弗雷登伯格（T. Fredenburgh）来说，整个战场就是"一座黄色的、可恶的粪堆"。E. E. 卡明斯的《大房间》（*The Enormous Room*）里也有很多排泄的象征：

> 我快活地吹着口哨，三两步就跨到了门的那头。门很厚重，全是用钢铁做的……它让我感到很高兴。那只罐头盒激起了我的好奇心……盒底悠然躺着一坨刚拉的人屎。②

埃里希·玛丽亚·雷马克（Erich Maria Remarque）的《西线无战事》（*All Quiet on the Western Front*）多次提到厕所和排泄，这让觉得受到冒犯的批评家把他的小说称为德国战争文学中"厕所派"的代表作。

诉诸性和排泄的意象，这在当时的先锋派中是一种由来已久的传统。尼采把豪言壮语等同于臭气。阿尔弗雷德·雅里

---

① Philippe Girardet, *Ceux que j'ai connus, souvenirs* (Paris, 1952), 104-105.

② E. E. Cummings, *The Enormous Room* (New York, 1922, repr. 1978), 17.

（Alfred Jarry）充斥着污言秽语和暴行的《愚比王》（*Ubu Roi*）
（1896），开头便是"狗屎"。在乔伊斯的《尤利西斯》中，布　300
卢姆对其放屁的本事很是自得。在这个层面上，战争再次把艺
术家小圈子中的反叛行为变成了群众性现象。

先锋

所有士兵都渴望休假。当然，很多人假期过得非常痛快。
一个人作为老兵回家会受到出乎意料的欢迎和尊敬。罗兰·
芒福特战前曾经在伦敦的保诚人寿保险公司工作，所以 1916
年 7 月重游故地的时候，用他的话说，他被"拽得到处跑，
甚至还去了助理那里。那些高高在上的经理，过去我只能站
在他们面前发抖，可处在我的新位置上，我跟他们说话很随
便"。①

1917 年法国士兵的兵变，部分原因就在于没有对请假或休
假做出合理的安排。

不过，也有一些士兵回家后发现，自己曾经熟悉的生活
让人感到愤怒和压抑。罗伯特·格雷夫斯 1916 年 8 月因伤回
家的时候，甚至感到和父母无法交流。12 月，当被问及是否
愿意在国内服役几个月时，他说不。② 这样的经历并不少见。
1916 年 3 月回家休假的时候，路易·迈雷震惊地发现，人们
照常过着日子，就好像什么事情也没有发生。特别让他感到
不快的是，当他说起前线的恶劣条件和敌人的顽强时，有人
竟然打起了哈欠，并抱怨起小牛肉的价格。③ 一名英国士兵

---

① 给母亲的信，1916 年 7 月 23 日，R. D. Mountfort, IWM。
② Graves, *Goodbye*, 188, 194.
③ 日记，1916 年 3 月 5～12 日，Mairet, *Carnet*, 131–32。

的朋友问他，他休假时有没有把前线的情况告诉妻子，他回
答说：

301

> 我没有机会，她总是在跟我说各种各样的新闻：巴利
> 太太的猫咬死史密斯太太的鸟，克兰普太太的妹妹的新裙
> 子，还有杰米·墨菲的狗如何咬坏了安妮·艾伦的布
> 娃娃。①

士兵们有个共同的感受，那就是前线经历在他们与平民之
间形成了一道难以逾越的障碍。与故乡再也没有办法沟通了。
人们根本就不会理解士兵们经历的事情，而士兵们也讲不清楚
他们的遭遇。恩斯特·云格尔很反感在国内听到的"经过漂白
的有关英雄人物和英勇献身的说法"。他抗议说，士兵们不需
要这样的感激。他们需要某种"同情"。② 可是，基于理解的真
正的同情，可能吗？

士兵们最恨的就是那些不理解却装作理解的人。不参加战
斗却描写战争的记者被单独归为一类。对马克·博阿松而言，
记者就是"白痴"。③ 他们对战斗的描述既愚蠢又谎话连篇，在
贬低敌人的同时，也贬低了法国人付出的努力。"那些报纸能
让人的癫痫病发作，"另一名法国士兵写道，"要是他们想给新
闻界竖个像，我强烈建议这位女神要有鸭子脚、鸵鸟肚子、鹅
脑袋和猪鼻子。"④

---

① *Literary Digest*, 60/10（March 8, 1919），105.

② Jünger, *In Stahlgewittern*, ix.

③ 信，1915 年 7 月 1 日，Boasson, *Au Soir*, 10。

④ Pedroncini, *Les Mutineries*, 271.

接下来受鄙视的要数纸上谈兵的战略家了。他们也让士兵们感到恶心。"对于活得舒舒服服的大腹便便、衣冠楚楚的资产阶级，你会感到强烈的憎恶。他在灯光下，在钦佩不已的家人中间，自以为是地指点着军事行动。"夏尔·德尔韦尔写道。普吕多姆先生①，那个肥胖的、可鄙的资产阶级，是绝对想象不到战壕里正在发生的事情的。② 302

不过，我们也要注意不要夸大其词。即便是对记者和体型臃肿的业余战略家心怀怨恨的德尔韦尔也承认，在前线，要想不疯掉，国内的读物就不能少。在法军战壕里，最受欢迎的杂志是用高光纸印刷的《巴黎生活》（*Vie Parisienne*），它里面有很多素描图片——用照片做的图片属于第二次世界大战——可以钉在墙上，上面画的是"可爱的女人，穿着紧身胸衣和格尔达·韦格纳（Gerda Wegener）式的短衬裤"。炮击的时候，那个可爱的金发女郎，"在我的右边，睁着大眼睛，慵懒无力、神情憔悴地躺在椅子上，让我想到火线远方的生活还在继续"。但就在他边想边写的时候，挖苦的话又突然冒了出来。德尔韦尔在这一段的最后写道："我们实际上是处在督政府的统治之下。"那是指大革命之后拿破仑上台前的过渡时期。按照对法国历史激进的阐释，当时法国最优秀的人都在前方与敌人作战，而最差劲的人则在后方治理国家，要是那还算"治理"的话。③

家里的来信也常常让人厌烦，因为信中说的事情太幼稚了。

---

① 普吕多姆先生和普吕多姆太太（Monsieur and Madame Prudhomme）是法国剧作家、演员和漫画家亨利·莫尼耶（Henry Monnier, 1799～1877）塑造的漫画人物，是典型的巴黎资产阶级夫妇。——译者注

② 日记，1916 年 3 月 26 日，Delvert, *Carnets*, 182－83。

③ 日记，1916 年 3 月 29 日，Delvert, *Carnets*, 185。

要么是"不要受伤!",要么是"我们的日子也很难!"。这让士兵们觉得太讽刺了。"我的天!什么人写来的呀?!"——这就是德尔韦尔的反应。[①] 家里的这些话常让士兵们有隔世之感。部队好似到了月球上。他们生活和战斗在一个无法理解、无法想象,甚至无法感觉的地方。"部队在孤军奋战",这是加菲尔德·鲍威尔在索姆河攻势期间得出的结论。鲍威尔希望由于在索姆河地区参战的英国士兵数量很多,由于为了给这些部队提供装备国内须格外努力,情况会有所改变,但他也承认希望渺茫:"尽管英国人一向就是冷漠、自私、精于算计的种族,尽管在英国不存在理想主义也不鼓励理想主义,我们的民族还是总处于灾难的边缘。"[②] 这些话本来是可以由德国宣传人员写的。

一些士兵实在忍受不了那种隔绝感,他们觉得国内的平民比敌人还要可憎和可鄙。法军兵变期间,这样的情绪就频频露头。这里出现了革命的苗头。1917 年 5 月和 6 月,法国军政当局一想到法国可能已经到了全面崩溃和动乱边缘就直打哆嗦。就连西格弗里德·沙逊也动过调转枪口的念头。[③]

战后,"迷惘的一代"这个说法将捕捉到那种孤独感。就当时而言,有些士兵因为忍受不了孤独,便开始将与世隔绝的兄弟情谊神圣化。他们割断了与国内战线的联系,甚至割断了与战前的军国主义思想的联系,他们对战时军队的赞美是无限的,而对于军国主义,他们有的只是轻蔑——"缎子长袍、猫

---

① 日记,1916 年 7 月 13 日,Delvert, *Carnets*, 311。
② 日记,1916 年 7 月 2 日和 23 日,G. Powell, IWM。
③ Siegfried Sassoon, "'Blighters,'" *Collected Poems*, 21.

一样好斗的小胡子、卑鄙的官僚的灵魂"。① 皮埃尔·德里厄·拉罗谢勒（Pierre Drieu la Rochelle）、西格弗里德·沙逊、恩斯特·云格尔和罗伯特·格雷夫斯的想法都一样，但他们不过是几个善于表达的代表而已，代表的是变成老兵的几乎所有志愿参战的士兵。

尽管语气有所不同——蔑视中夹杂着乡愁——但所有人都承认，战争经历，战壕中"真正的战争"经历，把士兵和社会中的其他人区分开来。按照德国式的说法，这是个命运共同体。所有人都承认，对他们而言，一个时代已经结束了，一个世界已经到了尽头。确定无疑的唯有当下以及当下的强烈程度；尽管是满目疮痍，尽管有阵阵的哀伤和惋惜，这样的经历在不同程度上还是令人振奋的。参加过战斗的士兵对于这样的经历大多并不后悔，只是对官方组织战争的方式深感失望。

像德里厄和云格尔那样的人肯定是乐此不疲的。他们两人都美化这场战争，说它是力量的展示。德里厄甚至感谢敌人把法兰西从麻木的状态中拖拽出来，上升到庄严的确证——"在我们的生活中本已不再指望那种庄严"。不管怎么样，他并不后悔。

> 我们何时不再哀叹
> 破旧神殿的坍塌？

历史并不存在于过去；历史是一场神奇的梦，激励着人们

---

① Jean Galtier-Boissière, *Le Crapouillet*, IV/5（August 1918）, 7–8.

现在采取行动。①

在战壕里，当知识分子变得依赖于工人阶级，贵族变得依赖于庄稼汉的时候，社会隔阂也消除了。"我在战争中才认识到人是怎么回事，"安德烈·布里杜承认，"之前我在社会中所扮演的角色让我看不到自己身上人所共有的东西。"在战争中，人是"赤裸裸的，也就是说，是从自然的观点而不是从社会分类的观点来看的人"。② 马克·博阿松在与妻子的通信中讨论左拉、瓦格纳、布吕赫尔以及詹森主义，还告诉她说自己非常喜欢"我的普瓦利，他们疲惫而温和"。他热情称颂他们的朴实，他们的语言，他们的幽默感，还有他们天生的明白事理。③

团是这种战友情谊的轴心，团的自豪感似乎能让人逃过任何灾难。事实上，灾难把人们紧紧地团结在一起。罗伯特·格雷夫斯指出，人们对于团的历史要比对这场战争中其他战线上的战况，甚至是战争的起因还感兴趣，也了解得更多。④ 在前线待了三个星期并参加了几次"恶"战之后，疲惫不堪的赫伯特·里德想到：

> 对任何个人而言，这都是一场噩梦。但我们建立了非常好的战友情谊，而我认为那会克服任何恐怖和艰难困苦。正是这种战友情谊，而且只是因为它，才使我继续留在军中。在你自己和一个群体之间建立起纽带关系，而且这种

---

① Pierre Drieu la Rochelle, *Interrogation* (Paris, 1917), 55.

② Bridoux, *Souvenirs*, 39, 45.

③ 特别是其 1917 年 5 月 29 日的信，Boasson, *Au Soir*, 235 – 36。

④ Graves, *Goodbye*, 78.

纽带能够在危急关头经受住考验，这对任何人来说都是非常值得去做的事情，而且在做成之后，也是一项值得骄傲的成就。

和博阿松一样，里德接着又赞美"那'朴实的灵魂'。他是危难关头你唯一可以信赖的人。在这里，夸夸其谈和吹嘘不管用。在英格兰，它们可以大行其道。我们不少人过去常常引以为傲的才智也是没有用的。它在勇敢的心灵面前苍白无力。"[1]

一名法国士兵说，战壕里的战友情是他有过的"最温柔的人性体验"。一名想起了战友的英国士兵在日记中坦承，那是"我从其他任何人那里都未曾感受到的纯洁的爱的力量"。许多人对这一主题都津津乐道。对笔名为阿兰（Alain）的哲学家兼作家埃米尔·沙尔捷（Émile Chartier）来说，这场战争是"歌颂友谊的诗篇"。"我的那些魁梧而冷酷的家伙，"他写道，"愿意为'老沙尔捷'舍命，而不是为了夸夸其谈的大道理"。[2]

在战后的文学作品中，许多男主人公宁可与男人而不是女人为伴，因为他们觉得后者的爱比较陈腐和感伤。"这场战争，"亨利·德·蒙泰朗说，"是唯一你能在那里满怀激情地爱上男人的地方。"[3] 赫伯特·里德也为那种充满兄弟情谊的气氛而着迷。尽管他讨厌作为一种机构的军队，但到 1918 年 5 月， 306

---

① 日记，1917 年 6 月 15 日，Read, *Contrary*, 97。

② Ducasse, *Vie et mort*, 96；以及 G. L. Dickinson, *War* (London, 1923), 6 - 7.

③ Henry de Montherlant, *Chant funèbre pour les morts de Verdun* (Paris, 1924), 115.

他却在考虑战争结束后继续留在军中："我喜欢它的阳刚之气。你付出勇气，它报以兄弟之谊。"① G. L. 迪金森（G. Lowes Dickinson）战后收到一位年轻军官的来信，后者用一段话概括了全部重要情感：

> 对于那些实际上参加过战争的人，我用不着对战争的惨状强调太多。我知道，在战争中我是和一个特别团结、特别成功的集体在一起的，而对许多人来说，这场战争完全跟地狱一样。不过，对我们许多人来说，事情在很大程度上是相反的。这既不是指实际战斗中的喜悦，也不是指对庸俗的罗曼史的迷恋。那是一些更有意义的东西。你会说我们当时在精神上都中了毒，在感情上都受了骗。但在那之前或之后，我们却从来也没有找到过那些东西。在充满友情和奉献精神的日子里，那种喜悦是很难用其他办法得到的。所以，对于我们这些与堂吉诃德和鲁珀特·布鲁克并肩战斗的人来说，前线是个圣地，因为在那里我们看到了美妙的东西。②

不过，士兵之间在战壕那种与世隔绝的环境下形成的心灵契合，却完全无法适应交战区域以外的地方，因为在交战区域以外，他们不得不面对"现实"世界中错综复杂的关系。强烈的关切和友情只属于某种奇特的时空。有些士兵会在休假甚至休整的时候急于返回战壕，原因就在于此。赫伯特·里德因为在英格兰休假而错过了自己的团参与的进攻：

---

① 日记，1918 年 5 月 9 日，Read, *Contrary*, 128。

② Dickinson, *War*, 5 - 6.

"我为完全逃过了那次行动而感到有点羞愧。没有和朋友们一起分担危险总是件让人遗憾的事。或许我是嫉妒他们的经历。"①

如果说普通士兵对于整个战争没有清晰的了解，因而对于总的形势感到茫然，那总参谋部也同样觉得不知所措，在战略战术上想不出行之有效的办法。有些人，比如黑格和法约勒（Marie Émile Fayolle），便转而求助于宗教。"我确信上帝会再次拯救法兰西，"1918年2月，法约勒在日记中吐露心声，"但祂得直接出手了。"② 战争似乎早就非人力所能左右。对有些指挥官而言，接二连三的惨败是无法用物资或人力短缺来解释的：失败的根源被认为在其他人身上，尤其是特务和相关的黑暗势力。阴谋论开始流行。1917年，在军队接连发生兵变的时候，很大一部分法军将领认为，问题的根源不在于他们的指挥不力，而在于阴险的秘密势力——被德国收买的破坏分子和地下组织。任何看起来奇怪的事情都会受到怀疑。有个士兵，从其书信来看，既懂英语又懂德语，结果被怀疑是革命分子而受到监视。③要是贝当没有以令人钦佩的冷静，努力纠正让普瓦利备受折磨的各种管理上的不公，要是法国的军队瓦解了，要是法国人没有在战争中成为"获胜的"一方，那他们就很可能会像德国在20世纪20年代和30年代一样，对所谓的破坏分子进行政治迫害。

在英国，也有类似的疑神疑鬼的暗流。战争爆发四周年纪念日那天，理查德·斯托克斯竟然这样写道："我真希望他们

---

① 日记，1917年10月7日，Read, *Contrary*, 110。
② 日记，1918年2月27日，Fayolle, *Carnets*, 257。
③ "Rapport du Capitaine Canonge," June 1, 1917, 3e Armée, 16N1521, SHAT.

把那些外国佬都关起来。"①

战争不仅使士兵踏上了"内心之旅",国内的平民也差不多。在这方面,书报检查制度和舆论宣传起了很重要的作用,目的就是模糊战争的实际情况。战争进行得怎样,这一点,国内战线从来就没有一个准确的了解。失败被说成胜利,僵局被说成作战的策略。真变成了假,假亦变成了真。就像委婉语变成当时的官方命令一样,语言也被颠倒了,翻转了。暴行的故事被编造出来,而真正的暴行却被掩盖了。当然,战争的领导者,无论是政府的还是军队的,本意是想鼓舞士气,在国内外造成一种印象,好像整个社会都在致力于这项"事业"。报纸禁止刊登阵亡士兵的照片,或者更常见的是,禁止刊登有关火车和工厂事故的报道。然而,只要能鼓舞士气,怎么写都可以。战争初期,法国报刊中流行的故事说:德国人的武器打不响;弹片落下来就像雨点,不会造成伤害;子弹没有危险,因为它们穿过身体时不会撕开一个洞。《强硬派》(L'Intransigeant)声称,看着德国人的武器,"我们的步兵们放声大笑"。② 还是这份报纸,在 1914 年 8 月 4 日用了这样一个大标题:如今战争中死的人没有以前的时代多。随着战争继续,这种骗人的鬼话——法国士兵为这种宣传贴上了这样的标签——也并没有收敛。"我们的战士对毒气毫不在乎。"《巴黎回声报》(L'Écho de Paris)在 1916 年 12 月 16 日写道。"在许多中了毒气的士兵当中,"《小报》(Petit Journal)在 1917 年 8 月 24 日报道说,"几乎没有一例死亡。"

士兵不允许写日记,前线也不允许个人有相机,这样做据

---

① 给他父亲的信,1918 年 8 月 1 日,R. R. Stokes, IWM。

② L'Intransigeant, August 17, 1914.

说是因为担心有关军事计划以及备战情况的材料落到敌人手里。
这么说也正常。但是随着战争的继续，这样的规定又有了一个
同样重要的理由，那就是害怕坏消息会以书面的形式传到后方，
从而影响士气。检查人员要检查从前线寄出的所有信件。有些
寄到前线的邮件也要检查。"吹毛求疵的检查制度让我们大为
苦恼，"约翰·哈维抱怨说，

　　我想我先前的信件肯定都在他手里遭了殃……要是你
看到所有列出的我们不可以谈论的东西，你就会觉得，写
信的时候要考虑周全，使其不会被销毁和扣留，那可真不
容易。①

就连这些话也不知道会不会传到它们的目的地。

书信检查员干预前后方话语和情感的力量，从一个小小的
但对当事人来说影响很大的例子就可以得到证明。"我们一个
负责书信检查的军官，"约翰·沃克写道，"注意到有一个人，
为了多骗几个包裹，竟然写了两封信——两封情书——分别给
两个女孩。他把给埃塞尔的信放到给梅格的信封里，又把给梅
格的信放到给埃塞尔的信封里。"② 让人奇怪的是，这个小故事
竟然在检查时通过了。

官员的随意干涉，不管是影响了一大批人还是仅仅影响
到某个叫埃塞尔或梅格的，都容易引发猜疑、担忧和神经官
能症。由于接触不到真实情况，人们自然就会转向内心。神
话大批出现，有些还大得惊人，比如说：英军在蒙斯的撤退

① 信，1915 年 12 月 29 日，J. W. Harvey, IWM。
② 信，1916 年 6 月 2 日，J. M. S. Walker, IWM。

是得到天使护佑的；开往西线的俄国军团"靴子上沾着雪"从阿尔汉格尔斯克赶到苏格兰，然后又乘快速闷罐火车赶赴海峡的各个港口；加拿大人真的被德国人钉死了。另外，这种被迫的沉默还让人觉得，所有的床底下都藏着叛徒、密探和敌人。

真假的界限变得如此模糊，以至于官方的辟谣也被认为是为了误导敌人。例如亨利·詹姆斯就对俄国部队被派往西线的故事深信不疑。1914 年 9 月初，他送给身在美国的伊迪丝·沃顿（Edith Wharton）一张从 9 月 1 日的《每日邮报》上剪下来的照片，那上面有看上去像俄罗斯人的士兵在奥斯坦德①上岸："倘若他们不是直接出自托尔斯泰有历史依据的甚至虚构的篇章，我就把照片中最大的那双庄稼汉的靴子吃了！"对詹姆斯来说，照片作为证据可是"不折不扣的宝贝"。可是在几天后，陆军部就否认了这篇报道。但詹姆斯还是不信：

> 还有件不寻常的事情要解释一下：许多证据都不约而同和无可争议地表明，就在上周末本周初，有人在大白天看到运送军队的火车一趟趟地从北方开往东部，但是英国的很多观察家和心存疑惑的人却拒不承认。要是说在许多不同的地方竟然出现那么多的幻觉、错觉和奇谈怪论之类的东西，似乎并不容易——不过，我认输了！②

---

① 比利时西北部的港口城市。俄罗斯帝国应法国的请求派往西线的第一批远征军实际上要到 1916 年 4 月在马赛登陆。——译者注
② 信，1914 年 9 月 1 日和 3 日，见 *The Letters of Henry James*，II：414－19。

可其他人并没有这么轻易"认输"，他们甚至在 9 月中旬官方再次辟谣之后依然认为，俄罗斯人正在运来援兵。这种故事是怎么出现的？一种说法是，有个食品商接到了一封从俄国发来的电报，说"正从阿尔汉格尔斯克运来 20 万 Russians①"。电报指的是鸡蛋而非士兵。不管故事是怎么来的，人民显然迫切需要某种安慰，因而乐意相信哪怕是最离奇的传闻。

焦虑的人们不但编造出援兵，还疑神疑鬼。在所有的参战国，整个战争期间都流传着各种各样千奇百怪的故事：制服信号工、哨兵或卫兵并制造火车事故的特务；用灯光向舰船和潜艇发送信号的密探；用信鸽向敌人传递情报的叛徒；风车在敌人接近的时候就转动，在认为条件有利于进攻的时候就停止不动。甚至坏天气也被认为是敌人搞的鬼。1915 年 6 月，当基奇纳在北海溺亡的消息传到伦敦的时候，很快就有传言说，该报道是杜撰的，是为了迷惑德国人。基奇纳据说还活着，而且活得好好的，正经别的路线前往俄国。

如果说英国人受到怂恿，相信德国人用他们的长筒靴踩碎了比利时和法国婴儿的头盖骨，相信德皇在邪恶的宗教仪式上亲自参与折磨幼童，相信尸体在德国被回收利用来做油脂和猪饲料，那德国人也被告知说，廓尔喀人和锡克教徒会在夜间爬过无人区，摸进德国人的战壕，切开德国人的喉咙，然后喝他们的血，还说和法国人一起作战的塞内加尔人是食人族。

报刊是舆论宣传的主力，但神职人员、教育者、艺术家、音乐家和作家也都在出力。所有的参战国都在制造神话，歪曲现实。现实、分寸感和理性，这些都在战争中受到很大的损害。

311

---

① 这个词本来是指"俄国人"，但在这里，发电报的人是想用它来表示"俄国的鸡蛋"。——译者注

世界成了想象的虚构之物，而非想象是世界的虚构之物。德国人开战的理由从一开始就带有形而上的取向，协约国起初的说法则比较实际——抵御德国的进攻。但是随着战争继续，随着最直接的刺激因素，即奥地利进攻塞尔维亚和德国入侵比利时，逐渐变得无关紧要，随着文明世界的价值观在无休止的杀戮面前失掉它们的光彩，协约国的说辞有时也变得和德国人的难分彼此。

312　　　"杀死德国人！杀了他们！"伦敦主教 A. F. 温宁顿－英格拉姆（A. F. Winnington-Ingram）咆哮说：

> ……不是为了杀戮，而是为了拯救世界……把好的坏的都杀掉……把小的老的都杀掉……把那些善待我们伤员的人和那些钉死加拿大中士的恶魔都杀掉……就像我多次讲到的，我把它看作为了捍卫纯洁性的战争，我把因此而死去的人全都看作殉道者。①

神职人员让耶稣穿上了卡其布的军服，让他用机枪扫射。战争没有成为正义的战争，而是成了打着正义旗号的战争。杀死德国人是为了除掉世上的敌基督——那从地狱里跑出来的恶魔——并宣告新耶路撒冷的来临。在纽约麦迪逊大街的浸礼会教堂，查尔斯·奥布里·伊顿牧师大人（the Reverend Charles Aubrey Eaton）言辞激烈地指责伍德罗·威尔逊，因为后者没有为"路西塔尼亚"号报仇。"哪怕是付出 1000 万人的生命的代

---

① Roland H. Bainton, *Christian Attitudes to War and Peace* (New York, 1960), 207.

价，哪怕是城市化为废墟而我们要倒退一百年"，也必须报仇。[1] 自 17 世纪的宗教战争以来，甚至也许是自十字军东征以来，教士们还从来没有如此积极地鼓动用杀戮来增添上帝的荣耀。

正面和负面的宣传煽动起了极端的情绪，煽动起了强烈的仇恨和对于未来的不切实际的幻想。在此期间，随着希望变得充满天启的意味，过去也被很多人无情地弃诸一旁。对协约国阵营里的许多人而言，就和对德国人一样，这场斗争变成了为实现乌托邦而进行的战争，而不是为保存已有成就的战争。很多人的天平倾斜了。现在，被美化的是未来，而不是过去；但这种未来是想象的虚构之物和绝望中的希望，而不是建设性的谋划。当战争终于结束的时候，身在巴黎的伊莎朵拉·邓肯感到"那一刻，我们全都成了诗人"。[2]

虽说在整个战争期间，就士兵与平民而言，英法和德国在 313 动机上仍然存在明显的区别，这一点我们先前就已经强调过，但英国人和法国人的感情也在朝着德国人的方向变化。就在德国人在伊普尔首次使用毒气的那天，1915 年 4 月 22 日，对于新出现的情况并不知情的路易·迈雷恰好也在鼓吹一种以眼还眼、以牙还牙的伦理："要打败野蛮人，就要用野蛮的方法。"[3] 曾经指挥过不走运的达达尼尔海峡行动的伊恩·汉密尔顿爵士将军（General Sir Ian Hamilton）在战后承认，"战争逼得我们抄袭敌人的东西"。[4] 他指的主要是军队的组织方式和纪律，但在

---

[1] Ray H. Abrams, *Preachers Present Arms* (New York, 1933), 28.

[2] Isadora Duncan, *My Life* (New York, 1927), 349.

[3] 给父母的信，1915 年 4 月 22 日，Mairet, *Carnet*, 42。

[4] Ian Hamilton, *The Soul and Body of an Army* (London, 1921), 92.

更广泛的社会文化层面，他的观点也同样适用。在战争过程中，西方国家在加强社会控制的同时也在走向新的精神宽容。在这一悖论中——就像社会和文化这两个领域似乎在彼此分离一样——蕴含着现代经验的实质。

在社会层面，国家在战争期间收紧了它对每个人的控制。劳动和经济受到严格的管制，课税提高了，国际贸易被打乱了，旅行者开始要护照了，配给制被强制推行了，国家甚至参与了对艺术的赞助。霍布斯设想的利维坦变成了现实。然而，在精神和道德层面，大战中的士兵和平民循着相似的路线，逃离外部世界，可怖得让人无法承受的外部世界，遁入空想的地带。当战争结束的时候，这个由战争制造出来的想象地带势必会日渐黯淡，而随着它的消失，现代主义——在其战前的形式中，那是关于希望的文化，是集大成的美好愿景——将变成与梦魇及拒斥有关的文化。罗伯特·格雷夫斯会把战争激发出的"心灵的呐喊"说成是"发疯的责任"。[1] 大战将成为现代世界围绕转动的那根轴。

314　　　1918 年 11 月 11 日，在埃塔普勒附近的一所医院，由苏格兰医疗队军官签发的命令被张贴在各个病房："为庆祝敌对状态的结束，所有病人在喝茶时都将多发一份面包和果酱。"[2]

停战协议在贡比涅最终签署的那天，法国第 48 步兵团的军官勒内·埃默里（René Hemery）正在南面不远处马恩河畔的圣迪季耶。在那里，就跟在战胜国的其他所有地方一样，教堂的钟声响起，大街上到处是载歌载舞的人群。但是埃默里和大多

---

① Robert Graves, "Recalling War," 见 *Collected Poems*, 1959 (New York, 1959), 121.

② John Brophy and Eric Partridge, *The Long Trail* (London, 1965), 27.

数老兵一样，觉得难以尽情地享受任何形式的庆祝活动，于是就在薄暮时分朝城边走去，想呼吸点新鲜空气。城边有块小墓地。在走近墓地的时候，他听到抽泣声。他又走近了一点儿，这时，他看到两个身影。其中一个是小男孩，他在摆弄一面旗子，一面三色旗。另外一个是位妇女，只见她双膝跪倒，以额触地，悲痛欲绝。那个男孩抓着他的"光荣的象征"，就如埃默里在日记中描述的那样，突然大声喊道："爸爸，这是胜利！"①

> 现在所有的道路都通往法国
> 生者步履沉重；
> 但返乡的死者
> 却舞步轻盈。②

---

① 日记，1918 年 11 月 11 日，Carnet de route du lieutenant Rent Hemery, Dons et Témoignages 170, SHAT.

② Edward Thomas, "Roads," 见 Collected Poems (London, 1969), 163–64.

第叁幕

八　夜舞者

你，彻夜起舞，
并在让人忧虑的黎明离去，
就像艾伦·西格，虽然不如他像个孩童，
但也是诗人！

> 莫里斯·罗斯唐（Maurice Rostand），1927 年 5 月

一旦有了创造纪录的想法，就不可能有艺术。

> 安德烈·纪德，1910 年

去年你种在你花园里的尸体，它发芽了吗？今年它会开花
吗？还是突然的霜冻扰动了它的休憩之所？

> T. S. 艾略特，《荒原》，1922 年

没有廉耻心，没有负疚感，
我睡的可不止一个，
而是一帮人。
无拘无束是摩登。

> 卡巴莱艺术家伊尔莎·博伊斯（Ilse Bois）演唱的歌曲

新的救主

　　1927 年 5 月 21 日，星期六，巴黎。

　　早晨的报纸估计，就算他会来，可能也要到晚上九点以后。《时光报》（*Le Temps*）认为要早一个小时。《晨报》（*Le Matin*）认为要到星期天深夜一两点钟。蒙马特和蒙巴拿斯的咖啡馆整天都在乱哄哄地议论，但悲观的看法还是占了上风。傍晚时分，通往勒布尔热的路给堵住了——那里在巴黎中心城区以北 15 公里处。现代社会的首次交通堵塞正在形成。到晚上九点，交通完全瘫痪，就连当晚每隔几分钟就从歌剧院广场出发的、挤满了乘客的专门的公共汽车最后也停了。只有那些骑自行车或者步行的还可以穿过拥堵的车辆朝前走。那些被堵住的车辆现在很多都被扔在支路的路边，而先前在车上的乘客则成群结队地朝着勒布尔热的灯光方向赶去。

　　德国报纸《德国日报》（*Deutsche Tageszeitung*）驻巴黎记者发现，到晚上八点，拉维莱特城门那儿的交通状况实在是太差了，所以余下大概有八九公里的路，他只好步行。伊莎朵拉·邓肯在她去尚蒂伊赴宴的时候——那里还要再往北 18 公里——也被堵在路上，于是便放弃当晚原定的计划，加入好奇的人群中。人群的规模之大，巴黎没有哪座体育场可以容纳，就连伦敦几年前建成的、有 10 万个座位的温布利大球场也不行。派去采访此次盛况的记者，许多人根本就没到那儿，最后只好用二手的报道交差，而那里面的许多内容都是道听途说的、不准确的。即便是到了那儿的记者，在拥挤不堪的人群当中，也很难凭着记者证进入机场并观察事情的进展。有人估计，到达勒布尔热的那群人有百万之多；大多数人则认为有

15 万到 20 万人。

作为巴黎地势最高的地方，蒙马特高地到九点半的时候如   319
同蚁丘一般喧闹，因为人们希望，从那里至少可以看到勒布尔
热的灯光。圣心堂旁边的小丘广场水泄不通。歌剧院广场也有
一大群人——有记者估计约 10000 人——在满怀期待地四处转
悠。全城各条大道的交通完全停滞了。在一些咖啡馆，九点半
之后电报就开始贴了出来。一些剧院则因为要公布最新的消息
而中断了演出。

在勒布尔热机场，密集的人群推挤着机场四周的围栏。红
的绿的灯光在闪烁；乙炔探照灯一边搜索天空，一边发出嘶嘶
的响声。西南面吹来习习凉风。人群中不时有人放声高歌。凡
尔登战役的老兵、此时侨居巴黎的美国人哈里·克罗斯比和他
的妻子卡蕾斯，还有一群朋友，大约在晚上八点就提前赶到这
里。自从战争结束，几乎还没有其他什么事情让他这么激动。
现在是晚上十点二十分。

      突然，清清楚楚地传来了飞机的声音（鸦雀无声），
然后，在我们的左侧，一道白光划破漆黑的夜空（漆黑），
接着又是一道白光（如鲨鱼在水中掠过）。然后就什么也
没了。声音听不到了。人们的心悬了起来。又听到声音了，
这次朝右边去了……然后，在探照灯金色强光的映衬下，
一架白色的飞鹰疾驰而来，鹰一样俯冲下来，掠过机
场——是他，林德伯格，林德伯格！人群沸腾了，如同出
笼的野兽，朝飞机蜂拥而去。C 和我互相紧紧拉着。前面
的人在跑，我们周围的人在跑，后面的人群也像野牛一样，
朝前面又是挤又是推，嚷嚷着他在哪儿，他在哪儿，林德

320

伯格，他在哪儿。我印象特别深的是，"圣路易斯精灵"号银色机翼上的手，成千上万只蛆虫一般蠕动的手，就好像世界上所有的手都在触摸或想要触摸一下这个新的救主，好像那飞机就是新的十字架。刀子朝机身挥去，一只只手到处在撕拽，到处在乱画乱写。到我们开始慢慢返回巴黎的时候，差不多已经是半夜了。[①]

"新的救主"来了！克服了重重困难。只身一人。完全是只身一人。从新世界来到旧世界。从纽约的罗斯福机场来到巴黎的勒布尔热。他甚至都忘了带那只灰色的小猫帕琪——也有报道说他是把它带在身边的。人们的解释是，那位英雄觉得此次行程对它来说太过危险。这种说法让人觉得那个人更加淳朴，更加具有真正的英雄情怀。他的飞机上没有任何特殊的仪器，连无线电也没有，只有一只磁性罗盘。

巴黎人渴望看到他。他们想向他欢呼，触摸他，并用肩膀把他抬起来，对他顶礼膜拜。他们踩踏着机场的铁门和带刺的铁丝网围栏；他们也相互踩踏。《每日邮报》驻巴黎记者——他自己的情况和他所描写的那些人大概也差不多——在电报中这样写道：

> 为了能靠近林德伯格并和他握个手，成千上万的人既互相厮打，也和身强体壮的警察厮打。刚刚摆脱了混战的女士们——她们曾发誓说要亲吻他——的皮草披风给扯成了碎片，她们衣衫褴褛，帽子不见了，披头散发。[②]

---

① Wolff, *Black Sun*, 260.

② *Daily Mail*, May 23, 1927, 14d.

　　有十个人被送往医院，一名妇女和一名儿童情况严重。为了能够找到可以留作纪念的东西，人们向飞机发起了进攻：用手撕扯机翼上的帆布；更有效的办法是用折叠小刀。当地官员和一些崇拜者设法拯救了飞机。一辆小车向飞机驶去，飞行员们和士兵们用步枪的枪托开路，把林德伯格救了出来。人们迅速为他乔装改扮，给他穿上法军的短上衣，并飞快地把他带到一座偏僻的机库，那里正在举行官方的欢迎仪式。为了分散机场上人们的注意力，几个冒名顶替的人骑在别人的肩上，而人群就对那些充作诱饵的人顶礼膜拜。[①] 一名父亲举起他的小男孩，好让他也看到，结果人群就乱哄哄地向那个孩子欢呼。黑暗中，林德伯格成了凡人，而凡人，也成了林德伯格。

　　接下来的几天，历史上没有哪个人，没有哪个国王或王后、政治家或教会人士，受到的赞誉能够超过林德伯格。一夜之间，他成了有史以来最有名的人。一夜之间！一天前，对他的伙伴们而言，他还是"会飞的傻瓜"和"幸运的林迪"，是个运送航空邮件的飞行员和美国空军的预备役上尉，是个年轻的冒险家，其观众通常只有鸽子和夜鹰。现在，他是林德伯格！是梦中情人、伞兵、现代的伊卡洛斯[②]——他和神话中的祖先不同，

321

---

① 哈罗德·惠勒（Harold Wheeler）是巴黎《先驱报》的记者，"一个普普通通的纽约人"，就像《晨邮报》（1927 年 5 月 23 日）描述的那样，是最先赶到飞机那儿的人之一。有些说法称赞他，说是他把林德伯格从人群中救了出来。他扮作林德伯格，把人们的注意力从真正的英雄那里吸引到自己身上。由于他的人道主义的，也许还是爱国主义的举动，他自己几乎被撕成碎片。参见 Jack Glenn, "Reeling Round the World," *Lost Generation Journal*, IV/2（1976），2 – 4。

② 希腊神话中的伊卡洛斯也渴望翱翔天空，但他的羽翼是蜡制的，结果因为飞得离太阳太近，羽翼融化，坠海而亡。——译者注

他驱散了不幸的阴霾。世界各地的人们，普通人、君主和国家元首，纷纷向美国驻巴黎大使馆和华盛顿的国务院表示祝贺。巴黎到处飘扬着美国的国旗，就连外交部——法国式内敛和沉静的堡垒——也飘起了美国国旗，而在过去，只有来访的国家元首才能享受这样的礼遇。

似乎所有人都想为林德伯格唱赞歌。他们用他的名字为酒命名，用他的名字作为自己孩子的教名。查尔斯·奥古斯塔斯·林德伯格（Charles Augustus Lindbergh）。中间的那个名字是为这项帝业量身定制的。26日，星期四下午，当他的车队离开他暂住的美国大使馆，途经耶拿大街、皮埃尔-沙朗街、香榭丽舍大街、协和广场、里沃利街开往市政厅大厦的时候，向他致敬的人群络绎不绝，很可能有50万人，而且他们的热情也是无边无际。到处都是手，它们再一次向他伸去，扔鲜花，挥舞着手帕和帽子。有一周时间，巴黎一直沉浸在它从未有过的极度的情感宣泄中，而那都是为了一位来自明尼苏达小瀑布城的金发碧眼的美国人——头发乱蓬蓬的，衣服也不合身，这让他看起来比25岁的实际年龄还要小一些，也使他成了法国人那种精心培养起来的高贵与荣耀的鲜明对照。

官方也试图跟上公众情绪的步伐。一大群胡子都白了的老头争先恐后地把一个又一个荣誉赠给这位年轻的美国人。法国权贵们差不多全都向他致敬，全都赞扬他。法国总统杜梅格把荣誉军团的十字勋章别在他的胸前，这是美国人头一次得到如此殊荣。白里安（Briand）、普安卡雷（Poincaré）、潘勒韦（Painlevé）、杜梅（Doumer）、戈丹（Godin）、布瑞（Bouju）、夏普（Chiappe），从上到下的官员挨个儿为他举行宴会。他和布莱里奥（Blériot）共进午餐，后者在 1909 年成为飞越英吉利海峡回到法国的第一人。他得到霞飞和福煦两位元帅的接见。法国驻华盛顿大使、法国古典鉴赏力的中坚分子、诗人外交官保罗·克洛岱尔，刚好在 4 月返回欧洲度假，建议为林德伯格的母亲干杯。

　　既是作为象征性的姿态，同时也显然是想让他适应法国的文化，从而可以把他说成他们中的一分子，巴黎有两家酒店主动提出负责他的饮食，并且有一名裁缝表示，可以免费为他提供今后的穿戴；接着，高等师范学院的一名学生开了一个善意的玩笑。他给新闻界打电话，宣布林德伯格是该校的荣誉校友，而那所学校一向是进入法国政界高层的晋身之阶。

　　法国从 1870 年开始自然就没有了君主，所以为了得到作为欧洲历史真实性的最高象征，即君主们的认可，林德伯格就必须向南或向北。决定是现成的。他得继续向北，到战争中没有动摇的两个协约国的宫廷去，到布鲁塞尔和伦敦去。5 月 28 日，星期六，林德伯格驾驶经过临时修补的"圣路易斯精灵"号飞抵布鲁塞尔。在那里，阿尔贝国王授予他"利奥波德骑士勋章"。第二天，29 日，星期天，他飞往伦敦。

　　在那里的克罗伊登机场，欢迎的场面比一周前在勒布尔热还要疯狂，狂欢的气氛更加浓烈。人们在上午十点左右开始抵达机场，下午的时候已经聚集了一大群人——许多人估计那群人有 10 多万人。大家围在机场四周，在草地铺上毯子，像过节一样举行野餐。胆大并且花得起钱的，还可以坐上飞机，到空中游览一番，5 先令一次。那天，5 架飞机一整天的生意都很火

323

爆。四点刚过，其中一架飞机就在惊恐万状的围观者眼前出了
事。那是在它到达终点并准备着陆的时候，发动机好像熄火了，
结果飞机就一头栽到地上，把起落架撞得粉碎。四名乘客伤得
都不重，但这起事故好像是提了个醒，让围观者明白，林德伯
格的成就既是巨大的，也是危险的。

离下午六点还差几分钟，林德伯格的飞机终于出现了，英
国人的那种镇定完全被抛到了一边。人们像疯了一样，冲破粗
大的木头栅栏、铁丝网围栏和警方的警戒线——这些措施在勒
布尔热事件之后都得到了加强，原以为足以抵挡蜂拥的人
群——互相踩踏着，冲上了跑道。看到许多人向自己冲过来，
林德伯格只好放弃了他第一次着陆的尝试，因为担心自己会冲
进欢迎者的海洋。第二次进场的时候，他把飞机降落在很远的
地方，并开始朝着帝国航空公司控制塔的方向滑行，但是人群
并没有被甩掉。他们很快就把飞机团团围住，使之动弹不得。
林德伯格想起了自己的飞机在勒布尔热机场遭的殃，就又推又
搡，不让人们靠近，但那是白费力气。手，手，还是手。它们
使劲地拽住飞机，扯他的衣服，抢他的头盔。一位目击者说：

> 警察一遍又一遍地命令人群要在飞机四周留出空间；
> 人们的叫喊声、欢呼声和警察尖厉的哨子声响成一片。小
> 汽车不断地摁喇叭，想从乱糟糟的人群中赶过去救援。[1]

在勒布尔热夜里骗得了人的那一招，也就是派人戴着飞行
头盔充当诱饵，大白天在克罗伊登并不管用。拥挤中有人晕倒

---

[1] *Morning Post*, May 30, 1927.

了。有十个人被送往医院。大约有 50 个人爬上机场外面一座摇摇欲坠的建筑物的顶部，可屋顶塌了，有些人掉了下来，虽然没有人受重伤。

林德伯格终于得救了。当他登上控制塔并向人们致意的时候，人们自发地唱起了表示认可和赞许的传统歌曲《他是个快活的好小伙!》。在简短的仪式上，这位美国人坦承，他在克罗伊登受到的欢迎，虽然他很感激，却比在勒布尔热的那次还要令人苦恼。然后他就和霍顿（Houghton）大使一起登上了大使馆的豪华轿车，但拥挤的崇拜者劲太大了，结果有两扇车窗破了，而林德伯格在把尖利的碎玻璃从窗口扔掉的时候，被轻微地划伤了。《柏林日报》驻伦敦的记者报道说：

> 我在温布利的开幕式上①，在足总杯决赛上，在赛艇比赛中，在艾伦·科巴姆（Allan Cobham）② 从澳大利亚回来的时候，就见识过英式狂热的潜力有多大。但昨天迎接林德伯格的场面使那一切都黯然失色。③

325

在伦敦，林德伯格在白金汉宫得到了乔治国王的接见，并被授予"空军十字勋章"。从出生上来说作为美国人的阿斯特夫人（Lady Astor）是他在下院的女东道主。在德比赛马之夜的舞会

---

① 指 1924 ~ 1925 年在温布利举行的大英帝国博览会的开幕式，时间是 1924 年 4 月 23 日。——译者注

② 英国长途飞行的先驱，一战中皇家飞行队的成员。他在 1926 年 6 月 30 日从英国起飞，于同年 8 月 5 日抵达澳大利亚的达尔文港，后来他又按原路从澳大利亚返回英国。——译者注

③ *Berliner Tageblatt*, 252, May 30, 1927.

上，他是威尔士亲王（Prince of Wales）的客人；在埃普索姆赛马会上，他是朗斯代尔伯爵（Earl of Lonsdale）的座上宾。

访问伦敦之后，林德伯格又回到巴黎并很快从瑟堡飞往纽约。在6月13日这一天，那里沿百老汇大街为他举行了理所当然的游行活动，这期间估计有450万美国人来到现场为他喝彩，并抛撒了1800吨彩带欢迎他们归来的英雄。在华盛顿，柯立芝总统授予他"杰出飞行十字勋章"。林德伯格回来了。然而，作为"最后的英雄"，他的痛苦才刚刚开始。

明星

林德伯格触动了西方世界鉴赏力的哪根神经？他的的确确成了顶礼膜拜的对象。人们从他的身上和他的飞机上搜寻圣物，就好像他是某个新的神灵。和1969年对在月球上行走的美国宇航员的崇敬相比，1927年人们对他的崇敬更为外露。迄今为止，还没有谁能够像他那样，一夜之间就变得那么出名。

是林德伯格的成就理应有如此惊人的反响，还是因为他刚好满足了人们某种迫切的需求？也许他是由渴望见证奇观的公众制造出来的？或者像有人喜欢联想的那样，是由渴望轰动效应的报刊制造出来的？而对于报刊，他不久就厌恶了。他会认为报刊对他第一个孩子的绑架和杀害难辞其咎，而且为了躲开报刊，他还在20世纪30年代搬到英国生活了一段时间。

326　　当然，他的功绩不容否认。自从约翰·阿尔科克（John Alcock）和阿瑟·惠滕·布朗（Arthur Whitten Brown）1919年6月首次从北路，从纽芬兰横越爱尔兰以来，已经有其他人几次飞越大西洋。但是，之前没有任何人试图独自完成横越，而且还是在没有无线电的情况下。要做到这一点，要么需要惊人的胆识，要么需要惊人的迟钝，而林德伯格的性格就像披露的那样，确实比较固执，但一点儿也不迟钝。

他很快就证明了，他实际上是个非常优秀的外交家。1927年在欧洲的两个星期，他不顾渐渐袭来的疲惫，不顾马不停蹄的社交活动的压力，积极地用自己的魅力征服了那些欢迎他的职业外交家、国务活动家、君主以及其他官员。这位年轻人似乎是不可能迈错步子的。驻巴黎的美国大使迈伦·T. 赫里克（Myron T. Herrick）是个老资格的外交官，他从1920年起被再次作为大使派驻巴黎，他第一次到那里是在1914年战争爆发的时候。他对林德伯格的镇定很是惊讶。他的即兴演讲精彩得就连为外交官准备的训练手册也比不了。赫里克发给国内的电报对林德伯格不吝赞美之辞。他谈到了林德伯格"天赋的才能和朴实的勇气"，并称他为"不带公文包的外交官"。赫里克在他的公开演讲中把林德伯格比作圣女贞德和拉法耶特，甚至圣经中的大卫，这在事后听来有点牵强，但当时说出它们的时候，似乎没有一点儿言不由衷的意思。没有哪位国务活动家或政治家，甚至包括伍德罗·威尔逊——此处的言外之意就是如此——为美国人在欧洲人心目中的形象做过如此大的贡献。"有人见过这样的大使吗？"赫里克反问道。① 欧内斯特·海明威评论说："美国大使馆为林德伯格做的事情并不是恭维。那就像他们碰到了一个谈吐像柯立芝一样的天使。"②

巴黎和伦敦的记者团也同意官方的看法，而要说和来访的 327

---

① 见于他为林德伯格的书所写的序言，Charles A. Lindbergh, *Mon avion et moi*, trans. L. Lemonnier（Paris, 1927），viii.

② Edmund Wilson, *The Twenties*, ed. Leon Edel（New York, 1976），317.

要人打交道，他们可不是新手。在提到林德伯格作为公众人物的表现时，他们都毫无保留地对他表示赞赏。"对于国家间的和解，林德伯格正在做的要比所有外交官做的还多。"《新时代报》（Ère nouvelle）欣喜地评论说。① 右翼保守主义者与左翼社会主义者和共产党人一样，就如同中了魔咒。自由派报刊也是欣喜若狂。

伦敦保守的《泰晤士报》十分欣赏林德伯格在白金汉宫的表现，尤其是当蹒跚学步的可爱的伊丽莎白公主（Princess Elizabeth）被保姆带过来看他的时候，他对公主表现出的那种柔情。"林德伯格上尉向她走去，握住她的手，轻轻地拍了拍她的脸蛋。"在他离开的时候，林德伯格又一次想起了公主，便向小姑娘走去，同她握手道别。②

法国共产党的机关报《人道报》（L'Humanité）对官方哗众取宠的做法提出了严厉的批评。《林德伯格，官方的牺牲品》《被侏儒们吞噬的雄鹰》《飞行家林德伯格掉进了议会的臭水坑》——这些就是林德伯格在巴黎的那一星期《人道报》使用的标题。但是对于林德伯格本人以及热情的群众，它一句讽刺挖苦的话也没有。相反，该报认为，"在林德伯格身上，我们看到了一个男子汉，一个非常优秀的男子汉"。③

在林德伯格的新闻发布会上，他自然得到了美国官员的帮助。在巴黎，赫里克巧妙地回答了某些比较刁钻的问题，但从头到尾，林德伯格都泰然自若，即便有时候他就像供职于巴黎版《芝加哥论坛报》（Chicago Tribune）的韦弗利·鲁特（Waverley

---

① 引自 Journal des débats politiques et littéraires, May 23, 1927。

② Times of London, June 1, 1927, 21a.

③ L'Humanité, issues of May 22 – 27, 1927.

Root）说的那样，显得没有把握。当粗暴的、爱抽雪茄的汉克·威尔士（Hank Wales）——他以前在纽约专门报道犯罪新闻，现在是《论坛报》派驻巴黎的首席记者——突然问道："哦，林迪，你那飞机上有厕所吗？"赫里克和林德伯格都很镇静，只是绕过了这个唐突无礼的问题。①

　　1927 年，欧洲和美国都在为林德伯格兴奋不已。在他返回　328纽约的时候，伦敦《观察家报》（Observer）的相关标题中最后有这么几个词："没被宠坏的英雄。"②

　　林德伯格是不是某种意义上的报刊的产物？20 世纪 20 年代，报业正处在鼎盛时期。那么多的报纸，那么多的读者，真是空前绝后。报刊成了新闻、资讯和娱乐消遣的源头。所有欧洲国家的首都都有几十种报纸。同时，许多编辑也的确觉得，林德伯格的越洋飞行是战后最大的新闻。

　　在把林德伯格的功绩及其所受到的欢迎广而告之上，报刊虽然起到了很重要的作用，可要指责说林德伯格是靠报刊捧出来的，那就有点勉强了。顶多可以说，文字报道以及少量的图片证据让有些人想要更进一步，到机场去，到街头去，一睹这位现代英雄的风采。总的来说，那种普遍的兴奋感不是报刊煽动起来的，相反，报刊是在它的后面亦步亦趋。韦弗利·鲁特已经强调了，外交官、机场官员、警察以及记者这些业内人员事实上是怎样措手不及。③在林德伯格从纽约出发之前，欧洲报刊很少提到这场即将开始的冒险。这起轰动性事件在登上头

①　Waverley Root, *The Paris Edition*, ed. Samuel Abt（San Francisco, 1987）, 36; Leonard Mosley, *Lindbergh*（New York, 1976）, 406; William Wiser, *The Crazy Years: Paris in the Twenties*（London, 1983）, 189.

②　*The Observer*, June 12, 1927, 17d.

③　Root, *Paris Edition*, 29.

版之前就已经在人们的头脑中发酵了，而那时候，林德伯格还在大西洋上空。

因此，要想弄清楚人们为什么为林德伯格喝彩，那就必须将其置于更广阔的背景之中。林德伯格靠着他的成就和性格，似乎满足了两个世界的要求：一个正在承受没落之苦，另一个正在崭露头角。前者讲究价值观、规矩、积极进取和优雅。它能够接纳也乐于承认个人在努力、准备、勇气和忍耐的基础上取得的成就。在这个世界中，人类利用机器和技术去征服自然；在这个世界中，手段从属于目的。这是一个围绕着家庭、宗教、自然以及良善且合乎道德的生活旋转的世界。这个世界是由种种建设性的价值观编织而成的，而这些价值观在战争中也曾是法英军队的精神支柱。

对这个世界而言，林德伯格是个多么伟大的英雄啊！朴实至极。他关心妇女、儿童和动物。他不喝酒，不抽烟，甚至也不跳舞。牛奶和水是他的饮料。当他抵达勒布尔热并被带到安全的地方之后，有人给他拿来咖啡和酒，可他却要求喝水。《每日快报》5月31日的社会专栏"伦敦闲话"聊到了当晚在艾伯特皇家音乐厅德比赛马之夜的舞会。"我听说，"该专栏的记者兴奋地说，"有很多女性是特意为了和他跳舞才去的。要是成功了，她们肯定会学到一点儿来自大洋彼岸的最新的舞步。"几天后，这个记者的字里行间流露出一种由于失言而带来的尴尬："林德伯格没有跳舞，这肯定让许多人［尤其是这位记者！］觉得非常失望，但他做了妙趣横生的演讲。"①

林德伯格拒绝了所有金钱和物质的奖励，还有在他面前荡

---

① *Daily Express*, May 31 and June 2, 1927, 4d.

来荡去的各种诱惑：不但有华服和美食，还有房子和大笔金钱，只要他去拍电影和演戏，到电台做节目或者做广告。有记者估计，在这次不到两天的飞行中，人们主动提出要给林德伯格的，大概有 65 万美元。保守的世界敬重他的节制。有人甚至把他和抑制，或至少是缓和现代社会中某些很不光彩的现象，间接地联系起来。在德比赛马舞会上，有观察家评论说："那舞跳得特别庄重，20 位男士当中有 19 个都打着白领结。"裙子都很长，不适合那种标准的狂热版查尔斯顿舞。"可那是一场适宜的舞会，"我们的观察家继续说道，"昨晚两名穿着道地英式晚礼服的印第安人在跳着平淡的查尔斯顿舞，非常美，非常安静。他们构成了一幅完美的画面。"① 在这里，旧世界在调整自己以适应新的时代，而在迎接和克服现代的挑战方面，林德伯格则被理解为旧秩序的典范。因此，君主、耆老以及整个官场都敬重这位年轻的美国人。

不过，现代的鉴赏力同样也被刺激得兴奋起来。令其心迷神醉的首先是行动本身。大西洋，林德伯格不是游过来的，不是坐船划过来的，也不是用弹弓射过来的，他是飞过来的！在这大胆的行动中，人和机器合二为一。目的无关紧要，行动就是一切。行动差不多捕捉到了纪德战前对于非理性行为的想象——那是完全自由的行动，除了它自己内在的能量和成就，没有任何意义。还有，林德伯格在飞行中是孤独的，完完全全孤独的，远离文明及其束缚，只与大海和星星作伴，只与风雨为伍。他的飞行不是为哪一个人，甚至也不是为人类。他的飞行只为他自己。那便是大无畏——为自

———————

① *Manchester Guardian*, June 2, 1927, 10ef.

己飞翔。年轻，英俊，未婚，甚至连女友都没有，所有这一切都放大了他的魅力。他不是旧世界的产儿；他是新纪元的先驱。

前一个世纪的浪漫主义运动曾经把艺术家和飞翔联系起来，和自由翱翔的鸟儿、伊卡洛斯还有云雀联系起来，和对现实世界的超越联系起来。在那个世纪的下半叶，尼采和其他许多人一样，对飞翔的想法着了迷。在《朝霞》的最后一段，他的标题是"我们是知识界的飞行者"。在世纪的转折点上，其他具有现代观念的人也先是对飞翔的想法，继而又对飞翔的现实着了迷。飞机在 1909 年引起了卡夫卡的注意；同年，它还出现在马里内蒂的未来主义宣言中。罗贝尔·德洛奈（Robert Delaunay）在绘画中向布莱里奥飞越海峡的壮举表示敬意。1912 年，巴黎大皇宫举办了名为"空中旅行"的展览。莱热（Fernand Léger）、布朗库西（Constantin Brancusi）和杜尚都去了。杜尚对其他人说："绘画完了。谁能做得比螺旋桨还好呢？你们能吗？"① 总之，林德伯格成了尼采所说的"飞行者"——他满足了个人的激情，他不是飞进了黄昏，而是飞进了清晨。

哈里·克罗斯比把他当作偶像。莫里斯·罗斯唐也是——他的父亲是剧作家和《西拉诺》（Cyrano）的作者埃德蒙（Edmond Rostand）。莫里斯苍白而清瘦，着装总是黑白搭配，而且还穿着高跟鞋和长筒袜。他给林德伯格写了一首十三节长的诗，注明的时间是 1927 年 5 月 21 日，夜，十一点。由于林德伯格是在十点二十二分才到的，这意味着就像珍妮

①　*Léger et l'esprit moderne* (1918 – 1931), exhibition catalogue, Musée d'art modern de la ville de Paris (Paris, 1982), 149.

特·弗兰纳（Janet Flanner）在为《纽约客》（*The New Yorker*）所写的《巴黎来信》中指出的，罗斯唐肯定是一分钟写一行，"差不多跟'圣路易斯精灵'号一样快"。安娜·德·诺瓦耶伯爵夫人，有名望的女诗人同时也是佳吉列夫和俄罗斯芭蕾舞团的女赞助人，把林德伯格称作令人赞叹的孩子。①

　　事情就是这样。现代人和古代人一样欣喜若狂。两者都把那位来自美国中西部小城、如同荷马时代的个人当作他们的一分子。不过，狂热中的双方都是自说自话。也没有哪个真的能说明白，林德伯格为什么能那样激起人们的想象与渴望。但如果我们的目光超出当时的兴奋，就可以在林德伯格的行程中，在记者和评论者的语言中，在作为林德伯格征服欧洲的背景事件中，看到一个反复出现的主题。这个主题当时没有人详细地讨论过，但它像一根黑线一样，贯穿了整个文化景观。它就是战争。

不要忘记②

　　早在八年半以前，即 1918 年 11 月 11 日，战争就正式结束了。平民们已经在各地举行了一些庆祝胜利的聚会。士兵们总的来说并不觉得有多激动。结局来临，就如同对 T. S. 艾略特的"空心人"那样，"不是砰的一声，而是一声抽泣"。

332

---

① Janet Flanner, *Paris Was Yesterday*, 1925 – 1939, ed. I. Drutman（New York, 1972）, 23.

② 一战后在英联邦国家广为传诵的拉迪亚德·基普林的诗句"不要忘记"（Lest we forget），出自他 1897 年所作的《退场赞美诗》（*Recessional*）。——译者注

　　一份充满敌意并且引发了激烈争议的和约，以最后通牒的形式摆到了德国人面前。面对这样的和约，德国新民主共和政府瘫倒了，这个政府是在 1918 年 11 月和 12 月的骚乱使国家陷入困境并导致德皇退位之后，通过选举产生的；但这个临时性的替代政府别无选择，只能接受凡尔赛的条件。英国舰队在战争末期加紧了对德国的"饥饿封锁"。莱茵河的航线被切断，英、美、法三国的军队分别在科隆、科布伦茨和美因茨占领了河对岸的桥头堡。饥饿和社会崩溃迫在眉睫。和约想把伍德罗·威尔逊的理想主义、乔治·克列孟梭的报复心理和戴维·劳埃德·乔治的实用主义调和起来，所以无论哪一方，都没有人对和约感到满意。德国人认为条件太苛刻；协约国的人又觉得太温和。德国背上了挑起战争的罪名，可内心里却拒绝接受。但它又能怎么办？瓦尔特·拉特瑙仿佛看到了世界末日一般的想象力，在战争的最后阶段想到的依靠总动员来抵御外敌入侵和保卫德意志神圣领土的办法，到了 1919 年夏天，既不切实际，也没有可能。

　　1919 年 7 月 14 日，也就是巴士底日那天，巴黎举行了正式的"胜利"阅兵，规模很大，情绪却不高。美国拒绝批准和约，甚至拒绝接受伍德罗·威尔逊的政治产物——"国际联盟"。美国又退回孤立主义立场，把欧洲扔在轮椅上不管了。

　　在谋求和平的过程中，不可能像战时那样一直投入巨大的努力，特别是不可能像战时那样一直保持高度的热情。于是，欧洲陷入了让人十分沮丧的局面。为英雄们许诺的家园依旧是空中楼阁，而战时的说辞让人产生的乌托邦式的社会梦想，被通货膨胀、失业和普遍匮乏无情地扼杀了，更别说还有 1918～1919 年的大流感，在流感中死掉的人比战争中的还多。幻灭是和平的必然结果。

或许不值得为战争付出那么大的努力——面对这种可怕的念头，人们所做的只是把它暂时忘掉。而一个人若是想忘掉这种想法，他也得忘掉战争。就这么办吧。那场战争被抛到了脑后。罗伯特·格雷夫斯和 T. E. 劳伦斯（T. E. Lawrence）在剑桥有个约定，不再谈论那场战争。埃德蒙·布伦登（Edmund Blunden）① 在战争刚结束的时候想要撰写回忆录，却发现自己就是写不下去。结果，他在写了一个片断之后就停止了。人们哀悼失去的亲人，却不愿再去思考自己为之付出了那么大代价的事情本身。900 万人死亡。2100 万人负伤。经济遭到严重的破坏。不信神的布尔什维主义在俄国蔓延而中欧也处于危险之中。在俄国、德国、匈牙利、波兰、爱尔兰和意大利，内乱似乎无处不在。土耳其和希腊在交战。中东战火纷飞。在可以想见的各种场合，到处都在吟诵着"不要忘记"，可忘记恰恰是所有人都想要做的。

老兵组织成立了，但相对来说，很少有老兵想要加入。虽然当时鼓励雇主们雇佣退伍士兵，可很多人觉得，雇佣他们的风险很大。退伍士兵失业的比例之高，让人觉得寒心。当苏俄外交官伊利亚·爱伦堡（Ilya Ehrenburg）在 1921 年秋天来到柏林的时候，他发现人们显然是在竭力压抑战争的记忆，尽管战争创伤比比皆是。就像他说的，他从人们有条不紊的生活中看到了那场惨败的影子。他注意到，

---

① 英国诗人、作家和批评家，1915 年夏天作为一名少尉在英军服役，直至战争结束，参加过伊普尔和索姆河战役。——译者注

战争伤残人员的假肢没有嘎吱嘎吱的声音，空荡荡的袖子也用别针别了起来。脸被火焰喷射器烧伤的人戴着大墨镜。那场输掉了的战争的幽灵，一面在大街上游荡，一面把自己小心翼翼地伪装起来。①

在战胜国，这种假面舞会也同样煞费苦心。是的，他们赢了，可他们赢得了什么？

对于战争中军政领导人的指责很快就开始了。威尔逊、劳埃德·乔治、克列孟梭、奥兰多（Vittorio Orlando）、鲁登道夫、兴登堡，很快便纷纷受挫，被迫隐退或成为反对党。（兴登堡有所不同。1925 年，他在别人的鼓动下重新出山，并当选德意志共和国的总统。）各国的左翼势力都得到了发展。在英国，自由党受到严重的削弱，而工党——它崛起的速度之快就和自由党的衰败一样令人震惊——于 1924 年组建了首届工党政府。在法国，也是在这一年，中左联盟上台。在德国，社会民主党成了战后十年实力超群的最大政党，而成立于 1918 年 12 月的共产党，力量也在壮大。

左翼力量的增长反映了在旧秩序破产之后人们要求彻底变革的愿望。左翼力量的急剧增长，使保守主义更加坚定而明显地转向比较极端的右翼立场，即"新保守主义"。不过，这种转变并不只是为了对抗左翼势力；它还是基于如下认识，即保守主义现在要做的不只是保守，因为摆在面前的任务不是守成而是重建。要让世界走上正轨，右翼也必须进行彻底的改革。

政治两极分化——它将成为两次世界大战之间的那个时代

① Ilya Ehrenburg, *Men*, *Years—Life*, 6 vols., trans. T. Shebunina (London, 1962 – 1966), III: 11 – 12.

的普遍特征——证明了所有人都渴望但又没有人知道怎么去实现的那种常态的消失。在政治领域，最能挑动人们神经的议题是战争，而不是社会或经济问题。后两个方面的问题尽管也很明显和尖锐，但仍然从属于这样一个问题，即那场战争究竟有什么意义。那是所有的政治活动，实际上也是实现了所谓的和平之后，所有活动背后的中心议题。但对这个问题又几乎没有人会直截了当地讨论。当那场战争的幽灵不仅在大街上，还在权力的走廊里游荡的时候，战争"把自己小心翼翼地伪装起来"。

官方以这场战争为整体的历史，还有团以及服役人员关于其局部的历史，在20世纪20年代大量涌现。但是，在一些合适的杂志刊载过流于形式的短评和琐碎的纪念文章之后，这些历史出版物就在图书馆里，在退伍士兵或战争中失去亲人的人的家中，被束之高阁了——要么是没有人读过，要么是即便读了也没人讨论过。德国人在1919年8月成立过一个立法委员会，检讨他们战败的原因。委员会的会开得比那场战争还长。实际上，长得连公众都把它忘了，新闻界在大多数时候也把它忘了。

纪念塔竖起来了，墓地准备好了，墓碑也做好了。在1920年至1923年，从英国运往法国的墓碑达到每周4000块。1920年11月11日，无名士兵的尸骸从法国起运并安葬在威斯敏斯特大教堂。摆在白厅纪念碑那儿的花环不到两天就有了十万只。年复一年，在所有可能的场合——不只是停战日那天——这样的仪式和庄严的语句都在重复着。对有些人来说，它们可能会带来一丝安慰，可那些仪式和辞令到底有什么意义，尤其是对于战后的世界？自由、尊严、正义，这些老生常谈的东西让人听起来感到空荡荡的。甚至不是说这场战争实现了什么，而是说因为它而避免了什么,也没让人觉得做出的牺牲有多少价值。最好别提这样的问题。纪念是要的;思考,不要。

战争经历与随后对它的反应之间的这种失衡状况意味着,那场战争从其最重要的意义上讲,也就是从其作为社会和政治的,尤其是存在难题的意义上讲,是被归于无意识领域的,或者更准确地说,是被归于需要有意地加以压抑的领域的。这个重大的时代议题要么被归于神经官能症,要么被视若无睹——按照这个词的严格意义。这表明,在整个西方社会——而不仅仅是在知识分子群体或国家中的某些人间,甚至也不仅仅是在某个国家中——个体意识与实实在在的难题之间出现了巨大的裂痕,而这种情况在战争期间就已出现了。旧的权威和传统的价值观已经失去了信用,可是又没有出现新的权威和新的价值观来代替它们。

想要压抑对于时代中最重大事件的记忆,这种行为不管是个体的还是集体的,是有意还是无意,结果都会适得其反,都会是对压抑的拒绝,这一点毫不奇怪。尽管人们不太能回答诸如生命的意义之类的根本性问题——那场战争用 900 万条生命提出了这个残酷的问题——但他们依然固执地认为,意义就在于生命本身,在于活着,在于此时此刻的活力。所以在 1920 年代,享乐主义和自恋成了非常突出的现象。弗洛伊德的心理学被急切地拿来证明拒绝压抑的合理性,于是,"受压抑的"成了彻头彻尾不合潮流的东西。感觉和本能得到纵容,自利比以往任何时候都更加成为行为的动力。政治激进主义力量的壮大只是这种变化的表现之一。公共生活的仪式虽然仍根植于前一个世纪实证主义者的确定性之中,但这种表演的背景却是由梦魇和幻觉构成的。"战争已经从英国中产阶级生活的底下敲掉了舞厅的地板，"斯蒂芬·斯彭德（Stephen Spender）回忆说，"人们就像是悬在半空中却还异想天开地假装是在跳舞的舞者。"①

不少历史学家反对说，最近几代人记住的只是 1920 年代的梦想，而不是 1920 年代。他们声称，对于城市中好出风头的人、"可爱的小家伙"、太阳之子的精致的纨绔作风，还有达达主义者、超现实主义者以及表现主义者的哗众取宠和小脾气，人们给予的关注太多了；而失业、城市中的怨恨心理、乡村中的焦虑情绪，或者是相比之下，中产阶级企业主为改组和重建所做的卓有成效的努力，这类现实却被忽视了。在 1920 年代，就像反对者说的，生活一如既往，人们操心的是工作、工资、食物、家庭福利以及个人抱负这些乏味的问题，他们没有时间考虑政治和文化复兴的宏大计划。所以，这些批评者认为，如果说当时的政治开始走向极端，那是出于一些最直接的原因，不应扯得太远。

这样的批评有其合理之处，它对于政治活动的社会经济基础的分析也相当精彩。不过，最近的这波社会史并没能成功地驱除恶魔、初涉社交界的名媛，还有 1920 年代的梦想。强烈的精神危机感成了那十年的标志；它影响着农村劳动者、大土地所有者、实业家、工厂工人、店员和城市知识分子。其影响所及，不分男女老幼。经济崩溃和社会动荡只是突出和加剧了价值观危机。带来价值观危机的是战争，尤其是战争结束后的一段时间，因为当时的和平显然没能满足人们的期待，而这种期待是战争期间各国领导人明确承诺的。"风暴平息了，" 1922

338

---

① Stephen Spender, *World Within World* (London, 1951), 2-3.

年，保罗·瓦莱里在一封写于苏黎世的信中表示，"可我们还是焦躁不安、心神不宁，就好像风暴即将来临。几乎所有的事情都处于非常不确定的状态。"他提到了所有因战争而受到损害的东西：经济关系、国际事务和个人生活。"可是，在所有这些受到损害的东西当中，"他说，"还包括心灵。实际上，心灵受到的伤害非常之大……它对自身产生了强烈的怀疑。"①

那种怀疑必然伴有逃离的冲动——逃离现实。如果说在1914年之前和在战争期间，求新是德国人的强烈关切，那么在战后，它就成了西方人普遍的追求，是社会主义者和保守主义者，无神论者和基要主义者，享乐主义者和现实主义者都能够接受的追求。执意求新的根源，在激进派看来是在于历史的破产，而在温和派看来则至少是在于历史的脱轨。即便是沉湎于战前黄金时代的怀旧情绪的人起码也承认，任何拯救的尝试都需要在重建方面付出巨大的努力。但破坏范围太广，重建任务太艰巨，使得如何去完成这项工作的想法常常化作白日梦和一厢情愿的空想。

1920年代年轻一代的奇思怪想和荒诞行为，多半是出于愤世嫉俗，他们看不惯形形色色的陈规旧习，尤其是不相信道德家的理想主义，而那种理想主义曾经使西线的屠宰场忙碌不停。像伦敦上流社会"伶俐的年轻人"（Bright Young Things）② 火热的寻宝聚会，或者更普遍的裸体崇拜，或者还要普遍的溜溜球热，或者对旅行的新兴趣，或者对电影明星的迷恋，不管这

339

---

① Paul Valéry, *Variety*, trans. Malcolm Cowley（New York, 1927），27–28.

② 又作 Bright Young People，是19世纪20年代伦敦小报给放荡不羁的年轻贵族和社会名流取的外号，他们是两次世界大战期间英国文化史上一个引人注意的群体。——译者注

些活动是不是限于一定的社会范围，要是认为人们之所以迷上它们，只是因为八小时或九小时工作制使他们有了更多的闲暇，那就有点可笑了。活动的实质是对生命的颂扬，但不是在社会或群体的意义上，而是作为个体的自我肯定和反对社会的规范与习俗。那种灵感是无政府主义的。1925年，当约瑟芬·贝克在香榭丽舍剧院举行她在巴黎的首场演出的时候——她的腰间围了一圈香蕉，并以倒立劈叉的姿势被送上舞台——她不仅象征着放荡不羁的城市生活的奢靡，还象征着整体上已无所系泊的西方文化的奢靡。那种"解放"对有些人来说是兴奋的，对另一些人来说是不安的，但文化总体上处于一种漂泊的状态。

　　人们习惯于认为，萨克斯的哀怨、查尔斯顿舞的疯狂舞步、爵士乐的切分音节奏，以及豪饮的新潮女郎，是城市中才有的现象，乡村还扎根于传统的习俗，没有受到影响。但铁路和公路设施的改善，电影在小城镇的普及以及无线电的出现，意味着城乡之间的文化藩篱已经开始被打破。另外，老兵们战后退伍的时候，不仅回到城市，也回到农场和乡村；实际上，由于他们见识过"帕里"①，再想管束他们就困难了。当这些年轻的"英雄"在当地的酒馆狂饮作乐，砸窗户、摔椅子、侵犯女孩或者要闹出丑闻的时候，人们总是想着遮掩和纵容。他们说："这些人是我们的战争英雄。我们必须宽容，也要尽量理解。"当1920年代的经济危机一波又一波地涌向城市的时候，乡村在那十年也不景气，而且从来没有真正融入1920年代中期的有限繁荣。农民饱受资金匮乏、设备和技术落后以及市场混乱之苦，只能勉强度日，也有很多人没能挺过来。

340

---

　　①　即"巴黎"。——译者注

这种氛围的附带后果就是无常感。无论是时尚和建筑，还是皮特·蒙德里安（Piet Mondrian）的人物造型，都放弃了曲线而突出了直线，因为直线意味着运动、新的简朴和新的开端。女性摆脱了拖到脚踝的高领长裙；取而代之的是"晚礼服"和"假小子装扮"。乳房有史以来第一次被视为缺陷，胸罩的作用相当于压路机，而不是为了使乳房看起来更加突出。天然的腰身看不出了，腰带都吊在髋部。既然一点点的曲线都被当作营养过剩的证据而遭人嘲笑，节食也就成了时尚。臀部也消失了。由于人们把富裕和堕落联系在一起，可可·香奈儿开始设计出高贵时尚的"穷人装"——简朴中的奢华：简单的羊毛套装连同卡迪根式的短上衣和打褶或不打褶的裙子。短发在战前就出现了——艾琳·卡斯尔（Irene Castle）在纽约就采用了这种发型，伊莎朵拉·邓肯在裙子变短的同时头发也变短了——但是在1920年代，女性的短发是假小子装扮的一部分。关于艾里斯·斯托姆（Iris Storm）和她的墙面板式短发，迈克尔·阿伦（Michael Arlen）[1]在《绿帽子》中写道：

> 她有一头浓密的、黄褐色的头发……它就像男孩子的头发一样，是从她的前额向后梳的……她脖子上面的头发死得很像男人[2]，就连"波波头"（bobbed）也从来没有见过死得比这还像男人的。[3]

---

[1] 亚美尼亚裔作家，童年时代就与家人一起移居英国，1924年出版描写"迷惘的一代"的《绿帽子》（The Green Hat）使他名声大噪，这里提到的艾里斯·斯托姆即为小说中的女主人公。——译者注

[2] 原文为 died a very manly death，可以理解为"剪得很像男人"，但联系下文，就直译成"死"。——译者注

[3] Michael Arlen, *The Green Hat* (New York, 1924), 53.

说头发"死得很像男人"，这比喻是偶然的吗？战争的意象和词汇渗透在 1920 年代所有的文化形式中。这世界依旧沉浸在死亡的狂欢中。

1920 年代的建筑和设计领域开始流行一种新的"国际风格"，这种风格不仅强调直线，还普遍强调用料简单。这种风格以玻璃和油漆为材料，借助于透明和反光来暗示，人和自然、主体和客体的区分并不像旧秩序所坚持的那样刻板。

在对新的流畅性与和谐性的追求中，夹杂着对老一代人，对把儿子引向杀戮的父辈的强烈反叛意识。青年崇拜在 1920 年代首次进入高潮。文学、电影、广告，就连那个时代的政治，都受到这种青年崇拜的决定性影响。弑父以及弑父所需要的道德抗议行动，强烈地吸引着文坛的新生代。只有年轻人才是真正合乎人性的；老年人总是丑陋的、唯利是图的、虚伪的。在奥尔德斯·赫胥黎的《点对点》（*Point Counter Point*）中，露西·坦塔芒特（Lucy Tantamount）把老辈人称为"外人"：

> 使老辈人成为那种阿拉伯茶会的是他们的观念。我简直无法相信那些笨头笨脑的人会让我相信上帝、道德和所有其他东西。我是在战争中长大的，当时屁股被打得什么都出来了。我看不出我们的子孙怎么可能会把它打得比那时候还狠。①

---

① Aldous Huxley, *Point Counter Point* (Harmondsworth, 1971), 138.

　　罗伯特·穆齐尔（Robert Musil）在《年轻的特尔利斯》（*Young Törless*）中，赫尔曼·黑塞（Hermann Hesse）在《德米安》（*Demian*）中，亨利·德·蒙泰朗在《接早班》（*La Relève du matin*）中，都转向了对于童年的描述，并让人想起卢梭式的看法：深受成年人文明社会中奸诈和欺骗之苦的高贵的纯真。保罗·克莱在儿童早期的胡涂乱抹中找到了自己超现实主义绘画的灵感。对年轻人在战争中遭到的杀戮深感悲伤和愧疚的老一代人，几乎没有表示抗议。"一帮轻浮的家伙，这些新派人。"这便是 H. G. 韦尔斯温和的回应。[1] 不过，虽然被有些人视作一帮轻浮之人，这些年轻的叛逆者却得到大部分人的支持和纵容，尤其是各政党，因为它们都在匆忙地扩大青年组织，争先恐后地招揽年轻成员。在这方面，走激进路子最能吸引人。1920 年代的年轻人往往对传统政治不屑一顾。对克里斯托弗·伊舍伍德（Christopher Isherwood）以及他的剑桥朋友们来说，"政治"是个"正在枯萎的词"，而政治活动也"因为无聊和讨厌而自动地不在考虑之列"。[2]

　　但是在普遍反对矫饰——无论是比喻意义还是非比喻意义的矫饰方面，以及在突出新的简朴风格方面，1920 年代的文化与其说是在立新，不如说是在破旧。重点是破旧，而这既是为了简化功能，也是为了解放创造力，但这两方面的努力往往不能协调一致，虽然包豪斯学派等群体有这样的期待和抱负，也取得了一定的成功。那种旧有的精神与强权之间的二分——它在 19 世纪的德意志思想中非常普遍——如今已经成为整个西方文化的显著特征，而且与战前的德国相比，

₃₄₂

---

① Beverley Nichols, *The Sweet and Twenties* (London, 1958), 18.

② Christopher Isherwood, *Lions and Shadows* (London, 1953), 73 – 74.

在强度以及对两个组成部分的情感介入上也更胜一筹。

　　然而，越来越强调精神性、灵性和无意识——这在公众对于弗洛伊德心理学、神秘主义、基要主义的福音主义以及美国电影中的感情主义的迷恋（伊利亚·爱伦堡在1927年的电影中发现，有22部电影的片名都带有"爱"字[①]）中表现得十分明显——并不能掩盖围绕着可谓主观主义新阶段的深刻的怀疑。如果说在爱因斯坦的原子中，分子处在永恒的运动中，而物质不过是能量，那么在弗洛伊德的心灵中，各个不同的成分也都处在永恒的变化中。所谓的精神健全和理性，乃是过往时代的心理学和哲学构念，表达的是那个时代的恒定性和信仰。信仰没了，恒定性也随之消失。剩下的唯有变动、忧郁和神经官能症。伊舍伍德就提到过"我们这患有神经官能症的一代人身处其中的巨大的怪胎博物馆"。[②]

行程和象征

　　在飞抵勒布尔热机场并参加了随后举行的欢迎仪式之后，林德伯格在夜里十二点半左右坐车离开。起初车子连灯也没打开，从迪尼和圣丹尼斯兜了一个圈子而不是径直从欧贝维利耶进入巴黎。他原计划下榻在城里星形广场附近的一家名叫马杰斯蒂克的豪华酒店，所以车子就沿拉法耶特街，然后经马德莱娜教堂，再从协和广场沿香榭丽舍大街向前。沿着香榭丽舍大街走到半路，车子在克拉里奇酒店停了下来，林德伯格在那里买了几束鲜花——玫瑰和矢车菊。[③]

---

① Ehrenburg, *Men*, *Years*, III: 129.

② Isherwood, *Lions and Shadows*, 217.

③ 更加详细而精确的描述可见 *Berliner Tageblatt*, 241, May 23, 1927, 4.

　　然后车子沿香榭丽舍大街继续向前，并停在凯旋门，林德伯格下车给无名士兵墓献了花。这样，他在巴黎的第一项正式活动就是在午夜一点向战争中的死者致敬。接着，车子向距离星形广场一箭之遥的现在叫迪蒙·迪维尔街的小巷驶去。此时，马杰斯蒂克酒店前面人山人海，就连克莱贝尔大街上也是人，林德伯格在酒店里显然不会安宁，于是他就被送到美国大使馆。

　　接下来的那个星期六，布鲁塞尔上演的还是老一套。林德伯格连衣服都没有来得及换就被带上汽车。在从机场前往美国大使馆的路上，他在比利时首都的无名士兵墓前献了花环。星期一，也就是他在伦敦的第一个整天的早晨，他参加了在威斯敏斯特的圣玛格丽特教堂举行的纪念战殁者仪式，然后又去了威斯敏斯特大教堂向无名士兵致敬。在这三个国家的首都，他都受到老兵组织的接待和欢迎。官方特意向林德伯格介绍了伤残军人代表。在布鲁塞尔参观市政厅的时候，他还受到"大战中的老志愿兵"的欢迎——在那场战争中，他们虽然都已经年过半百，却还千方百计地参加战斗。世界各地的老兵组织纷纷给林德伯格发来贺电。就连德国的老兵团体也不例外。

　　在巴黎、布鲁塞尔和伦敦，向林德伯格表示敬意的演讲和其他公开的言论，多次提到那场战争，提到法、英、美之间的友好关系，提到拉法耶特飞行小队的美国飞行员以及美国在各方面为协约国的战争努力所做的贡献。赫里克大使几次把林德伯格的飞行与马恩河大捷相提并论，认为是至高无上的命运在冥冥中决定了这两次胜利。而莫里斯·罗斯唐在献给林德伯格的颂诗中宣称，这位飞行家瞻仰阵亡者之墓也是冥冥中早已注定的。

实际上，仪式性的战争纪念活动在 1927 年正处于高潮。当时在杜奥蒙、坦南堡、帕森达勒和伊普尔建了很多战争纪念碑，有大有小，有国家和部队的，也有地区和市政的。在整个比利时和法国，在所有交战国的城市和市镇，还建了很多公墓。比如，5 月 24 日，爱丁堡的《苏格兰人报》（Scotsman）就在同一页刊登了两幅照片，一幅是美国大使赫里克在祝贺林德伯格，另一幅是西福斯团（Seaforth Regiment）① 的战争纪念碑在阿拉斯附近的法姆普克斯的落成仪式。5 月 31 日的《每日先驱报》（Daily Herald）在描写林德伯格前一天在伦敦的情况的专栏下面，有一则简讯宣布："100 名大英帝国参战军人的遗孀和孤儿还有退役士兵，将在下个月参观比利时的战争公墓。"

当时没有人对这两件事情，即林德伯格的飞行与那场战争之间的联系加以评说。的确，它们之间没有明显的联系。然而，若是没有那场战争，林德伯格现象就无法理解。虽然林德伯格没有参加过那场战争，但那场战争让他的成就显得格外重要。若是没有那场战争，这样的壮举当然也要庆祝，但成熟而负责任的公众人物就不会像加拿大总理麦肯齐·金那样夸张，说林德伯格的飞行是"世界历史上最伟大的个人成就"。普通公众在为其喝彩的时候也不会那么癫狂。

林德伯格走到哪里，战争就跟到哪里，而且不仅是过去的战争，还有未来的战争。军方对林德伯格的飞行自然是特别感兴趣。法国有位吉罗将军（General Girod）负责下议院下属的陆军委员会，他说林德伯格的飞行是"所见过的整个历史上最大胆的行动"。这样说也就意味着认可了林德伯格成就的潜在

345

---

① 英军的一支苏格兰高地人部队。——译者注

军事意义。① 不过，军方的评论也让人联想到从空中发动的战争，届时，毒气弹就会像雨点一样落到平民头上。给报纸编辑的来信表明，公众当时对于暗藏在航空进步中的这种可怕前景非常担心。然而，其他评论者用公众对林德伯格的满腔热情来暗示，此次跨大西洋飞行的最大受益者是人类而不是军方。巴黎的《人民报》（*Populaire*）把林德伯格的成就称作"和平主义的英雄主义在历史上最杰出的成就"。② 不管怎么说，在这里，战争提供了判断的背景。

如果说在访欧期间，数百万战殁者的幽灵包围着林德伯格，那么同时代死亡的阴影，特别是飞行员的高死亡率，也同样笼罩着他。他本人在前几年就曾经靠降落伞两次在事故中死里逃生。法国人之所以对林德伯格那么疯狂，有一个原因就是，在不到两个星期以前，法国的两名战争中的王牌飞行员夏尔·南热塞（Charles Nungesser）和弗朗索瓦·科利（François Coli）失踪了。他们在 5 月 8 日离开巴黎，试图飞往纽约，结果却杳无音讯。他们的冒险和遭遇所激起的兴奋、期待和紧张之情，都被转移到林德伯格身上。星期天，也就是在他到达巴黎后的第二天上午，林德伯格首先做的就是去拜访住在圣殿大街的南热塞的母亲，并对她表示，希望两位战争英雄还活着。两名想要打破长距离连续飞行记录的英国飞行家卡尔（Carr）和吉尔曼（Gilman），在 5 月 20 日星期五那天，即林德伯格从纽约起飞的同一天动身飞往卡拉奇，但两天后不得不迫降在波斯湾的阿巴斯港。他们像意大利航空家德·皮内多（de Pinedo）一样

① Groupe sénatorial de l'aviation, *Réception par le sénat de l'aviateur américain Charles Lindbergh* (Paris, n. d. ［1927］), n. p.

② 以赞同的口吻转引这句话的，见 *Vorwärts*, 241, May 23, 1927, 5。

大难不死。后者在林德伯格逗留巴黎的那个星期，在从纽芬兰飞往葡萄牙的途中，在距离亚速尔群岛 240 公里的地方失踪，并在一个星期之后，被一艘路过的船从海上救了起来。

5 月 27 日和 28 日，七名飞行员在空难中丧生，其中四人是在佐治亚州的奥古斯塔进行空中表演的时候。在夏尔特尔①附近，一架军用飞机在示范飞行时着火，两名飞行员跳伞，一人安全着陆，另外一人却因为降落伞未能打开而丧命。在 6 月的第一个星期，在埃森、瓦尔内明德、莱比锡和伯恩茅斯②，至少有十人在飞行事故中丧生。在刚刚提到的那座英国城市举行的空中竞赛中，两名英国飞行员在成千上万名观众的眼前丢了性命。当时他们驾驶的两架飞机在转弯时机翼发生碰擦，结果两架飞机一头栽到地上，起火爆炸。几个星期后，当林德伯格在其环北美巡回飞行途中访问渥太华的时候，为其护航的十二架美国军机中有一架坠毁，飞行员丧生。这些事故让所有人都非常清楚飞行的风险。因此，不管林德伯格走到哪里，过往以及同时代的死亡都会跟着他，这就使他的成就——它相当于在死亡中肯定生命——格外引人关注，而且还有一种隐喻的味道。《曼彻斯特卫报》（*Manchester Guardian*）希望这种积极的意义会获得胜利，但那种想把希望明确而有力地表达出来的需要本身，其一般背景正是一种怀疑、焦虑、不安的情绪： 347

> 是时候让飞行不再充斥无谓的、纯粹是为了打破纪录的勇敢了。人们钦佩林德伯格的勇气和坚韧，这理所当然，只是我们希望，这种钦佩不会让原已太多的、想去做他已

---

① 法国厄尔－卢瓦尔省的一座城市。——译者注
② 前三者都是德国城市，伯恩茅斯为英国城市。——译者注

经做到的或者还要超过他的计划变得更多。①

由于旧世界的仪式包围了新世界的成就，那气氛既忧伤又惋惜，同时还伴有颤抖的和不安的兴奋感。飞行之于人类总是具有巨大的象征意义。这种象征意义在战争期间得到了加强。空中王牌是那些浸泡在泥水中、看似不中用的步兵无比羡慕的对象。士兵们从战壕里抬起头来就可以看到在地面战争中已经看不到的纯正的较量。在"空中骑士"的格斗中，个体的努力依然起着决定性作用，与荣誉、光荣、英雄主义和骑士精神相关的罗曼蒂克的古风犹存。在空中，战争仍然是有意义的。飞行员是"战争贵族"，是有位作家说的"我们的个性的复活"。②飞行是和自由、独立联系在一起的，它让人在一场拼消耗的战争中摆脱了骇人听闻的集体杀戮。在空战中，个人还可以保有价值观，包括对于对手的尊重。价值观是文明的根基，但在地面战争中，它似乎正在消失。因此，现代世界中最重要的技术成就也被视为肯定传统价值观的手段。

战后十年，飞行始终保持着这些联系。林德伯格受到的褒奖似乎复活了一整套词汇。法国人在使用英雄、光荣、胜利、骑士之类的词语去描述林德伯格及其功绩时的那种热情，表明了他们渴望再次痛痛快快地使用这种语言。《每日快报》注意到，英国公众也有类似的需要：

> 为英雄效劳让人感到十分光彩和欣慰，以至于这件事

---

① *Manchester Guardian*, May 23, 1927, 8b.

② J. P. Dournel, "L'Image de l'aviateur français en 1914–1918," *Revue historique des armées*, 4 (1975), 62.

情本身就成了生活中最主要的乐趣之一。许许多多的人在战争中发现了这一点。他们看到了为某个士兵、水手或飞行员带去关爱的机会，他们自己也因此感受到快乐。在战士做出的牺牲中，也有他们的一份，这让他们觉得自己是和战士团结在一起的。为了把我们提升到我们庸常的生活之上，我们永远都需要英雄。[1]

最后的那个说法，"我们庸常的生活"，或者按照法国人的说法，"我们人类的平庸状态"，在英吉利海峡两岸的评论中经常可以见到。林德伯格成了想要重新肯定价值观的那种愿望的象征，但同时也是对当代生活感到强烈不满的象征。相应的，对于飞行的迷恋也反映出一种渴望，渴望摆脱已经丧失了信仰的时代的平淡寡味。

保罗·克洛岱尔意识到围绕着官方对林德伯格的欢迎的种种假象。他在 5 月 23 日的日记是隐晦的，但也在暗示着什么：

> 在美国大使馆，我和年轻的查尔斯·林德伯格握了手，他修长、红润、金发，而且腼腆。我们只认一个国，那就是全世界［德尔图良（Tertullian）］。对光荣以及所有那些令人作呕的恭维的强烈反感。[2]

349

毋庸置疑，林德伯格代表着重大的成就，但在一个转向内心的世界中，他也是诗意的虚构。皮埃尔·戈丹（Pierre

---

① *Daily Express*, May 23, 1927, 10b.
② Paul Claudel, *Journal*, vol. *1*: 1904 – 1932, ed. F. Varillon and J. Petit (Paris, 1968), 772.

Godin），巴黎市政会主席，在市政厅招待会上实际上说了同样的话：

> 先生，我们考虑的，与其说是向您致敬，不如说是通过您向我们自己致敬。关于人类，如果说有人想要怀疑它的伟大并对它的未来感到绝望，那您就是为了维护人类而树立了榜样的那些人中的一员。您是让一个伟大民族看到了理想的那些人中的一员。[1]

戈丹的话首先必须理解为是对人类的怀疑而非肯定，是辩护而非希望。参议员、塞纳河总理事会主席德尔贝古（Dherbécourt），称林德伯格的成就"只有诗人的心灵才能想得出来，也只有热情洋溢的诗篇才足以歌颂它的辉煌"。警察局局长夏普谈到了林德伯格功绩的"无与伦比的美"。[2] 这些公共官员的语言是一种充满渴望的语言，渴望把世界审美化，把生命诗化。战前，德国的朗本和张伯伦之流所说的和所写的，也完全本着同样的精神。

诗人们带着类似的想法加入了合唱。林德伯格，"人马座美丽的头生子……太空的征服者"，他征服了死亡！

350   您是人们从他的身上
         突然看见了更加美丽的曙光的人。
         从我们所处的黑暗中
         雄鹰终于赶走渡鸦！……

---

① René Weiss, *Les premières traversées aériennes de l'Atlantique* (Paris, 1927), 21.
② 同上书，22，28。

　　哦！我们生活在一个令人敬畏的时候，

　　因为，新的时代诞生了！

　　死亡何足惧！

　　"死亡何足惧！"亚历山大·甘勒（Alexandre Guinle）在
《查尔斯·A. 林德伯格颂》中这样写道。[①] 5 月 28 日，星期六，
《费加罗报》文学副刊发表了皮埃尔·德·雷尼耶（Pierre de
Regnier）、莫里斯·勒瓦扬（Maurice Levaillant）和安德烈·达
维德（André David）的三首诗。勒瓦扬说林德伯格是"人与天神
的合体"；达维德称他是"蓝天诗人……新神话的制造者"。在
《政治和文学辩论报》（Journal des débats politiques et littéraires）
上，马塞尔·贝尔热（Marcel Berger）称林德伯格的壮举是
"艺术品"，因为它有一种"自在的美"。[②] 住在巴黎的德国诗人
伊万·戈尔（Ivan Goll）在 5 月 25 日的《柏林日报》上发表了
一首心醉神迷的颂诗。对林德伯格来说，关键在于他的目标
"是他自身"。巴黎就在他自己的心中，在一个从来没有读过一
行康德的文字的快乐的年轻人心中。他的想象力没有被埋葬在
埃及的废墟中，也没有被埋葬在阴郁的大学走廊里。所有这些
评论和反应的主题是，想象力在一个已经没落的文明中的复
活——"金发碧眼的你的洋溢着青春气息的微笑，如同罗斯福
机场的探照灯一般令我们目眩神迷"——以及个体意志和精神
的复活。仅此一点就会提振欧洲的信心，使之摆脱悲观与沉沦。
然而，这种论调自始至终又是一种充满惆怅而非希望的论调。
个体主义已经丧失它的社会维度；真理不是在社会现实中找到

351

---

　　① Alexandre Guinle, *Ode à Charles A. Lindbergh* (Paris, 1927).

　　② *Journal des débats politiques et littéraires*, May 23, 1927.

的，而是在个体的想象中，在酒神式的能量与意志中发现的。为林德伯格喝彩，既是歌颂逝去的时代（那时的个体主义还具有社会意义），同时也是承认（虽然是无意识地承认）在现代世界，个体是孤独的，永远在飞行，没有驻足之地，缺乏哪怕是和小猫仔有关的情感寄托。

人摆脱了束缚。自由不再意味着自由地去做道德上正当和伦理上负有责任的事情。自由变成了私人的事情，它首先是对自身负责。战前的现代冲动带有强烈的乐观主义倾向，源自为资产阶级所钟爱的社会向善论的乐观主义倾向。那种乐观精神到 1920 年代尚未完全消失，但它此时与其说是自信的预期，不如说是愿望。它的景观是毁灭和荒芜的景观，而不只是战前先锋派曾经非常鄙视的贫瘠。

新世界和旧世界

林德伯格事件表明，战前那种形式的现代主义连同其建设性的冲动已经转移到美国。欧洲认可了这一点。人们提到林德伯格的时候，总是把他当作"年轻美国的高度勇气和闯劲"的象征，当作美国无限能量的代表。那种能量在美国输出的文化产品、文化形式和文化人物中表现得非常明显，不管是好莱坞的史诗片还是打闹剧，不管是雷格泰姆（ragtime）①、爵士舞还是查尔斯顿舞，是波波头、雪茄还是豪饮的时髦女郎，是约瑟芬·贝克那样带有异国情调的肉欲主义者，还是欧内斯特·海明威和 F. 斯科特·菲兹杰拉德那样努力生活的侨居者。那种不屈不挠、勇往直前的能量是无法回避的。它喧闹而粗犷。大部

352

---

① 散拍舞。——译者注

分现代人都为之陶醉。

莫里斯·拉威尔在其歌剧《孩子与魔法》（*L'Enfant et les sortilèges*）中开始采用搞笑的狐步舞节奏；弗朗西斯·普朗（Francis Poulenc）写出了《黑人狂想曲》（*Rhapsodie nègre*）；而乔治·奥里克（Georges Auric）和伊戈尔·斯特拉文斯基都创作了名为《雷格泰姆》（*Rag‑Time*）的作品。"一步舞"和"两步舞"出现在女神游乐厅的舞台上。在伦敦，1920年代上流社会的"伶俐的年轻人"学起了美国腔，而在林德伯格到访之后，到处"飞行拜访"就成了他们生活方式的一部分。在巴黎，约瑟芬·贝克那慢吞吞的、含混不清的美式法语，以法国人的鉴赏力来说通常是极其讨厌的，此时却一下子流行起来。南希·丘纳德（Nancy Cunard）在巴黎晚上最喜欢去的地方是种植园，那里有画着密西西比汽船和"黑佬"的壁画。

但是，光鲜的美国梦也迷住了欧洲的劳动阶级，后者在每一个白手起家的故事中都看到了自己生活的幸福结局。批评者声称，美国代表的不过是粗俗的物质主义，缺乏精神价值；而辩护者则反驳说那是肤浅之论，没有抓住美国的要领。美国的意义首先在于精神。费尔南·莱热说，华尔街是"勇于创新的美国"的象征，美国"一直在行动，从不瞻前顾后"。他说，纽约和莫斯科是现代活动的两个中心。巴黎只不过是旁观者。①

据另一名法国人吕西安·罗米耶（Lucien Romier）说，美国代表着朝气、活力、进取和包容。"美国似乎是当今，"他在

---

①　"New York,"*Cahiers d'Art*, 1931, 引自 *Léger et l'esprit moderne*, 197。

1927 年坚持认为，

> 唯一一个大国。它的公民不停地公开表示他们热爱
> 自己所属的社会，他们为了让它变得更好而满腔热情地
> 共同奋斗，并在一个因饱受社会问题困扰而变得悲观至
> 极的世界中，向世人展示其在社会问题上乐观主义者的
> 形象。

353　　　他继续说道，美国已经成功地使其民众"非无产阶级
化"——"美国的民主提升了民众的道德主义，而欧洲的民主
则使其人民沉溺于理智主义"。而且罗米耶还和其他许多人一
起指出，在美国的家庭中，妇女处于主导地位。他认为，不惧
怕男人和拒绝家长制，都明显具有现代的和解放的意义。①

　　对于小说家亨利·W. 内文森（Henry W. Nevinson）——
他是伦敦人，是 C. R. W. 内文森的父亲——来说，即便是美国
的光鲜和物质主义也意味着想象力和驱动力。在离开纽约的时
候，他写道：

> 别了，高耸的写字楼，那么整洁，那么温暖。那里可
> 爱的速记员，穿着长筒丝袜，脸上敷了粉，工作从容，
> 谈吐优雅！……我要去的是一个古老的城市，那里的街
> 道破烂不堪，那里的人们的栖身之所寒碜卑微、单调乏
> 味而又绵延数里，那里的烟尘贴得比毯子还紧，那里脏
> 兮兮的打字员几乎连丝袜和敷粉都不知道，更别说从容

---

① Lucien Romier, *Qui sera le maître*: *Europe ou Amérique*（Paris, 1927）, 155 –
58.

和优雅……别了，中央供暖和散热器，那是它们所温暖的心灵的恰如其分的象征！别了，寻常而又考究的盥洗室，那是管子工行当的荣耀！……别了，长长的车流——不管是"豪华车"还是"廉价车"！……别了，美利坚！我要回家了。[①]

不管他们对于美国火热的景象是钦慕还是鄙视，许多人都承认，人类的未来在那个大陆。英国作家玛丽·博登（Mary Borden）说，美国人"应该得到所有关心人类未来的人的关注，因为未来世界的脚手架搭在美国的天空下。未来世界的雏形已经在那个大陆展开，它的声音正在有力地宣告着将会传遍全球的东西"。[②]

354

然而，有些现代人对于这样的前景依然充满疑虑。伊万·戈尔称颂林德伯格，但对美国是否能为欧洲提供治病的灵药还是不太确定。"的确，欧洲已经因为衰老和'欧洲球菌'而奄奄一息了。但是你们的'非洲裔美国人'的药丸，"他告诉美国人，"里面不过是苏打重碳酸盐。"[③] 佳吉列夫流露出相似的矛盾态度。"在未来这门艺术方面，美国会有很多东西可说，"他在 1926 年承认，

　　　　在绘画、戏剧和音乐方面，美国的影响已经无处不在。法国作曲家学会了爵士乐风格，而即便是在芭蕾这门古老

① Allan Nevins（ed.），*America Through British Eyes*（New York，1948），396.
② Mary Borden，"The American Man，"*The Spectator*，140（June 30，1928），958.
③ Ivan Goll，*Transition*，13（1928），256.

而保守的技艺方面，美国也有它的一席之地。①

但美国人的庸俗也让他非常不快。他 1926 年 8 月在威尼斯时语气就十分刻薄：

> 我们在德班酒店住了下来，因为怡东实在太吵。整个威尼斯都在因为科尔·伯特（Cole Porter）的爵士乐和他的黑人而反对他。在停泊在安康圣母教堂对面的船上，他开了家白痴夜总会，现在弄得大运河上到处都是黑人，就和那些让我们逃离伦敦和巴黎的黑人一模一样。他们在利多的沙滩上教"查尔斯顿舞"！太讨厌了！贡多拉船夫威胁说要杀掉这儿所有上了年纪的美国妇女。②

传统主义者对欧洲的"美国化"是皱眉、抱怨加叹息。美国就跟它的电影一样，活力四射却没有实质性内容。他们说，那个国家确切来讲就是一个十足的矛盾。与美国人盲目的爱国主义形成鲜明对照的，是那个国家外在形态上的不统一；与纽约的高楼大厦形成鲜明对照的，是那座城市难以置信的污秽；与美国的一本正经和清教主义形成鲜明对照的，是它的犯罪率和有伤风化的性兴趣；与美国的人文主义理想形成鲜明对照的，是它的种族主义和私刑；与美国的宗教虔诚形成鲜明对照的，是它宣讲福音的传教士的哗众取宠。战争期间英国人和法国人专为德国人准备的那些形容词和比喻，现在都用到了美国人身

---

① Haskell, *Diaghileff*, 296.
② 给鲍里斯·科赫诺（Boris Kochno）的信，1926 年 8 月 7 日，见 Buckle, *Diaghilev*, 473。

上。玛格丽特·哈尔西（Margaret Halsey）指出，美国人在许多英国人的眼中就"跟大猩猩差不多"。①

很多人觉得，欧洲，尤其是欧洲的年轻人，正在吸收美国坏的一面。1927 年 6 月，在英国召开的青年男子俱乐部全国联合会大会上，发言者一个接一个地哀叹美国的影响。有人说：

> 美国人的那种喧嚣和忙碌传到这儿了，想出风头以及寻求刺激和变化的强烈愿望，已经左右了我们的年轻人，所以最大的问题是如何让俱乐部内在的吸引力超过电影、舞厅、音乐厅和女孩们外在的吸引力。

他鼓吹体育锻炼以及学习音乐、文学和艺术！此外，他还强烈主张各俱乐部要禁止最新的美国舞蹈。他十分严肃地说，年轻人跳舞的时候应该排成"公园路"那样的几排，而不是按照现在"在大象和城堡区"看到的方式②。③

不过，迷恋不仅没有减弱的迹象，实际上还变本加厉了。对于饱受战争创伤而变得脆弱并失去自信的欧洲来说，美国的影响无法抗拒。"我们的印象是，我们被殖民化了。"一个法国人说。④

对美国化的怀疑自然到处都存在，但最终还是在德国的阻力最小。那里的自我怀疑最强烈，而美国则利用了（capitalized on）这种怀疑，在比喻和非比喻的意义上都是如此。美国的能

356

---

① Margaret Halsey, *With Malice Towards Some*（New York, 1938）, 194.

② 伦敦的公园路（Park-lane）紧邻海德公园，由两条南北向的基本上平行的道路组成。大象和城堡区（Elephant and Castle）也是伦敦的地名。——译者注

③ B. 亨里克斯（B. Henriques），引自 *The Observer*, June 19, 1927, 21b.

④ Octave Homberg, *L'Impérialisme américain*（Paris, 1929）, 22.

量就像美国的金钱——公共的和私人的——一样受欢迎。到
1923 年，德国经济正在卷入史无前例的通货膨胀旋涡。到当年
夏天，德国马克已变得一文不值。美国投资者仿效 1924 年的
"道威斯贷款"，对德国进行经济渗透。与此同时，美国电影业
的巨头也开始把触手伸向德国，对其施加的影响比对欧洲其他
任何地方都大：买进德国公司，收购影院，并在那里制作用来
投入德国市场的影片。像海明威那样的作家，在德国比在除国
内之外的其他任何地方都要成功。① 20 世纪 20 年代，德国唯一
一件没有跟在美国后面的事情也许是禁酒。"德国现在有点像
美国，"赫尔曼·黑塞写道，"一个人必须在里面不停地扑腾才
不至于淹死。要是他能做到这一点，那就不错了。"② 到 1927
年，许多德国人都愿意——常常是带着犹豫和愧疚——表态
说，他们觉得和美国的关系比和英法的更近。托马斯·曼和
黑塞一样，不知道这是不是件好事，但它好像确实是德国生
活的一大特色。就连德国文化的历史遗存似乎也受到美国化
的影响。对此，曼抗议说："我可以肯定的一点是，现在，拜
罗伊特与其说是和德意志精神及其未来，不如说是和旧金山
的绅士们有关的地方。"③

联想

5 月 26 日，林德伯格在巴黎的那个星期的星期四晚上，恰
好在蒙田大街的香榭丽舍剧院为他组织了一场庆祝晚会，而那

---

① Ernest Hemingway, *A Moveable Feast* (New York, 1965), 71; Wayne E. Kvam, *Hemingway in Germany* (Athens, Ohio, 1973).

② Freedman, *Hesse*, 227.

③ 信 ("Brief an einen Opernleiter"), 1927 年 11 月 15 日, Mann, *Gesammelte Werke*, X: 894。

座剧院就像我们说到过的，曾有批评者声称，是仿照齐柏林飞
艇的风格建造的。到达剧院的时候，林德伯格在入口处受到了
弗朗谢·德斯佩雷元帅（Marshal Franchet d'Espérey）的迎接。
后者在大战中曾经是一位比较成功的法军将领，现在是负责飞
行员福利基金的主席。晚会的观众有法国过去和现在的飞行王
牌，节目包括演讲和朗诵，赞扬林德伯格以及一般意义上对天
空的征服。在这一事件中，战争、现代的英雄以及现代的审美
意识都象征性地融为了一体。

　　第二天，5 月 27 日星期五晚上，佳吉列夫开始了新的巴黎
演出季。那是为了庆祝他的芭蕾舞公司成立 20 周年。不过，演
出地点不在香榭丽舍剧院，而在沙特莱广场的萨拉·贝纳尔剧
院。计划演出十场，直到 6 月 9 日。开幕当晚的节目包括《尼
普顿的胜利》（The Triumph of Neptune），那是一部"英国的"
芭蕾舞剧，在上一年 12 月的伦敦首次公演中取得过成功，作曲
杰拉尔德·伯纳斯（Gerald Berners），剧本萨谢弗勒尔·西特
韦尔（Sacheverell Sitwell），编舞是佳吉列夫最新发现的格奥尔
吉·巴兰钦（George Balanchine）。另外还有一部新的芭蕾舞剧
《猫》（La Chatte），作曲亨利·索盖（Henri Sauguet），布景瑙
姆·戈鲍（Naum Gabo），编舞——特别是为奥莉加·斯佩西夫
采娃（Olga Spessivtseva）编舞的还是巴兰钦。最后是再次上演
的《火鸟》，由斯特拉文斯基亲自担任乐队指挥，布景和服装
是俄罗斯未来派艺术家贡恰洛娃（Natalia Goncharova）和拉里
奥诺夫，编舞福金。

　　虽然那是为了庆祝 20 周年的新演出季，但巴黎的报刊
对此关注得很少，评论也寥寥无几。大家的注意力全都在
林德伯格身上。由飞行员组成的观众为他，为那"火鸟"

的化身，在香榭丽舍剧院举行庆祝晚会，这件事情本身就明明白白地反映出世界发生了怎样的变化。俄罗斯的芭蕾过时了。时新的是美国。林德伯格站在约瑟芬·贝克和黑人歌舞团几个月前征服过的舞台上。（当林德伯格着陆的时候，依然是巴黎夜生活宠儿的贝克小姐中断了她在女神游乐厅的表演，宣布自己美国同胞的到来。）不过，曾经在1913年刻薄地攻击过《春之祭》的《费加罗报》，此次对开幕之夜的评价倒比较中肯。关于佳吉列夫，P. B. 格西（P. B. Gheusi）写道：

> 这次让俄罗斯芭蕾充满生气的当属搞现代舞编舞的安托万（Antoine）。他的默默坚持，他对自己会取得成功的神秘信念（那成功可不是戏剧恶魔轻易卖给他的），他比斯拉夫人更个人化的艺术中的喜悦的狂热，所有这些造就了一个全新的思想流派，而该流派现在已经得到了公众和专业人士的认可。

受到格西恭维的还有斯特拉文斯基。[①] 自1913年以来，巴黎和西方世界发生了多么大的变化啊！

5月底，帕夫洛娃在斯德哥尔摩巡回演出。夏里亚宾在维也纳。批评家们差不多都没有关注他们。即便关注了，也是出于同情。有人说，夏里亚宾的声音前些年就变小了，但他作为艺术家更成熟了。[②]

尼任斯基呢？他怎样了？1919年年初，在被送去疗养院之

---

① *Le Figaro*, May 30, 1927.

② Adolf Weissmann, *Vossische Zeitung*, 121, May 25, 1927.

前的最后一次表演中，他在圣莫里茨的一小群私人观众面前，试图在舞蹈中捕捉战争的意义。"现在我要用舞蹈来表现，"他宣布，"战争的苦难、毁灭和死亡。"[1] 在他那个时期的日记中，他把自己当成了神，就像彻底疯掉之前的尼采在最后的言论中所表现的那样。

1928 年 12 月，圣诞节过后没几天，哈里·凯斯勒（Harry Kessler）观看了佳吉列夫公司在巴黎歌剧院的演出。

> 后来，当我在后台走廊里等候佳吉列夫的时候，他和一位矮个年轻人一起过来了。后者面色憔悴，外套破破烂烂。"你不认得他吧？"他问。"是的，"我说，"我的确想不起来了。""他是尼任斯基！"尼任斯基！我惊呆了。他的面容，过去常常像天神一样容光焕发，让无数人过目难忘，现在却变得苍白、松弛、呆滞，只有茫然的微笑才让它有片刻的生气，就如同摇曳的火苗露出一丝光亮。他一声不吭。因为下去时要走三段台阶，佳吉列夫便扶住他的一只胳膊，并让我扶住他的另一只胳膊。这个以前似乎能跃上屋顶的人，现在只能一步一步焦急地摸索着往前走。我扶住他，紧握着他枯瘦的手指，试图用好言好语让他打起精神。他带着困惑的神情看着我，大眼睛哀楚动人，仿佛一头病兽。[2]

春天发生了什么？1913 年，就在《春之祭》首演之前，

359

---

① Romola Nijinsky, *Nijinsky*, 361.

② 日记，1928 年 12 月 27 日，Harry Graf Kessler, *Tagebücher* 1918 – 1937, ed. Wolfgang Pfeiffer-Belli（Frankfurt am Main, 1961），612 – 13。

伊莎朵拉·邓肯的孩子们死了；他们乘坐的车子单独离开时开进了塞纳河。现在，1927 年的尼斯，"非凡的伊莎朵拉"跨进了一辆布加迪，想沿盎格鲁海滨大道兜风。她身后拖着的时尚的长头巾被卷进了车轮，结果她脖颈折断，当场身亡。

关于春天的问题，T. S. 艾略特有个答案。他像约瑟芬·贝克一样来自圣路易斯。而林德伯格驾驶的飞机就叫"圣路易斯精灵"号。他们全都来到了欧洲。

> 四月最残忍，从荒地里
> 长出丁香，把记忆和欲望
> 混合在一起，又用春雨
> 唤醒迟钝的根芽。①

---

① T. S. Eliot, "The Waste Land," *Collected Poems*, 63.

九　记忆

我们这些见识过战争的人永远不应当忘记战争。而正因如此，我才会在我书房门上钉一张照片，照片上是一名士兵的尸体。

哈里·克罗斯比

让我们变成春天，把绿色的新生活带给灰色的死亡地带，并让我们在度过充满恐惧的不眠之夜后，用我们为正义付出的鲜血，浇灌出美丽的新生活。

若泽·热尔曼（José Germain），1923 年

在学校里，在为男孩写的书里，总是在说我们打赢了战争，结果，我的同学和我发现，我们的好奇心被那些输掉战争的人激发起来。输似乎比赢还要新鲜，还要让人兴奋。

理查德·科布（Richard Cobb），1983 年

十七年前，谁曾想到你们竟然会称赞《春之祭》的和谐？人们再也不认为它出格了；人们称赞它的完美。

安德烈·卢梭（André Rousseau），1930 年 2 月

战争的回声

埃里希·玛丽亚·雷马克的《西线无战事》（*Im Westen nichts Neues*），或者《静静的西线》（*All Quiet on the Western Front*）——其英文版将叫这个名字——最初是由乌尔施泰因出版社于 1929 年 1 月底在柏林出版的。二十个月后的 1930 年 10 月，巴黎《新文学》（*Nouvelles littéraires*）将把雷马克称作"当今世界上拥有最庞大读者群的作家"。①

这本书在出版的时候，出版商做广告的声势之大在德国前所未有，预订数超过了 1 万册。柏林的广告柱上连续贴了四周的海报，而且每周都不一样。第一周："即将出版。"第二周："伟大的战争小说。"第三周："西线无战事。"第四周："作者埃里希·玛丽亚·雷马克。"当时，这部小说已经从 11 月 10 日，即停战协议签署十周年的前一天到 12 月 9 日，以连载的形式在乌尔施泰因旗下最著名的《福斯报》上刊登过。虽然报纸的发行量并没有像有人说的那样急剧攀升，但销量的确略有增加，每天的报纸通常都销售一空。

但是现在，在小说出版后，抢购潮开始了。不到五个星期就卖出了 20 万册。日销 2 万册的情况也不少见。截止 5 月初，德国国内已经卖出 64 万册。英文和法文译本也赶制出来。英文版是在 3 月出的，美国的是 5 月底，法国的是 6 月。美国的"每月新书俱乐部"选择这部小说作为它的 6 月新书，并为其十万用户预订了 6 万册。英国一个名叫"书社"的读书俱乐部，也把这本小说"推荐"给它的会员。到当年

---

① *Nouvelles littéraires*, October 25, 1930.

年底，此书在德国的销量将近 100 万册，在英、美、法三国加起来也有 100 万册。在德国，乌尔施泰因公司为了跟上不断扩大的需求，动用了六家印刷厂和十家装订厂。在英国，巴洛公共图书馆在 11 月对其会员宣布，《西线无战事》已经预约到两年之后！该书当年就被译成大约 20 种语言，包括汉语和世界语，而乌尔施泰因公司的推销工作干得十分出色，甚至还出版了德语盲文版，并免费赠送给所有需要它的盲人老兵。①

几乎是一夜之间，雷马克的小说就成了有人说的"战后图书销售的奇迹"。那还是个比较保守的说法。雷马克的成功在整个出版史上也没有先例。英国和德国的图书业都表示感谢，因为它们在那十年始终不景气，现在又因为 1928～1929 年整个经济形势的低迷，日子更加艰难。"雷马克就是我们每天的面包。"柏林的图书经销商们说着俏皮话。②

雷马克的一举成功催生了大量战争图书和其他讲述战争的材料，从而迎来了后来所说的 1929～1930 年的"战争的回声"。战争小说和战争回忆录一下子成了出版商书单里的重头戏。罗伯特·格雷夫斯、埃德蒙·布伦登、西格弗里德·沙逊、路德维希·雷恩（Ludwig Renn）、阿诺德·茨威格和欧内斯特·海明威等，成了人们耳熟能详的名字。举行公开演讲，做电台主持人，这样的邀约多得让他们难以招架。公众对于战争突如其来的兴趣，让先前被担心销路不好的出版商拒绝的战

---

① *Börsenblatt für den deutschen Buchhandel*, June 10, 1930, 540; *Die Literatur*, 31 (1928－29), 652; *Publisher's Weekly*, September 21, 1929, 1332; *Daily Herald*, November 23, 1929.

② Friedrich Fuchs, *Das Hochland*, 2（1929）217.

争题材的陈年书稿，现在都被赶忙付印。新书也在迅速约稿并加紧写作。

译者的需求量很大。舞台很快为战争剧腾出了地方，R. C. 谢里夫（R. C. Sherriff）的《旅程的终点》（*Journey's End*）——该剧在伦敦演出后期由劳伦斯·奥利维尔（Laurence Olivier）担任主演——在国际上轰动一时。到 1929 年 11 月，有 12 个国家都在上演这部剧。电影业以往不太像出版业那样不愿涉及战争题材，好莱坞 1926 年就用《光荣何价》（*What Price Glory?*）、《大阅兵》（*The Big Parade*）和《翼》（*Wings*）掀起了一波小小的浪潮。现在，电影界又拍了很多战争影片，加入了这股浪潮。画廊展出了战争题材的绘画和摄影作品。报纸和刊物提供了很多版面来讨论战争，过去和未来的战争。一些人觉得，过去对战争刻意保持的沉默，现在完全被打破了。

对于战争的兴趣为什么在 1920 年代末一下子又恢复了呢？战争的回声反映出什么问题？检视一下雷马克的写作动机，或许可以找到一些线索。

与死亡为伴

在《西线无战事》出版之前，作为业余知识分子和雄心勃勃的作家的埃里希·玛丽亚·雷马克，一直过着一种虽说不太稳定但也小有成就的生活。1898 年 6 月 22 日，他出生于奥斯纳布吕克的一个信仰天主教的图书装订工家庭。他父亲叫彼得·弗朗茨·雷马克（Peter Franz Remark），母亲叫安妮·玛丽亚（Anne Maria）。受洗的时候取名为埃里希·保罗的他，战后取了个笔名，去掉"保罗"——《西线无战事》中的主人公就叫保罗，他在战争快要结束的时候死了——加上他母亲的名字，并让自己的姓法国化。雷马克的童年过得并不幸福。下层中产阶级的出身，显然让他倍感压抑。他后来说，他年轻时被歌德笔下敏感而易怒的维特的烦恼深深打动了；他宣称要做一个浪漫主义者；他时常有自杀的念头。这种对存在感到怀疑的倾向从来没有离开过他。他的整部作品都弥漫着这样的气息。在公开场合，尽管他显然也渴望得到承认，但总是摆出一副遁世者的样子。即便是娶了查理·卓别林的前妻、影星波利特·戈达德（Paulette Goddard），并在纽约过着奢华的生活，把自己包装成了成功人士，他也似乎仍旧郁郁寡欢，变成了烟鬼加酒鬼，迷恋跑车和快艇，而且总是在逃避。

雷马克的阶级背景非常重要。他是受技术和社会变化强烈影响的那个社会群体的产儿。约翰·米德尔顿·默里（John Middleton Murry）年轻的时候也饱受焦虑之苦，他怀疑那种焦虑是不是源于自己的社会背景。他把城市底层的中产阶级称为"在现代社会中被剥夺得一干二净的那部分人"。① 受战争尤其是 1920 年代经济波动影响最大的，正是社会中的这一阶层。

关于雷马克的战争经历，现在仍然迷雾重重。1914 年 8 月战争爆发的时候，他才 16 岁。两年后的 1916 年 11 月，正在接受教师培训的他应征入伍，并于 1917 年 6 月在佛兰德斯前线首次经历战斗。他在前线负过伤，据他自己说有四五次，但是据别人说，只有一次伤得比较重。德国国防部长格勒纳将军（General Groener）1930 年 12 月告诉自己的内阁同僚，雷马克的左膝和一侧腋下在 1917 年 7 月 31 日受了伤，所以从 1917 年 8 月 3 日到 1918 年 10 月 31 日，他一直待在杜伊斯堡的一所医

364

---

① John Middleton Murry, *Between Two Worlds* (London, 1935), 65.

院。这位部长认为，说雷马克获得过勋章或者被提拔过，那是子虚乌有的事情。[①]

关于雷马克的从军经历，别的就不太清楚了。在国际上成名之后，他显得不愿意接受采访，更别说就自己的战争生涯给出准确的信息。对于围绕自己人生经历的种种诽谤，他也懒得搭理。他讨厌抛头露面，这让他的许多批评者都觉得比较可疑。1929 年和 1930 年，不断有人想要揭开雷马克的"真面目"，尤其是想要证明他的出版商乌尔施泰因关于他是久经沙场的老兵的说法是假的。有个名叫彼得·克罗普（Peter Kropp）的人，坚称自己战争期间和这位作家一起在医院里待了一年，《西线无战事》中的人物阿尔贝特·克罗普（Albert Kropp）的原型就是他。克罗普声称，让雷马克住院的腿伤是他自己干的。他还说，雷马克伤愈之后就成了该医院的工作人员。总之，克罗普认为，雷马克并没有什么特殊的资格，可以代表前线官兵的想法和行为。[②] 虽然雷马克的批评者和反对者的许多说法都带有恶意，带有嫉妒和投机心理，或者怀有某种政治目的，但人们的确有理由怀疑，雷马克的战争经历并不像他那成功的小说，尤其是围绕小说进行的推销活动所暗示的那样丰富。

战后，雷马克曾经短暂地回到奥斯纳布吕克天主教神学院任教，并于 1919 年年初成了一名乡村教师。他很快就放弃了那份工作，并为生计所迫，做过自由记者，也打过零工。他发表过有关小汽车、小艇和鸡尾酒配方的文章，有段时间还为汉诺威一家生

---

① 内阁会议记录，1930 年 12 月 19 日，Reichskanzlei files，R431/1447，383，Bundesarchiv Koblenz（hereafter BAK）。

② Peter Kropp, *Endlich Klarheit über Remarque und sein Buch "Im Westen nichts Neues"*（Hamm i. W. , 1930），9 – 14.

产轮胎的公司干过写广告词的工作。最后，他在柏林为右翼的舍尔公司旗下的一份出版物做了图片编辑。这份用亮光纸印刷的面向上流社会的杂志，虽然起了个容易让人产生误解的名字——《体育画报》（*Sport im Bild*），实质上却是德国版的《塔特勒》（*Tatler*）①。尽管如此，他还是努力进行严肃写作，并创作了一些小说、诗歌和剧本。他出过两本小说，分别是 1920 年的《梦幻小屋》（*Die Traumbude*）和 1928 年的《地平线上的车站》（*Station am Horizont*），但他似乎对它们很不满意。老套的感伤使第一部作品被归为低俗小说之列。对于《梦幻小屋》，雷马克后来说过：

> 那本书真的很糟。在我发表它两年之后，我就想把它全都买下来。可惜我没有那么多钱。乌尔施泰因兄弟后来替我做了。如果我后来没有写出更好的东西，那本书就足以让人自杀。②

1921 年，他给斯蒂芬·茨威格寄去了很多首诗请他指教，并附了一封近乎绝望的信："请记住，这对我来说生死攸关！"写作剧本的尝试使他陷入了深深的沮丧。③

死亡的主题在这里非常突出：年轻时想要自杀，成年后又面临它的威胁。该主题与带有模仿痕迹的浪漫主义倾向和漂泊的生活一起，让我们看到了一个郁郁寡欢地苦苦思索自己为什

① 面向上流社会的英国杂志，创刊于 1901 年，内容以时尚为主。——译者注
② *Der Spiegel*, January 9, 1952, 25.
③ D. A. Prater, *European of Yesterday: A Biography of Stefan Zweig* (Oxford, 1972), 140.

么总是感到不满的人。在寻找答案的过程中，雷马克终于发现，那是因为战争经历。

他坦承，战争乃所有苦恼的根源，这一想法是他突然悟到的。"我们大家心绪不宁，找不到目标，时而兴奋，时而冷漠，基本上都不快乐，"他在 1929 年的一次采访中谈到自己和自己的朋友，"过去是这样，现在还是这样。"但灵光乍现，他至少找到了这种莫名的不满意识的罪魁祸首。战争！①

在有所"发现"之后，他真正的兴趣并不在于探究战争经历的多样性，他的主要目的只在于描述那场战争对于在战争中成长起来的那一代人的可怕影响。这一点从他在 1928 年 6 月就恩斯特·云格尔、弗朗茨·绍韦克尔、格奥尔格·冯·德·弗林（Georg von der Vring）等人的战争书籍为《体育画报》所写的评论中就可以看出来。那些书甚至有可能就是他灵感的来源。云格尔激情四射的、令人迷醉的活力论思想以及充满野性的高贵，绍韦克尔使人窒息的、带有神秘色彩的民族主义思想，以及冯·德·弗林富有诗意的简朴，都被一股脑地搅和在一起，而且论述也非常平淡，显得没太领会这些对战争经历所进行的独特解读的重要意义。② 人们必然会得出结论，认为雷马克的兴趣更多地在于为一代人的内心失衡做辩解，而不是对前线士兵的体验和想法进行全面甚至准确的描述。雷马克在自己书中用到的许多比喻和生动的画面，跟他讨论过的那些作家，尤其是云格尔使用的，极为类似，所以要说他的很多想法都是从那些人的书中得来的，也不是没有道理。

1928 年 7 月，雷马克在《体育画报》上又发表了一篇文

---

① 阿克塞尔·埃格布雷希特的采访，*Die Literarische Welt*，June 14，1929。

② *Sport im Bild*，June 8，1928.

章，它有助于我们更好地了解他当时的精神状态。这篇文章是关于现代摄影的，简短但很坦诚。他在文中对大部分职业摄影家对待现实的不公正行为表示遗憾。摄影家们把他们的题材与更广泛的背景隔离开来，将世界转换成干净美好的"9×12或10×15的版式"，从而创造出一个虚幻的世界。① 这样的观点朴实而又真诚，但是由一份势利而昂贵的杂志的图片编辑说出来，就有一种悲哀和辛酸的意味。从中也反映出作者在他的工作和环境中是多么不快乐。

　　既已选定了"战争经历"，雷马克就从1928年中期开始静心写作。据他自己讲，他利用晚上和周末的时间，六个星期就把书写好了。灵感之突然，写作之迅速以及主题之简洁，这些都表明雷马克的书并不是经年累月的反思和消化的产物，而是因个人的激愤而一时冲动的产物。

　　在一段简短有力、带有序言性质的文字中，雷马克对写作《西线无战事》的目的做了说明：

　　　　本书所讲，既不是谴责，也不是忏悔，更不是冒 368
险……它只是试图讲述这样一代人，他们尽管躲过了炮弹，但还是被战争毁掉了。②

　　接着，故事就开始叙说保罗·博伊默尔（Paul Bäumer）及其中学同学的经历。他们从教室来到战壕，洋溢着活力与自信，

---

① *Sport im Bild*, July 20, 1928.

② 对于引文，我所采用的是 A. W. 惠恩的译本（London, 1929）。惠恩本人就是那场战争中的老兵；参见 R. Church, *The Spectator*, 142（April 20, 1929），624。

就如同满怀激情的骑士，致力于个人和国家的事业。他们在前线接连陷入极度的痛苦，那不仅仅是因为敌人的炮火，还因为越来越强烈的徒劳感。战争从一项事业变成了一个无情的、难以餍足的摩洛神（Moloch）[①]。士兵们无法逃脱例行公事般的杀戮；他们是被判处死刑的人。面对死亡，他们的呐喊无人倾听；面对死亡，他们的顺从也无济于事。战场之外的世界不知道他们，也不可能知道他们。"我觉得我们迷失了。"保罗说。

剩下的唯有与死亡的兄弟情，唯有与一帮注定要毁灭的人的战友情。最后，保罗死了，凄凉但异常平静地接受了自己的命运。只有在死亡中才可以得到安宁。根据小说改编的美国电影的最后一幕，很好地再现了雷马克作品的基调：保罗从战壕里伸出手，想去摸一摸蝴蝶，战争已使之成为不可触摸之物的蝴蝶，这时，狙击手的子弹找到了它的目标。士兵们的惨死，让爱国主义、对国家的责任、荣誉、光荣、英雄主义还有勇气这些华丽的辞藻全都黯然失色。外部世界只剩下残酷、虚伪和空幻。即便是与家人的亲密关系也出现了隔阂。人，孤独依旧，在现实世界中没有驻足之所。

小说的主题是，战争是一种有辱人的身份的力量，是一种全然破坏性的、实质上也是虚无主义的力量；作者朴实得有点冷酷的风格让这个简单而有力的主题显得格外令人印象深刻。简单明快的场景以及使用第一人称和现在时的短小精悍的句子，制造出扣人心弦的效果，令人身临其境。细腻是谈不上的。语言往往是粗糙的，画面常常是阴森的。这部小说在风格和目的性方面有一种在雷马克早期作品中所没有的、在他随后的作品中也很少做到的连贯性。

[①] 古代腓尼基人和迦南人崇拜的神灵，信徒以焚化儿童向其献祭。——译者注

尽管雷马克在小说的开头做了解释，而且后来也一再申明，但同时代的评论者还是很少有人注意，而后来的批评家也都普遍忽视了：《西线无战事》这本书并不是写战争经历的，它不是回忆录，更不是日记，① 而是愤怒的申诉，说的是那场战争对于在战争中幸存下来的那一代人的影响。故事中的场景、事件和画面，都是有意识地用来说明，战争对前线那一代人和国内社会之间的心理、道义和现实纽带造成了怎样的破坏。"即便我们现在回去，"保罗说，"我们也会觉得厌倦、灰心、疲惫，没有根基，也没有希望。我们再也找不到自己的路了。"雷马克在 1928 年的时候断言，战争让追求那种被社会认为是正常的生活方式的希望化为了泡影。

因此，《西线无战事》与其说是企图重构战壕经历的现实，不如说是战后思想的写照，是战后对于战争看法的写照。那种现实，实际上就像很多批评者断言的那样，是被扭曲的现实，尽管这对于小说起初受到的欢迎来说几乎没有任何影响。雷马克的批评者说，至少他对于看得见、摸得着的战争现实的描写是有差错的。他们强烈抗议说，要是一个人的双腿或脑袋被炸掉了，是不可能继续奔跑的——这说的是雷马克描写的两个画面。他们声称，比这种胡编乱造更严重的，是他不理解与士兵行为有关的精神层面的东西。士兵们不是缺乏目的意识的机器人。他们是靠许许多多已经牢牢树立起来的价值观支撑自己的。②

① 例如，汉纳·哈夫克斯布林克（Hanna Hafkesbrink）就说《西线无战事》是一部"名副其实的战争回忆录"；参见 *Unknown Germany: An Inner Chronicle of the First World War Based on Letters and Diaries*（New Haven, Conn., 1948），ix。

② 有关这类批评，参见 Jean Norton Cru, *Témoins*, 80；以及 Cyril Falls, *War Books*（London, 1930），x–xi, 294。

虽然雷马克的出版商并不愿承认这些事实，因为那样一来就会削弱小说的可信性，但雷马克还是有心理准备的，他认为自己的书首先讲的是战后的那一代人。1929 年，在和英国的伊恩·汉密尔顿爵士将军——他是 1915 年加里波第战役的指挥官，此时是英国皇家军团①的负责人——的交谈中，雷马克表示，他对于汉密尔顿能够领会他在《西线无战事》中的写作意图感到"惊讶"和"钦佩"：

> 我只是想让人们去理解这样一代人，他们在经历了四年的死亡、挣扎和恐怖之后，发现自己要回到以劳动和进步为特征的和平的战场，比其他所有人都困难。②

某种程度上，正是因为自己的写作意图遭到人们的误解，雷马克才写了《西线无战事》的续集。1931 年出版的小说《回归之路》（*Der Weg zurück*），直言不讳地讨论了"迷惘的一代"。

对于战后世界的，尤其是对于在战争中成长起来的那一代人的迷惘和无所适从，《西线无战事》可以被看作症状而非解释。这部小说是愤怒的谴责，是本能的申诉，是无法在社会中找到安身立命之所的不满者的呐喊。说战后那一代人很多都是得过且过的原因很大程度上都在于战争，这一点是不容否认的；说战争是社会陷入这种混乱的根本原因，却至少是可以商榷的；不过，雷马克从来没有直接卷入争论。对雷马克而言，战争已经成了逃避的工具。雷马克和他的书，借用卡尔·克劳斯（Karl Kraus）的

---

① 为英国退伍军人提供帮助的慈善组织。——译者注
② E. M. Remarque and Gen. Sir Ian Hamilton, "The End Of War?" *Life and Letters*, 3（1929），405 – 406.

话说，正是他们声称进行诊断的那种疾病的症状。

虽然雷马克开头就心平气和地声明说，自己的书"既不是谴责，也不是忏悔"，可实际上，它两者都是，而且还不仅仅如此。它是个人绝望的忏悔，但也是对无情的社会政治秩序的愤怒谴责——制造了战争惨状和毁灭的那种秩序肯定是要谴责的，但特别要谴责的是没能解决好战争问题和没能处理好老兵们渴望的那种秩序。雷马克是通过小说中代表国家的那些人物来进行控诉的，比如那位对什么是爱国和什么是勇敢抱着僵化幻想的中学教师，比如那位曾经的邮差，他在扮演自己的新角色即负责训练的军士时，表现得就像没有感情的机器人，再比如医院的护理员和医生，他们好像不是在和人的苦难打交道，而只是在和尸体打交道。他控诉机械文明在破坏人类的价值观，否定慈爱、幽默、美和个体性的重要意义。但雷马克并没有提出解决问题的办法。他那被灼伤的一代——意大利人的这个说法很贴切——并没有人采取行动；他们只是受害者。在 1920 年代后期的所有战争书籍中——仅就一些比较重要的来说，比如阿诺德·茨威格、雷恩、R. H. 莫特拉姆（R. H. Mottram）、H. M. 汤姆林森（H. M. Tomlinson）、理查德·奥尔丁顿（Richard Aldington）和海明威的小说，格雷夫斯、布伦登和沙逊的回忆录——雷马克的书以最直截了当的和最催人泪下的方式，以甚至可以说让人觉得过于尖锐的方式，表明了他那一代人才是真正的迷惘的一代，而这种直率和激情也正是他的作品能感染大众的关键。

但事情还不仅如此。这种"罗曼蒂克的痛苦"，既是反抗和绝望的呐喊，也是振奋人心的欢呼。倒错中也能有乐趣，黑暗中也能有光明。雷马克及他那一代人与死亡和毁灭的关系，并不像看上去那么简单。在他个人的生活中，在他对战争的反

371

思中，雷马克似乎对死亡着了迷，而他随后的所有作品也都流露出这种迷恋。正如批评家后来说的，雷马克"从死亡中得到的，也许要超过最红火的丧事承办人"。① 像达达主义者一样，他完全被战争及其惨状，被毁灭的行为迷住了，以至于死亡不是被理解为生活的对立面，而是生活的终极表现。在那里，死亡成了某种创造性力量，是艺术与活力的源泉。年轻时的米歇尔·图尼埃见到雷马克的时候，注意到这位现代作家兼英雄身上的矛盾性：以反军国主义思想而举世闻名的雷马克，"因为其僵硬的姿势，不苟言笑的长方形脸庞，不离身的单片眼镜"，看上去就像带有传奇色彩的普鲁士军官。②

雷马克那一代人很多都和他一样，对于生活、安宁以及死亡中的幸福抱着极其灰暗的后基督教观点。乔治·安太尔（George Antheil）总是会在自己的晚礼服里面带着一把手枪，出现在演奏他自己曲目的音乐会上。他坐下来演奏的时候，就会把枪拿出来，放到钢琴上。哈里·克罗斯比 1929 年 12 月用来杀死自己和情妇的那把点二五口径的比利时左轮手枪，侧面刻有太阳的标志。一年前，在向黛多（Dido）③、克莱奥帕特拉、苏格拉底、莫迪利亚尼和梵高等人致敬的时候，他曾许诺很快就会"为了重生而与那位叫作'死亡'的忧郁女奴享受性爱的高潮"。他渴望"爆炸……化作太阳的狂暴，化作太阳的疯狂，化作太阳女神炽热的金色双臂和炽热的金色双眸"!④

成功并不会使雷马克变得成熟，也不会缓解他长期的焦虑。

---

① *Time*，March 24，1961，见其对《天道无亲》（*Heaven Has No Favorites*）的评论（《天道无亲》是雷马克在 1959 年发表的小说。——译者注）。

② Michel Tournier，*Le vent Paraclet*（Paris，1977），166.

③ 传说中迦太基的创立者和首位女王，因失恋而自杀。——译者注

④ Harry Crosby，"Hail: Death!" *Transition*，14（1928），169-70.

活力四射的瓦尔德克伯爵夫人（Countess Waldeck）——以前叫罗西·格拉芬贝格（Rosie Gräfenberg），1929～1930 年是弗朗茨·乌尔施泰因（Franz Ullstein）的妻子①——对于这位春风得意的年轻作家后来说过这样的话：

> 雷马克当时 30 多岁，长着俊秀的娃娃脸，嘴唇线条柔和，带有挑衅的意味。乌尔施泰因兄弟觉得他有点难伺候。但那只不过是因为雷马克差点拒绝公司为了表达谢意而送给他的汽车，因为它没有行李箱，而在他看来，那是应该放在行李架上的。我自己倒认为雷马克身上诸如此类的特点是孩子气的、讨人喜欢的；他希望玩具跟他想象的一模一样。他是个很努力的人，经常把自己在房间里一关就是十七个小时，而且房间里连把躺椅都不准放，觉得那容易使人有偷懒的想法。工作这么努力，让他对自己感到非常难过。雷马克就是这样的人。②

373

名声

雷马克说他写好的手稿在抽屉里放了六个月。实际上，有可能只是放了两三个月。要让他的雇主舍尔公司——阿尔弗雷德·胡根堡（Alfred Hugenberg）右翼民族主义媒体帝国的重要组成部分——去出版这部作品，那是想都不用想的事情。雷马

---

① 这里是指出生于德国的犹太女作家罗西·戈尔德施密特（Rosie Goldschmidt，1898～1982）。她有过几任丈夫，分别是恩斯特·格拉芬贝格（Ernst Gräfenberg）、弗朗茨·乌尔施泰因以及瓦尔德克伯爵，所以她的名字也有几种不同的说法。——译者注

② R［osie］G［räfenberg］, *Prelude to the Past*（New York，1934），320－21.

克最后找到了德国当时出版文学类图书最有名的 S. 菲舍尔出版社，但萨穆埃尔·菲舍尔（Samuel Fischer）依然认为战争类图书的销路不好，结果把稿子推掉了。

有熟人告诉雷马克说，弗朗茨·乌尔施泰因倒觉得现在是出版战争类图书的好时候。雷马克便到乌尔施泰因出版社去碰碰运气。在那里，书稿被交给了不同的编辑。马克斯·克雷尔（Max Krell）被"那种不同寻常的口气吸引住了"；创作部的负责人同时也是战争老兵的齐里尔·佐施卡（Cyril Soschka）认为，它会获得巨大的成功，因为它向人们讲述了"战争的真相"——这一说法将成为该书所引发的主要争议之一；蒙蒂·雅各布斯（Monty Jacobs），乌尔施泰因旗下《福斯报》的专栏编辑，同意以连载的方式发表这部小说。乌尔施泰因兄弟对这本书非常有信心，于是，在经营这家大型书报出版企业的五兄弟之一弗朗茨·乌尔施泰因的领导下，他们不惜投入巨资，大张旗鼓地做起了广告。①

评论界对雷马克小说的反应一开始就非常热烈，而且不仅是在德国，在它的英文和法文译本出来的时候也是如此。在德国，剧作家卡尔·楚克迈尔为乌尔施泰因兄弟旗下发行量很大的《柏林画刊》（*Berliner Illustrirte Zeitung*）写了第一篇书评，把《西线无战事》称为"战争日记"。人们津津乐道的一点是，

374

---

① 关于雷马克和《西线无战事》的传说还有很多。其中之一就是他向 48 家出版社投过稿。参见 1970 年 9 月 20 日在《明镜周刊》（*Der Spiegel*）上刊登的讣告。有关出版情况，参见 Peter de Mendelssohn, *S. Fischer und sein Verlag*（Frankfurt am Main, 1970）, 1114 – 18；Max Krell, *Das gab es alles einmal*（Frankfurt am Main, 1961）, 159 – 60；海因茨·乌尔施泰因的说法见其 1962 年 6 月 15 日在德新社（dpa）发表的文章，以及他在 1962 年 7 月 9 日给《法兰克福汇报》（*Frankfurter Allgemeine Zeitung*）的信；还有乌尔施泰因公司的雇员卡尔·约迪克（Carl Jödicke）的看法，参见其未公开发表的 "Dokumente und Aufzeichnungen"（F501）, 40, Institut für Zeitgeschichte, Munich。

他们觉得，雷马克对人们关于战争反应的描写，既坦率又合乎人性，对人在苦难中的尊严的描述也令人同情。"最伟大的战争小说"是当时书评中反复出现的一个说法。它"圣洁的冷静"将有助于"为我们这一代人恢复名誉"〔受人尊敬的德国著名批评家阿克塞尔·埃格布雷希特（Axel Eggebrecht）预言说〕。老兵、诗人兼艺术史家赫伯特·里德为雷马克的书欢呼，说它是"普通士兵的圣经"——这样的评价带有宗教色彩，而它在评论中还将经常地、反复地出现。"它如福音一般掠过德国，"里德写道，"而且肯定还会掠过整个世界，因为它是我们时代最大的事件在文学中首次得到完全令人满意的表达。"他还说，到当时为止，他已经把雷马克的书读了"六七遍"。一位美国人对它"极度简洁"的特点大加赞赏，说它是"这十年当中最伟大的书"。"我很乐意看到它卖出 100 万册。"克里斯托弗·莫利（Christopher Morley）最后说。哲学家、神学家兼历史学家达尼埃尔－罗普斯（Daniel-Rops）在瑞士也表达了相似的看法：它是十年来"我们一直在等待的那本书"。在一开始就对该书非常感兴趣的人当中，还包括文坛的另外一些著名人物：布鲁诺·弗兰克（Bruno Frank）、伯恩哈德·克勒曼（Bernhard Kellermann）、G. 洛斯·迪金森，以及亨利·塞德尔·坎比（Henry Seidel Canby）。有几个人还建议给雷马克颁发诺贝尔文学奖。①

因此，在最初的书评中，尖锐的批评很少，人们几乎全都

---

① Carl Zuckmayer, *Als wär's ein Stück von mir*, 359 – 60; Axel Eggebrecht, *Die Weltbühne*, February 5, 1929, 212; Herbert Read, "A Lost Generation," *The Nation & Athenaeum*, April 27, 1929, 116; Christopher Morley, *The Saturday Review*, April 20, 1929, 909; Daniel-Rops, *Bibliothèque universelle et Revue de Genève*, 1929, II, 510 – 11.

认为该书描述了"战争的真相",或者像伦敦《星期日纪事报》(*Sunday Chronicle*) 所说,"关于世上最大噩梦的真实故事"。[①]把话说得这么满、这么绝,认定书中讲的就是"真相",这说明雷马克触到了人们的痛处,说明很多人都有着和他一样的挫败感,战后的挫败感。小说的口气和早期书评的口气非常相似。

但是,大家几乎都在说的那种"真相"到底是什么?难道那场战争是没来由的虚无主义的杀戮吗?难道战争中身处前线的参与者和主要的受害者连一点儿目的意识也没有吗?简单点说,难道那场战争就白打了吗?很少有人说得那么直白,但整个欧洲,甚至包括美国与各自治领一些地方的左翼自由派与温和的社会主义者,此时都倾向于认为,那次战争是欧洲的一场悲剧性的、徒劳无益的内战,本来是没有必要发生的。

不过,随着 1929 年春季和夏季销量的不断攀升,反对力量也开始集结并发出自己的声音,而且反对的声音就和当初支持者的声音一样强烈。左翼共产党人嘲笑说,该小说是资产阶级思想贫乏的集中体现:由于资产阶级知识分子看不到社会混乱的真正根源,便在看待战争的时候乞灵于感伤和惋惜,以赚取人们的眼泪。该书被看作所谓的"西方的没落"心态的极好例证。[②]对于政治谱系的另一端即右翼保守派而言,雷马克的作品是有害的,因为它威胁到了战后保守主义的整体意义——基于复兴传统价值观的观念。在各参战国的保守主义者眼中,那

① 转引自 *The Saturday Review*, June 1, 1929, 1075。

② 参见安特科维亚克对共产党人书评的综述,见于 Pawel Toper and Alfred Antkowiak, *Ludwig Renn, Erich Maria Remarque: Leben und Werk*([East] Berlin, 1965)。

375

次战争固然是一场悲剧，然而，它是必要的、不可避免的。要是现在觉得那场战争是件荒唐的事情，那保守主义作为一套信念也就毫无意义。因此，必须将《西线无战事》当作蓄意"商业化的惨状和污秽"，当作堕落心灵的产物而加以拒斥。堕落的心灵不可能站在比战争中不可避免的惨状更高的地方，不可能看到"涉及永恒的问题"，看到观念之宏伟、牺牲之美丽以及集体目的之高贵。①

法西斯主义者和保守主义者在反对这部小说的时候常常走到一起，他们的理由很多是相同的，但也存在一个根本区别。法西斯主义者神圣化的，与其说是战争的目的，不如说是战争的"经历"，是战争的本质，它的直观性，它的悲剧性，它振奋人心的作用，它除了用神秘的、超自然的言辞之外便完全无法描述的特性。战争，正如我们将会看到的那样，让法西斯主义有了意义。因此，任何认为那场战争是无意义的说法，都是对这种形式的极端思潮的存在本身的诋毁。正是在这里，在极右翼，集中了反对雷马克，反对整波所谓负面的战争书籍、电影以及其他艺术作品的力量。

无论是传统主义者还是右翼极端主义者，都对他们认为是对战争经历的完全片面的描述怒不可遏。他们反对小说中使用的语言，反对令人恐怖的场景，反对经常提到身体的机能，尤其是反对一群快活的士兵蹲战地厕所的那一幕。实际上，美国出版商，波士顿的利特尔布朗公司，就在"每月新书俱乐部"的坚持下，把蹲厕所那一段删掉了，把在医院里

376

---

① Freiherr von der Goltz, *Deutsche Wehr*, October 10, 1929, 270; Valentine Williams, *Morning Post*, February 11, 1930; *The London Mercury*, 21（January 1930），238；以及 *Deutschlands Erneuerung*, 13（1929），230。

做爱的那一段也删掉了，而 A. W. 惠恩（A. W. Wheen）的英国版则把某些用语和说法改得婉转了一些。① 英国版中保留下来的厕所那一段，惹得许多英国批评家喋喋不休。他们开始把雷马克称为战争小说家中的"厕所派"领袖。1929 年 11 月，《伦敦水星月刊》（*The London Mercury*）感到有必要就该流派发表社论。

> "批评，"阿纳托尔·法朗士说过，"是灵魂在众多杰作中的冒险。"灵魂在众多厕所中的冒险并不让人向往。但大致说来，对最近翻译过来的德国小说的批评肯定就是这样……现代的德国人……以为厕所非常有意思。他们对这一乏味的主题着了迷，他们对残酷也着了迷。②

一名澳大利亚人在发表于《陆军季刊》（*The Army Quarterly*）的文章中问道，英国的出版社怎么会出版"不干净的战争书籍"。在他看来，翻译并出版"污秽的外国书籍"是叛国行为。③

右翼势力抨击该书的另一种主要方式就是指责它是宣传，至于宣传代表的是和平主义义者、协约国还是德国，那要随批评者而定。弗朗茨·冯·利林塔尔（Franz von Lilienthal）在保守的财经日报《柏林交易所报》（*Berliner Börsen-Zeitung*）上写道，要是雷马克真的拿到诺贝尔文学奖，那也要给媒体大亨诺思克里夫勋爵（Lord Northcliffe）④ 鼓鼓掌，因为凡是雷马克说

---

① 参见有关报道，*New York Times*，May 31，June 1，July 14，July 29，1929。
② The *London Mercury*，21（November 1929），1.
③ The *Army Quarterly*，20（July 1930），373–75.
④ 英国报业和出版业巨头。——译者注

的，没有不是诺思克里夫这位宣传老手早就说过的。对德国军方而言，这部小说是"对德国陆军极大的污蔑"，因而是"和平主义分子精心策划的宣传"。在这件事情上，各国军方都支持这样的观点。1929 年 11 月，捷克斯洛伐克陆军部把《西线无战事》列为禁书，不允许出现在军队图书馆。在德国以外的地方，许多保守主义批评家都把这部小说视为德国人在文化领域文过饰非的狡诈伎俩的一部分。1929 年在福克斯顿，一位浸礼会牧师在停战周年纪念日的演讲中，对战争题材的通俗小说和戏剧的发展趋势表示强烈反对。他说："我想，我在有生之年是不会看我的那些同胞写的书的，它们就跟敌人的宣传人员写的肮脏的作品一样。"他说这番话的时候，头脑中想到的除了罗伯特·格雷夫斯刚刚出版的《别了，那一切》（*Goodbye to All That*）和 R. C. 谢里夫的《旅程的终点》，肯定还有《西线无战事》。①

在这一年的早些时候，G. 洛斯·迪金森这位剑桥的人文学者和国际联盟的热情倡导者，就已经预感到雷马克的书有可能遭到这样的攻击。在强烈建议那些"有勇气的、正直的、渴望了解现代战争实际上是怎么回事的"人都去读一读那本书的同时，他还说："他们用不着担心德国的宣传。该书远在那一切之上。它是真相，是一个拥有伟大的艺术家的力量的人讲述的，而他却没怎么意识到自己是位多么了不起的艺术家。"②

但 J. C. 斯夸尔（J. C. Squire）和《伦敦水星月刊》却不这么看。他们以雷马克和德国其他战争小说家的作品为例反驳

378

---

① *Berliner Börsen-Zeitung*, June 9, 1929; *New York Times*, November 17, 1929; *Daily Herald*, November 12, 1929.

② *The Cambridge Review*, May 3, 1929, 412.

说，"事情不是这么回事"，并且还警告说，要注意英国公众当中明显"为德国人伤感"却忽略法国人的倾向。然后，他们突然用一种恶狠狠的语气——这让人想到了战争本身——继续说道：

> 我们再说一遍……（尽管是世界主义者与和平主义者，却惯于掩饰事实的）德国人对于欧洲文化的贡献实际上非常小（他们中的许多人甚至到了16世纪还没有皈依基督教）……战争期间，我们夸大过敌人的缺陷，但在和平时期，我们不要夸大他们的优点，尤其是不要不问是非，对敌人显得比对朋友还感兴趣。一个无情的事实是，俄国人现在虽然在很大程度上还处在野蛮状态，但在音乐和文学领域，他们在19世纪对于文化的贡献要远远超过这几百年来的德国人，更别提笨头笨脑的普鲁士人……我们要尽可能地与德国人和平相处，如果可能的话，还要去理解他们，但是，我们不要仅仅因为多愁善感就把注意力只放在德国人身上，而冷落了更有教养、更有创造性也更文明的民族。我们要欢迎，尽可能地欢迎来自德国的好东西，不管它是什么；但目前人们往往以为凡是德国的东西就一定是好的。"德国什么都了不起"似乎成了出版商和媒体的座右铭——这可真是个奇怪的座右铭。①

说来有点矛盾的是，当1930年2月刚被任命为图林根州政
379　府内务部长的纳粹分子威廉·弗里克（Wilhelm Frick）禁止

---

① *The London Mercury*, 21（January 1930），194–95.

《西线无战事》出现在该州学校的时候，宣布该禁令的纳粹报纸评论说："是时候防止学校受到和平主义的马克思主义宣传的影响了。"①

对《西线无战事》而言，评论界的褒贬其实跟它的实质没有什么关系。因为《西线无战事》更多反映了战后而非战时的想法，所以，对它的评论也更多反映了战后的政治和情感投入。然而，大家都在假装着是在就战争经历的实质进行客观的探讨。评论性的对话比较适合于契诃夫剧中的人物。他们自以为说的是同一件事情，实际上却是在自说自话。广大公众的反应也差不多。

雷马克的成功，正好处在我们今天看来介于两次世界大战之间的那个时代的十字路口。在那里交织着两种不同的心态，一种是茫然但还在祈求希望，另一种则是把忧虑凝固起来；在那里一方面是"洛迦诺精神"② 和纵情享受表面的繁荣，另一方面则是经济危机的苗头和渐渐深化的民族反省。

1925 年以后，在努力缓和国际关系的同时，西方还掀起了一股人道主义浪潮。不过，这种人道主义还只是一种渴望，不是大胆而自信的诉求。1927 年，桑顿·怀尔德（Thornton Wilder）用这样一句话结束了他那部赢得了普利策奖的小说《圣路易斯·雷大桥》（*The Bridge of San Luis Rey*）："有人世，有阴间，而爱是桥梁，是唯一可以留存的东西，是唯一的意义。"这里的基调是忧郁、感伤和渴望。两年后的 1929 年，灾难性的经济萧条使得潜藏的怀疑全都浮出了水面。1920 年代的

---

① 相关报道见 *New York Times*，February 9，1930。
② 1925 年，德国与英、法、比、意等国在瑞士的洛迦诺签订了旨在保证西欧和平的《洛迦诺公约》。——译者注

大众文化整体说来多少都充满了迷惘，都在向往日致敬，因为在逝去的年代，个体还是有社会责任感的。

380　20世纪20年代末30年代初的战争的回声，就是这种渴望、焦虑和怀疑交织在一起的产物。所有成功的战争书籍都是从个体而非部队或国家的角度写的。雷马克的书是用第一人称写的，这就使无名士兵的命运好像是所有人的命运。保罗·博伊默尔成了普普通通的人。只有在这个层面上，在个体苦难的层面上，战争才有意义。战争是个体体验问题，不是集体阐释问题。它成了艺术问题，不是历史问题。

艺术已经变得比历史还重要。历史属于理性主义时代，属于18世纪，尤其属于19世纪。19世纪对于自己的历史学家充满了敬意。热衷于扩张和融合的资产阶级，特别喜欢阅读和欣赏基佐、米什莱（Jules Michelet）、兰克（Leopold von Ranke）、麦考利和阿克顿（Acton）等人的著作。相反，我们的世纪是个反历史的时代，这其中部分是由于历史学家没能适应自己世纪的见解，但更多的是因为这个世纪是一个分裂的而非融合的世纪。结果，心理学家比历史学家受欢迎，而艺术家又比历史学家和心理学家中的任何一方更受尊重。

值得注意的是，在堆积如山的"大战"题材的书籍中，很多让人比较满意的探讨"大战"意义的作品都出自诗人、小说家甚至文学评论家的笔下，职业历史学家的著述总的来说是专门化的和受限制的，而且与文学家的作品相比，它们在引起共鸣和解释的力量方面大多较为逊色。历史学家没能找到符合可怕的现实、符合实际战争体验的解释。1920年代出现的大量官方和非官方的历史著述，公众基本上都没有理会。相反，雷马克的《西线无战事》可以说一夜之间就成了有史以来最畅销的

读物。它虽然是一部凭想象创作出来的而不是以历史为基础的
文学作品，却在 1920 年代末引发了人们对于战争意义的再思考。
历史学的想象力，就像 19 世纪许多智识上的努力一样，受到了
战争中事态发展的严重挑战，这也导致了该学科随后的自我怀
疑。1934 年，H. A. L. 费希尔（H. A. L. Fisher）在所著《欧洲
史》（*History of Europe*）的序言中发出的哀叹，成了我们这个世
纪历史学家们最常援引的一段理论文字：

> 比我聪明和比我有学问的人在历史中看出了情节、节
> 奏和先定的模式。这些协调一致的特点我看不出来。我能
> 看出来的只有波浪一样一个接着一个的不测事件。①

　　因为受战争激发而创作出来的诗歌、小说以及其他基于想
象的作品，能否算得上"伟大的"艺术，现在还有争议。威
廉·巴特勒·叶芝在其独具一格的 1936 年版《牛津现代诗歌
选》（*The Oxford Book of Modern Verse*）中，没有收录威尔弗雷
德·欧文、西格弗里德·沙逊、艾弗·格尼（Ivor Gurney）、艾
萨克·罗森堡（Isaac Rosenberg）、罗伯特·格雷夫斯、赫伯
特·里德等人的诗歌，理由是不能把消极的苦难作为伟大诗歌
的内容，伟大的诗歌必须具备道德的眼光。不过，他是在把自
己作为批评家的眼光强加给大众，而后者的感受却并非如此。
战争过去十年了，面对在战争的回声中出现的大量战争小说，
《晨邮报》（*Morning Post*）在社论中感叹说："如实描写一切
的、有关'大战'的伟大小说，还没有写出来。"② 能够解释一

381

---

① H. A. L. Fisher, *A History of Europe*, 3 vols. （London, 1935）, I: vii.

② "War Novels," *Morning Post*, April 8, 1930.

切的、伟大的战争小说，是 1920 年代甚至 1930 年代知识分子始终幻想的东西。莫特拉姆的《西班牙农庄》（*Spanish Farm*）三部曲、汤姆林森的《我们昨日的一切》（*All Our Yesterdays*）、奥尔丁顿的《英雄之死》（*Death of a Hero*），以及风格不同但意图相似的雷恩的《战争》（*Krieg*）和雷马克的《西线无战事》，拿这几部作品来说，都是出于这种挑战和追求。"10 万个小人物的证言，"安德烈·泰里夫（André Thérive）1929 年 12 月在《时报》（*Le Temps*）上写道，"也赶不上一个伟大的人所构思的半虚构作品的价值。"① 这种态度，即艺术可能比历史更忠实于生活，可以说并不新鲜，但它之前从来没有像现在这样普遍，像现在这样占据事实上的主导地位。

382

具有讽刺意味的是，战争期间，法英士兵成了"前沿"人物，与战前的先锋派以及整个德国文化成了一体；他们是体验过真正生存极限的人，是见识过无人区和目睹过战争惨状及创痛的人，是因为使其成为英雄的经历本身而生活在体面与道德的边缘的人。由于战后并没有出现战时宣传所承诺的大解决，战争的整个社会意义，即责任与德瓦尔的内容，就开始显得空洞起来。既然战争带来的实实在在的后果永远也无法证明为之付出的代价——尤其是情感代价——是值得的，那么幻灭就不可避免，士兵们就会在战后世界中逃避社会活动和社会责任。就连老兵组织也只有少数人想到要加入。能够把自己的异化感清楚表达出来的人虽然相对来说很少，但统计数据很能说明问题：1920 年代末的英国，30 岁至 34 岁的失业者当中，80% 是退伍士兵。老兵中患有精神疾病的比例也很惊人。"最糟糕的

---

① André Thérive, "Les Livres," *Le Temps*, December 27, 1929.

事情莫过于战争一代在内省的时候，"T. E. 劳伦斯说，"无法
回避他们正在绽放的自我。"奥尔丁顿谈论的是退伍士兵难以
自拔的"自我囚笼"，而格雷夫斯写的是自己的"笼中难友"。①

　　不过，退伍士兵虽然饱受神经衰落和阳痿的折磨，但他们
认识到，战争——用若泽·热尔曼的话说——是"整个人类历
史颤动的中轴线"。② 要是战争整体来说没有任何客观的意义，
那所有的人类历史就被全都叠缩成每个人的经验；每个人都是
历史的总和。历史是个人的梦魇，或像达达主义者坚称的那样，
是个人的精神错乱，而不是社会性的经验，不是可基于文献加
以描述的现实。这让人再次想起尼采在其精神彻底崩溃之前说
过的话，他是"历史上所有的名"。

　　一个人曾经身处风暴眼，到头来却一事无成，那种压力是
让人极为痛苦的。由此往往会引起对社会政治现实的拒斥，甚
至同时包括对感性自我的拒斥。这样一来，就会只剩下梦幻和
神经官能症——一个弥漫着否定论的充满幻觉的世界。幻想成
了行动的主要动力，而忧郁则成了普遍的心绪。我们生活在一
个忧郁的时代……一切都搞砸了。什么？整个世界……外面天
气晴朗。让我们到墓地那儿吧。卡罗尔·卡斯泰尔斯（Carroll
Carstairs）在其 1930 年的《失踪的一代》中最后写了这么一
句："这是个令人生厌的世界，从巴黎给我送来的树莓果酱现
在全都吃掉了。"③

---

① Robert Wohl, *The Generation of* 1914（Cambridge, Mass., 1979）, 120；A. C.
　Ward, *The Nineteen-Twenties*（London, 1930）, xii；Robert Graves, "The
　Marmosite's Miscellany," *Poems*（1914 – 26）（London, 1927）, 191.

② 若泽·热尔曼所作的序，见 Maurice d'Hartoy, *La Génération du feu*（Paris,
　1923）, xi.

③ Carroll Carstairs, *A Generation Missing*（London, 1930）, 208.

对士兵来说是那么回事的，对平民来说，在一定程度上却并没有那么真切和辛酸。拥挤的夜总会，疯狂的舞会，赌博、酗酒和自杀现象的暴增，对飞行、电影以及电影明星的迷恋，这些趋势在大众层面表现得也一样。这是一种朝向非理性主义的转变。当然，资产阶级的欧洲试图"重塑"自己，但那只能是表面的。现代的特征已然形成；先锋派赢了。"敌对文化"①成了占据主导地位的文化；讽刺和焦虑成了风格和基调。"战争在撕裂我们的同时也在重新塑造我们。"马克·博阿松在1915年7月写道。十五年后，文化史学家埃贡·弗里德尔（Egon Friedell）断言："历史并不存在。"②

384　　对大众而言，《西线无战事》抓住了当时同样也体现在"高雅艺术"中的一些直觉的东西。普鲁斯特和乔伊斯也把历史叠缩成个体经验。集体性的现实并不存在，存在的唯有个体的反应，唯有梦和神话，而那些梦和神话也都已失去它们与社会习俗的关联。

　　在《西线无战事》中描写的饱受折磨和屈辱的德国前线士兵身上——也可以把他想象成汤米、普瓦利或美国步兵（doughboy）——公众看到了他们自己的影子，感受到了他们自己的匿名性和对于安全的渴望。当时有少数批评家察觉到这一点。"该书的影响实际上源自，"一位德国评论者写道，"德国人民对其遭遇的极度失望。读者往往会觉得，那本书发现了我们所有苦难的根源。"③

---

① 与文化、社会和政治的主流相对立的思想倾向。——译者注
② 信，1915 年 7 月 2 日，Boasson, *Au Soir*, 12；Egon Friedell, *A Cultural History of the Modern Age*, trans. C. F. Atkinson（New York, 1954），III：467。
③ W. Müller Scheld, *Im Westen nichts Neues—eine Täuschung*（Idstein, 1929），6.

一位美国人写道："在雷马克那里，时代的情绪终于迸发出来。"①《西线无战事》似乎汇集了战后世界所表现出的整个现代冲动：祈求与绝望、梦想与混乱、希望与荒芜的混合物。

这个总主题因各国情况的不同而不同。在德国，紧张的政治局势在1925年之后明显趋于缓和，这从1928年5月全国选举的投票率为整个魏玛时期最低就可以看出，那也是1924年12月以来首次出现这样的情况。1928年6月组建的政府是名副其实的"大联合"，既包括在政府中占据领导地位的左翼社会民主党，也包括古斯塔夫·施特雷泽曼（Gustav Stresemann）的温和派右翼人民党。这届政府在和解的气氛中运转起来。不过，它在1930年5月倒台了，成了重新抬头的民族主义和保守主义情绪的牺牲品。

1929年乃是关键的一年。经济形势在《凡尔赛和约》签订十周年之际急剧恶化，这样的巧合是个不祥之兆。战争赔款成了众矢之的。报业大亨兼右翼国家人民党领袖阿尔弗雷德·胡根堡发动全民公投，反对协约国的新赔款方案"杨格计划"②，并将阿道夫·希特勒接纳到自己的阵营。右翼势力向共和国发起新的攻势，把德国在经济上再次陷入困境归咎于苛刻的和平方案，归咎于协约国的贪得无厌。为抗议"战争罪谎言"而举行的公开示威活动在1929年年初愈演愈烈，并在6月达到高潮，当时有大量的群众集会。政府宣布6月28日——和约签订的周年纪念日——为全国哀悼日。雷马克当时既可以利用残余的温和的政治气氛，又可以利用战争问题的高度敏感性。

385

---

① *Commonweal*, May 27, 1931, 90.
② 该计划由美国人欧文·D. 杨格（Owen D. Young）提出。——译者注

雷马克把自己的迷惘归咎于战争；德国公众也认为自己的苦难是那场战争直接遗留的问题。《西线无战事》实际上助长了德国人在战争问题上的一种意识，即那是他们陷入困境的根源。

雷马克把德国前线士兵描写成竭力想保住一点儿做人的尊严的可怜的、任人摆布的小卒，这在英国赢得了同情，因为那里的经济形势在 1928 年年底开始急转直下，而失业也成了 1929 年春季选战的中心议题。到 1920 年代末，英国舆论对德国的印象已经好转。法国人在 1920 年代初的睚眦必报以及后来的"洛迦诺精神"让英国人疏远法国人，并和德国人亲近起来。"在外交事务上，英国政治的心理剧就是，我们更喜欢德国人，不太喜欢法国人，"《双周评论》（*The Fortnightly Review*）思忖道，"但是，对于前者，我们有过冲突，而对于后者，我们是不得已才结成伙伴的。"然而，就连与法国的这种伙伴关系也受到某些方面人士的质疑。保守党领袖斯坦利·鲍德温（Stanley Baldwin）的密友 J. C. C. 戴维森（J. C. C. Davidson）在说到不和法国走得太近的好处时认为，法国是个"思想褊狭而且极度自私的"民族，"其人口正在下降，其做事的方式也跟我们很不协调"。道格拉斯·戈德林（Douglas Goldring）——他把自己说成"老牌的自由意志论者和身上没有托利党人那种顽固的保守天性的英国人"——暗示说，英国的政治家犯了一些严重的错误。"任何一个根据现在的情况来理解过去的有头脑的大学生大概都会得出结论，认为我们那时候参战是个大错……我这一代人，"他最后说，"在 1914 年，被长辈给出卖、欺骗、利用和扼杀了。"而罗伯特·格雷夫斯在其写于 1929 年春夏的回忆录《别了，那一切》中，觉得引用埃德蒙·布伦登的话比较合适："对我

386

来说，不管怎样都不会再有战争了！除非是去打法国人。要是和他们开战，我会毫不犹豫地奔赴战场。"①

在英法的同盟关系中，猜忌和鄙视的暗流当然不仅仅是单方面的。法国人在1920年代时相信，之所以能够赢得战争，主要还是靠他们；英国人的贡献从来就不能和法国人的相提并论。怎么可能相提并论？法国人守住了西线四分之三的防线。再说，英国人的关切一向是在海外，而不是在欧洲。即便是战争期间，法国人也经常指责英国人，说他们要等到别人流尽最后一滴血才会投入战斗。霞飞在1915年谈到过英国人："我从来不让他们单独去守卫防线，因为他们会被突破。只有当他们有我们顶住的时候，我才会相信他们。"1917年6月兵变期间，有人听到法国的士兵说："我们必须在一个月之内让德国佬站到我们这边，帮我们把英国人赶出去"。到了1922年，甚至在鲁尔危机之前——当时英国人在赔偿问题上，没有支持法国人和比利时人对德国人采取的惩罚性措施——曾担任过法国派驻英国军队专员的于盖将军（General Huguet）竟然说英国是"敌国"。②这十年当中，随着时间的推移，英法关系也进一步恶化。所以，法国人虽然总的来说对雷马克小说的反应较为平静，但他们还是被那本书吸引了，因为它描写的是作为主要交战方的法德士兵地狱般的共同经历。也许普瓦利和博什并不是不共戴天的。

387

① *The Fortnightly Review*, October 1, 1930, 527; Davidson, 见 John C. Cairns, "A Nation of Shopkeepers in Search of a Suitable France: 1919–40," *The American Historical Review*, 79（1974），728; Douglas Goldring, *Pacifists in Peace and War*（London, 1932），12, 18; Graves, *Goodbye*, 240。

② 霞飞语，见 Marc Ferro, *La Grande Guerre* 1914–1918（Paris, 1969），239; Pedroncini, *Les Mutineries*, 177; General Huguet, *L'Intervention militaire britannique en* 1914（Paris, 1928），231。

《西线无战事》法文译本的成功，使得大量战争题材的德国作品被译成法文，而英国的战争书籍则至少在战争回声的最初阶段，适时地被法国出版商忽略了。①

外国读者认为，他们通过《西线无战事》取得的重大发现是，德国士兵的战争经历和其他国家的士兵的战争经历实质上没什么两样。国内战线为战争披上的情感装饰一旦被扯碎之后，德国士兵似乎也不想再打。雷马克的小说对于消除认为德国人"古怪"和不能相信的看法起了很大的作用。此外，《西线无战事》还在大众层面推动了历史修正派想在学术和政治层面做到的事情，即认为德国人集体犯有战争罪的看法是没有道理的。但在这方面，"艺术"显然比"历史"更管用。雷马克一个人做的，要超过欧美所有修正派历史学家所做的总和。

最喜欢读《西线无战事》的是哪些人？总的来说，老兵和年轻人似乎是战争书籍最热心的读者。到 1920 年代末，退伍士兵对战后社会的幻灭已变成对所谓和平的鄙视与谩骂，而且不仅是在战败国，在战胜国也一样。《西线无战事》以及其他以 388 "醒悟"——就如 C. E. 蒙塔古（C. E. Montague）② 早先尝试这类写作时实际冠以的名称——为主题的战争书籍，赢得了满怀怨恨和悲伤的老兵们的喝彩。不过，老兵的公开指责也常有。

---

① 参见勒内·拉卢（René Lalou）在一篇导言中所说的话。见 R. H. Mottram, *La Ferme espagnole*, trans. M. Dou-Desportes（Paris，1930），i–iv。

② 英国作家兼记者，曾做过《曼彻斯特卫报》的评论员和编辑。大战爆发前他对战争持反对态度，但在战争爆发后，他抱着希望战争早日结束的想法转而支持战争。1914 年，47 岁的蒙塔古把自己花白的头发染黑，报名参加了英国军队。战争结束后，他继续以强烈的反战态度从事写作，并于 1922 年出版了有关大战的文集《醒悟》（*Disenchantment*）。——译者注

他们认为《西线无战事》的精神和成功是导致战后世界分裂的那种顽症的表现，是背叛了一代人及其希望的那种精神的表现。究竟平衡点在哪儿，现在很难确定。但有一点很清楚，那就是老兵们对于用文学的形式进行抗议的兴趣，很大程度上是以他们在战后的遭遇为基础的。战争所承诺的愿景在那十年已经消失了，而他们是在对此做出回应。

在战后成长起来的年轻人自然会对那场战争感到好奇。很多评论者指出，在前线死里逃生的父辈哪怕是和自己的家人也不愿谈论他们的经历，这就是读者中有很大一部分是年轻人的缘故——他们希望了解这种沉默的真相。还有，由于是在被当作英雄的父辈们的阴影下长大的，他们十分想了解那场战争中"负面的"东西。醒悟文学提供了一幅不那么严肃，但更有人情味因而也更有趣的勇士兼父亲的肖像。① 1930 年 1 月，杜塞尔多夫的高中生就最喜爱的作家进行了非正式投票，雷马克名列榜首，超过了歌德、席勒、高尔斯华绥、德莱塞以及埃德加·华莱士。不过，这不算什么，因为在学生的投票中，与战争日记及回忆录相比，经济类著作引起的兴趣最大。② 很显然，在遭受萧条之苦的德国，学生们对于战壕中的惨状以及死亡的强烈兴趣，是和他们在经济上没有安全感有关的。年轻人往往会把不确定的就业前景归咎于那场战争。

"真正的战争"在 1918 年就不复存在了。在那以后，它就被伪装成记忆的想象吞噬了。对许多人来说，那场战争之所以在事后看来荒诞不经，并不是因为战争的经历本身，而是因为

389

---

① Isherwood, *Lions and Shadows*, 73 – 76, 以及他的 *Kathleen and Frank*, 356 – 63; 以及 Jean Dutourd, *Les Taxis de la Marne* (Paris, 1956), 189 – 93。

② *New York Times*, January 18, 1930.

战后的遭遇无法证明那场战争的合理性。对其他人而言，同样的逻辑把战争变成了终极体验，而这还是事后的看法。1931年，威廉·福克纳（William Faulkner）写道："美国不是被死在法国和佛兰德斯战壕里的德国士兵征服的，而是被死在德国人书籍里的德国士兵征服的。"①他这样写就是在暗示那种蜕变的过程。那场战争曾经让很多人转向内心，而战争带来的后果加快了转向的速度。

与许多热心读者的说法相反，《西线无战事》写的并不是"那场战争的真相"；它写的首先是埃里希·玛丽亚·雷马克在1928年的真相。但他的批评者大多也一样，没有更接近于他们所说的"真相"。他们表达的只是自己努力的基调。雷马克利用了那场战争；他的批评者和公众也一样。到最后，希特勒和国家社会主义会把那场战争利用得最彻底、最成功。1920年代末的战争回声，与其说是真的对那场战争感兴趣，不如说是一种复杂的国际性的自我怜悯。

用云彩变戏法的人

哈特·克兰为哈里·克罗斯比写的挽诗当时就叫《用云彩变戏法的人》（*The Cloud Juggler*）。这个说法也适合于埃里希·玛丽亚·雷马克。克罗斯比是真的用手枪对着自己的脑袋扣响了扳机，雷马克则是在比喻意义上也那样做了，而且是一次又一次。这幅矛盾画面——充满生气的受难者，在毁灭面前的挣扎、抽搐、哀求和诅咒——深深地吸引着他们两人。对他们而言，艺术已经变得高于生活。生活从属于艺术。

---

① William Faulkner, *The New Republic*, May 20, 1931, 23 – 24.

在《西线无战事》之后，雷马克写的几乎所有东西都和崩溃与死亡有关，而他写的几乎所有东西又都在国际上获得了成功。

由刘易斯·迈尔斯通（Lewis Milestone）为环球电影公司执导并于1930年5月上映的电影版《西线无战事》是部优秀的作品。它受到的好评如潮，并在纽约、巴黎和伦敦的各大影院上映。它还作为1930年的最佳影片获得了象征好莱坞最高荣誉的学院奖。但在柏林，该电影有几次放映都遭到约瑟夫·戈培尔（Joseph Goebbels）手下纳粹流氓的捣乱，并在12月被禁止上映。这表面上是因为它诋毁德国的形象，实际上是由于它所引发的争议威胁到了德国国内的安全和秩序。①

在希特勒上台之后的1933年5月10日，雷马克的作品成了柏林大学以"在政治和道德上反德意志"之名而被象征性地焚毁的书籍之一。"打倒背叛'大战'士兵的文学！"一名纳粹学生高喊。"以教育我们人民养成英勇的战斗精神的名义，我判处埃里希·玛丽亚·雷马克的作品火刑。"②

1933年11月20日，柏林警方根据2月4日的总统令在乌尔施泰因出版社查扣了3411本《西线无战事》，而总统令的起草据说是"为了保护德国人民"。12月，盖世太保下令销毁这些被查扣的书籍。③ 5月15日，在那次战争中还是毛头小子的戈培尔对德国图书协会的代表们说，德国人民不是为书籍服务的，书籍是要为德国人民服务的。他得出的结论是，有了德意

---

① 参见"War, Memory, and Politics: The Fate of the Film All Quiet on the Western Front," *Central European History*, 13/1（March 1980），60 – 82。

② Henry C. Meyer（ed.），*The Long Generation*（New York，1973），221.

③ 参见柏林警察局长与国家秘密警察局的通信，1933年12月4日和6日，Reichssicherheitshauptamtfiles，R58/933，198 – 99，BAK。

志的灵魂，世界就会成为一个整体。①

　　1930 年，埃里希·玛丽亚·雷马克曾在瑞士寻求庇护。在长期旅居纽约和好莱坞之后，他又回来了，并于 1970 年在那里，在他山间的静居之所溘然长逝——俊美依旧，抑郁依旧。

---

① Wolff 'sche Telegraphen Büro report, May 15, 1933, 见 Neue Reichskanzlei files, R43Ⅱ/479, 4 – 5, BAK。

十　无尽的春天

那场战争在我们的心头留下了它的印记。它在我们周围制造的种种惨状，野蛮的肉搏，弹片横飞的前线，还有凡尔登火光冲天的夜晚，所有这一切，总有一天，我们会在自己子孙的眼中再次见到。

皮埃尔·德·马泽诺，1922 年

我早就意识到，演员和艺人常常抱有这类不切实际的想法，于是我只好不时地告诫他们，让他们回到现实中。

阿道夫·希特勒，1942 年

我们强烈抗议［外国］媒体现在竟然指责我们都是无政府主义分子，使欧洲陷入这种可怕的灾难。不去谴责谋杀者，反而怪罪被谋杀者，这是人所共知的伎俩……我们生活的时代如此疯狂，致使人类的理性一钱不值。理性无话可说。

约瑟夫·戈培尔，1945 年 3 月 16 日和 4 月 1 日

德意志，醒来了！

392　　柏林，1933 年 1 月 30 日，星期一。

快到上午十一点的时候，阿道夫·希特勒被任命为德国总理。在内阁的 11 名部长中，只有 2 人是纳粹党员：威廉·弗里克和赫尔曼·戈林（Hermann Goering）。在上一次，也就是 11 月的全国选举中，希特勒的国家社会主义德国工人党获得了三分之一的选票，并在国会保住了自己第一大党的位置。

尽管在立法机构中属于少数派，但希特勒及其支持者还是把他们获得的权力和职位视为十四年奋斗的最终胜利。那十四年——照他们后来的说法叫奋斗时期——他们多数时候在政治上都得不到承认。"民族复兴"开始了。那种气氛让纳粹分子欣喜若狂。希特勒的宣传家约瑟夫·戈培尔在那天的日记中喜气洋洋地写道："就像做梦一样……大局已定。德国处在历史的转折关头……我们的民族爆发了！德意志醒来了！……我们实现了我们的目标。德国革命开始了。"①

不过，30 日早晨可没有时间写日记。戈培尔是个像苦行僧一样忙个不停的人。他迅速着手组织，要在当晚举行盛大的火炬游行。褐衫军和黑衫军，也就是冲锋队和党卫队，都被动员起来。加入他们队伍的，还有和德国保守主义的民族主义关系密切的准军事组织"钢盔团"的成员。之所以要请"钢盔团"助阵，是因为国家人民党领袖阿尔弗雷德·胡根堡以及其他右翼分子也加入了政府。从周边地区集中起来并向柏林进发的大约有 2.5 万人。他们穿过勃兰登堡门，经菩提树下大街然后沿

---

① 日记，1933 年 1 月 30 日，Joseph Goebbels, *Vom Kaiserhof zur Reichskanzlei*（Munich, 1934），251 – 54。

威廉大街走过总理府。从晚上七点开始，即冬季夜幕降临之后，他们游行了五个小时，并且唱着自己的战歌：老顽固在发抖……今天的德意志，明天的全世界。

法国驻柏林大使安德烈·弗朗索瓦-蓬塞（André François-Poncet）目睹了事情的经过。从他办公室旁走过的游行队伍络绎不绝，一排排全是人。长靴、鼓声、歌声、火光，还有节奏。路两边站满了人。无限的热情。两位电台记者在描述事态发展时显得非常激动。"欢呼声此起彼伏。"他们告诉自己的听众。

> 阿道夫·希特勒站在窗口……他的目光炯炯有神，注视着正在觉醒的德意志，注视着在他面前接受检阅的各行各业和各个阶层的人民，不论他们是脑力还是体力劳动者——所有的阶级差别都消失了……多么美妙的景象，相似的一幕我们是不会很快再见到的！那一只只举起的手臂，那一声声的"嗨尔"……我希望让我们的听众暂且有个印象，暂且有一点点了解的是，这伟大的场面，这无比伟大的时刻！[1]

那天晚上走过这些街道的哈里·格拉夫·凯斯勒，注意到有一种"嘉年华的气氛"。[2]

十二年多一点之后就有了结果。希特勒在 20 世纪 30 年代中期曾经说过，用不了十年，柏林就会变得没人能认得出来。在之后的战争期间，他预言柏林很快将成为世界之都。到 1945 年，柏林让人认不出来了，它变成了欧洲危机，实际上也是西

---

① Hannah Vogt, *The Burden of Guilt*, trans. H. Strauss（New York, 1964）, 118.

② 日记，1933 年 1 月 30 日，Kessler, *Tagebücher*, 747。

393

394 方世界总危机的象征：满目疮痍，一片断壁残垣。到战争结束，
德国人在空袭中每向英国投掷一吨炸弹，盟国，主要是英国和
美国，就向德国扔下 315 吨。

　　在这部于 1945 年 5 月结束的戏剧中，马尔科姆·马格里奇
（Malcolm Muggeridge）把"空袭柏林"看作"重头戏"。"那种
非同寻常的景象，看过的人有谁能忘得了？"第一印象是，那
里就像月球表面一样，一片荒芜，到处弥漫着腐尸的恶臭。但
细看之下就会发现，人们就像獾一样在废墟中掘洞并活了下来。
这些人是"被解放的柏林市民"。"所有这一切，"马格里奇问
自己，"难道算是我们实现了战争的目的？……难道它就代表
善战胜了恶？"①

　　解救了纳粹死亡集中营里的幸存者的英、美、苏士兵并没
有这样的疑问。他们看到的不是大堆大堆的废墟，而是大堆大
堆的尸体——堆得高高的枯瘦肢体横七竖八，就像胡乱砍下的
柴垛。焚尸炉还在冒烟。斑疹伤寒也有可能发生。在这里，人
们也慢慢地出来了，迎接他们的解放者。他们看起来就像来自
别的星球的怪物，奇形怪状，骨瘦如柴，刺有文身，走起路来
就像是用某种可怕的想象力设计出的机械玩偶。那场面就如同
冥府突然洞开，里面的幽灵全都跑了出来。

　　纳粹暴行的规模逐渐浮出了水面。伤亡数量令人震惊：数
百万犹太人，数百万外国劳工、吉普赛人、同性恋者、"耶和
华见证人"②和意志不坚定者。奥斯维辛也成了西方精神的象
征。对西奥多·阿多诺（Theodor Adorno）来说，奥斯维辛之

---

① Malcolm Muggeridge, *The Infernal Grove*：*Chronicles of Wasted Time*, Part 2
（London, 1975）, 283 – 84.

② 基督教的一个教派。——译者注

后，诗便不再可能。言词，到当时为止一直是西方人感受力和理性主义的主要工具，现在已经不管用了，或者不合适了。对许多人来说，沉默似乎是唯一合适的反应。

盟军在 1945 年揭开的那一幕幕景象并不是 1933 年年初事态发展的必然结果，却是很有可能出现的结果。国家社会主义是非理性主义和技术主义这两种现代主义冲动杂交后的又一产物。纳粹主义不仅是一种政治运动，还是一种文化爆发。它不是由少数人强加的；它是在很多人当中发展起来的。国家社会主义属于典型的世俗理想主义。它在强烈的生存危机感的推动下，没有给谦卑和谦逊留下一点点余地，实际上也没有给现实留下一点点余地。边界和限制变得毫无意义。到头来，这种理想主义完成了它的循环，突然自噬其尾，开始吃人了。起初是理想主义，最后却变成虚无主义。起初受人赞美，最后却变成苦难的根源。起初以为是生，最后却成了死。

对于纳粹主义，许多解释往往把它说成反动的运动——用托马斯·曼的话说，是"复古癖的大爆发"——想把德意志变成由茅舍和幸福的农民构成的田园牧歌式的民族共同体。与该说法相反，这场运动虽然带有一些古风，但其要旨实际上却是未来主义的。纳粹主义一头扎进未来，迈向"勇敢的新世界"。当然，纳粹主义充分利用了保守的和乌托邦的残余渴望，向那些罗曼蒂克的幻想致敬，并从德意志的过去捡起了它的意识形态装饰，但是依照它自己的标准，它的目标却显然是进步的。它不是双面雅努斯，可以对过去和未来保持同等的关注；它也不是现代的普洛透斯，那善变的神灵，可以复制先前存在的种种形式。这场运动的目标是要创造一种新人类，而由新人类又会产生新道德和新社会制度，最终还有新国际秩序。实际上，

那也是所有法西斯主义运动的目标。在访问了意大利并会见了
墨索里尼之后，奥斯瓦尔德·莫斯利（Oswald Mosley）① 写道，
法西斯主义"不仅造就了新的政府体制，还有新型的人，这些
人就像来自别的星球，他们和旧世界的政客不同"。② 希特勒说
起这些来也是一套一套的。他说，国家社会主义不仅是一种
政治运动；它不仅是一种信仰；它还是一种渴望，重新创造
人类的渴望。③

　　纳粹主义或许首先和对自我的爱有关，但不是现实的自我，
而是反映在镜中的自我。这种自恋被投射到政治运动中，并最
终把整个国家都卷了进去。镜中的映像，也就是纳粹对于自身
的想象，即为神话：金发碧眼，如同克虏伯钢铁一般坚强，永
远年轻，拥有尼采式的权力意志。尽管在神话的背后，完全不
能用传统的语言来定义自我。然而在这种自恋情结中，存在成
了与美学有关的事情，成了把生活变成一件美的事物的事
情——不是正当的，也不是善的，而是美的。当瓦尔特·本雅
明说法西斯主义是"政治的审美化"时，他便指出了这一方
向。④ 但法西斯主义不只是要让政治审美化，它还要让整个存
在审美化。"普普通通的德国人都必须是美的。"有句纳粹口号
强调说。⑤

---

① 英国法西斯联盟的创始人。——译者注

② Colin Cross, *The Fascists in Britain* (London, 1961), 57.

③ Hermann Rauschning, *Hitler Speaks* (London, 1939), 242. 虽然劳施宁对希特
勒的话的复述的准确性后来受到质疑，但他对于希特勒观点的描述仍然是
相当可靠的。

④ Walter Benjamin, *Das Kunstwerk im Zeitalterseinertechnischen Reproduzierbarkeit*
(Frankfurt am Main, 1963), 48.

⑤ Anson G. Rabinbach, "The Aesthetics of Production," *Journal of Contemporary
History*, 11/4 (1976), 43 – 74.

纳粹主义是一种企图，企图用美丽的谎言欺骗德意志民族，欺骗全世界。不过，美丽的谎言也是庸俗艺术的实质。① 庸俗艺术是某种形式的虚构和欺骗。它是日常现实的替代性选择，若是没有它，日常现实就会在精神上显得空虚。它代表着"乐趣"和"兴奋"、能量和大场面，尤其是"美"。庸俗艺术用美学取代了道德。庸俗艺术是死神的面具。

纳粹主义是庸俗艺术的终极表现，是让人的思想麻木得无法正常思考的致命征兆的终极表现。和庸俗艺术一样，纳粹主义也披着生的外衣，可这两者实际上都是死。第三帝国是"庸俗艺术家"的作品，他们混淆了生活和艺术、现实和神话的关系，他们认为存在的目的只是肯定，那种没有批判、没有困难、也不需要洞察力的肯定。他们的鉴赏力植根在浅薄、虚假、剽窃和伪造中。他们的艺术植根在丑陋中。他们吸收了 19 世纪和 20 世纪初的先锋派以及"大战"时期德意志民族的理想——虽然没有吸收它们的形式——并借助于技术，即那面镜子，使这些理想合乎他们自己的目的。德意志，这个诗人和思想家的国度，这个取得过现代人众多最伟大文化成就的国度，在第三帝国时期，成了法官和刽子手的国度，成了庸俗艺术和虚无主义的化身。

受难的英雄

阿道夫·希特勒的早年生活似乎充满了辛酸和失意，还有渐渐萌生的恐惧。1907 年和 1908 年，他作为一名外省学生，一再尝试着报考维也纳美术学院，但均被拒之门外。他在奥地

---

① Matei Calinescu, *Faces of Modernity*: *Avant-Garde*, *Decadence*, *Kitsch* (Bloomington, 1977), 229.

利首都过了六年郁郁寡欢的流浪生活，呼吸着那座城市震颤的空气——它的宏伟让人想到的是往日的荣耀而不是未来的希望，它的都市政治中既有中产阶级日渐加剧的疑惧，又有在唯美主义和怨恨心理的奇怪结合中对现实的逃避。他沉浸在艺术和音乐中，梦想着成为自由的精灵，但对于在当权者手中曾经受过的挫折仍然耿耿于怀。当初要是能在个人的艺术事业上取得一点点商业性的成功，那他也许就会像典型的波西米亚人一样度过自己的余生——他们依靠自己的才能、首创精神和意志去反抗当权者，并在反对正统文化的创造性活动中谋得生计。1913年，为了寻找机会，他移居到慕尼黑，而在那里，他依旧无所事事，经常混迹于波西米亚人聚居的施瓦宾区的小酒馆和咖啡屋，还有市中心的啤酒馆。

因此，从早年起，希特勒无疑就具备成为"敌对文化"艺术家的气质，而他所处的社会环境也强化了这种气质。他所缺少的只是一点点成为画家或长于描绘的美术家所需具备的禀赋。虽然有些人，比如建筑师阿尔贝特·施佩尔、画家兼雕塑家阿尔诺·布雷克尔、舞台设计师科登·克雷格，后来声称他的作品表现出相当高的天赋，但时至今日，没有人说那是一个潜在的只是被当权者埋没了的艺术天才。在学校里，希特勒的美术得到的最好成绩是"良好"。① 然而，艺术家在精神上正是他那样的，正是他自始至终的那样，这一点他至死不疑。只是在后来，他把自己的艺术爱好转变为更广泛的追求。他将会像他说的那样，把政治和生活变成艺术。而正是战争，即"大战"，把一面巨幅的画布展开在他的面前。

---

① Jacques de Launay, *Hitler en Flandres* (Brussels, 1975), 103 – 108.

　　像艺术界、知识界以及激进团体的许多人一样，1914 年
8 月的战争爆发，让他感到一下子解放了，摆脱了让人变得
愚蠢迟钝的资产阶级的束缚。战争的爆发是重新开始的机
会，是可以带来这样或那样革命的手段。可以想象，希特勒
也是慕尼黑音乐厅广场上为宣战而欢呼的人群中的一员。这
样的画面引人注目，意味深长。站在前几排当中的他，一个
与周遭世界格格不入的人，没有朋友，没有女人，没有工
作，没有未来，此时却两眼放光，脸上流露出喜悦和兴奋的
神情。他看上去就像有人突然地而且是完全出乎意料地告诉
他，说维也纳美术学院屡次拒绝他是犯下了大错，说他阿道
夫·希特勒在申请入学的时候所提交的，实际上是该学院有
史以来收到的最优秀的作品。"对我来说，那几个小时，"他
后来宣称，"就像是对我青年时代的痛苦的一种解脱。即便
到现在，我也可以毫不羞愧地说，当时我内心激动得不能自
已，双膝跪倒在地，感谢上天赐给我好运，让我活在这样的
时代。"①

　　8 月 3 日，他不顾自己奥地利公民的身份，申请加入巴伐
利亚军队。第二天便有了答复。他被分配到巴伐利亚第 16 后备
步兵团。"1914 年，"他说，"我是抱着纯粹的理想主义的态度
走上前线的。"②

　　那场战争，用他自己的话说，是"我在世上经历的最伟
大、最难忘的时光"。③现有的所有证据表明，他当时在自己的

399

---

① Adolf Hitler, *Mein Kampf* (Munich, 1943), 177.

② *Hitler's Table Talk*, 1941 – 1944, intro. H. R. Trevor-Roper, trans. N. Cameron and R. H. Stevens (London, 1953), 44.

③ Hitler, *Mein Kampf*, 179.

团里依然比较孤僻，甚至在前线也是如此，而他也宁可独来独往。战友们的国内来信常常多得应接不暇，而他的邮件却少得可怜，就连圣诞节的时候他也没有收到包裹，自己战友的礼物他也拒绝接受。[①] 战争期间，他大多数时候都是充当传令兵，在后方指挥所和前线之间传递信息。传令兵伤亡的比例很高——尤其是在佛兰德斯、阿尔多瓦、香槟和索姆河，而希特勒所在的团，在战争中大多数时候都是在那些地区——因为他们要经常穿过开阔地，以绕开被水淹没而无法通行的交通壕。他是在1914年10月到达伊普尔前线的。1916年10月，他左腿受伤；停战协定签署前的一个月，他又在英国人的进攻中中了毒气。因此，除了训练、康复和休假的九个月，整个战争期间，他都在服役，而且都是在地狱般的西线。他因为勇敢而获得过三次荣誉：早在1914年12月就获得的二级铁十字勋章，1918年5月的团级证书，以及战争最后那年8月的一级铁十字勋章。这跟埃里希·玛丽亚·雷马克很不一样，后者把几个月的经历变成了对战争的一般性描述。从来没有谁说过阿道夫·希特勒是个偷奸耍滑的人，也没有谁说过他是个胆小鬼。战争期间，他差不多自始至终都在前线。

他在那段经历中付出了情感、勇气，展现了无条件的献身精神，作为回报，他从中得到的是一种有目的、有归属和被接纳的意识，还有德国士兵渴望的对坚毅和优秀的最高认可。难怪他后来把自己的战争经历看作一种教育和磨练，无论读多少年大学都比不了。难怪他随后描述那段经历时总是兴奋之情溢于言表——"强大的影响""极其强烈的""那么

---

① Hans Mend, *Adolf Hitler im Felde* 1914 – 1918 (Diessen, 1931), 47 – 58.

幸福"。①

　　这种对个性的形成有着重要影响的战争经历，为希特勒有关未来社会的想象提供了基本的灵感和组织上的指导原则。"只有理解了前线的经历，人们才能理解国家社会主义。"他的一名追随者说。② 为了更伟大的形而上的善，也就是祖国，而对社会进行全面动员，这将成为他规划德国未来秩序的总蓝图。那种善的具体细节，就像德国在战争中的目标一样，即便不是无关紧要，也属于次要问题。那种善无关领土、边界或个人。重要的是理念。重要的是自我伸张的行动，是征服，是胜利，是斗争，是战争中火热的生活。重要的是摧毁所有拦在通往那种火热生活道路上的障碍——实利主义者、空谈家、意志薄弱者以及动摇分子。传统的道德等同于资产阶级的道德或奴隶道德，它在这种塑造未来的过程中不再有什么作用。他会说，他的教育方式是严厉的。他要通过训练让年轻人变得暴力和冷酷，要让世界为之颤抖。这些年轻人，他们将会是自由的，自由得如同猛兽一般。在他们身上，看不到任何长期驯化和奴役的痕迹。

　　当然，由于实际政治的需要以及后来的政府职责所限，策略上会有一些让步，会处心积虑地加以掩饰，偶尔也会用冠冕堂皇的说辞来缓和一下口气，但这种想象从未改变。战争经历——这一点比其他任何东西都重要——成了希特勒的模式和他的灵感源泉。他认为社会的组织化就是要把每一个人都摆到体制中规定的位置；经济就是国家要自给自足；政治就是要消

①　Joachim C. Fest, *Hitler*, trans. Richard and Clara Winston (New York, 1975), 70.

②　Peter Merkl, *Political Violence Under the Swastika* (Princeton, 1975), 167.

除颠覆性的言论以及所有诸如动摇、软弱、非战之类颓废堕落的表现；闲暇就如同从前线回来休假；技术是摆脱资产阶级想象力的贫困而获得解放的手段；至于竞争——"我当时明白了的一点是，生命就是残酷的斗争，除了物种的保存，没有任何别的目的"。[①] 1914～1918 年的经历，对他所有这些观点的形成产生了重要影响。

就连用毒气来对付德意志帝国的敌人的做法，也根植在他个人的经历中。他自己就中过毒气，这给他的身心都留下了创伤。他，一种视觉生物，一个依赖于眼睛的艺术家，暂时失明了。在《我的奋斗》（*Mein Kampf*）中有一段经常被历史学家引用但同时代人却很少注意的话，在此处语境下显得特别有意义：

> 如果说在战争开始的时候和在战争期间，有人只要让1.2 万名至 1.5 万名犹太破坏分子尝尝毒气的滋味，就像我们几十万来自社会各阶层和各行各业的优秀劳动者在战场上遭遇的那样，那前线几百万人的牺牲就不会白费了。[②]

402 　　希特勒总说犹太人是"害虫"。而在他的记忆中，在战争期间对付老鼠和其他害虫的最有效的办法就是毒气。希特勒将把使用毒气消灭犹太人的做法叫作"除虱"。

对希特勒来说，战争并没有在 1918 年结束。自己生命中最有生气的一段经历竟然以失败而告终，这一点他无法接受。虽

---

① *Hitler's Table Talk*, 44.
② Hitler, *Mein Kampf*, 772.

然十多年来，大部分德国人都觉得除了接受失败实际上别无选择，但所有德国人内心里往往都与激进分子有共鸣，因为后者至少有勇气公开地、坚定地否认战争努力是徒劳的。魏玛时期所有政党无一例外地公开指责《凡尔赛和约》，但只有极右派声称和约是国内和敌人勾结在一起的变节分子一手炮制的，而暗中破坏德国的战争努力，并在取得胜利的军队背后捅刀子的也是他们。如果能把叛徒赶下台，把制造失败并成立那个丢人的共和国的"十一月罪犯"赶下台，那就可以开始彻底清除侵蚀了"1914年思想""前线精神"以及"战壕共同体"的病菌。后来成为德国西部冲锋队首领的战争老兵弗里德里希·威廉·海因茨（Friedrich Wilhelm Heinz）断言：

> 那些人告诉我们说战争结束了。笑话。我们自己就是战争，它的火焰在我们心中熊熊燃烧。它笼罩了我们的整个存在，并用令人着迷的破坏冲动强烈地吸引着我们。①

必须设法重温失败前那种极度的战争狂喜。为此，就必须使用战争教会的办法：破坏。

虽然战争刚结束的时候人们对于战争的惨状还心有余悸，但这样的时代是会到来的，恩斯特·云格尔在1921年写道，届时，战争就会像昔日大师们所画的耶稣受难像一样，被视为"宏大的观念，其光芒远远盖过了黑夜和鲜血"。② 不过，对于纳粹以及其他右翼集团来说，那场战争已经成为灵感的源泉。"国家社会主义就其最真实的含义而言属于前沿领域。"作为

403

---

① Robert Waite, *Vanguard of Nazism* (New York, 1969), 42.

② 见其二版序言，Jünger, *In Stahlgewittern*, xii。

该党创始人之一的戈特弗里德·费德尔（Gottfried Feder）坚持认为。罗伯特·莱伊（Robert Ley）说，国家社会主义的社会主义就是指要复制战壕共同体。格雷戈尔·施特拉塞尔（Gregor Strasser），希特勒在柏林的助手，总是称颂前线的士兵，并向他们许诺在新德意志帝国中的领导地位。所有这些都类似于墨索里尼提出的由战争老兵实行统治的观念，而那也是法西斯主义的实质。希特勒本人也把自己看作无名士兵的化身，看作由那场战争释放出的、继而又由它塑造的无名力量的化身。①

再次唤醒那种精神和献身意识，是魏玛德国所有关心国家命运的人的共同目标，就连处在核心位置的政治温和派也是如此。但是，在追求这一目标的时候，最直截了当的却是右翼激进派。说来矛盾的是，1920 年代后期的战争的回声，连同它的文学作品中的幻灭浪潮，恰好为民族主义情绪的强烈反弹做了准备。到了 1930 年，由于经济萧条愈演愈烈，表现"民族觉醒"的文学开始繁荣。人们开始热切地阅读恩斯特·云格尔的作品。弗朗茨·绍韦克尔也赢得了大批读者。一些民族主义倾向不太强烈的作者也很成功。经济越来越令人绝望，人们再度表达出对于战争的兴趣——正是在这样的背景下，纳粹在 1929年和 1930 年的全国及地方选举中大获成功，尤其是在 1930 年 9月的全国选举中。

404　　　　此后，成功所带来的新的体面地位，虽然让纳粹党的某些

---

① 费德尔的话转引自 *Le Crapouillet*，July 1933，40；莱伊的话转引自 Richard Grunberger，*The 12 – Year Reich*（New York，1971），51；施特拉塞尔的话见于 Barbara Miller Lane，"Nazi Ideology: Some Unfinished Business，"*Central European History*，7/1（1974），23。

纲领性声明——比如，关于犹太人问题——变得温和了一些，但它向自己越来越多的支持者们叫嚣，迫切需要推翻耻辱的、腐败的、放弃了民族权利的共和国，并代之以真正的人民共同体，重现 1914 年以及战壕里团结一心的气氛。纳粹党徒总是用文化这个词来煽动战争情绪。他们声称，他们是那种文化的真正继承人，是民族观念和德意志天命观念中的无私奉献精神的真正继承人。1932 年春天，当希特勒决定竞选共和国总统的时候，反对者所能找到的唯一可以用来与他的号召力相抗衡的办法是，说服曾经的战争领导人——84 岁高龄的兴登堡出山。单是陆军元帅的声望就足以击败"波西米亚下士"。兴登堡果真在选举中击败了希特勒，但是纳粹党的支持率却在继续上升。在 7 月的全国选举中，该党以 37.4% 的得票率和 230 个议席成为国会有史以来最大的单一政党。六个月后，希特勒被那个原本是招来不让其掌权的兴登堡任命为总理。于是，1933 年 1 月 30 日，德国终于在其重新焕发活力和实现民族觉醒的道路上，进入首个重要的平稳发展期。

希特勒被任命为总理之后，没过几个星期，菲利普·维特科普就出了新版的或者说大众版的德国参战学生书信集。他在新写的序言中说：

> 这些书信是留给我们的遗产，以便我们可以实现作者们热切向往并为之献出了生命的理想中的祖国。这些死去的年轻人并不是那个逝去的德意志的烈士，而是新德意志的烈士，而我们，则将成为这个新德意志的缔造者和公民。

他指出，这些信件的内容包含着"私人的和历史的毋庸　405

置疑的真相"，而这种真相在其深刻程度上，要远远超出从描述那场战争的小说或者历史著述中所能得到的真相。他另外还说：

> 在民族觉醒的日子里，我们要向这些学生致敬，并向他们发誓：他们不会白白牺牲，我们将完成他们的遗志，我们将通过自己持续不断的努力对得起他们的付出。①

纳粹掌权后不久，克里斯托弗·伊舍伍德有一次路过比洛街的时候，看见纳粹分子正在查抄一家自由派出版社。他们一边把书装到卡车上，一边念着书名。"不再有战争。"（Nie wieder Krieg）一名褐衫军用细长而僵硬的手指捏着书的包角高声喊道。"不再有战争！"（No more war!）一个衣着光鲜的胖女人一边重复，一边轻蔑地狂笑。"多奇怪的想法！"②

四年后，托马斯·曼反思了整个纳粹事业："如果说作为目的本身的关于战争的想法不复存在，那整个国家社会主义体制就将……毫无意义。"③

艺术即生活

纳粹主义是先锋派诸多冲动的一种通俗的变种。它在更加通俗的层面上表达了很多与先锋派在"高雅艺术"层面上相同的倾向，设想了很多相同的解决问题的办法。特别是，

---

① Philipp Witkop (ed.), *Kriegsbriefe gefallener Studenten* (Munich, n. d. [1933]), 5 – 6.

② Christopher Isherwood, *Goodbye to Berlin* (Harmondsworth, 1965), 202.

③ 给波恩大学教务长的信，1937 年 1 月 1 日，Thomas Mann, *Briefe* 1937 – 1947, ed. Erika Mann (Frankfurt am Main, 1963), 13。

它像它声称鄙视的现代派一样，企图把主观主义和技术主义结合起来。

纳粹主义拿来作为出发点的不是理性和客观世界，而是主观的自我、感受、体验和经历。那个客观世界被简单地抛弃了，因为它不能给人以希望、温暖和慰藉。当希特勒在战后退役的时候，他没有工作，没有故乡，没有职业，就连地址都没有。按照习惯的看法，他是一无所有，等于不存在。他所拥有的带有肯定性质的全部东西，就是他的战争体验以及他自认为具有的艺术家天赋。他能拿来定义自己的，不是社会中惯常的东西，而只是个人的情感和风格——一种关于事情必须怎么做以及应该怎样给生活赋予意义的审美意识。

正是希特勒的风格、口才以及在演说中传递情感和感受的出众能力，使他成为 1919 年在慕尼黑加入的那个政党的领袖，而该党虽然自称"德国工人党"，实际上不过是由失意者和冒险家组成的一帮乌合之众。他及该党所兜售的那些观点都是一些破烂货，是从 1914 年以前的时代的德奥边境的偏执政治观念中继承下来的老生常谈，即洪水般的"劣等民族"威胁到了德意志人的民族特性。即便是与"国家社会主义"的结合——那是希特勒在 1920 年成为领袖之后为该党名称中添上的——也是从那个时代和那个来源借用的。该党之所以能够生存下来继而发展壮大，靠的不是实质，因为在狂躁的、神经质的长篇大论中是没有任何实质的。它靠的是风格和气氛，特别是戏剧性的效果、庸俗的"艺术"以及啤酒馆和街头那种如同在大木偶剧院上演的剧目。纳粹主义在斗殴、流汗、歌唱和敬礼中所提供的正是挑衅、兴奋和颤栗。纳粹主义就是行动，不管人们是戴着拳环，拿着橡皮管，还是在一旁附和着痛打他们头脑中的共

406

产党分子和犹太人。纳粹主义就是介入。纳粹主义不是政党；纳粹主义是事件。

早先，为了唤起归属意识和"共同体"意识，纳粹党开始特别注重仪式和宣传的作用——旗帜、标志、制服、盛大的场面、标准的问候语、忠诚宣誓，以及没完没了、千篇一律的标语口号。纳粹主义是一种狂热的崇拜。它完全诉诸情感和对感官的——主要是视觉和听觉的冲击。言辞高于文字。戏剧、音乐、舞蹈以及后来的无线电和电影，被赋予了比文学更重要的价值。纳粹主义就是大场面，从头到尾都是如此。在一个几百年来一直服膺于其"诗人和哲学家"的国度，这一切都是崭新的。1933 年 3 月 5 日选出的立法机构因国会大厦在选战中被烧毁而不得不寻找一个新会议地点，结果是选在克罗尔歌剧院。这一点绝不是偶然的，而且肯定也不只是方便、宽敞和座位数的问题。政治现在将变成"真正的"戏剧，和民主时代华而不实的装模作样完全不同。在 1939～1945 年的战争中，当盟军对德国城市进行空袭以及由此造成的破坏不断加剧的时候，希特勒仍然坚持认为，立刻重建剧院和歌剧院乃是头等大事。对于从平民情绪和士气出发需要优先考虑的其他事项的建议，希特勒的回答是，"正因为必须保持人民的士气，才需要戏剧表演"。[1] 第三帝国自始至终就是一部扣人心弦的大戏，而那也正是它想要的。

神话取代了可以客观地加以设想的历史。米歇尔·图尼埃说过，神话是"所有人都已知道的历史"。[2] 结果，历史成了现

---

[1]　Albert Speer, *Inside the Third Reich*, trans. Richard and Clara Winston (New York, 1970), 299.

[2]　Michel Tournier, *Le vent Paraclet*, 189.

在的工具，没有任何属于它自己的完整性。尽管希特勒对于历史的细节并不像人们常说的那样无知，但他要让细节以及整个过去接受他个人经验的检验。有关历史的所有概念——民族、国家、政治、文化、社会和经济——都被引向那种经验。他的个人经验成了国内国际生活的指路明星。在即将落幕的时候，他失去了对历史，甚至对腓特烈大帝的事业的兴趣，而后者的一次次反败为胜，特别是托马斯·卡莱尔（Thomas Carlyle）有关那些胜利的故事，曾经给了他很多安慰。"就连我举出的一些历史先例也没能打动他。"1945 年 3 月 21 日，戈培尔在日记中写道。① 可见，历史不过是希特勒的性格和他自己命运的延伸。

408

在这样的背景下，有所作为取代了深思熟虑，行动取代了道德。1920 年颁布并在随后宣布永远不变的纳粹党纲，即所谓的"二十五条"，并不是对原则和目标的陈述，而是卖弄言辞的行动。它是一种带有宣传和策略性质的姿态，随后所有有关永远不变的宣告也都如此。重要的是行动、宣告以及戏剧性的声明，不是内容。希特勒的所有演说也都如此。它们都是些行动而不是传统意义上的演说。难怪希特勒坚决认为国家社会主义德国工人党是"运动"而非政党。政党是和规则、纲领以及议程联系在一起的，而国家社会主义正好相反，它的实质就是永恒的运动、活力论和反叛。希特勒自己就是这种不精确性的集中体现。他似乎生来就不适合有条不紊的日常工作。他是出了名的不守时、对文字性工作浮皮潦草、作息没有规律——熬夜熬到凌晨，起来得又很晚——这把他核心圈子里的人弄得精

---

① Joseph Goebbels, *Final Entries* 1945: *The Diaries*, ed. Hugh Trevor-Roper, trans. Richard Barry（New York, 1978）, 194.

疲力竭。这种风格，就像他额头上蓬乱的头发一样，也总是被归于他身上的艺术家气质。

尼采的信徒所祈求的"活在危险中"成了纳粹主义的唯一诫命。活在危险中，自然就意味着有意招来反对和阻碍，有意触犯已被接受的社会规范，有意拒斥传承下来的道德。活在危险中，意味着永远不会安于现状，意味着总是反其道而行之，意味着夸张和挑衅，意味着永恒的冲突。"纳粹主义是，"希特勒说，"关于冲突的学说。"

在这种世界观中，怜悯、同情、山顶宝训，全都是陈迹。戈培尔说，怜悯不过是柔弱的资产阶级感情，是纳粹共同体正在消灭的那种不平等的表现。想让人不再迷恋战争的资产阶级文学就沉溺于怜悯之中。要是能克服这种对战争的记忆，要是能克服资产阶级的普遍堕落，那就不会再有怜悯存在的余地。埃兹拉·庞德在还是法西斯主义信徒的时候也反对怜悯。叶芝在编辑《牛津现代诗歌选》的时候，也不能容忍像怜悯这种很不光彩的情感。他没有收录威尔弗雷德·欧文的诗。后者在谈到自己的诗作时曾经说过："诗在怜悯中。"对于叶芝来说，真正的艺术不能植根于怜悯。

在这里作祟的那种极端自负的思想，并不是人们所说的"意志的英雄主义"，而是"荒诞的英雄主义"，即极端的自我中心主义，它拒绝妥协、争辩以及和解，总之，就是拒绝承认任何"我和你"式的辩证的生存方式，拒绝承认客观世界，而性格与个性正是在对客观世界的反应中不断发展的。这是一个属于幻想的王国，它按照它自己的模样虚构了外部世界。如果说现代主义从它的浪漫主义源头那儿开始，就是要"把主观的东西对象化"，把主观经验转化为象征，那纳粹主义就是利用了这种倾向，并将其变成关于生活和社会的一般哲学。对于法国的通敌分子罗贝尔·布拉西拉什（Robert Brasillach）来说，法西斯主义就是诗——"20 世纪的诗"。① 对希特勒而言，生活就是艺术，而他的运动就是象征。在"波茨坦日"，也就是 1933 年 3 月 21 日精心策划的新国会会议正式开幕的那一天，当希特勒这个小资产阶级出身的奥地利下士，与兴登堡这个普鲁士贵族出身的陆军元帅兼帝国总统在腓特烈大帝的墓穴上方握手的时候，这位新总理就把造就国家社会主义这种具有救赎意义的现象的责任归于艺术。从艺术中产生了"对重新崛起的渴望，对新德国因而也是对新生活的渴望"。② 希特勒把德国人在两次战争中的努力以及他自己的政党为了得到承认而进行的斗争，都等同于"美"。③ 他把自己看作尼采所呼吁的那种艺术家兼专制君主，是瓦格纳所渴望的"天才专政"的执行人。在处理对外政策的时候，他吹嘘自己是"全欧洲最伟大的演员"。他的罪恶到最后也许会被认为是平庸的，但他可以说自己是为"艺术"而生的，这一点，即便是和托斯卡（Tosca）④ 相比，他也毫不逊色。

神话即现实

　　法西斯主义，无论是德国那种形式还是其他形式，当然是一种政治现实，但它是源自某种心态的政治现实。社会经济方面的考虑对于该心态的形成自然有很大影响，但最终起决定作

---

① René Rémond, *La Droite en France*, 2 vols.（Paris, 1968），II：384.
② Fest, *Hitler*, 381.
③ 同上书，142。
④ 1900 年首次公演的意大利歌剧《托斯卡》中自认为为艺术而生的女主人公。——译者注

用的还是存在的空虚感，而不是具体的物质关切。纳粹主义并
不完全是由权力贩子，更别说是工业家、金融家或反动精英，
强加给人民的高压体制。恐怖和暴力的确是该体制的政治工具，
不过，它们在遏制需要认真对待的反抗时虽然很管用——至少
到 1944 年 7 月为止一直是这样，当时，希特勒侥幸逃过了一次
针对他的谋杀——但对于德国民众之所以会接受纳粹主义，它
们还是次要的。戈培尔在 1933 年说过，关于"革命"，可以有
两种方式：

411

> 你可以用机关枪向反对派扫射，直到他们服输。那是
> 比较简单的方式。但你也可以通过思想革命来彻底改变国
> 家，从而把反对派争取过来而不是消灭掉。我们国家社会
> 主义者采取的就是第二种方式，并打算继续那样。①

德国人并不是被逼无奈才成为纳粹分子的。他们是被该运
动的力量所吸引的。

在德国，党卫队、盖世太保以及其他安全和警察机构，虽
然对于根除和消灭潜在的反抗力量极为有效，可对于大多数德
国人而言，它们与其说是维护政权稳定的不可或缺的实用工具，
不如说是政权活力的象征。与此相似，当战争最终来临的时候，
它也并没有被认为是出于一项总的计划，背后有个执意那么做
的总策划人，而被认为——在那个特定的时刻——是意外，是
因为事态发展的失控所导致的不可避免的冲突。德国人相信，
1939 年的战争事关存亡，是 1914～1918 年的斗争无可逃避的延

---

① Michael Balfour, *Propaganda in War* 1939 – 1945 (London, 1979), 48.

续。德国要么毁灭，要么在欧洲伸张自己的领土和政治权利。把这些选项摆到德国人面前的不是希特勒，而是英国人、法国人和俄国人等——总之，是历史的以及地缘政治的现实。因此，对于从 1939 年 9 月开始的这一阶段的斗争，人们是抱着听天由命的态度坦然接受的，这和 1914 年的狂热截然不同。不过，德国人的忠诚从来是不用怀疑的。他们坚定地投入战争，他们确信自己到了生死存亡的危急关头。要么成为世界强国，要么灭亡，没有别的可能。

然而，在第三帝国，暴力和恐怖纵然不是不可或缺的社会控制工具，它们也是纳粹崇拜的本质特征。暴力受到赞美。恐怖则像其他所有事物一样，变成了一种艺术形式。最狂热的纳粹分子陶醉于杀人美学。在 1944 年 7 月的刺杀事件发生后，希特勒让人把处死阴谋分子的过程拍成电影，供他欣赏：一具具吊在肉钩上的已经严重扭曲变形的尸体。戈培尔当时还坚持要求公开放映这些电影。他们显然是想吓唬纳粹政权的反对者，但同时也想展示一下纳粹主义的决心和无情。

希特勒的同道墨索里尼以及整个意大利法西斯主义运动，也把残忍当作美。当意大利在 1935 年进攻埃塞俄比亚并用轰炸机等现代武器与往往只是用长矛武装起来的当地人开战的时候，法西斯主义作家竞相挖掘这场冲突中的"美感"。"你想要参加战斗吗？想要杀人吗？想要看到血流成河吗？大堆大堆的黄金呢？成群的女囚呢？女奴呢？"邓南遮（D'Annunzio）问道。①"战争是美丽的，"马里内蒂叫嚷道，"因为它把枪声、炮声、

412

----

① 加布里埃尔·邓南遮，见 Alexander Rüstow, *Freedom and Domination*, trans. S. Attanasio（Princeton, 1980），586。

短暂的沉寂、香气以及因腐烂而产生的恶臭都糅合成一种和谐的东西。"①

死亡的主题牢牢地吸引着法西斯主义的想象力。纳粹的许多仪式都是在夜晚举行的：火炬和火堆在举行仪式的道具中十分突出。纳粹仪式中最隆重的部分似乎都是敬献花环和纪念英烈，无论他们是腓特烈大帝、战争中的阵亡官兵、1923年慕尼黑仓促暴动中死去的党内同志，还是霍斯特·韦塞尔（Horst Wessel）②。"用死人做宣传。"对于纳粹主义的这种做法，哈里·凯斯勒如是说。③ 对于纳粹的建筑，希特勒坚持认为，一个至关重要的标准是，它要像卢克索金字塔一样永世长存，那样才能激发人的敬畏感。纳粹的建筑是要做陵墓的——直接或间接地想那样。

至于所谓的纳粹主义意识形态又如何呢？因为纳粹主义虽然迷恋死亡，但它首先是一个"体验"问题，是对真实性的追求，因此相对于视运动为活力、视冲突为解放的观点来说，"纲领"的细节总是次要的。重要的是不断的对抗以及坚韧、敌对的姿态，而不是姿态的细节。因此，1933年以前的纳粹党以及后来的第三帝国政府居然都能够容忍明显的分歧：嫉妒、钩心斗角、意见不合以及乱哄哄的争权夺利。戈培尔看不起戈林，戈林讨厌赫斯（Hess），而他们又都不喜欢罗森堡

413

---

① Benjamin, *Das Kunstwerk*, 49.

② 纳粹积极分子，柏林弗里德里希海因区的冲锋队头子，1930年1月14日晚因遭到两名德国共产党人的近距离枪击而不治身亡。纳粹党利用他的死亡大做文章，他的名字也成了第三帝国重要的宣传符号。——译者注

③ 日记，1933年2月2日，Kessler, *Tagebücher*, 748；另见 Saul Friedländer, *Reflections of Nazism: An Essay on Kitsch and Death*, trans. T. Weyr（New York, 1984），41–53。

（Rosenberg），结果是无休止的纷争和内讧。纳粹党以及第三帝国表面上看来是以元首为中心紧密地团结在一起，行政效率也很高，但实际上让人感到不可思议的一点是，它们代表了"极权主义的无政府主义"。①

该运动在它的纲领和实际的政策之间存在明显的矛盾。农民被抬高为"国家的命脉"，但农村地区的人口却在持续减少，德国在第三帝国时期实际上更加城市化了。与承诺为每个德国人都提供一座小小的住房相反，纳粹的建筑计划几乎只考虑纪念碑式的城市建筑。妇女理应待在家中，专心扮演其母亲的角色，但甚至在 1939 年战争尚未爆发的时候，劳动大军中妇女的比例就达到了史无前例的水平。第三帝国的小工商业本该是很兴旺的，但实际上，工商业都变得更加集中。这些矛盾就跟敌意一样不可胜数。

对外人来说，纳粹主张中最具讽刺意味的也许要数种族问题。雅利安人的优越性竟然由希特勒、戈培尔、戈林等人提出来，简直是荒唐可笑。比如希特勒，黑头发、小眼睛、低额头、宽面颊，还有娘娘腔的手势，下巴总好像是要不由自主地抖动；戈培尔，一只脚畸形的、丑得出众的"超级矮子"；希姆莱（Himmler），带着单片眼镜的养鸡农夫，蹩脚的兽医，看上去就像好莱坞纳粹漫画中的人物；戈林，慈眉善目的小丑；莱伊，患有静脉曲张的酒鬼，绰号"帝国豪饮者"；罗森堡，就连他的同事也一直取笑他，说他像犹太人；施特赖歇尔（Julius Streicher），巴伐利亚的施虐狂，出版色情作品的行家。"人种卫生学家"马克斯·冯·格鲁贝尔（Max von Gruber）在 1924

414

————————

① W. Petwidic, *Die autoritäre Anarchie* (Hamburg, 1946).

年曾经断言，从长相来看，希特勒显然不属于北欧日耳曼人，倒更像是阿尔卑斯人种和斯拉夫人种的后裔。① 要是为种族纯洁性做广告，纳粹统治集团中的其他人也同样没有说服力。然而，这些矛盾的或者说具有讽刺意味的现象，在当时似乎并没有引起人们的注意。希特勒煽起的喧嚣和狂热掩盖了这一切。

纳粹信仰除了粗俗的自我肯定，并没有任何实际的指向性和明确性。那种信仰指向的是"国家"，但其中心却在个人。尽管中小学和大学都增加了优生学的课程，但这一学科无法克服它的循环论证。雅利安人主义如果说不清楚，它就只能是一种信念。纳粹的优等种族理论，连同其神话般美丽的原型，完美无瑕的青年男女，不过是一种平庸的唯美主义。雅利安人主义的核心只是一种对美的肤浅而简单的看法。种族主义和自恋有关。法国的莫里斯·巴雷斯、意大利的加布里埃尔·邓南遮以及希特勒，他们走的路显然十分相似。他们是目光短浅的、不得志的自我中心主义者，似乎——借用巴雷斯的说法——从自我崇拜转向了对生动活泼的国家的关注。但实际上，从唯美主义到国家主义（nationalism），这种表面上的立场转换不过是术语的调整，重点并没有变化，只是把人对于自我的幻想以极端利己主义的方式移情于国家。

那犹太人呢？尼采说过，反犹主义是那些感觉到上当受骗的人的意识形态。对西方基督教文化来说，要解释社会及个人的病态和缺陷，拿犹太人做替罪羊是最方便也最明显的。不管怎么说，犹太人害死了耶稣基督，所以他们必定是"敌基督"。

---

① Konrad Heiden, *Der Fuehrer: Hitler's Rise to Power*, trans. Ralph Manheim (Boston, 1944), 190, 378; 以及 Hans Peter Bleuel, *Sex and Society in Nazi Germany*, trans. J. M. Brownjohn (Philadelphia, 1973), 38。

但是，这种普遍的怨恨心理在西方社会已经存在了若干个世纪，它无法解释为什么纳粹会那么仇视犹太人，也无法解释针对犹太人的大屠杀。在这里再次用到了移情概念。如果说带有种族性质的国家主义是把个人的幻觉和幻想投射到国家层面，那反犹主义也差不多，它是把个人根深蒂固的自我憎恨和自我怀疑投射到犹太人身上。希特勒眼中的完人、维也纳市市长卡尔·卢埃格尔（Karl Lueger）曾经说过："谁是犹太人，那由我说了算。"换句话说，犹太人是随自我的变化而变化的。

　　希特勒开始把犹太人与他自己的性格和性倾向中所有的阴暗本能联系在一起。在他的反犹主义论调中，在他有关犹太人的叫嚣中，性的色彩显而易见。犹太人是梅毒携带者和皮条客，是黝黑而多毛、藏在暗处准备袭击金发碧眼少女的种族纯洁性的玷污者。希特勒是有一只还是两只睾丸，他到底是不是"恋尿癖"或嗜粪癖，要让女人对着自己撒尿和排便来获得性满足——就像某些人没什么证据却又声称的那样——本身并不重要。显而易见并且毋庸置疑的是，希特勒把他自己在性和其他方面的缺陷以及罪恶感都投射到犹太人身上。那个"全世界的公敌"代表着他在自己身上最憎恶的东西。①

　　无论是从个人的还是社会的角度，希特勒都是失败者。他身上没有什么自然或率直的东西。他没有幽默感，总显得局促不安，总好像在演戏。即便是他的性欲，普茨伊·汉夫斯腾格尔（Putzi Hanfstaengl）说，也是"纯歌剧式的，从不付诸行

416

---

① 　Robert G. L. Waite, *The Psychopathic God*: *Adolf Hitler*（New York, 1977）; Rudolph Binion, *Hitler Among the Germans*（New York, 1976）; 以及 Norbert Bromberg and Verna V. Small, *Hitler's Psychopathology*（New York, 1983）。

动".① 什么都是做作的和遮遮掩掩的。他不会与人建立友谊，不会爱，甚至不会自然而然地微笑。他对国人宣扬的真实性，对他自己来说是完全格格不入的、可怕的。要是他被逗得发笑了，他总是用手遮住脸。他要服用治疗毒气的药丸，自己放个屁也会大惊小怪。他的内衣换得很勤，一天三次。一切都是象征、替代和抽象。居于中心的是虚无，绝对的空虚。只有追随者能够给予希特勒意义，而他自己则一无所有。

如果要把黑暗变成光明，那犹太人，这黑暗的象征，就要被消灭。当外交部部长、犹太人瓦尔特·拉特瑙在 1922 年 6 月被谋杀的时候，负责行动的几个青年把时间刚好定在夏至。犹太人作为黑暗的代表，被献祭给日耳曼人的太阳神。希特勒的想法也差不多。至于到底采用什么形式的"消灭"（elimination）或"除掉"（removal）——希特勒用的是清除（Entfernung）这个词——这在 20 世纪 20 年代和 30 年代，甚至是战争开始的时候，都还不太清楚。当时有传闻说，要把他们重新安置到马达加斯加，或者是波兰的某个地方，或者是西伯利亚。也有一种说法是，要把他们像设立犹太人聚居区一样隔离开来。不过，1941 年下半年，当英国拒绝投降而德国对俄国的进攻又陷入停滞，纳粹主义在东方的目标有可能实现不了的时候，移情作用就采取了合乎逻辑的做法。1941 年年底前针对东欧和俄国犹太人的零散的杀害行为，变成了有计划、有组织的大屠杀。在奥斯维辛，大规模的杀害是从 1942 年 2 月开始的。军事上的接连失利加快了种族灭绝的速度。随着苏军在 1944 年以及 1945 年年初向德国方向的推进，"犹太人问题"便成了头等大事；对希特

---

① Ernst Hanfstaengl, *Hitler: The Missing Years* (London, 1957), 124.

勒及其死党来说，它甚至比德国的存亡还重要。

1945 年 3 月 14 日，戈培尔在日记中谈到了巴勒斯坦犹太人　417
为了表示对欧洲犹太人的同情而呼吁罢工一天的新闻让他产生
的"荒唐的印象"。

> 犹太人在玩一种歹毒的、没有头脑的游戏。战争打到
> 最后，哪些国家会赢，哪些国家会输，那还说不定，但有
> 一点毫无疑问，那就是犹太人会成为输家。①

戈培尔在写这些的时候，对欧洲犹太人的大屠杀正在进行，
所以他的这番话很是让人费解，除非把其中的"犹太人"换成
"纳粹"。犹太人代表了纳粹自己拒绝接受的一切。在玩"歹毒
的、没有头脑的游戏"的，正是纳粹；而且到了 1945 年 3 月，
"毫无疑问"的是，纳粹将成为"输家"。这个颠倒的过程——
纳粹主义的特点就是颠倒——到头来意味着光明会变成黑暗。
纳粹旗帜上的卐字，象征太阳的符号，原本就是黑色的。

希特勒实施"最后解决"的方式偏执但高效。当时有一个
和死亡有关的庞大的、没有人性的机构叫作"终极机构"，其
"雇员"可能达 80000 人之多。每个"雇员"都有规定的任务，
而对于任务的目的，在通知的时候几乎都不会明说，只是含糊
其辞。列车员、铁路养护人员、集中营的守卫以及"科学家"，
都在干着自己的工作，就像对待其他任何工作一样。戈培尔常
常在日记中说，保密对于效率来说必不可少。毁灭的技术欣然
得以改进。集体枪杀很快被代之以向可移动车厢排放毒气，后

---

① Goebbels, *Final Entries*, 133.

来便是毒气室和焚尸炉，那是在集中营里为了杀人而设计的。418 对消灭犹太人的效率的痴迷，把纳粹政权对于技术的普遍痴迷推向了极致。这是把生活视为神话的另一面。随着转向内心的过程还在继续，随着在幻想中越陷越深，相应也就越发看重技术。

要不是对于技术的重视，希特勒的上台是无法想象的。热衷于增加仪式的感染力，痴迷于宣传，对技术和科学应用而不是其本质的兴趣，这些都可以被归结为技术主义。希特勒和阿尔贝特·施佩尔结成的那种"友谊"，是以他们对于权力工具的共同迷恋为基础的。施佩尔为纽伦堡大会建造的光明之城获得了惊人的成功，他还为帝国设计了若干座纪念碑式的建筑，他制定了柏林的未来规划，后来在战争期间又成为军备部长。相类似的还有希特勒与莱尼·里芬施塔尔（Leni Riefenstahl）之间富有成效的关系——后者是电影导演，她尤其是在《意志的胜利》（*The Triumph of the Will*）中，再现了纳粹主义运动之"美"——那也是源于他们都痴迷于社会控制的"艺术"。

对希特勒而言，宣传不只是必要的恶，不只是情有可原的谎言和夸大其词的问题。宣传对他来说还是艺术，而让他对此深有体会的仍然是战争经历。结果，纳粹党以及后来纳粹政权的宣传机器能够让人真正地感到印象深刻，甚至敬畏。党的宣传与党融为一体，彼此之间难以分辨。手段与实质的这种融合，也是元首原则的基础：领导者和被领导者合为一体。所以，毫不奇怪，起初是在党内，后来又在第三帝国，技术人员和管理人员都是春风得意。他们觉得国家社会主义的思想很有吸引力，而纳粹主义运动反过来也在很大程度上成了技术人员——形形色色的技术人员的运动。

　　纳粹对于技术的迷恋，影响了第三帝国的社会组织以及公　　419
共机构的方方面面，尤其是军队。一战的作战方式，即用大规
模编队直接发动正面突击，这在希特勒看来是"退化"。他承
诺说，那种形式的战争不会再出现了。下一场战争将大为不同，
而且理所当然大为不同。那是经过精心准备的运动战，是机械
化师的战争，是闪电战。坦克和飞机是这种战争的关键，而它
在很大程度上是由希特勒亲自指挥的，因为他对统帅部的成见
很深，觉得它靠不住。

　　鉴于"沟通"在其领导的运动中的重要意义，希特勒对于
运输和通信技术十分关注，而且还努力使自己跟上这方面的进
展。他经常坐在自己的梅赛德斯－奔驰中让人拍照，还常常以
相当快的速度穿过人群，以体验驾驶的感觉。他会对自己的助
手们滔滔不绝地大谈开车的诀窍。他把自己在德国修建的公路
网看作一项最伟大的成就和遗产，说"所有文明的开端都是通
过修路来表现的"。公路和铁路不同，后者属于 19 世纪。将来
在被征服的俄国，首先要考虑的就是修筑公路。关于这一点，
他在谈到联邦高速公路时的一番话特别引人注意："即使是在
人口比较稠密的地区，它也可以制造空旷的感觉。"① 显然，技
术是摆脱现实的一种手段，是解放想象力的一种方式。

　　出于这个原因，他对飞行也很着迷，尽管他的胃不像他的头脑
那样可以忍受那种感觉。在所有的纳粹口号中，1932 年总统选举时
的一句最为成功："希特勒君临德国。"（Hitler Over Germany.）　　420
这自然是因为那年春天，他在旋风般的选战中要经常乘坐飞机。
他飞了大约 30000 英里，在大约 200 场集会上发表演说。他是

---

　　① *Hitler's Table Talk*, 309 – 12, 537, 577 – 78, 707.

首位如此频繁地使用飞机的政治家。

天空作为角斗场，自然也引起了希特勒的兴趣，就像它曾经引起一战中所有步兵的兴趣一样。纳粹德国的空军在1935年成立之后——此举公然违反了《凡尔赛和约》——就成了武装力量中的宠儿。希特勒想要的是世界上最庞大的空中力量和最优秀的飞行员。他把空战看作适合于日耳曼人的作战方式。[①]

1936年，还有1937年和1938年，当查尔斯·林德伯格表示有兴趣访问德国的时候，他受到热情的欢迎，这不仅是因为纳粹政权可以借机大肆宣传，还因为它对那位空中王牌确实是非常尊重。1938年10月，当那位航空家第三次访问德国的时候，戈林"根据元首的命令"为林德伯格颁发了勋章。这种钦佩得到了回报。林德伯格在1938年真的考虑过定居柏林，而他在战争爆发后之所以主张美国中立，至少有一部分原因就是他同情法西斯主义，这一点现在是没有任何疑问的。他认为西方的民主国家是堕落的，无法与德国竞争。他的妻子安妮在1940年出版了一本很有说服力的反对干预主义的小册子——《未来的浪潮》（The Wave of the Future）。书的风格是她的，但内容却反映了她丈夫的看法。该书认为，法西斯主义正是未来的浪潮，尽管它在形成过程中还显得比较粗糙，但它的思想是正确的。法西斯主义是唯一可以代替共产主义的选项，是未来政治的另一种表现形式。抵制纳粹主义就是抵制变革，而"抵制变革就是对生活本身的犯罪"。[②] 1945年，纳粹德国已是穷途末路，戈

421

---

① Rauschning, *Hitler Speaks*, 18 – 19.

② Anne Morrow Lindbergh, *The Wave of the Future*: *A Confession of Faith* (New York, 1940).

培尔甚至此时还对林德伯格抱有一线希望。"孤立主义主张，"他在 3 月 22 日的日记中提到美国的时候写道，"又在抬头了。同时，林德伯格上校在政界又活跃起来。"①

墨索里尼、莫斯利等法西斯领袖也都痴迷于技术。墨索里尼喜欢飞行。莫斯利干过一段时间的步兵，也曾在皇家飞行队服役。相比之下，"腐朽的"民主国家领导人，从其对技术进展的了解来看，显得十分落伍。内维尔·张伯伦和霍勒斯·威尔逊爵士（Sir Horace Wilson）1938 年因为苏台德问题到慕尼黑谈判的时候，两人都是第一次飞行。②

无线电和电影在巩固第三帝国方面起到了不可或缺的作用。购买无线电装置——按照他们的说法叫作"人民的收音机"——可以得到国家的补贴。电影制作是集中管理的，它也得到了鼓励。希特勒看起电影来劲头十足。消遣时，他宁可看电影也不看文学作品。

随着时间的流逝，越来越多的注意力被放在筹划党的大会上，尤其是每年 9 月在纽伦堡举行的大会。这些大会成了纳粹节日循环中的电阻器。"每年有七天时间，"就像弗朗索瓦－蓬塞终于参加了一次这些经过筹划的节日之后说的，"纽伦堡成了一个完全陷入喧闹和疯狂的城市，也可以说是一个惊厥症发作的城市。"③ 热情是靠细节的严谨来点燃的：整齐划一的队列、林立的旗帜、经过精心彩排的问答式发言。最后出场的是希特勒。他的总结发言预定在夜幕降临的时候结束。大会闭幕时，人们完全被施佩尔的"冰砌的大教堂"迷住了：上百部探

---

①　Goebbels, *Final Entries*, 205.

②　Nevile Henderson, *Failure of a Mission* (New York, 1940), 151 – 52.

③　André François-Poncet, *The Fateful Years*, trans. J. LeClercq (London, 1949), 209.

照灯一齐照向天空。对于自己目睹的大会盛况，内维尔·亨德
森（Nevile Henderson）① 说："战前我在旧俄国的芭蕾舞鼎盛时
期曾在圣彼得堡待了六年，但要说到宏伟壮丽，我还从未见过
有哪部芭蕾舞剧可与之媲美。"② 他做这样的对比并不是偶然
的。为纽伦堡大会设计视觉效果的阿尔贝特·施佩尔，就对玛
丽·维格曼（Mary Wigman）的舞蹈理论十分感兴趣。③ 而她有
关"做有节奏运动的集体"可以"征服空间"的观念，又是受
埃米尔·雅克－达尔克罗兹——我们早先提到过他——和鲁道
夫·冯·拉班（Rudolf von Laban）的影响，而后者曾是普鲁士
各国立剧院的芭蕾舞教师。这些人要么跟俄国人共过事，要么
受过他们的启发。

那么，相对于整个纳粹现象，作为个人的希特勒居于何种
位置呢？必须说，他拥有独特的魔鬼般的才能，若不是他的超
凡魅力，实在很难想象纳粹主义运动还会是同一个模样。毫无
疑问，纳粹统治集团中也没有谁能够有他那样的影响力或感召
力。但这也说明，无论如何，希特勒仍然是他那个时代的产物，
是德国人想象力的产物，而不是——严格说来——社会经济力
量的产物。首先，他从来没有像人们事后理解的那样，被看作
推动社会经济复苏的合适人选，而是被那些有剥夺感的人、有
挫败感的人、觉得在社会中抬不起头的人、找不到工作的人、
心怀怨恨的人以及忿忿不平的人，看作革命和否定的象征。希
特勒代表的是抗议。他是人们在遭受失败和挫折时，在通货膨

① 英国外交官，1937～1939 年任英国驻纳粹德国大使。他在谈到纽伦堡大会
上用 100 多部探照灯垂直照向天空所营造的气氛时说，那景象"既庄严又
美丽……（令人）仿佛置身于一座冰砌的大教堂"。——译者注

② Alan Bullock, *Hitler: A Study in Tyranny* (Harmondsworth, 1962), 379.

③ George Mosse, *The Nationalization of the Masses* (New York, 1975), 155–58.

胀和经济萧条时，在国内政局动荡和在国际上蒙受羞辱时的精
神寄托。群众在演说者的讲坛前面，正如约阿希姆·费斯特
（Joachim Fest）指出的，实际上是在为他们自己庆祝。① 希特勒
在运动的狂热气氛中，制造了无数个小希特勒。而对普通人
的这一意象，他则投其所好。他常常在自己的演说中表示，
他希特勒是个"孤独的流浪汉，出身卑微"。他是"无名战
士""默默无闻的武士""劳动者""人民中的一员"。他衣着
简朴，演说时不苟言笑。他明白保持单身在政治上的好处。
全心全意的奉献精神是他向自己的追随者所暗示的，也是他　423
在自己的追随者身上所唤起的。他们为自己见证了神圣的景象
而欣喜若狂。但在这一切中，追随者们的需要和想象力让他们
相信了希特勒的现实性。而且直到今天，作为"邪恶"天才
的象征而充满蛊惑力的他，仍然是我们想象力的产物。他实际
上是——就像 20 世纪 70 年代末西贝尔贝格（Hans-Jürgen
Syberberg）的那部有趣的片子说的——"我们的希特勒"。② 他
就是对立面。作为无与伦比的庸俗艺术家，他使地狱充满了美
的象征。他把受难者变成了英雄，把地狱变成了天堂，把死亡
变成了超升。

纳粹主义运动的着力点不在过去，而是面向未来的"爆
发"——它特别喜欢使用的一个词就是 Aufbruch，这个词捕捉
到的意思就是"爆发"，即随着春天的到来而复苏和觉醒的生
命力的迸发。人们说起过"民族的爆发""精神的爆发"。就像
《纽伦堡的名歌手》（Die Meistersinger von Nürnberg）中——据汉

---

① Joachim C. Fest, "On Remembering Adolf Hitler," *Encounter*, 41/4（October
1973）, 20.

② Alvin H. Rosenfeld, *Imagining Hitler*（Bloomington, 1985）.

夫斯腾格尔说，那是希特勒最喜欢的歌剧——最重要的主题是
生命和艺术随着春天的到来而觉醒一样，在纳粹主义运动中，
最重要的主题也是如此。

"这是无尽的春天！"

知识界和艺术界的许多人都卷进了纳粹主义运动和第三帝
国这部活剧中。早在慕尼黑的时候，纳粹党就吸收了很多来自
施瓦宾艺术界的党员。[①] 到 1931 年，纳粹在大学里获得的支持
率是全国的两倍。1933 年 3 月 3 日，在一份选举声明中，300
名大学教师公开宣布拥护希特勒。[②] 如果说在 1933 年 1 月之后，
相当多有才华的和享有盛誉的人离开了德国，那多半是因为他
们要么是犹太人，要么是出于这样或那样的原因而担心自己的
生计。出于道义原因而离开德国以示反对的，只占很小的一部
分。与留下的人相比，流亡的只是数量很小的少数派。[③]

相对于所有选择离开的国际知名的非犹太裔人士，也有许
多人选择了留下，如戈特弗里德·本（Gottfried Benn）、理查
德·施特劳斯、格哈特·豪普特曼、埃米尔·诺尔德和马丁·
海德格尔。他们中有些人尽管生性不愿公开介入政治——因为

---

① Donald M. Douglas, "The Parent Cell: Some Computer Notes on the Composition
of the First Nazi Party Group in Munich, 1919 - 1921," *Central European
History*, 10 (1977), 55 - 72; Michael H. Kater, *The Nazi Party* (Cambridge,
Mass., 1983), 29.

② Joachim C. Fest, *The Face of the Third Reich*, trans. M. Bullock (London,
1970), 252.

③ 从 1933 年至 1941 年，在 40 万移居国外的德国人当中，只有大约 10% 的可
以称为政治难民。大部分都属于种族难民。Hans-Albert Walter，见 Walter
Zadek (ed.), *Sie flohen vor dem Hakenkreuz* (Reinbek bei Hamburg, 1981),
10 - 11。

政治的名声不好——但在 1933 年实际上也和其他人一样感到非常兴奋,至少在开始的时候是这样。"只要能带来体验,什么都可以。"戈特弗里德·本先前曾写道。① 这种不问善恶和热衷冒险的态度——它在来源上显然受尼采的影响——终于在 1933年有了结果,而且这种态度也成了知识界对纳粹主义运动做出的反应的特色。对鲁道夫·宾丁而言,第三帝国的出现意味着要把"伟大的渴望"化作行动。"这种渴望不是外在的而是内在的,谁要把它拉到外面,谁就是亵渎它。"② 法西斯主义对宾丁而言就像对罗贝尔·布拉西拉什一样,也是一种富有诗意的构念。在第三帝国,诗人和战士是一体的。在杰出的知识分子中,真的加入纳粹党的很少,而且现在看来无可争辩的一点是,当时文化生活的组织工作也是交给了二流人才。不过,创造性的心灵一向不喜欢为俗务所累,所以不应该把是不是党员作为判断支持或接受的依据。

在德国之外,就如早先对在俄国出现的布尔什维主义和之后在意大利出现的法西斯主义一样,知识界和艺术界人士对于中欧正在进行的实验也表现出极大的兴趣和同情。所有这些实验似乎都掌握了之前先锋运动的诀窍:拥抱生活,反抗资产阶级的死气沉沉,憎恶上流社会,而首先就是反叛和彻底重估一切价值。不幸成了恩典,贫困成了救赎,失望成了狂喜,柔弱成了刚强。1917 年 4 月,保罗·莫朗听到米西亚·塞尔特——佳吉列夫的钦慕者和赞助人——"热情地说起俄国革命,那在

425

---

① Gottfried Benn, "Über die Rolle des Schriftstellers in dieser Zeit" (1929), *Gesammelte Werke*, 4 vols. (Wiesbaden, 1958 – 1961), IV: 211.

② Rudolf G. Binding et al. , *Sechs Bekenntnisse zum neuen Deutschland* (Hamburg, 1933), 摘自 Josef Wulf (ed.), *Literatur und Dichtung im Dritten Reich* (Reinbek bei Hamburg, 1966), 107.

她看来就像一出盛大的芭蕾"。① 她的朋友谢尔盖·利法尔——佳吉列夫早期的被保护人之一，他在德占时期成了巴黎歌剧院芭蕾舞团的导演——在和别人交谈时总是唠叨他见过希特勒。"在我的一生中，只有两个男人曾经这样摸过我，"他一边说一边用自己的手顺着对方的胳膊轻轻滑动，"佳吉列夫和希特勒!"② 先是布尔什维主义的然后又是法西斯主义的活力论、英雄主义和性冲动，为艺术家和知识分子酿出的酒实在是太烈了。尼采断言唯一可以为世界辩护的就是审美现象，而戈特弗里德·本在 1933 年认为，这句话在德国即将成为现实。③ 1942～1945 年，莫里斯·曼德尔鲍姆（Maurice Mandelbaum）和 W. H. 奥登都在斯沃斯莫尔。一天，奥登在谈话中问道，如果法西斯主义传到美国，哪些人会比较可靠。两人都觉得，他们宁可相信非学术界人士而不是学术界人士。④

当然，知识分子支持纳粹政权的力度在不断减弱。云格尔、本、施特劳斯、海德格尔，大家都不像早先那么热情。1934 年 6 月 30 日"长刀之夜"的屠杀把许多人惊呆了。当时为了安抚把褐衫军及其野心看作威胁的陆军当权者，冲锋队的头头脑脑都被杀掉了。同时也算了几笔旧账，格雷戈尔·施特拉塞尔、库尔特·冯·施莱歇尔将军（General Kurt von Schleicher）和他的妻子、古斯塔夫·冯·卡尔（Gustav von Kahr）、埃德加·荣格（Edgar Jung）、埃里希·克劳泽纳（Erich Klausener），还有——因为认错人——音乐评论家维利·施米特（Willi

---

① 日记，1917 年 4 月 10 日，Paul Morand, *Journal*, 209。

② Gold and Fizdale, *Misia*, 296.

③ Benn, "Lebensweg eines Intellektualisten" (1934), *Gesammelte Werke*, IV: 64–65.

④ Maurice Mandelbaum, 见 Stephen Spender (ed.), *W. H. Auden: A Tribute* (London, 1975), 121。

Schmidt）都被杀害了。反犹主义措施也在稳步推进，并在 1938 年 11 月"水晶之夜"前达到了高潮。当时，犹太会堂和犹太人店铺都被砸、被烧，这让其他人感到胆战心惊。在德国以外的地方，人们也在和纳粹政权拉开距离。1934 年，詹姆斯·乔伊斯以挖苦的口吻写道："除了我的侄儿们和 W. 刘易斯、E. 庞德两位大师，我担心可怜的希特勒先生在欧洲很快就没有什么朋友了。"①

426

不过，逐渐产生的龃龉与其说是由国家社会主义作为一种普遍现象所代表的东西导致的，不如说是由它对待知识分子的态度导致的：党的干部对待知识分子的傲慢无礼，他们对后者的不信任，他们在后者面前有高高在上的感觉。汉斯·约斯特（Hanns Johst）曾经是个二流的表现主义者，后来成了狂热的纳粹分子。他把讲道理说成"说服的艺术和犹太人的欺诈伎俩"相结合。② 施佩尔提到过希特勒和尊贵的客人在一起的时候是如何不自在。所以他不愿意私下接见他们，甚至也不愿意邀请他们参加党的聚会。即便是那些真的受到邀请的，也常常是艺术家或电影明星，而不是作家或思想家。而对后一类中的许多人来说，纳粹政权庸俗的作风，"精神冲锋队"的咄咄逼人和见风使舵，控制着第三帝国学术文化机构的年轻暴发户，这一切都让他们觉得格格不入。

许多被当作国家英雄而备受歌颂的德国知识分子，其雄心壮志就这样给浇灭了。墨索里尼敬重马里内蒂和邓南遮，而未来主义作为意大利法西斯运动的精神源头也获得了准官方的地位。许多德国的表现主义者，其中也包括本，都希望在德国也

---

① Irving Howe, *The Decline of the New* (New York, 1970), 42.

② Wulf (ed.), *Literatur*, 150.

会出现类似的局面。但这样的希望落空了，反倒是"当我听到文化这个词的时候我就要伸手拿枪"这句挖苦的话十分流行，以至于它的源头被归于几乎所有重要的纳粹分子。这句话反映了纳粹政权对待知识分子的小资产阶级的怨恨心理，同时它还表明，纳粹主义运动拒绝把自己与任何传统的社会集团联系在一起。文化要剥离其精英主义意味，并代之以真正的民粹主义含义。文化是人民的事情，不是知识分子的。

427　　在这样的气氛中，知识分子全都开始疏远纳粹党了，虽说并不一定起来反抗它所代表的国家。随之而来的还有内心的矛盾与迷惘。纳粹党及其领导集团开始受到鄙视，但他们的目标仍然被认为是合理的。结果不是反抗，而是德国人开始说的"内心的流放"，即脱离公共生活。然而在 1939 年当战争来临的时候，这些"流放者"当中很多人又回来了，并开始为国家的事业而战，而那事业，自然还是由希特勒领导。这样的分手并不彻底。

　　起初，人们往往把纳粹主义说成"反动的现代主义"。① 但这样一种说法的言外之意是，纳粹主义企图利用现代的工具和技术，把对于过去的想象强加给德国。正如我们已经指出的，那样一来就会误解，实际上还会颠倒该运动在时代背景中的中心目标。战后的德国继承了帝国时代的，尤其是其最后几十年的侵略性扩张冲动，想要至少在欧洲大陆确立它的统治地位，而欧洲大陆当时仍被视为世界的中心。1914 年以前，德国曾被视为反叛的化身，反叛英法资产阶级时代中的物质主义、工业主义和帝国主义。不过，它同时也是那个时

---

① Jeffrey Herf, *Reactionary Modernism: Technology, Culture, and Politics in Weimar and the Third Reich* (Cambridge, 1984).

代的产儿，是青春、朝气和技术效率的体现。与它的战败相伴的，是年轻一代的死亡；它的挫折也是困惑、焦虑和叛逆的幸存者的挫折。1920 年代，这些幸存者成群结队地到处举起战前先锋派的火炬，把对可恶的资产阶级的反叛变成了一种不再属于个人，甚至也不再属于单个民族，而是属于整整一代人的事情。在这场反叛中，德国依然冲在最前面。对德国以及对整个现代主义而言，一战是心理的转折点。创造冲动和破坏冲动各自的地位发生了变化。破坏冲动得以强化；创造冲动日趋抽象。到最后，抽象变成了疯狂，结果只剩下破坏，即诸神的末日。

428

　　"在我们城市的废墟瓦砾下，" 1945 年，约瑟夫·戈培尔极其兴奋地写道——那种兴奋让人想起了 1920 年代的表现主义戏剧，实际上也让人想起了他自己那十年的日记，

> 　　19 世纪中产阶级最后的所谓的 "成就" 已经被埋葬了……实现我们革命任务的最后障碍也随同那些文化丰碑一起消灭了。既然一切都成了废墟，我们就只好重建欧洲。过去，私人财产使我们受制于资产阶级。现在，轰炸并没有杀掉所有欧洲人，只是打碎了把他们关在里面的牢狱的高墙……为了破坏欧洲的未来，敌人成功地砸烂了它的过去；结果，所有破旧的东西也随之一起被消灭了。①

　　这些话是要通过无线电和报刊对公众说的。在他的日记里，语气要阴郁一些，但大意一样。3 月中旬，在得悉维尔茨堡遭

① Hugh Trevor-Roper, *The Last Days of Hitler* (London, 1950), 57 – 58; Stern, *Hitler*, 34.

到空袭、市中心被夷为平地的时候，他表示：

> 一直保持完好的最后一座美丽的德国城市现在就这样消失了。因此，对于过去，一去不复返的过去，我们要伤心地说再见了。一个世界正在倒塌，但是从它的灰烬中，将会诞生出一个新世界，对此，我们大家坚信不疑。①

1945 年 4 月中旬，当时已是末日临近，二十年前也喜欢俄国芭蕾的戈培尔②还在从"艺术"的角度考虑一部最后要被制作成描写柏林"诸神的黄昏"的彩色大片。

429

> 我可以向你们保证，那将是一部优秀的、振奋人心的影片，正因如此，为了它而绝不后退是值得的。现在要坚持住，那样的话，一百年后，当你们出现在银幕上的时候，观众们就不会发出嘘声和口哨声了！③

他是不是想到了电影《西线无战事》在柏林诺伦多夫广场剧院的莫扎特大厅上映的情景？1930 年 12 月，在他的唆使下，此次上映被人用非常粗暴的手段搅黄了。他肯定在想他自己出现在那面现代文明的镜子即电影银幕中的形象。第三帝国还会活在这种现代的艺术形式中，这样的想法让他有

---

① Goebbels, *Final Entries*, 174.

② 日记，1925 年 9 月 14 日，Joseph Goebbels, *The Early Goebbels Diaries*, 1925 – 1926, ed. Helmut Heiber, trans. Q. Watson (London, 1962)，35。

③ 见 H. R. 特雷弗－罗珀（H. R. Trevor-Roper）为戈培尔日记的最后一卷所写的导言，*Final Entries*, xxxii。

了一丝安慰。要是和汉斯·萨克斯（Hans Sachs）在一起，他也许会说：

> 神圣罗马帝国
> 虽会解体，
> 但我们德意志神圣的艺术
> 仍将保留！

5月1日，戈培尔这个第三帝国的葬礼大师——就像人们常常称呼他的那样，因为他的强项一向在于葬礼演说——毒死了他的六个孩子，然后在妻子玛格达（Magda）也服毒之后开枪自杀了。早在几天前的4月28日，因为地上的巷战而被限制在元首地堡中的玛格达，曾写过一封告别信给哈拉尔德·匡特（Harald Quandt），那是她在第一次婚姻中所生的儿子。

> 我们的光辉思想正在逝去，随之而去的还有我平生所知的一切美丽的、令人钦佩的、高尚的、好的东西。元首和国家社会主义之后的世界不值得活在其中，所以我们把孩子们也带到这里。她（他）们太好了，在我们之后到来的那种生活配不上她（他）们……哈拉尔德，我亲爱的，我要把生活教给我的最好的东西告诉你：忠于你自己，忠于人类，忠于你的国家——不管在哪个方面。①

430

庸俗艺术、重估一切价值、披着生的外衣的死，直到最后

---

① Goebbels, *Final Entries*, 330 – 31.

一刻都依然如故。

在玛格达·戈培尔写信给儿子的同一天，希特勒也开始向那个创造了他的世界摆出一连串最后的姿态。28 日晚些时候，他和自己的情妇爱娃·布劳恩（Eva Braun）举行了婚礼。结婚并不意味着退位，也不意味着不再摆出姿态。这里又是一件不能照常理来解释的事情。结婚一般都表示开端，在这里，它却意味着结束。29 日早些时候，在结婚仪式之后，希特勒起草了他的遗嘱。遗嘱还像往常一样，连篇累牍地指责犹太人并大谈在东方开疆拓土的必要性，但其中也有一段很有意思，暗示了他对于生死的看法。"死，"他在谈到他自己以及新婚的妻子时说，"将是对在为人民服务的过程中，我的工作从我们两人那里夺走的东西的补偿"。① 死亡似乎应当被当作一种回报，当作对牺牲的"补偿"。死亡是工作的对立面。死是生的最高表现。

地堡中分不清白天和黑夜。30 日早些时候，希特勒把他在地下掩体中的工作人员召集起来做最后的告别——秘书、勤务兵、军官，男男女女 20 人左右。他默默地和他们一一握手，然后离去。所有人都知道，元首在准备自尽。

431　　接着就发生了一件奇怪的"事情"。一场舞会在总理府食堂开始了——从元首地堡那里可以听到。军人、秘书、勤务兵、杂役以及住在地堡中的其他人，开始嬉闹起来。将军拍着裁缝的背。他们攀谈起来。等级差别消失了。喧闹声传到元首的住处，于是有人传话过来，让小点儿声。但舞会并没有停止。②

十二个小时过后，红军的绞索收紧了。拿下了动物园的俄国人现在又占领了腓特烈大街的地铁隧道。他们已经打到施普

①　Fest, *Hitler*, 746; Trevor-Roper, *Last Days*, 199.

②　Trevor-Roper, *Last Days*, 217 – 18.

雷河上的魏登达默桥。从元首在地下的房间里，人们听到一声枪响。早在数年前，卡尔·克劳斯就曾写道："在我想到希特勒的时候，头脑一片空白。"

1945 年，德国有首流行歌曲的名字就叫《这是无尽的春天!》。

致　谢

435　　　　像这样一本写了很长时间的书，属于除作者之外的很多人，无论他们是不是把它看作自己的功劳。为得到的帮助而表示感谢是件愉快的事情。

加拿大社会科学和人文科学研究理事会以休假研究员职位和研究基金的形式，为在欧洲的几个阶段的工作提供了资金。要是没有这一慷慨的支持，说实在的，我就不可能写出这本书。我所属的学术单位，多伦多大学斯卡伯勒校区，也给予了很多鼓励。

我要对在部分文献来源中列出的那些机构的档案管理员、图书管理员和工作人员表示感谢。不过，我还必须提到一些不厌其烦地给予帮助的个人：帝国战争博物馆的——那里收藏了大量与大战有关的文件——克莱夫·休斯（Clive Hughes）、菲利普·里德（Philip Reed）和彼得·思韦茨（Peter Thwaites）；万塞讷陆军档案中心的戴尔马将军（Général Delmas）；民间学者迪谢纳－马吕拉兹（Duchêne-Marullaz）先生，他给了我一些很有价值的指点；德国西部弗莱堡军事档案馆的汉斯－海因里希·弗莱舍尔（Hans-Heinrich Fleischer）；慕尼黑的巴伐利亚州档案馆军事部的格哈德·海尔（Gerhard Heyl）；还有纽约斯特拉文斯基－佳吉列夫基金会的帕美尼亚·米杰尔·埃克斯特龙（Parmenia Migel Ekstrom）。

436　　詹姆斯·乔尔（James Joll）、乔治·莫斯（George Mosse）

和弗里茨·施特恩（Fritz Stern）给予的帮助不仅在于鼓励，还在于榜样的作用。罗伯特·斯潘塞（Robert Spencer）、约翰·凯恩斯（John Cairns）和马丁·布罗萨特（Martin Broszat）对我的努力表示赞许，也许还感到满意。

对马丁·兰迪（Martin Landy）和鲁思·凯莱布（Ruth Caleb）、奈杰尔·索普（Nigel Thorpe）和苏珊·班福思（Susan Bamforth）、迈克尔（Michael）和科利特·卢埃林·史密斯（Colette Llewellyn Smith）、拉塞尔（Russell）和露露·霍恩（Lulu Hone）、苏珊·魏因贝格（Suzanne Weinberg）和弗朗索瓦·比尔索（François Bursaux）、苏珊·迈斯纳（Susan Meisner）和托马斯·布朗（Thomas Brown）、沃尔克·克莱因（Volker Klein）以及恩斯特－京特·科赫（Ernst-Günther Koch），所有这些朋友的大力支持我要鞠躬致谢。我还要拜谢非常和善的约翰（John）和瓦莱丽·宾纳（Valerie Bynner）。

在我的同事中，我要特别感谢威廉·迪克（William Dick），他以批判性的眼光阅读了书稿，以及托马斯·桑德斯（Thomas Saunders），他查到了一些材料，还有保罗·古奇（Paul Gooch）、韦恩·道勒（Wayne Dowler）和保罗·汤普森（Paul Thompson），他们为我的努力提供了管理方面的支持。戴维·哈福德（David Harford）帮助做了图表，洛伊丝·皮卡普（Lois Pickup）帮助做了各种各样至关重要的事情。

对帝国战争博物馆和档案局中受英国政府版权保护的材料的复印，都得到了女王陛下的文书出版署管理者的批准。对于允许引用各种私人文件，我要感谢 L. W. 盖勒（L. W. Galer）、B. C. 格雷格森（B. C. Gregson）、保罗·P. H. 琼斯（Paul P. H. Jones）、R. 麦格雷戈（R. McGregor）、N. J. 芒福特（N. J.

Mountfort)、西比尔·奥多诺休（Sybil O'Donoghue）、W. E. 昆顿（W. E. Quinton）、F. H. T. 泰瑟姆（F. H. T. Tatham），还有 A. 沃克（A. Walker）。非常感谢《当代史杂志》（*The Journal of Contemporary History*）和《加拿大历史杂志》（*The Canadian Journal of History*）的编辑们的好意，他们允许我在书中引用最初刊登在他们的刊物上的文章片断。

感谢马尔科姆·莱斯特（Malcolm Lester）看好这本书的前景。而这份幸运的书稿最终到了诗人兼同行彼得·戴维森（Peter Davison）那里——因为他的关心和机敏——然后又到了无与伦比的手稿编辑弗朗西丝·阿普特（Frances Apt）那里，则要归功于我的经纪人贝弗利·斯洛本（Beverley Slopen）出色的判断。

437　　在我和我的妻子杰恩（Jayne）共同努力的时候，她常常对我援引拉迪亚德·基普林《如果》（*If*）中的观点。我现在要对她引用詹姆斯·乔伊斯在 1921 年对哈丽雅特·肖·韦弗说的话："你始终不渝地忠实于惹人讨厌的我和我的没完没了的写作，对此我深为感激。"

M. E.

多伦多和莫萨纳－莱萨尔皮耶

原始资料选

New York, New York Public Library, Performing Arts Research
Center, Dance Collection.

Gabriel Astruc, Papers.

Jacques-Émile Blanche, Miscellaneous manuscripts.

Sergei Pavlovich Dyagilev, Papers 1910–1929 and Correspondence.

London, Imperial War Museum.

Papers: W. G. Bailey, A. G. Bartlett, H. R. Bate, H. D. Bryan, Guy
Buckeridge, F. L. Cassel, Iain Colquhoun, E. B. Cook, Elmer W.
Cotton, R. von Dechend, T. Dixon, David H. Doe, B. W. Downes,
H. V. Drinkwater, J. S. Fenton, V. M. Fergusson, J. W. Gamble,
R. G. Garrod, Kenneth M. Gaunt, David L. Ghilchik, Arthur
Gibbs, William C. S. Gregson, John W. Harvey, R. G. Heinekey,
Edward R. Hepper, Edmund Herd, C. E. Hickingbotham, Harold
Horne, Walter Hoskyn, Alfred Howe, G. W. G. Hughes, Percy H.
Jones, Samuel Judd, Leslie H. Kent, E. D. Kingsley, Peter
McGregor, P. Mortimer, Roland D. Mountfort, Richard Noschke,
M. W. Peters, P. H. Pilditch, Garfield Powell, W. A. Quinton, I. L.
Read, John R. Rees, Ronald D. Rees, Arthur G. Rigby, Frank M.
Robertson, G. R. P. Roupell, Alexander Runcie, E. Russell-Jones,
Siegfried Sassoon, Eric Scullin, A. Self, R. Stafford, Richard R.
Stokes, Hiram Sturdy, F. H. T. Tatham, Harold A. Thomas,
Oswald Tilley, John M. S. Walker, M. Leslie Walkinton, H. G. R.

Williams.

Miscellaneous Item 469.

Oral History Recordings: Philip Neame, James D. Pratt, J. P. O. Reid.

Department of Art. Papers: John Nash, Paul Nash, C. R. W. Nevinson, William Roberts. Christmas Card Collection.

London, Public Record Office.

War Diaries (WO95). Military Headquarters Papers (WO158). Directorate of Military Operations and Intelligence (WO106). Kitchener Papers (WO159). Maps and Plans (WO153). Intelligence Summaries (WO157). War Office Council (WO163).

London, Liddell Hart Centre for Military Archives, King's College, University of London.

Papers: C. H. Foulkes, Basil Liddell Hart, Ian Hamilton, Edward L. Spears.

Paris, Service historique de l'armée de terre, Château de Vincennes.

Journaux des Marches et Opérations (22N, 24N, 25N, 26N). Grand Quartier Général (16N). Dossier Montlebert (1K143). Papiers Mealin (1K112). Dons et Témoignages: Chansons de tranchée (87), Carnet de route d'un combattant allemand en 1914 (103), Carnet de route du lieutenant René Hemery (170).

Koblenz, Bundesarchiv.

Reichskanzlei (R43I), Neue Reichskanzlei (R43II), Reichssicherheitshauptamt (R58), UFA files (R109I), Filmoberprüfstelle protocol, December 11, 1930 (Kl.Erw. 457).

Freiburg i. B., Bundesarchiv-Militärarchiv.

Papers: Émile-Marcel Décobert, Karl von Einem, Hermann Ritter von Giehrl, Frithjof Freiherr von Hammerstein-Gesmold, Henry Holthoff, Rudolf Müller, Gerhard von Nostitz-Wallwitz, Gustav Riebensahm, Paul Schulz, Bernhard Schwertfeger, Gerhard Tappen, Ferdinand von Trossel, Franz von Trotta gen. Treyden, Erwin von Witzleben.

Manuscript collections (MSg2): Georg Eberle, Annemarie Heine, Felix Kaiser, the brothers Bernhard, Clemens, and Aloys Lammers, Lücke, Ernst Prasuhn, Gerhard Schinke, Heinrich Schlubeck, Ernst Wisselnick, Karl Zieke, Erinnerungsfeier "Goldene Monstranz."

Bonn, Politisches Archiv, Auswärtiges Amt.

Schuldreferat. Botschaft London Geheimakten. Botschaft Paris. Kunst und Wissenschaft. Bücher und Zeitschriften. Wissenschaft—Reisen. Presse-Abteilung.

Munich, Bayerisches Kriegsarchiv.

Kriegstagebücher.

Papers: Oberst von der Aschenhauer (HS2047), Gustav Baumann (HS2646), Otto Weber (HS1984), Georg Will (HS2703).

Munich, Institut für Zeitgeschichte.

Carl Jödicke, Dokumente und Aufzeichnungen betr. Ullstein-Verlag (F501).

索 引

（索引中页码为本书页边码）

图书在版编目（CIP）数据

春之祭：第一次世界大战和现代的开端／（加）莫
德里斯·埃克斯坦斯（Modris Eksteins）著；李晓江译
. －－北京：社会科学文献出版社，2018.9（2024.3 重印）
书名原文：Rites of Spring：The Great War and
the Birth of the Modern Age
ISBN 978 - 7 - 5201 - 3035 - 6

Ⅰ.①春…　Ⅱ.①莫…②李…　Ⅲ.①第一次世界大
战 - 历史　Ⅳ.①K143

中国版本图书馆 CIP 数据核字（2018）第 146884 号

春之祭
—— 第一次世界大战和现代的开端

著　　者／〔加拿大〕莫德里斯·埃克斯坦斯（Modris Eksteins）
译　　者／李晓江

出 版 人／冀祥德
项目统筹／董风云　廖涵缤
责任编辑／李　洋　廖涵缤
责任印制／王京美

出　　版／社会科学文献出版社·甲骨文工作室（分社）（010）59366527
　　　　　　地址：北京市北三环中路甲 29 号院华龙大厦　邮编：100029
　　　　　　网址：www. ssap. com. cn
发　　行／社会科学文献出版社（010）59367028
印　　装／三河市东方印刷有限公司

规　　格／开　本：889mm × 1194mm　1/32
　　　　　　印　张：16.375　字　数：377 千字
版　　次／2018 年 9 月第 1 版　2024 年 3 月第 3 次印刷
书　　号／ISBN 978 - 7 - 5201 - 3035 - 6
著作权合同
登 记 号／图字 01 - 2014 - 2609 号
定　　价／86.00 元

读者服务电话：4008918866